CODE

DES PONTS ET CHAUSSÉES

ET DES MINES.

—

TOME IV.

PARIS. — IMPRIMERIE DE FAIN ET THUNOT,

RUE RACINE, 28, PRÈS DE L'ODÉON.

CODE

DES PONTS ET CHAUSSÉES

ET DES MINES

ou

COLLECTION COMPLÈTE

DES LOIS, ARRÊTÉS, DÉCRETS, ORDONNANCES, ARRÊTS DE LA COUR DE CASSATION,
RÈGLEMENTS ET CIRCULAIRES CONCERNANT LE SERVICE DES PONTS ET CHAUSSÉES
ET DES MINES;

Par Th. RAVINET,

Ancien chef au ministère des Travaux publics,
Chevalier de la Légion d'honneur;

AUTEUR DU

DICTIONNAIRE HYDROGRAPHIQUE DE LA FRANCE.

TOME QUATRIÈME.

DEUXIÈME ÉDITION.

PARIS.

CARILIAN-GŒURY ET V.or DALMONT,

LIBRAIRES DES CORPS ROYAUX DES PONTS ET CHAUSSÉES ET DES MINES,
Quai des Augustins, nos 39 et 41.

1847.

CODE

DES PONTS ET CHAUSSÉES

ET DES MINES.

Ordonnance du roi, du 9 janvier 1828, qui rejette la requête du sieur Hayet, entrepreneur, contre une décision du ministre de l'intérieur.

CHARLES, etc. ; sur le rapport du comité du contentieux (1re section);

Vu la requête à nous présentée au nom du sieur Hayet, entrepreneur des travaux maritimes, demeurant à Rouen, ladite requête enregistrée au secrétariat général de notre conseil d'Etat, le 20 mars 1827, et tendant à ce qu'il nous plaise annuler une décision de notre ministre de l'intérieur, du 13 août 1826, notifiée à l'exposant le 20 décembre suivant, laquelle lui refuse une indemnité pour les pertes que lui fit éprouver une tempête qui eut lieu le 23 novembre 1824, et qui lui enleva une partie des bois qu'il avait approvisionnés pour les travaux d'amélioration du lazaret du Hoc, dont il est entrepreneur;

Vu la décision attaquée;

Vu les deux rapports faits, les 28 décembre 1825 et 25 avril 1826, par l'ingénieur en chef des travaux maritimes au Havre, sur la demande en indemnité formée par le sieur Hayet, énonçant que dans la rédaction des devis et sous-détails des travaux à exécuter au lazaret du Hoc, on avait eu soin d'ajouter aux prix des matériaux rendus sur le chantier de l'entrepreneur des suppléments de prix pour leur transport, par le motif qu'on avait reconnu qu'il n'était pas prudent de les déposer sur la pointe du Hoc;

Vu les devis et sous-détails rédigés le 1er juillet 1823, par l'ingénieur en chef, approuvés le 18 du même mois par le préfet de la Seine-Inférieure, et desquels il résulte que les prix des matériaux ont été composés de leur valeur sur le chantier de l'entrepreneur, des frais de transport et des droits d'octroi auxquels sont soumis les matériaux employés dans les travaux publics;

Vu le procès-verbal de l'adjudication des ouvrages à exécuter pour l'établissement d'un lazaret à la pointe du Hoc, passée le 13 août 1823, au profit du sieur Nicolas Hayet;

Vu la lettre de notre ministre de l'intérieur, du 31 avril 1827, en réponse à la communication du pourvoi du sieur Hayet, et par laquelle il conclut au maintien de la décision attaquée;

Vu le mémoire en réplique du sieur Hayet, ledit mémoire enregistré au secrétariat général de notre conseil d'Etat, le 20 juin 1827, et par lequel il persiste dans ses précédentes conclusions;

Vu le plan des lieux;

Vu le cahier des charges, clauses et conditions générales imposées

IV.   1

aux entrepreneurs de travaux publics, et notamment son article 26, ainsi conçu :

« Il ne sera alloué à l'entrepreneur aucune indemnité à raison des pertes,
» avaries ou dommages occasionnés par négligence, imprévoyance,
» défaut de moyens ou fausses manœuvres; sont exceptés les cas de
» force majeure légalement constatés, cas dans lesquels il ne sera pour-
» tant rien alloué aux entrepreneurs sans l'approbation préalable du
» directeur général ; »

Vu toutes les autres pièces produites;

Considérant que l'administration n'avait point désigné la pointe du Hoc pour l'établissement du chantier de l'entrepreneur;

Que, loin de là, les devis allouent des suppléments de prix pour frais de transport et remboursement de droits d'octroi;

D'où il résulte que ce chantier devait être établi dans les limites de l'octroi du Havre, ce qui exclut la pointe du Hoc;

Notre conseil d'Etat entendu,

Nous avons ordonné et ordonnons ce qui suit :

Art. 1er. La requête du sieur Hayet est rejetée.

Ordonnance du roi, du 9 janvier 1828, qui annule un arrêté de conflit du préfet de la Haute-Saône.

CHARLES, etc.; sur le rapport du comité du contentieux (1re section);

Vu le rapport de notre garde des sceaux, ministre de la justice, en-registré au secrétariat général de notre conseil d'Etat, le 25 novembre 1827, sur le conflit élevé par le préfet du département de la Haute-Saône, à l'occasion d'une contestation survenue entre des propriétaires de moulins et usines, situés sur la Saône, relativement à l'enlèvement de barrages et œuvres nouvelles, contestation sur laquelle le tribunal de Vesoul a prononcé par ses jugements du 7 mai 1827;

Vu l'arrêté rendu contradictoirement entre les parties, par le préfet de la Haute-Saône, le 15 août 1822, sur les avis de l'ingénieur ordinaire et de l'inspecteur divisionnaire des ponts et chaussées, par lequel, attendu qu'il s'agit d'une contestation d'intérêt privé dans les attribu-tions de l'autorité judiciaire, qui seule peut prononcer, au vu des titres et droits des parties sur leurs prétentions respectives, les a renvoyées devant les tribunaux, sauf, après la décision judiciaire, à constater le niveau des eaux du bief supérieur de Cendrecourt;

Vu l'exploit introductif d'instance, du 11 octobre 1826;

Les jugements du 7 mai 1827, par le premier desquels le tribunal, sans avoir égard au moyen d'incompétence proposé, ordonne aux parties de plaider au fond, et, après les avoir entendues, les admet, par le second, à la preuve respective des faits par elles articulés;

L'arrêté de conflit du préfet de la Haute-Saône, du 29 octobre 1827;

Les certificats de notifications aux avoués des parties;

Les observations du sieur Montgenet sur le conflit élevé, enregistrées audit secrétariat général le 5 décembre 1827;

Les autres pièces produites et jointes au dossier;

Considérant que la demande du sieur Montgenet, tendait à ce que le sieur Dubois et consorts fussent condamnés à rétablir les écluses et barrages du moulin de Cendrecourt dans l'état où ils étaient avant leurs œuvres et entreprises nouvelles, à payer des dommages et intérêts, et subsidiairement à prouver, tant par écrit que par témoins, les faits par eux articulés ;

Considérant qu'il ne s'agissait pas de faire un nouveau règlement d'eau, mais de statuer, par les principes de droit ordinaire, sur les difficultés qui divisent les parties relativement à un ancien règlement des eaux ; qu'ainsi le conflit est mal élevé ;

Notre conseil d'État entendu,

Nous avons ordonné et ordonnons ce qui suit :

Art. 1er. L'arrêté de conflit pris par le préfet de la Haute-Saône, le 29 octobre 1827, est annulé.

Ordonnance du roi, du 16 janvier 1828, qui rejette la requête des sieurs Delaville-Le-Roulx et Personne-Desbrières.

Charles, etc. ; vu la requête présentée pour les sieurs Delaville-Le-Roulx et Personne-Desbrières, ladite requête enregistrée au secrétariat général de notre conseil d'État, le 13 novembre 1827, et tendant à ce qu'il nous plaise annuler l'arrêté pris le 11 octobre 1824 par le préfet du département de la Seine ;

Vu l'arrêté attaqué, portant qu'il n'y a point lieu d'accueillir la demande des requérants à l'effet d'être mis en possession de trente et un arbres le long de la route de Paris à Bâle, dans les communes de Bonneuil et Créteil au droit de leurs propriétés, lesdits arbres appartenant à l'État ;

Vu toutes les pièces produites ;

Vu la loi du 28 février 1805 (9 ventôse an XIII), le décret du 16 décembre 1811, la loi du 12 mai 1825 ;

Considérant que l'arrêté est intervenu, sur la demande faite à l'administration par les sieurs Delaville-Le-Roulx et Personne-Desbrières, tendant à être mis en possession des arbres plantés le long de leurs propriétés ;

Que l'acte par lequel le préfet refuse d'obtempérer à cette demande ne constitue pas une décision et ne fait pas obstacle à ce que les réclamants portent, s'ils s'y croient fondés, leur demande devant les tribunaux ;

Notre conseil d'État entendu,

Nous avons ordonné et ordonnons ce qui suit :

Art. 1er. La requête des sieurs Delaville-Le-Roulx et Personne-Desbrières est rejetée.

Ordonnance du roi, du 16 janvier 1828, qui annule un arrêté du conseil de préfecture de la Loire-Inférieure.

Charles, etc. ; vu le pourvoi formé par notre ministre de l'intérieur, ledit pourvoi enregistré au secrétariat général de notre conseil d'État, le 13 décembre 1827, et tendant à ce qu'il nous plaise annuler, pour incompétence, un arrêté du conseil de préfecture du département de la Loire-Inférieure, du 1er août 1827;

Vu l'arrêté attaqué du conseil de préfecture du département de la Loire-Inférieure, portant qu'il n'y a pas lieu de mettre à la charge de la ville de Nantes ou des propriétaires, les dépenses résultant du prolongement des toues ou aqueducs qui avaient leur débouché sur l'Erdre, avant le commencement des travaux du canal, sauf à l'administration des ponts et chaussées à réclamer la plus-value, s'il y a lieu, conformément à la loi de 1807;

Vu la lettre du préfet du département de la Loire-Inférieure, du 25 août 1827;

Vu la loi du 17 février 1800 (28 pluviôse an VIII);

Considérant qu'aux termes de la loi susvisée, les conseils de préfecture sont compétents pour prononcer sur les difficultés qui peuvent s'élever entre les entrepreneurs de travaux publics et l'administration, concernant le sens ou l'exécution des clauses de leurs marchés, de même que sur les réclamations des particuliers qui se plaindront de torts et dommages procédant du fait personnel des entrepreneurs et non du fait de l'administration;

Que, dans l'espèce, il ne s'agit d'aucune action contre les entrepreneurs, mais qu'il y avait à statuer sur une disposition insérée au devis par l'administration, disposition qui laisse à la charge de la ville ou des riverains intéressés les dépenses à faire pour prolonger les égouts existants jusqu'aux quais à construire sur les bords de la rivière d'Erdre;

Que si la ville de Nantes ou les propriétaires riverains croient avoir à se plaindre de cette disposition, ils doivent se pourvoir immédiatement devant notre ministre de l'intérieur, sauf recours devant nous en notre conseil d'État;

Notre conseil d'État entendu,

Nous avons ordonné et ordonnons ce qui suit:

Art. 1er. L'arrêté du conseil de préfecture du département de la Loire-Inférieure, du 1er août 1827, est annulé pour incompétence.

Ordonnance du roi, du 16 janvier 1828, relative à l'indemnité réclamée par le sieur Couderc, entrepreneur du port de Saint-Sever.

CHARLES, etc.; vu les rapports qui nous ont été faits par notre ministre de l'intérieur, lesdits rapports enregistrés au secrétariat général de notre conseil d'État, les 2 septembre 1825 et 8 mars 1827, et tendant à ce qu'il nous plaise annuler deux arrêtés du conseil de préfecture du département des Landes, en date des 15 mai 1824 et 29 avril 1825;

Vu les mémoires en défense produits par le sieur Couderc, lesdits mémoires enregistrés audit secrétariat général, les 19 janvier 1826 et 9 août 1827, et tendant à ce qu'il nous plaise déclarer notre ministre de l'intérieur non recevable, et en tout cas mal fondé à contester le principe et la quotité de l'indemnité accordée au sieur Couderc par le conseil de préfecture ;

Vu l'arrêté du 15 mai 1824, rendu sur la pétition du 17 avril précédent, par laquelle le sieur Couderc avait conclu à ce que l'adjudication du 22 janvier 1813, pour la construction du pont de Saint-Sever, fût exécutée jusqu'après l'achèvement des travaux compris au premier devis, sans réduction, et que ceux projetés pour la dérivation de l'Adour dépendraient également de cette entreprise ; ledit arrêté portant que l'adjudication des travaux du pont Saint-Sever est maintenue en faveur du sieur Couderc jusqu'à leur entier achèvement, sans réduction ; que, quant à ceux relatifs à la dérivation de l'Adour, il en est débouté ; qu'au surplus, si l'administration juge nécessaire à la solidité du pont de réunir dans une même entreprise les travaux à faire et portés dans le devis à ceux projetés pour la dérivation, le sieur Couderc sera tenu de se départir de l'effet de son adjudication, moyennant une indemnité ;

Vu le procès-verbal de l'adjudication consentie au sieur Ducor, des travaux à exécuter pour l'achèvement du pont de Saint-Sever, pour la dérivation du fleuve de l'Adour, en amont, et pour l'établissement d'un radier général sous le pont, ladite adjudication en date du 23 juin 1824 ;

Vu le tableau estimatif et comparatif dressé à la date du 5 juillet 1824, des ouvrages restant à faire pour l'achèvement du pont de Saint-Sever, d'après les prix de l'adjudication du 22 janvier 1813 et d'après ceux de l'adjudication du 23 juin 1824 ;

Vu l'arrêté du 29 avril 1825, par lequel le conseil de préfecture prononce que l'indemnité réservée au sieur Couderc par l'arrêté du 15 mai 1824, pour les travaux restant à faire, sur son adjudication du 22 janvier 1813, est fixée à 8,000 fr. ;

Vu le cahier des charges, et spécialement les articles 36, 39 et 40, relatifs aux cas de la cessation ou de l'ajournement indéfini des travaux et de l'augmentation ou diminution du sixième dans lesdits travaux ;

Vu toutes les pièces produites et jointes au dossier ;

Considérant qu'il s'agissait, dans l'espèce, de réunir une portion des travaux du pont de Saint-Sever aux travaux nouvellement ordonnés de la dérivation de l'Adour, pour n'en former qu'une seule et même entreprise, à raison de la connexité desdits travaux, circonstances non prévues par le cahier des charges ;

Que si l'utilité publique autorisait le gouvernement à réunir ces travaux, ce ne pouvait être qu'à la charge d'une indemnité au profit de l'entrepreneur ;

Que cette indemnité ne peut être réglée ni sur la comparaison des prix portés aux deux adjudications de 1813 et 1824, comme l'a fait le conseil de préfecture, ni comme le propose subsidiairement notre ministre de l'intérieur, sur le dixième réservé par le devis à l'entrepreneur pour bénéfice, emploi de temps et avances ; mais qu'elle doit représenter uniquement le dommage souffert par suite de la résiliation ;

Notre conseil d'Etat entendu,

Nous avons ordonné et ordonnons ce qui suit :

Art. 1er. Le pourvoi de notre ministre de l'intérieur contre l'arrêté du 15 mai 1824 est rejeté.

2. L'arrêté du 29 avril 1825 est annulé, et le sieur Couderc est ren-

voyé à se pourvoir devant notre ministre de l'intérieur, pour être procédé à la liquidation de l'indemnité.

Ordonnance du roi, du 3o janvier 1828, relative au service des barques françaices et belges, sur le canal de Dunkerque à Nieuport.

CHARLES, etc.; vu le projet de règlement en vingt-neuf articles pour le service des barques françaises et belges, naviguant sur le canal de Dunkerque à Nieuport, convenu entre le sous-préfet de Dunkerque pour la France, et le commissaire du district de Furnes pour le royaume des Pays-Bas ;

Ensemble les deux articles additionnels audit projet proposés par le préfet du Nord ;

Vu l'approbation donnée à ce projet et aux deux articles additionnels qui s'y rattachent, par le gouvernement des Pays-Bas, les 28 mai 1826 et 23 mars 1827 ;

Vu l'avis du conseil général des ponts et chaussées, du 1er août suivant ;

Notre conseil d'Etat entendu,

Nous avons ordonné et ordonnons ce qui suit :

Art. 1er. Le projet de règlement en vingt-neuf articles pour le service des barques françaises et belges, naviguant sur le canal de Dunkerque à Nieuport, convenu entre le sous-préfet de Dunkerque et le commissaire du district de Furnes, le 17 janvier 1826, et les deux articles additionnels proposés par le préfet du Nord, sont et demeurent approuvés pour recevoir en France leur pleine et entière exécution.

Règlement du service des barques naviguant sur le canal de Dunkerque à Nieuport.

Art. 1er. La navigation des barques entre les villes de Nieuport et Dunkerque, par Furnes, sera journalière et à heures déterminées, sauf le cas de force majeure, dont les entrepreneurs auront à informer immédiatement les autorités et ensuite le public.

2. Elle sera pratiquée par deux barques différentes, appartenant respectivement à un habitant de chacun des gouvernements respectifs, aussi longtemps que ces gouvernements le jugeront convenir.

A défaut de concurrence, il pourra être pris des mesures provisoires pour autoriser le trajet d'une seule barque de ville à autre.

3. Chaque barque aura deux places distinctes et séparées, dont la première contiendra au moins douze places, et la seconde autant. En outre, il y aura une place réservée pour le bureau du patron et une pour les latrines.

4. L'équipage de la barque sera composé du patron ou de son préposé, et de deux marins ; ils seront au moins âgés de vingt et un ans, de bonnes vie et mœurs, polis envers le public, bien au fait de la navigation, parlant les deux langues et sachant lire et écrire.

5. Les lieux de départ et d'arrivée sont fixés à Dunkerque, à l'ap-

pontement établi près le bureau des douanes du nouveau bassin; à Nieuport, près la nouvelle écluse, dite de Furnes.

6. Les deux barques assureront respectivement chaque jour le service, et feront alternativement, de jour à autre, le trajet aux heures de départ et d'arrivée, fixés comme suit :

Du 1ᵉʳ avril au 31 octobre :

Départ tous les jours, à six heures du matin, de Dunkerque, pour arriver à Nieuport à midi ;

Le retour de Nieuport à une heure de l'après-midi, pour être rendu à Dunkerque à sept heures du soir; retour de Dunkerque le lendemain à six heures du matin pour être rendu à Nieuport à midi.

Du 1ᵉʳ novembre au 1ᵉʳ mars :

Départ tous les jours, de Dunkerque à huit heures du matin pour arriver à Nieuport à deux heures de relevée, en repartir le même jour à trois heures après midi, après avoir pris les voyageurs et les marchandises transportés par la barque de Bruges, pour coucher à Furnes, et repartir de Furnes le lendemain à sept heures et demie du matin pour être rendu à midi à Dunkerque.

Le départ des barques sera annoncé à l'avance par le son d'une cloche.

Si toutefois il résultait des jours de correspondance avec la barque de Bruges (pendant le service d'hiver), un *avantage* pour l'une des barques, dans ce cas le service sera réglé de manière à rétablir toute réciprocité, ainsi qu'il sera jugé le plus convenable à l'intérêt des deux entreprises et par les autorités à ce compétentes.

7. Les arrivées et départs seront toujours réglés de manière à correspondre avec le service de la barque de Bruges.

8. Les heures de départ et d'arrivée des barques ne pourront être changées que de commun accord entre les autorités des deux gouvernements.

9. Chaque barque sera tirée par deux chevaux, qui relayeront à Furnes.

Elle sera de construction solide et élégante, pourvue de son pavillon national, d'un grand mât, voile, haubans, étais, gouvernail, canot plat, d'une large et solide planche de débarquement, garnie de sa rampe à hauteur d'appui, de perches, planches et tous autres agrès ou apparaux en bon état, propres à assurer le service.

10. Dans chaque barque, la chambre de derrière sera garnie d'une table, de chaises, et de bancs couverts de tapis et coussins ; l'autre chambre sera garnie de tables, de chaises et de bancs.

Du 1ᵉʳ novembre au 1ᵉʳ avril, il sera tenu feu de bois.

Pendant les mois de mai, juin, juillet et août, la barque sera garnie d'un abri-soleil ou pavillon, convenablement construit et commode.

11. L'intérieur et l'extérieur des barques, les vitrages, agrès et apparaux, etc., seront tenus en bon état d'entretien et avec la plus grande propreté ; l'extérieur en sera soigneusement calfaté, goudronné, ainsi que le pont, qui sera couvert de mâchefer aussi souvent qu'il sera nécessaire.

12. Les barques seront entretenues sans voie d'eau, et ne pourront, sous aucun prétexte, s'amarrer dans le passage de quelque pont, pour y effectuer le chargement ou déchargement.

Elles ne pourront non plus conserver les voiles ouvertes au passage des ponts.

13. Le trajet des barques se fera sans interruption autre qu'aux bureaux de déclaration ou de recette à l'entrée et à la sortie des territoires des deux royaumes et à Furnes, sans dépasser toutefois le temps indispensable à la visite des préposés ou des déclarations des marchandises et effets.

14. Toute fraude, tentative ou connivence de fraude, constatée à charge du patron ou de son préposé ou gens de service, entraînera l'interdiction de naviguer, sans préjudice des peines et amendes établies par les lois.

15. Les patrons recevront sur leurs barques tout individu qui s'y présentera, ainsi que les effets, marchandises, etc., qui leur seront confiés, pourvu néanmoins que la trop grande quantité ne puisse gêner les passagers.

Ces effets seront déposés de manière à n'éprouver aucun dommage.

Ils seront tenus de prendre en route tout individu qui demandera à monter, et les voyageurs pourront se faire descendre à l'endroit qu'ils indiqueront, sans cependant retarder la course de la barque.

16. Le patron tiendra un registre exact, dans lequel seront inscrites les marchandises reçues à bord; il en délivrera des reçus chaque fois qu'il en sera requis.

17. Les prix des places d'une ville à l'autre, le passage par Furnes compris, sont fixés comme suit :

1° Places dans la chambre de derrière et pavillon d'été :
    1 fl. 5 cent. = 2 fr. 25 cent.
2° Dans celle de devant :
    0 fl. 70 ; cent. = 1 fr. 50 cent.
3° Sur le pont :
    0 fl. 57 cent. = 1 fr. 20 cent.

Les enfants de quatre ans jusqu'à douze payeront moitié prix; ceux au-dessous ne payeront rien, pourvu qu'ils soient accompagnés d'une personne qui en ait la garde.

18. Les personnes qui monteront ou descendront en route, ne payeront qu'en raison des distances parcourues; celle intermédiaire de Furnes comptera pour un tiers vers Nieuport et deux tiers vers Dunkerque.

19. Chaque voyageur jouira du transport gratis de son bagage, n'excédant point le poids de quinze kilogrammes (30 livres).

20. Les prix de toute espèce de marchandises sont fixés comme suit :

1 à 25 kil. (livres)	0 fl. 23 cent.	= 0 fr. 50 c.
25 à 50 id.	0 35 $\frac{1}{4}$	= 0 75
Par 50 id.	0 35 $\frac{1}{2}$	= 0 75

Pour les liquides :

Par futaille. . . .	1 5	= 2 25
Par demi-futaille.	0 70 $\frac{1}{4}$	= 1 50
Par baril.	0 57	= 1 20

Transport des espèces :

Pour 1,000 fr. (472 flor. 50 cent.), et au-dessous, 35 cent. ou 75 c., et ainsi de suite.

21. Sont exempts du prix des places :

Les messagers extraordinaires du gouverneur de la province ou du préfet du département, les maréchaussées ou gendarmes, avec les prisonniers sous leur conduite.

Les militaires voyageant isolément payeront moitié prix, ou seront exempts, ainsi que les règlements militaires peuvent le prescrire.

22. Le patron ou son préposé est tenu, sous sa responsabilité, d'emmagasiner gratuitement jusqu'au lendemain du départ, et de transporter les marchandises, effets, etc., de sa barque, séjournant en hiver à Furnes.

23. Il sera également obligé d'accompagner les marchandises et effets en destination pour Bruges, Gand, etc., à l'arrivée de la barque à Nieuport, et de les remettre, sous décharge, au patron de la barque de Bruges ou toute autre ; néanmoins, les frais de transport seront à la charge des particuliers ou des négociants y intéressés.

24. Toutes les marchandises, les effets et les espèces remis ainsi aux patrons des barques respectives, sont et demeurent sous leur sauvegarde et responsabilité.

25. Les patrons des barques pourront se servir des quais de débarquement actuellement existants dans les villes de Nieuport, Furnes et Dunkerque.

Ils seront responsables de tous dommages que la navigation des barques pourrait y occasionner ; si ces quais étaient jugés impropres pour le service, toutes améliorations seront à la charge des patrons, qui auront à se conformer aux devis et ordres de l'autorité.

26. Les patrons sont tenus d'établir un bureau dans chaque ville d'embarquement, ainsi qu'à Furnes, et d'y élire domicile.

Les exploits, procès-verbaux de police ou tous autres, y seront valablement signifiés, et les patrons, ainsi que leurs gens, auront à obéir aux ordres des autorités.

27. Pour faciliter l'organisation dont il s'agit, les patrons pourront adresser leur réclamation aux gouvernements respectifs, afin d'obtenir exemption des droits de passe, navigation et patente, sur le territoire du royaume étranger que chaque barque doit parcourir, de manière que, sous ce rapport, la navigation des deux barques ne soit considérée que comme un seul et même établissement.

28. Le service et la police des barques sont placés sous la protection et surveillance des autorités des deux royaumes.

Articles additionnels proposés par le préfet du département du Nord. — Art. 1er. Aucune barque publique ne pourra être établie sur le canal sans l'autorisation de l'un ou l'autre gouvernement. Les autorités des deux nations se tiendront réciproquement informées des autorisations qui auront été accordées.

2. Les barques ne pourront naviguer qu'après avoir été visitées par les autorités locales, reconnues en bon état et disposées conformément au présent règlement. Les mêmes autorités auront le droit de visiter ou faire visiter ces barques toutes les fois qu'elles le jugeront convenable ; elles pourront provisoirement en interdire l'usage, lorsque

cette mesure leur paraîtra nécessaire pour la sûreté des voyageurs et des marchandises, sauf à en rendre compte à l'autorité supérieure dans les vingt-quatre heures.

Ordonnance du roi, du 3o janvier 1828, relative à l'exploitation d'une carrière par le sieur Bézier.

CHARLES, etc. ; vu la requête à nous présentée au nom du sieur Constant Best, entrepreneur des ponts et chaussées, demeurant à Paris, ladite requête enregistrée au secrétariat général de notre conseil d'Etat, le 23 février 1825, et tendant à ce qu'il nous plaise annuler un arrêté du conseil de préfecture du département de Seine-et-Oise, du 11 juin 1824; en conséquence, ordonner que le sieur Bézier sera tenu de cesser l'exploitation par lui commencée sur le terrain acquis par l'exposant, et de lui payer la somme de 13,290 fr., à titre de dommages-intérêts, et, de plus, le condamner aux dépens ;

Vu l'ordonnance de *soit communiqué* et le mémoire en défense du sieur Bézier, entrepreneur des ponts et chaussées, demeurant à Versailles, ledit mémoire enregistré audit secrétariat général, le 10 novembre 1825, et tendant au rejet du pourvoi avec indemnité et dépens ;

Vu la requête nouvelle du sieur Best, enregistrée audit secrétariat général, le 5 décembre 1826, et tendant à ce que le sieur Hébert soit mis en cause ;

Vu la réplique dudit sieur Best, enregistrée audit secrétariat général, le 11 décembre 1826, et tendant au maintien de ses précédentes conclusions ;

Vu la lettre du directeur général des ponts et chaussées, du 28 février 1826, contenant des observations et renseignements sur l'objet de la présente contestation ;

Vu la lettre du préfet de Seine-et-Oise, du 12 juin 1827, et les pièces y annexées, savoir :

1° Cinq devis et tableaux de prix des ouvrages à exécuter pour l'entretien et la réparation des routes du département ;

2° Le règlement arrêté le 18 janvier 1802 (28 nivôse an x), pour la police des carrières situées dans ledit département ;

3° Le plan du terrain vendu par le sieur Hébert au sieur Best et le tracé des limites de la carrière en exploitation dans ledit terrain ;

4° Les procès-verbaux et rapports des ingénieurs ;

Vu l'arrêté attaqué du conseil de préfecture du département de Seine-et-Oise, du 11 juin 1824, portant que le sieur Constant Best, succédant au sieur Hébert, dans la propriété d'une pièce de terre plantée en bois, au terroir de Taverny, lieu dit Beauchamp, sera tenu de souffrir l'exploitation de pavé commencée par le sieur Bézier, sauf par Best à se pourvoir auprès du préfet, pour obtenir, s'il y a lieu, l'autorisation d'ouvrir une nouvelle carrière ;

Ledit arrêté statuant en outre que l'indemnité due par le sieur Bézier au sieur Constant Best, pour raison de son exploitation, sera réglée d'après la base des conventions précédemment faites avec le sieur Hébert, si mieux n'aime le sieur Best recourir à l'expertise indiquée par la loi ;

Vu toutes les pièces respectivement produites et jointes au dossier;

Sur la compétence :

Considérant que le conseil de préfecture est compétent pour statuer sur les torts et dommages provenant du fait personnel des entrepreneurs qui ont exploité le champ litigieux; mais que si les parties ou l'une d'elles seulement entendent se prévaloir de conventions antérieures et en réclament l'exécution, la connaissance desdites conventions appartiendrait aux tribunaux;

Au fond :

Considérant qu'il résulte des pièces et de l'instruction de l'affaire que le sieur Bézier a été autorisé par son devis à exploiter des pavés de grès dans la carrière de Beauchamp au terroir de Taverny; mais que le champ du sieur Hébert n'ayant pas été spécialement désigné, l'exploitation n'y pouvait être continuée que de gré à gré entre l'entrepreneur et le propriétaire, à moins d'une désignation ultérieure et spéciale faite par l'administration; qu'ainsi il y a lieu d'annuler l'article 1er de l'arrêté attaqué, portant que le sieur Best sera tenu de souffrir l'exploitation commencée;

En ce qui concerne l'indemnité réclamée par le sieur Best :

Considérant que le conseil de préfecture lui a justement laissé l'option de recourir, pour torts et dommages, à l'expertise indiquée par la loi;

Considérant néanmoins que le sieur Bézier n'est pas le seul entrepreneur qui ait exploité le champ du sieur Hébert, et qu'il y aura lieu de distinguer les exploitations faites antérieurement et postérieurement à l'acquisition dudit champ par le sieur Best;

Notre conseil d'Etat entendu,

Nous avons ordonné et ordonnons ce qui suit :

Art. 1er. L'arrêté du conseil de préfecture du département de Seine-et-Oise, du 11 juin 1824, est annulé dans la disposition qui prescrit au sieur Best de souffrir l'exploitation de pavé commencée dans le terrain qu'il a acquis du sieur Hébert.

2. Il est confirmé dans la disposition portant que l'indemnité due pour torts et dommages, provenant de ladite exploitation, sera réglée par experts dans les formes indiquées par la loi.

3. Les parties sont renvoyées devant le conseil de préfecture pour être procédé à ladite expertise, relative aux torts et dommages, en observant de distinguer les exploitations faites par le sieur Bézier ou tous autres entrepreneurs de routes, et d'évaluer les indemnités respectivement dues par chacun d'eux, soit au sieur Hébert, soit au sieur Best.

4. Il est réservé aux parties de se retirer devant les tribunaux, dans le cas où, au lieu d'une simple action pour torts et dommages provenant du fait personnel des entrepreneurs, il y aurait à statuer sur le mérite ou l'application de conventions particulières.

5. Les dépens sont compensés entre les parties.

Ordonnance du roi, du 3o janvier 1828, qui rejette les réclamations élevées au sujet de la reprise du canal de l'Essonne.

CHARLES, etc. ; vu la requête à nous présentée au nom de la compagnie des canaux d'Orléans et de Loing, poursuite et diligence du sieur Rouxel, administrateur de ces canaux, ladite requête enregistrée au secrétariat général de notre conseil d'Etat, le 20 août 1825, et tendant à ce qu'il nous plaise, en la forme, recevoir ladite compagnie opposante à l'exécution d'une ordonnance royale rendue le 19 mai 1825, en faveur des représentants du sieur Guyenot, annuler ladite ordonnance rendue en matière contentieuse, sur le rapport du ministre de l'intérieur, et sur le simple avis du comité du conseil d'Etat établi auprès de ce ministre ;

Au fond, déclarer les représentants du sieur Guyenot purement et simplement non recevables en leur demande tendant, à fin d'être relevés de la déchéance par eux encourue, laquelle déchéance, reconnue par l'ordonnance royale du 8 février 1820, sera exécutée selon sa forme et teneur ; en tous cas les débouter de ladite demande, et les condamner aux dépens ;

Réserver à la compagnie tous ses droits et actions résultant en sa faveur des édits de 1679 et 1719, ainsi que du contrat de vente, du 28 février 1810, et notamment le droit de réclamer une indemnité préalable pour raison du préjudice que lui feraient éprouver les nouvelles communications dont l'ouverture serait ordonnée ;

Vu la requête à nous présentée au nom de notre neveu le duc d'Orléans, enregistrée audit secrétariat général, le 6 septembre 1825, et tendant à ce qu'il nous plaise le recevoir partie intervenante, et lui donner acte de ce qu'il adhère purement et simplement aux conclusions qui ont été prises pour la compagnie des canaux d'Orléans et de Loing;

Vu la requête à nous présentée au nom de notre cousin le duc de Tarente, en sa qualité de grand-chancelier, stipulant les intérêts de l'ordre royal de la Légion d'honneur ; ladite requête enregistrée audit secrétariat général, le 10 octobre 1825, et tendant à ce qu'il nous plaise lui donner acte de son intervention, et de ce qu'il adhère aux conclusions de la compagnie des canaux d'Orléans et de Loing, et à celles qui ont été prises par notre neveu le duc d'Orléans, pour être par nous statué sur le tout, tous autres droits et conclusions de l'ordre de la Légion d'honneur demeurant réservés ;

Vu les trois ordonnances de *soit communiqué*, et le mémoire en défense des ayants droit du feu sieur Guyenot de Châteaubourg, dernier concessionnaire du canal d'Essonne ; ledit mémoire enregistré audit secrétariat général, le 9 mars 1827, et tendant à ce qu'il nous plaise déclarer, en la forme, les propriétaires des canaux d'Orléans et de Loing non recevables dans leur opposition contre l'ordonnance du 19 mai 1825, et les en débouter ; les déclarer subsidiairement au fond sans qualité pour provoquer le maintien de l'ordonnance du 30 mars 1820, ou, pour s'opposer à son rapport, les déclarer également non recevables et mal fondés dans leurs conclusions tendantes à être réservés à réclamer une indemnité dans le cas où le canal d'Essonne recevrait son exécution; les condamner aux dépens ;

Vu les conclusions de la compagnie des canaux d'Orléans et de Loing, enregistrées audit secrétariat général, le 16 mai 1827, et tendant à ce qu'il nous plaise ordonner, avant faire droit, que les prétendus ayants cause du sieur Guyenot de Châteaubourg seront tenus, dans un délai déterminé, de déclarer leurs noms, prénoms et demeures, ainsi que les qualités dans lesquelles ils entendent procéder dans l'instance, et de produire les pièces justificatives desdites qualités, faute de quoi il sera passé outre sans aucunement avoir égard aux défenses signifiées et produites sous le nom collectif d'ayant cause du sieur Guyenot de Châteaubourg, et, au surplus, adjuger aux requérants leurs précédentes conclusions dans lesquelles ils persistent ;

Vu les conclusions des ayants droit du feu sieur Guyenot de Châteaubourg, enregistrées audit secrétariat général, le 30 mai 1827, et tendant à ce qu'il nous plaise leur donner acte de ce qu'ils produisent : 1° la procuration du 24 juillet 1823 ; 2° l'acte du 9 mars 1826, qui établissent leurs noms, prénoms, demeures et qualités ;

Vu le mémoire pour la compagnie propriétaire des canaux d'Orléans et de Loing, enregistré audit secrétariat général, le 20 novembre 1827, et tendant au maintien de ses précédentes conclusions ;

Vu la lettre de notre ministre de l'intérieur, du 30 août 1827, contenant des observations et renseignements sur l'objet de la présente contestation ;

Vu notre ordonnance attaquée, du 19 mai 1825, portant, art. 1er :

« Les ayants cause du sieur Guyenot de Châteaubourg sont autorisés » à faire, à leurs frais, compléter, sous la surveillance des ingénieurs » des ponts et chaussées, les études nécessaires,

» 1° Pour constater la possibilité d'amener au bief de partage du canal » d'Essonne, un volume d'eau suffisant pour l'alimenter, en s'abstenant » toutefois d'employer à cet usage les eaux auxquelles ont droit les pro- » priétaires du canal d'Orléans, aux termes de leur concession ;

» 2° Pour rédiger un projet général et complet du canal d'Essonne » dans toute son étendue, et en fixer le tracé et la direction depuis » Corbeil jusqu'à Orléans. »

Et l'article 2 :

« Ces études et le projet de canal seront présentés à l'examen du » conseil des ponts et chaussées, et nous seront soumis, s'il y a lieu, » pour être ensuite statué ce qu'il appartiendra. »

Vu toutes les pièces respectivement produites et jointes au dossier ;

Considérant que, par le dispositif de notre ordonnance du 19 mai 1825, nous avons autorisé les études et reconnaissances à faire sur le terrain pour la rédaction d'un projet de canal, et que nous nous sommes réservé de statuer ensuite ce qu'il appartiendra ;

Considérant que ce dispositif n'a rien préjugé sur aucuns droits privés, et que, dès lors, il n'est pas susceptible d'être attaqué par la voie contentieuse ;

Notre conseil d'Etat entendu,

Nous avons ordonné et ordonnons ce qui suit :

Art. 1er. La requête de la compagnie des canaux d'Orléans et de Loing, et les requêtes en intervention de notre neveu le duc d'Orléans, et de notre cousin le duc de Tarente, sont rejetées.

2. La compagnie des canaux d'Orléans et de Loing, notre neveu le

duc d'Orléans et notre cousin le duc de Tarente, sont condamnés aux dépens.

Ordonnance qui fixe le tarif des droits à percevoir par la commission syndicale des marais de Lesparre, sur les trois canaux de dessèchement de ces marais.

Au château des Tuileries, le 30 janvier 1828.

CHARLES, etc.; sur le rapport de notre ministre secrétaire d'Etat au département de l'intérieur;

Vu la demande de la commission syndicale des marais de Lesparre, département de la Gironde, tendant à être autorisée : 1° à établir la navigation sur les trois canaux de dessèchement de ses marais et du polder de Hollande, connus sous les noms de canaux de Lescarpont et de la Romiguière, et du grand chenal du Guy débouchant dans la Gironde; 2° à percevoir un droit de péage pour couvrir les dépenses à faire à ce sujet;

Vu le projet de tarif de ce droit;

Vu le consentement donné par la compagnie du polder de Hollande, pour l'établissement de cette navigation sur le grand chenal du Guy, commun entre elle et la compagnie des marais de Lesparre, sous la réserve qu'elle ne prendra aucune part aux recettes ni aux dépenses qui en résulteront;

Vu les avis favorables des sept communes intéressées à cet établissement;

Vu les avis du sous-préfet de l'arrondissement;

Vu les avis du préfet de la Gironde;

Vu les avis du conseil général des ponts et chaussées, des 14 mai et 16 août 1825 et du 29 septembre dernier;

Vu la loi du 16 septembre 1807;

Vu le décret du 13 mai 1813, qui a formé une commission syndicale de sept membres chargés de l'administration du territoire des marais de Lesparre;

Vu la loi du 6 juillet 1826, article 3, titre II;

Notre conseil d'Etat entendu,

Nous avons ordonné et ordonnons ce qui suit :

Art. 1er La commission syndicale des marais de Lesparre est autorisée à livrer à la navigation les trois canaux de dessèchement de ses marais et du polder de Hollande, connus sous les noms de canaux de Lescarpont, de la Romiguière et du grand chenal de Guy, débouchant dans la Gironde, et à percevoir un droit de péage d'après le tarif qui suit :

Tarif.

Du pont de l'Hervaut,
Du pont de l'Escarpont,
Et } jusqu'au pont de Goulée.

Du pont de Goulée, } au pont de l'Hervaut,
au pont de l'Escarpont.

DÉSIGNATION DES ARTICLES sujets aux droits.	MESURES ET POIDS.	DROITS à percevoir.	
		f.	c.
Vin.	Le tonneau de 4 barriques en 9 hectolitres (12 litres).	2	»
Grains.	L'hectolitre.	»	15
Carrasson (petit échalas).	Le millier (ou vingt fagots).	»	25
Carrasson (grand échalas).	Le millier (ou vingt fagots).	»	50
Lattes	La douzaine de faix (ou fagots). . .	»	30
Faissanats (ou fagots).	Le cent de faix (ou fagots).	3	»
Bois de tonneau.	Le tonneau (ou stère).	1	60
Pour toute marchandise en caisse, ballot, balle, mannequin ou panier.	Les 50 kilogrammes.	»	50
Idem.	Les 25 kilog. et au-dessous.	»	30
Meubles et autres objets d'encombrement non désignés au tarif. . .	Les 50 kilogrammes.	1	»
Idem.	Les 25 kilog. et au-dessous.	»	60
Barriques vides.	La douzaine.	2	»
Veine (ou osier).	La gerbe.	»	15
Pierre de Bourg.	Le cent.	5	»
Idem de Roque de Tan.	Le cent.	5	»
Moellon.	Le tonneau.	2	»
La tuile , brique (ou petits carreaux.)	Le cent.	»	60
Carreaux (grande dimension). . . .	Le cent.	1	50

Les objets flottés payeront un tiers en sus du droit ci-dessus spécifié, suivant leur classe.

Tout chargement qui se fera en aval du pont de la Verdotte au cap Fourche et du port de Goulée jusqu'à ces deux points, ne sera assujetti qu'aux deux tiers des droits établis au tarif, sauf l'exception proportionnelle due pour les objets flottés.

2. Après la deuxième année de perception, les communes intéressées seront entendues sur les prix portés au tarif de péage, et il en sera rendu compte à notre ministre de l'intérieur, qui nous proposera la révision du tarif, s'il y a lieu.

3. Au moyen de la perception de ces droits, la commission syndicale des marais de Lesparre est obligée de faire tous les travaux nécessaires pour entretenir constamment les trois canaux en bon état, et de manière à ce que la navigation n'éprouve aucun obstacle.

Ordonnance du roi, du 6 février 1828, annulant un arrêté du conseil de préfecture de la Meuse, relatif au rétablissement du chemin de hulage à Vilosnes.

Charles, etc. ; vu le pourvoi formé par notre ministre de l'intérieur, enregistré au secrétariat général de notre conseil d'État, le 8 janvier 1828, et tendant à l'annulation d'un arrêté du conseil de préfecture du département de la Meuse, du 20 juillet 1827, relatif au rétablissement du chemin de halage de la Meuse dans la commune de Vilosnes ;

Vu les réclamations formées par les bateliers de la Meuse et le mémoire en réponse des habitants de la commune de Vilosnes ;

Vu le procès-verbal dressé le 19 mai 1827 par le sieur Desoudin, conducteur des ponts et chaussées, constatant que, sur la rive droite de la Meuse, dans la commune de Vilosnes, il n'existe aucun chemin de halage, et que l'emplacement de ce chemin est couvert de maisons bâties et de jardins cultivés ; que, sur la rive gauche, il n'existe qu'un sentier étroit et insuffisant pour les besoins de la navigation ;

Vu l'arrêté attaqué du conseil de préfecture du département de la Meuse, du 20 juillet 1827, portant qu'il n'y a pas lieu de donner suite au procès-verbal dressé le 19 mai 1827, au sujet des chemins de halage de la rivière de la Meuse, sur le territoire de Vilosnes ;

Vu la lettre du préfet de la Meuse, du 21 juillet 1827, le rapport de l'inspecteur divisionnaire, du 14 octobre suivant, et l'avis du conseil général des ponts et chaussées, du 10 novembre même année ;

Vu l'article 7, titre XXVIII de l'ordonnance de 1669, portant que les propriétaires des héritages aboutissants aux rivières navigables, laisseront le long des bords 24 pieds au moins (7 mètres 80 centimètres) de place en largeur pour chemin royal et trait de chevaux, sans qu'ils puissent planter arbres, ni tenir clôture ou haie plus près que 30 pieds (9 mètres 75 centimètres) du côté que les bateaux se tirent, et 10 pieds (3 mètres 25 centimètres) de l'autre bord, à peine de 500 fr. d'amende, confiscation des arbres, et d'être, les contrevenants, contraints à remettre les choses en état à leurs frais ;

Vu l'article 4 du décret du 22 janvier 1808, portant que l'administration pourra, lorsque le service n'en souffrira pas, restreindre la largeur des chemins de halage, notamment quand il y aura antérieurement des clôtures et haies vives, murailles ou travaux d'art, ou des maisons à détruire ;

Vu toutes les pièces produites et jointes au dossier ;

Considérant que la rivière de Meuse est navigable dans le territoire de la commune de Vilosnes ;

Considérant qu'il résulte des pièces et de l'instruction de l'affaire, que dans cette commune la libre circulation sur le chemin de halage et le marche-pied de la rivière est interceptée par des haies vives et plantations, par des murs de clôture et même par quelques constructions d'édifices ; que cet état de choses a été reconnu par le conseil de préfecture de la Meuse ; mais, que sous le prétexte de l'ancienneté des ouvrages, ledit conseil a déclaré que l'article 4 du décret du 22 janvier 1808, susvisé, était applicable, et que dès lors il n'y avait pas lieu de donner suite au procès-verbal du 19 mai 1827 ;

Considérant que, si l'article 4 du décret du 22 janvier 1808 autorise, en certains cas, l'administration à réduire les dimensions en largeur prescrites par l'ordonnance de 1669, les dispositions de l'article 7, titre XXVIII de ladite ordonnance, n'en demeurent pas moins applicables quand l'administration n'a pas usé de la faculté qui lui est accordée par ledit article 4; qu'ainsi le conseil de préfecture n'aurait pas dû s'abstenir de statuer sur les anticipations et contraventions relatives à l'occupation du chemin de halage et du marche-pied de la Meuse dans la commune de Vilosnes;

Notre conseil d'Etat entendu,

Nous avons ordonné et ordonnons ce qui suit :

Art. 1er. L'arrêté du conseil de préfecture du département de la Meuse, du 20 juillet 1827, est annulé.

2. Il sera donné suite par ledit conseil de préfecture au procès-verbal concernant les anticipations commises dans la commune de Vilosnes sur les emplacements du chemin de halage et du marche-pied de la Meuse, sauf aux propriétaires riverains à se retirer ultérieurement devant l'administration pour demander à obtenir, s'il y a lieu, une réduction de largeur, conformément à l'article 4 du décret du 22 janvier 1808.

Ordonnance du roi, du 13 février 1828, qui annule un arrêté de conflit du préfet de l'Ardèche.

CHARLES, etc.; vu le rapport de notre garde des sceaux, ministre secrétaire d'Etat au département de la justice, sur un conflit entre le préfet du département de l'Ardèche et le tribunal de paix du canton de Privas;

Vu le jugement par défaut du juge de paix de Privas, du 25 octobre 1827, qui condamne le sieur Pourcheron à démolir la chaussée ou barrage qu'il a fait construire sur la rivière de Mezayon;

Vu l'arrêté du 29 novembre 1827, par lequel le préfet du département de l'Ardèche élève le conflit d'attribution, attendu que le barrage dont il s'agit a été autorisé par une ordonnance royale, dont le jugement du 25 octobre 1827 renferme implicitement la révocation;

Vu le jugement du juge de paix de Privas, du 1er décembre 1827, qui sursoit à prononcer sur l'opposition jusqu'à ce qu'il ait été statué sur le conflit;

Vu les lettres des sieurs Pourcheron et Sibleyras, en date des 5 et 8 décembre 1823, constatant qu'il leur a été donné connaissance de l'arrêté de conflit;

Vu les observations du sieur Sibleyras, sur le conflit, enregistrées au secrétariat général de notre conseil d'Etat, le 17 janvier 1828;

Vu la requête à nous présentée au nom du sieur Sibleyras, propriétaire, demeurant au Mas des Hubas, département de l'Ardèche, ladite requête enregistrée audit secrétariat général, le 18 janvier 1828, et tendant à ce qu'il nous plaise, dans le cas où nous déclarerions bien fondé l'arrêté de conflit ci-dessus visé, le recevoir opposant à notre ordonnance du 28 février 1827, par laquelle nous avons autorisé le sieur Pourcheron à établir une usine à soie sur la rivière de Mezayon, et statuant sur cette opposition, déclarer ladite ordonnance non avenue, ordonner que le sieur Pourcheron sera tenu de détruire le barrage qu'il a élevé au travers de ladite rivière, ainsi que toutes autres constructions qui pourraient porter atteinte aux droits de l'exposant, et de rétablir les lieux dans l'état où ils étaient auparavant, faute de quoi l'exposant pourra le faire aux frais du sieur Pourcheron;

Et condamner ledit sieur Pourcheron aux dépens;

Vu notre ordonnance du 28 février 1827, portant, entre autres dispositions, que le sieur Pourcheron est autorisé à établir une usine à soie sur la rivière de Mezayon, qu'il dérivera à cet effet, et que le barrage de prise d'eau ne pourra être élevé qu'à la hauteur de 46 centimètres en contre-bas de l'axe extérieur de la roue de la fabrique du sieur Sibleyras, ou à un mètre vingt centimètres en contre-haut d'un trou de mine pratiqué dans le rocher, lequel servira de repère provisoire;

Vu toutes les pièces produites et jointes au dossier;

Considérant que le conflit et le pourvoi présentant à juger la même question de compétence, il y a lieu de les joindre, pour y statuer par une seule et même ordonnance;

Considérant que le cours d'eau dont il s'agit n'est ni navigable ni flottable;

Que, dès lors, l'ordonnance qui a autorisé la construction de l'usine du sieur Pourcheron ne constitue qu'une simple permission accordée sous les rapports de police, et sans préjudice des droits relatifs à la propriété du sol, à l'usage des eaux et autres droits des tiers;

Qu'ainsi elle ne fait pas obstacle à ce que l'action intentée par le sieur Sibleyras contre le sieur Pourcheron soit jugée par les tribunaux, seuls compétents à cet égard;

Notre conseil d'État entendu,

Nous avons ordonné et ordonnons ce qui suit:

Art. 1er. L'arrêté de conflit pris par le préfet du département de l'Ardèche, le 29 novembre 1827, est annulé, et les parties sont renvoyées devant les tribunaux.

Ordonnance du roi, du 13 février 1828, relative à la construction d'un pont sur la Seine, au lieu dit la bosse de Marne.

CHARLES, etc.; vu le projet de construction d'un pont sur la Seine à l'amont de Paris, au lieu dit *la bosse de Marne*, et de deux parties de route aux abords, au moyen d'un péage à concéder à l'adjudicataire des travaux;

Vu le cahier des charges de l'entreprise, le tarif du péage à percevoir sur le pont après son achèvement, et le procès-verbal de l'adjudication passée en conseil de préfecture du département de la Seine, le 24 octobre 1827;

Notre conseil d'État entendu;

Nous avons ordonné et ordonnons ce qui suit:

Art. 1er. L'adjudication passée par le préfet du département de la

Seine, le 24 octobre, 1827, aux sieurs comte Dubois, Durand, Beneton, Billiard et Lamouroux, pour la construction, à leurs frais, risques et périls, d'un pont sur la Seine à l'amont de Paris, au lieu dit *la bosse de Marne*, et de deux parties de route aux abords, moyennant la concession d'un péage à percevoir sur le pont après son achèvement pendant quatre-vingt-dix-neuf ans, est approuvée.

2. Le tarif du péage est fixé comme il suit (1).

3. Les concessionnaires du péage tiendront constamment affiché, dans le lieu le plus apparent, le tarif du péage qu'ils sont autorisés à percevoir.

Ordonnance du 20 février 1828, qui approuve un arrêté de conflit du préfet de Maine-et-Loire.

CHARLES, etc.; sur le rapport du comité du contentieux (première section);

Vu le rapport de notre garde des sceaux, ministre secrétaire d'Etat de la justice, sur un arrêté de conflit pris par le préfet du département de Maine-et-Loire, le 5 décembre 1827, dans une contestation existant devant le tribunal civil de Saumur, entre les sieurs marquis de Brézé, Bourgoin et Marquis, d'une part, et la compagnie Roehn, d'autre part, relativement aux travaux que la compagnie fait exécuter pour la canalisation de la rivière de la Dive et le desséchement des marais de ce nom, ledit rapport enregistré au secrétariat de notre conseil d'Etat le 23 janvier 1828 ;

Vu l'arrêté de conflit ;

Vu les exploits d'assignation donnés, les 15 et 22 septembre 1827, à la requête des sieurs de Brézé, Bourgoin et Marquis, au sieur Falconnet, entrepreneur desdits travaux, de comparaître devant le tribunal de Saumur, pour y voir déclarer bonne et valable l'opposition par eux formée à la continuation des travaux du canal dont il s'agit ;

Vu l'exploit d'assignation donné le 7 octobre 1827, à la requête du sieur Falconnet, aux sieurs Roehn et compagnie, de comparaître devant le tribunal de Saumur, pour intervenir dans ladite contestation et le garantir de toutes les condamnations qui pourraient être prononcées contre lui ;

Vu la lettre de notre procureur près le tribunal de Saumur, en date du 6 janvier 1828, constatant qu'il a été donné communication aux parties de l'arrêté de conflit, sur lequel arrêté elles n'ont produit aucune observation ;

Vu toutes les pièces jointes au dossier ;

Considérant, dans l'espèce, que l'assignation faite au nom des sieurs de Brézé, Bourgoin et Marquis n'avait pas pour objet de faire juger une question de propriété, mais de faire suspendre par les tribunaux les travaux de canalisation et de desséchement prescrits par notre ordonnance du 9 octobre 1825 ;

Considérant qu'aux termes de la loi du 16 septembre 1807, l'estima-

---

(1) Le tarif est au Bulletin des lois.

tion et la fixation des indemnités doivent être faites par voie administrative, et que les contestations qui peuvent s'élever entre les propriétaires et les concessionnaires, relativement à ladite estimation, doivent être portées devant la commission administrative, instituée par l'article 12 de ladite loi ;

Notre conseil d'Etat entendu,

Nous avons ordonné et ordonnons ce qui suit :

Art. 1er. L'arrêté de conflit, pris par le préfet du département de Maine-et-Loire, le 5 décembre 1827, est confirmé ;

Les exploits d'assignation des 15, 22 septembre et 7 octobre 1827 sont considérés comme non avenus.

Ordonnance du roi, du 28 février 1828, qui rejette la requête du sieur de Brivazac.

(Plantations sur le bord de la Gironde.)

CHARLES, etc. ; sur le rapport du comité du contentieux (1re section);

Vu la requête à nous présentée au nom du sieur baron de Brivasac, propriétaire à Bordeaux, petite rue Saint-Christoly, ladite requête enregistrée au secrétariat général de notre conseil d'Etat, le 5 octobre 1826, et tendant à ce qu'il nous plaise annuler dans toutes ses dispositions, pour incompétence et mal jugé au fond, un arrêt du conseil de préfecture de la Gironde, du 12 juin 1826, ordonner que les plantations de l'exposant seront conservées, subsidiairement remettre ou modérer l'amende de 500 francs, et ordonner que ses plantations au bord de la Gironde ne seront détruites que jusqu'où il sera jugé indispensable pour le besoin de la navigation ;

Vu la lettre du directeur général des ponts et chaussées et des mines, du 10 juillet 1827, contenant des renseignements et observations sur l'objet de la présente réclamation ;

Vu le mémoire en réplique du sieur Brivazac, enregistré audit secrétariat général, le 19 août 1827, et tendant au maintien de ses premières conclusions ;

Vu l'arrêt attaqué du conseil de préfecture de la Gironde, du 12 juin 1826, portant que le sieur baron de Brivazac est condamné à une amende de 500 francs, pour avoir fait faire, sans autorisation, des plantations sur le bord de la Gironde et dans l'ancien chenal du Brouillon, et que lesdites plantations seront détruites partout où elles pourront nuire au cours des eaux, à la navigation et au halage, dans les largeurs et distances qui seront déterminées par l'administration, conformément aux lois et ordonnances sur la police des fleuves et rivières navigables ;

Vu le plan des lieux et toutes les pièces produites et jointes au dossier ;

Sur la compétence :

Considérant que la partie du cours du Brouillon, comprise entre le pont de Plassac et la Gironde, forme un chenal qui a de tout temps servi de refuge aux navires, et qui, malgré les atterrissements, peut encore être fréquenté, à marée haute, par les gabares et petites embarcations ;

Au fond, considérant qu'il est reconnu par le sieur de Brivazac que les plantations ont été faites par lui, sans autorisation, sur les bords de la Gironde et du chenal du Brouillon;

Considérant qu'il résulte de l'instruction de l'affaire que lesdites plantations interceptent le marche-pied ou contre-chemin de halage; qu'elles sont nuisibles à la navigation et qu'elles tendent à augmenter les envasements et les atterrissements;

Considérant d'abord que, par l'article 2 de l'arrêté attaqué, il a été fait droit aux conclusions subsidiaires du sieur de Brivazac, en ce qui concerne l'étendue et les limites des plantations à détruire;

Notre conseil d'Etat entendu,

Nous avons ordonné et ordonnons ce qui suit:

Art. 1er. La requête du sieur de Brivazac est rejetée.

Ordonnance du roi, du 28 février 1828, qui annule un arrêté du préfet de Seine-et-Oise.

(Discussion entre propriétaires d'usines.)

Charles, etc.; sur le rapport du comité du contentieux (1re section);

Vu la requête à nous présentée au nom du sieur Jars, propriétaire du Moulin-Galant, près Essonne, ladite requête enregistrée au secrétariat général de notre conseil d'Etat, le 28 avril 1826, et tendant à ce qu'il nous plaise annuler un arrêté du préfet du département de Seine-et-Oise, du 4 mai 1825, avec tout ce qui en a été la suite, comme vicié d'incompétence; renvoyer les parties devant les tribunaux, pour faire statuer sur l'ensemble de leurs droits;

Vu l'ordonnance de *soit communiqué* et le mémoire en défense du sieur Tenneguy, propriétaire, demeurant à Paris, rue Coq-Héron, n° 9, ledit mémoire enregistré au secrétariat général, le 2 août 1826, et tendant à ce qu'il nous plaise déclarer le sieur Jars non recevable, et, dans tous les cas, mal fondé; condamner ledit sieur Jars aux dépens, sous toutes réserves de prendre par la suite telles autres et plus amples conclusions que de droit;

Vu le mémoire en réplique du sieur Jars, enregistré audit secrétariat général, le 9 janvier 1827, et tendant au maintien de ses premières conclusions;

Vu la lettre du directeur général des ponts et chaussées et des mines, du 30 juin 1827, portant que l'arrêté du préfet, du 31 décembre 1813, n'ayant pas été soumis à l'approbation du gouvernement, cet arrêté n'a pu conférer au sieur Jars qu'un droit provisoire, susceptible d'opposition; qu'ainsi, le gouvernement demeure libre d'accorder ou de refuser l'autorisation définitive, et, dans le premier cas, de prescrire les conditions jugées nécessaires pour maintenir le régime de la rivière et concilier tous les intérêts;

Vu les dernières conclusions du sieur Jars, enregistrées audit secrétariat général, le 26 septembre 1827, et produites à l'appui de ses premières conclusions;

Vu l'arrêté du préfet de Seine-et-Oise, du 31 décembre 1813, qui autorise le sieur Jars à établir un moulin à foulon, en lui prescrivant de baisser de vingt et un centimètres le dessus du déversoir de son usine à cuivre ;

Vu le procès-verbal d'enquête, dressé le 5 avril 1824, par le juge de paix de Corbeil ;

Vu les rapports des ingénieurs des ponts et chaussées du département de Seine-et-Oise ;

Vu l'arrêté attaqué du préfet de Seine-et-Oise, du 4 mai 1825, qui fixe la hauteur des vannes du Moulin-Galant, prescrit la reconstruction du déversoir, et renvoie les parties devant les tribunaux sur la discussion relative aux vannes de l'usine de la Chopinière ;

Vu la lettre dudit préfet, du 13 janvier 1826, qui rejette l'opposition formée par le sieur Jars à l'arrêté précédent ;

Vu les plans des lieux et toutes les pièces respectivement produites et jointes au dossier ;

Sur l'arrêté du préfet, du 31 décembre 1813 :

Considérant que cet arrêté ne nous a pas été déféré par les parties, et que le directeur général des ponts et chaussées s'est borné à des réserves d'intérêt général ;

Sur l'arrêté du 4 mai 1825 :

Considérant que si cet arrêté eût été pris par voie de règlement général, et sauf notre approbation, il n'aurait pas été attaqué devant nous par la voie contentieuse ;

Mais que ledit arrêté est intervenu sur une contestation existante entre deux propriétaires d'usines, et qu'il a statué sur leurs droits respectifs à l'usage des eaux, résultant, soit des anciens règlements, soit des conventions particulières dont l'interprétation et l'application appartiennent aux tribunaux ordinaires ;

Notre conseil d'Etat entendu,

Nous avons ordonné et ordonnons ce qui suit :

Art. 1er. L'arrêté du préfet du département de Seine-et-Oise, du 4 mai 1825, est annulé pour incompétence.

2. Est condamnée aux dépens la partie qui succombera devant les tribunaux.

Circulaire du directeur général des ponts et chaussées et des mines (M. Becquey), à MM. les préfets, annonçant que les actes d'acquisition des terrains destinés aux routes départementales doivent être enregistrés gratis.

Paris, le 28 février 1828.

Monsieur le préfet, l'administration de l'enregistrement, se fondant sur l'article 7 de la loi du 16 juin 1824, exigeait des départements un droit de 10 francs pour l'enregistrement des actes d'acquisition des terrains destinés aux routes départementales. Les réclamations adressées à ce sujet par plusieurs préfets ont porté Son Excellence le ministre de l'intérieur à représenter à Son Excellence le ministre des finances que les acquisitions faites dans l'intérêt des routes départementales ne pouvaient être assimilées à celles qui, d'après la loi précitée, sont passibles du droit de 10 francs. Le sol des routes départementales ne cessant point d'appartenir à l'Etat, bien que ces routes aient été mises, par le décret du 16 décembre 1811, à la charge des localités qu'elles intéressent, il a paru juste que les actes d'acquisition des terrains destinés à ces routes soient enregistrés *gratis* comme les actes des acquisitions faites pour les routes royales. Par une lettre du 7 janvier dernier, Son Excellence le ministre des finances annonce que, d'après les explications qui lui ont été données par l'administration, il a décidé que les actes d'acquisition dont il s'agit seront enregistrés *gratis*, conformément aux dispositions de l'article 70 de la loi du 12 décembre 1798 (22 frimaire an VII). M. le directeur de l'enregistrement et des domaines a été informé de cette décision et a donné des ordres pour son exécution.

Je vous prie de tenir la main, de votre côté, à ce qu'elle soit exactement observée, et de m'accuser réception de la présente, dont j'adresse une ampliation à M. l'ingénieur en chef.

Ordonnance du roi, du 13 mars 1828, relative à la construction d'un pont sur l'Ile à Laubardemont.

CHARLES, etc.; vu le cahier de charges dressé pour la construction d'un pont suspendu sur l'Ile à Laubardemont, moyennant la concession d'un péage;

Vu le procès-verbal du 2 août 1827, constatant les opérations faites à la préfecture du département de la Gironde, pour parvenir avec publicité et concurrence à l'adjudication de cette entreprise;

Notre conseil d'Etat entendu,

Nous avons ordonné et ordonnons ce qui suit:

Art. 1er. L'adjudication de la construction d'un pont suspendu sur l'Ile à Laubardemont, faite et passée, le 2 août 1827, par le préfet de la Gironde, au sieur Quénot, moyennant la concession des droits à percevoir sur ce pont pendant quatre-vingt-dix-neuf ans, est approuvée: en conséquence, toutes les clauses et conditions de cette adjudication recevront leur pleine et entière exécution.

2. Le cahier de charges, le tarif et le procès-verbal d'adjudication demeureront annexés à la présente ordonnance (1).

3. Dans le cas où l'exécution desdits travaux nécessiterait de recourir à la voie de l'expropriation, il nous en sera référé pour y être pourvu par une nouvelle ordonnance, après l'accomplissement des formalités prescrites par la loi du 8 mars 1810.

Ordonnance du roi, du 13 mars 1828, relative à la construction d'un pont suspendu sur l'Ile à Guitres.

CHARLES, etc.; vu le cahier de charges dressé pour la construction

---

(1) Le tarif est au Bulletin des lois.

d'un pont suspendu sur l'Ile à Guitres, moyennant la concession d'un péage;

Vu le procès-verbal du 2 août dernier, constatant les opérations faites à la préfecture du département de la Gironde, pour parvenir avec publicité et concurrence à l'adjudication de cette entreprise;

Notre conseil d'Etat entendu,

Nous avons ordonné et ordonnons ce qui suit :

Art. 1er. L'adjudication d'un pont suspendu sur l'Ile à Guitres, faite et passée, le 2 août 1827, par le préfet de la Gironde, au sieur Lechevalier (Anaclet), moyennant la concession des droits à percevoir sur ce pont pendant quarante-huit années, est approuvée. En conséquence, toutes les clauses et conditions de cette adjudication recevront leur pleine et entière exécution.

2. Le cahier de charges, le tarif et le procès-verbal d'adjudication demeureront annexés à la présente ordonnance (1).

3. Dans le cas où l'exécution des travaux donnerait lieu de recourir à la voie de l'expropriation, il nous en sera référé pour y être pourvu par une nouvelle ordonnance, après l'accomplissement des formalités prescrites par la loi du 8 mars 1810.

Ordonnance du roi, du 13 mars 1828, approuvant les travaux à faire pour le perfectionnement du canal de Dunkerque à Furnes.

CHARLES, etc.; vu le projet, montant à 122,000 francs, des travaux à faire pour l'établissement d'une écluse à sas avec pont-levis sur le canal de Dunkerque à Furnes, département du Nord, et pour le dévasement général du canal;

Vu le projet de cahier de charges pour la concession des travaux, et celui du tarif des droits de péage à percevoir par les concessionnaires pendant la durée de la concession;

Vu l'avis de la chambre de commerce de Dunkerque, du 19 septembre 1827, sur le projet de tarif;

Vu les avis du conseil général des ponts et chaussées des 15 juillet 1826 et 27 novembre 1827, le premier sur le projet des travaux, et le second sur les projets de cahier de charges et de tarif;

Vu la délibération de la commission mixte des travaux publics, du 9 août 1826;

Vu la loi de finances du 24 juin 1827, pour l'année 1828, art. 3, titre II;

Notre conseil d'Etat entendu,

Nous avons ordonné et ordonnons ce qui suit :

Art. 1er. Le projet des travaux de construction d'une écluse à sas avec pont-levis sur le canal de Dunkerque à Furnes, et de dévasement général du canal, est approuvé conformément à l'avis du conseil général des ponts et chaussées du 15 juillet 1826.

Ces travaux, ainsi que les péages à percevoir, seront adjugés avec

---

(1) Le tarif est au Bulletin des lois.

publicité et concurrence, et par voie de soumissions cachetées, conformément au mode suivi par l'administration des ponts et chaussées pour les travaux qu'elle fait exécuter.

L'adjudicataire ou concessionnaire se conformera au cahier des charges annexé à la présente ordonnance.

2. Ledit concessionnaire est autorisé à percevoir sur la partie française du canal, et pendant toute la durée de la concession qui sera déterminée par l'adjudication (1), les droits de péage fixés par le tarif qui suit.

Cette perception ne commencera que du jour où les travaux prescrits par le projet et le cahier de charges seront terminés et reçus.

Tarif.

Pour toute la distance et les lieux intermédiaires, dix centimes par tonneau.

Les droits seront perçus sans avoir égard au point de départ et d'arrivée ni aux fractions de distance. La perception se fera sur la remonte comme sur la descente.

Ne payeront que la moitié des droits ci-dessus fixés :

1° Les bateaux à vide ;

2° Ceux uniquement chargés de pavés, sable et cailloux pour les routes, d'engrais, fumiers, gadoue, cendres fossiles, cendres de mer, cendres de bois, de charbon ou de tourbe.

Les trains d'arbres flottés payeront pour chaque arbre, sans avoir égard à la dimension, le droit fixé pour deux tonneaux (vingt centimes).

Les trains de bois flottés payeront également pour chaque mètre de longueur le droit fixé pour deux tonneaux.

Les coches d'eau, voitures d'eau et autres bâtiments destinés au transport des voyageurs seront toujours considérés comme au complet.

3. Le droit de navigation actuellement perçu au profit du trésor sur le canal sera suspendu pendant toute la durée de la concession.

Ordonnance du roi, du 13 mars 1828, qui autorise M. Desfourneaux à établir une gare sur l'Yonne à Cézy.

Charles, etc. ; vu la réclamation du sieur Desfourneaux, lieutenant général de nos armées, propriétaire du sol de l'anse servant de gare sur la rive gauche de l'Yonne, à l'effet d'obtenir l'autorisation de faire les travaux d'amélioration et de perfectionnement dont cette gare est susceptible, de manière qu'elle offre en toute saison un abri sûr et commode aux bateaux qui pourront la fréquenter ;

Vu les rapports des ingénieurs des ponts et chaussées ;

Vu l'avis du conseil général des ponts et chaussées en date du 22 décembre 1827 ;

---

(1) La durée de la concession est de soixante-huit années, ainsi qu'il résulte de l'adjudication consentie en faveur du sieur Lardé, et approuvée par une ordonnance royale du 6 août 1828.

Notre conseil d'Etat entendu,

Nous avons ordonné et ordonnons ce qui suit :

Art. 1er. Le sieur Desfourneaux est autorisé à établir et à entretenir à ses frais une gare sur la rive gauche de l'Yonne, au lieu dit *Cézy*. Cette gare sera établie sur la propriété du sieur Desfourneaux, dans l'emplacement indiqué au plan annexé à la présente ordonnance. La ligne destinée à limiter l'étendue de la gare, du côté de la rivière, sera déterminée par les soins des ingénieurs des ponts et chaussées, au moyen de deux pieux dont l'un sera placé à la pointe que forme la berge dans la partie supérieure de la gare, et l'autre à l'intersection du prolongement du mur G H, avec la laisse des basses eaux.

2. Le sieur Desfourneaux est autorisé à percevoir sur les bateaux stationnés dans la gare un droit de garage fixé au maximum d'un franc par bateau pour chaque jour de stationnement.

Ordonnance du roi, du 13 mars 1828, relative à la construction d'un pont suspendu sur le Rhône à Bourg-Saint-Andéol.

CHARLES, etc. ; vu le cahier de charges dressé pour la construction d'un pont suspendu sur le Rhône à Bourg-Saint-Andéol, département de l'Ardèche, moyennant la concession d'un péage ;

Vu le procès-verbal du 15 novembre 1827, constatant les opérations faites à la préfecture du département de l'Ardèche pour parvenir avec publicité et concurrence à l'adjudication de cette entreprise ;

Notre conseil d'Etat entendu,

Nous avons ordonné et ordonnons ce qui suit :

Art. 1er. L'adjudication de la construction d'un pont suspendu sur le Rhône, à Bourg-Saint-Andéol, faite et passée, le 15 novembre 1827, par le préfet de l'Ardèche, aux sieurs Pellier de Lespinasse, Laurent Fabry et Carsignol, moyennant la concession des droits à percevoir sur ce pont pendant quatre-vingt-dix-neuf années, est approuvée. En conséquence, toutes les clauses et conditions de cette adjudication recevront leur pleine et entière exécution.

2. Le cahier de charges, le tarif et le procès-verbal d'adjudication demeureront annexés à la présente (1).

3. Dans le cas où il y aurait lieu de recourir à la voie de l'expropriation, pour donner suite auxdits travaux, il nous en sera référé pour y être pourvu par une nouvelle ordonnance, après l'accomplissement des formalités prescrites par la loi du 8 mars 1810.

Ordonnance du roi, du 2 avril 1828, qui annule une décision de la commission spéciale du desséchement de la vallée d'Authie.

CHARLES, etc.; vu les requêtes sommaire et ampliative à nous présentées au nom des sieurs Bernault, Dubuc et de l'Aubépin frères, con-

---

(1) Le tarif est au Bulletin des lois.

cessionnaires du desséchement des marais de la vallée d'Authie, lesdites requêtes enregistrées au secrétariat général de notre conseil d'Etat, les 15 septembre et 2 novembre 1827, et tendant à ce qu'il nous plaise annuler une décision de la commission spéciale, du 15 juin 1827, déclarer valable et exercée à juste cause la récusation du sieur Blondin de Boisieux, comme membre de la commission de desséchement de la vallée d'Authie, et ordonner en conséquence son remplacement dans ladite commission; tous droits, moyens et conclusions des exposants demeurant réservés;

Vu la décision attaquée, du 15 juin 1827, par laquelle la commission spéciale du desséchement de l'Authie décide que la récusation du sieur Blondin de Boisieux est regardée comme tardivement faite, et sans motifs valables;

Vu la lettre de notre ministre de l'intérieur, du 5 décembre 1827, contenant des renseignements et observations sur l'objet du présent pourvoi;

Vu la loi du 16 septembre 1807 sur les desséchements;

Vu l'article 378 du Code de procédure civile, portant que tout juge peut être récusé s'il est parent ou allié des parties, ou de l'une d'elles, jusqu'au degré de cousin issu de germain inclusivement;

Vu l'article 382 dudit Code, qui fixe les délais pendant lesquels la récusation peut être exercée;

Vu toutes les pièces produites et jointes au dossier;

Considérant qu'en matière de desséchement, les commissions spéciales ont été appelées, par la loi du 16 septembre 1807, à remplacer les conseils de préfecture, et que les appels des décisions prises par lesdites commissions sont portés devant nous, en notre conseil d'État;

Considérant qu'aucune loi n'ayant déterminé, pour les tribunaux administratifs, les causes de récusation, il y a lieu de suivre les règles tracées par le Code de procédure civile;

Considérant que la commission spéciale a reconnu que le sieur Blondin de Boisieux, un de ses membres, est cousin issu de germain de Jourdain de Prouville, propriétaire de terrains soumis au desséchement;

Considérant que la récusation a été exercée par exploit du 22 janvier 1827, et que la décision attaquée n'a été rendue que le 15 juin suivant; qu'ainsi la commission a fait une fausse application de l'article 382 du Code de procédure civile, en déclarant que cette récusation était tardive;

Notre conseil d'Etat entendu,

Nous avons ordonné et ordonnons ce qui suit :

Art. 1er. La décision de la commission spéciale d'Authie, du 15 juin 1827, est annulée.

2. La récusation est admise et déclarée valable; en conséquence, le sieur Blondin de Boisieux s'abstiendra de prononcer dans les affaires qui intéressent spécialement la propriété particulière du sieur Jourdain de Prouville, son cousin issu de germain.

Ordonnance du 2 avril 1828, qui rejette la requête du sieur Bonas.

CHARLES, etc.; sur le rapport du comité du contentieux (première section);

Vu la requête à nous présentée au nom du sieur Antoine Bonas, ancien négociant, demeurant à Clairac, arrondissement de Marmande, ladite requête enregistrée au secrétariat général de notre conseil d'Etat, le 4 juillet 1826, et tendante à ce qu'il nous plaise annuler un arrêté du conseil de préfecture du département de la Gironde, du 5 août 1826, en toutes ses dispositions;

Dire en conséquence que l'action est prescrite, faute de poursuites pendant un an à partir du jour de la contravention, ordonner que le sieur Bonas conservera sa cale telle qu'elle existe maintenant;

Subsidiairement dire qu'il n'y a pas de contravention, la construction ayant eu lieu avec l'approbation au moins tacite de l'autorité;

Très-subsidiairement surseoir à la démolition, attendu qu'il n'y a ni urgence ni nécessité, et vu d'ailleurs la bonne foi de l'exposant;

Condamner le sieur Deschamps aux dépens;

Vu le procès-verbal de contravention dressé le 4 mars 1826, par le sieur Frère, conducteur des ponts et chaussées;

Vu l'arrêté du préfet du département de la Gironde, du 15 mars 1826, qui renvoie l'affaire au conseil de préfecture, sans préjudice du recours devant les tribunaux, s'il y a lieu;

Vu l'arrêté attaqué du conseil de préfecture de la Gironde, du 5 août 1826, qui porte que le sieur Bonas sera tenu de faire démolir la cale d'embarquement située devant sa propriété, le condamne en 500 francs d'amende et au payement de 226 francs pour le montant des dégradations par lui commises; le tout sans préjudice des autres peines qu'il a encourues, à raison desquelles il y a lieu à le traduire devant les tribunaux compétents;

Vu le plan des lieux et les autres pièces jointes au dossier;

Vu l'art. 114 de la loi du 16 décembre 1811;

Considérant que le sieur Bonas ne justifie d'aucune autorisation concernant la cale d'embarquement par lui construite devant sa propriété;

Considérant que le sieur Bonas reconnaît avoir fait couper cinq pieux battus et enfoncés pour les travaux du port de Bordeaux sur les bords de la Garonne, et avoir mis d'autres pieux dans le même emplacement;

Considérant que le conseil de préfecture, en statuant sur les contraventions, a justement prononcé l'amende et la réparation du dommage, et qu'il a réservé aux tribunaux la connaissance des voies de fait et actes de violence imputés au sieur Bonas;

Notre conseil d'État entendu,

Nous avons ordonné et ordonnons ce qui suit:

Art. 1er. La requête du sieur Bonas est rejetée.

*Ordonnance du 2 avril 1828, qui annule un arrêté du conseil
de préfecture du Cher.*

CHARLES, etc. ; sur le rapport du comité du contentieux (première section) ;

Vu la requête à nous présentée au nom du sieur Marteau d'Autry, demeurant à Vierzon, ladite requête enregistrée au secrétariat général de notre conseil d'Etat le 5 avril 1827, et tendante à ce qu'il nous plaise déclarer qu'il n'y a pas lieu à démolir les constructions par lui faites ; annuler, en ce point, l'arrêté du conseil de préfecture du Cher, du 31 janvier 1827, lui faire remise de l'amende en entier, et condamner qui de droit aux dépens, sous toutes réserves ;

Vu l'arrêté du conseil de préfecture du département du Cher, du 31 janvier 1827, qui condamne le sieur Marteau d'Autry à démolir, dans les trois mois de la signification qui lui en sera faite, les constructions qu'il a fait faire au bâtiment de son moulin, au lieu appelé le Port-Dessous, sur le côté gauche de la route royale de Paris à Toulouse, et qui le condamne à 100 francs d'amende et aux dépens ;

Vu la lettre du directeur général des ponts et chaussées, du 30 septembre 1827, qui fait connaître que le bâtiment réparé par le sieur Marteau est éloigné de la ligne des plantations de la route de 3 mètres 40 centimètres à une extrémité, et de 6 mètres 40 centimètres à l'autre ; que, dès lors, il est en dehors de la limite assignée par le règlement au régime de la grande voirie ;

Vu toutes les pièces jointes au dossier ;

Considérant que le sieur Marteau d'Autry a bâti hors des limites du terrain soumis aux règlements de grande voirie, et qu'il n'y avait pas nécessité pour lui de demander un alignement ou une autorisation ;

Notre conseil d'Etat entendu,

Nous avons ordonné et ordonnons ce qui suit :

Art. 1er. L'arrêté du conseil de préfecture du département du Cher, du 31 janvier 1827, est annulé.

---

*Ordonnance du 13 avril 1828, qui confirme un arrêté de conflit du préfet
du Lot.*

(Indemnité pour fouilles de terrain.)

CHARLES, etc. ; sur le rapport du comité du contentieux (première section);

Vu le rapport à nous présenté par notre garde des sceaux, ministre secrétaire d'Etat au département de la justice, ledit rapport enregistré au secrétariat général de notre conseil d'Etat, le 27 février 1828, relatif à un conflit élevé, le 19 octobre 1827, par le préfet du département du Lot, à l'occasion d'un jugement rendu, le 5 du même mois, par le juge de paix du canton de Souillac, lequel jugement a condamné envers le sieur Calvel, et par défaut, le sieur Berdoly, entrepreneur des travaux de la nouvelle côte de Puy-Saint-Maur, route royale n° 20, de Paris à Toulouse, à réintégrer ledit sieur Calvel dans la partie de terrain dont ledit sieur Berdoly avait déjà disposé pour une carrière, au payement de 5o francs, à titre de dommages et intérêts, et aux dépens;

Vu les récépissés desdits sieurs Calvel et Berdoly, des avis à eux donnés les 18 et 25 janvier, dudit arrêté de conflit, sans qu'ils aient présenté d'observations, ni produit de pièces dans le délai déterminé par l'article 4 de l'ordonnance royale du 12 décembre 1821;

Vu le susdit jugement, du 5 octobre 1827;

Vu le susdit arrêté de conflit;

Vu les autres pièces jointes au dossier;

Vu les lois des 2 septembre 1795 (15 fructidor an III), 17 février 1800 (28 pluviôse an VIII) et 16 septembre 1807; les arrêtés des 23 août 1801 (5 fructidor an IX), 4 novembre 1801 (13 brumaire an X), et l'ordonnance royale du 12 décembre 1821;

Considérant que les fouilles dont il s'agit ont eu lieu de la part du sieur Berdoly, en sa qualité d'entrepreneur de travaux publics, et pour la confection de ces travaux; que dès lors, aux termes des lois ci-dessus énoncées, des 17 février 1800 (28 pluviôse an VIII) et 16 septembre 1807, il n'appartenait qu'au conseil de préfecture de connaître des contestations relatives aux indemnités prétendues à raison des fouilles;

Notre conseil d'Etat entendu,

Nous avons ordonné et ordonnons ce qui suit:

Art. 1er. L'arrêté de conflit pris par le préfet du département du Lot, le 19 octobre 1827, est confirmé.

2. Le jugement rendu par le juge de paix de Souillac, le 5 octobre 1827, sera considéré comme non avenu, ainsi que tout acte de procédure qui l'aurait précédé ou suivi.

Ordonnance du 15 avril 1828, qui confirme un arrêté de conflit du préfet de la Haute-Saône (1).

(Extraction de matériaux.)

CHARLES, etc.; sur le rapport du comité du contentieux (1re section);

Vu le rapport de notre garde des sceaux, ministre secrétaire d'Etat au département de la justice, sur un conflit entre le préfet du département de la Haute-Saône et le tribunal de paix du canton de Gray;

Vu le jugement du tribunal de paix du canton de Gray, du 26 juin 1827, qui ordonne que le sieur Duchanoy, entrepreneur de la fourniture de matériaux pour l'entretien des routes, sera appelé et mis en cause à la diligence du sieur Jarrot, défendeur;

Vu le jugement du même tribunal, du 17 juillet, qui condamne le sieur Jarrot à payer au sieur Antoine Cuyotte la somme de 32 francs, pour prix des pierres extraites d'une carrière qui lui appartient, et condamne en outre ledit sieur Jarrot aux dépens;

Vu l'arrêté du 30 janvier 1828, par lequel le préfet du département de la Haute-Saône élève le conflit d'attribution relativement à la présente contestation;

---

(1) Deux autres ordonnances, rendues le même jour sur des affaires identiques, statuent dans le même sens.

Vu la lettre du 23 février 1828, de notre procureur près le tribunal de première instance de Gray, constatant qu'il a été donné connaissance aux parties de l'arrêté de conflit, sur lequel arrêté il n'a été produit de leur part aucune observation;

Vu l'article 4 de la loi du 17 février 1800 (28 pluviôse an VIII), portant que les conseils de préfecture sont compétents pour prononcer sur les réclamations des particuliers qui se plaignent de torts et dommages, provenant du fait personnel des entrepreneurs, et sur les demandes et contestations concernant les indemnités dues aux particuliers, à raison des terrains pris ou fouillés pour la confection des chemins, canaux et autres travaux publics;

Vu les autres pièces jointes au dossier;

Considérant qu'il est déclaré par le préfet de la Haute-Saône, et non contesté par le sieur Guyotte, que le sieur Jarrot travaillait pour le compte du sieur Duchanoy, entrepreneur de la route royale, n° 67, de Saint-Didier à Lausanne, et que les matériaux ont été extraits d'une carrière désignée par le devis;

Considérant qu'aux termes de la loi susvisée, du 17 février 1800 (28 pluviôse an VIII), il appartient au conseil de préfecture de statuer sur les torts et dommages dont se plaint le sieur Guyotte;

Notre conseil d'Etat entendu,

Nous avons ordonné et ordonnons ce qui suit:

Art. 1er. L'arrêté de conflit du préfet de la Haute-Saône, du 30 janvier 1828, est confirmé.

Ordonnance du 30 avril 1828, qui rejette la requête du sieur Sarrect.

(Travaux faits sans autorisation.)

CHARLES, etc.; sur le rapport du comité du contentieux (première section);

Vu la requête à nous présentée au nom du sieur Jean-Alexandre Sarrect, propriétaire à Castel-Jaloux, arrondissement de Nérac, département de Lot-et-Garonne, ladite requête enregistrée au secrétariat général de notre conseil d'Etat, le 27 mars 1828, et tendant à ce qu'il nous plaise ordonner le sursis à l'exécution de l'arrêté du préfet de Lot-et-Garonne, du 9 juin 1827, approuvé par le ministre de l'intérieur, le 26 janvier 1828; statuant au fond, annuler la décision attaquée;

Vu ladite décision, portant, entre autres dispositions, que la digue et le déversoir construits sans autorisation par le sieur Sarrect seront détruits, et les choses remises dans l'état où elles étaient avant les entreprises de ce propriétaire;

Considérant qu'il est déclaré par l'administration, et non contesté par le sieur Sarrect, qu'une digue et un déversoir ont été construits par lui sans autorisation sur le ruisseau d'Avance; que dès lors notre ministre de l'intérieur a justement confirmé l'arrêté du préfet qui a ordonné la destruction desdits ouvrages;

Notre conseil d'Etat entendu,

Nous avons ordonné et ordonnons ce qui suit :

Art. 1er. La requête du sieur Sarrect est rejetée.

Ordonnance du 30 avril 1828, qui annule un arrêté du conseil de préfecture du Tarn.

CHARLES, etc. ; sur le rapport du comité du contentieux (première section) ;

Vu la requête à nous présentée au nom des sieurs Sudre et consorts, copropriétaires des moulins d'Alby, ladite requête enregistrée au secrétariat général de notre conseil d'Etat, le 15 juillet 1826, et tendant à ce qu'il nous plaise annuler, pour incompétence et pour mal jugé au fond, un arrêté du conseil de préfecture du Tarn, du 11 avril 1826; subsidiairement, ordonner, avant faire droit, que, par deux experts contradictoirement nommés, il sera procédé à la vérification de la chaussée, à l'effet de reconnaître les traces de l'ancien chevet en siernes qui la bordait, et de se fixer sur la hauteur primitive ; à l'effet de déclarer aussi si les exposants ont détérioré le lit de la rivière, occasionné des dommages et gêné le cours des eaux ; très-subsidiairement enfin, ordonner le maintien des réparations faites par les exposants, et ne les condamner qu'en l'amende de 10 fr. ; dans tous les cas, ordonner qu'il sera sursis aux travaux de démolition ordonnés par l'arrêté attaqué, et condamner aux dépens;

Vu l'ordonnance de *soit communiqué* et le mémoire en défense des sieur et dame Lafon, habitants d'Alby, enregistré audit secrétariat général, le 11 décembre 1826, et tendant à ce qu'il nous plaise les renvoyer de l'instance, avec dépens contre les demandeurs, et subsidiairement au maintien de l'arrêt attaqué, toujours avec dépens, sous toutes réserves;

Vu le mémoire en réplique des sieurs Sudre et consorts, enregistré audit secrétariat général, le 15 janvier 1827, et tendant au maintien de leurs premières conclusions;

Vu la production nouvelle desdits sieurs Sudre et consorts, enregistrée audit secrétariat général, le 29 mai 1827, et tendant au maintien de leurs premières conclusions;

Vu le mémoire en défense de la dame veuve Lugan et du sieur Thomas-Théodore Lugan, enregistré audit secrétariat, le 18 juillet 1827, et tendant à ce qu'il nous plaise les renvoyer de l'instance; subsidiairement, rejeter le pourvoi des demandeurs, et maintenir dans toutes ses dispositions l'arrêté attaqué, condamner les demandeurs aux dépens;

Vu le mémoire en réplique des sieurs Sudre et consorts, enregistré audit secrétariat général, le 19 novembre 1827, et tendant au maintien de leurs premières conclusions;

Vu le mémoire en réplique des sieur et dame Lafon, enregistré audit secrétariat général, le 29 octobre 1827, et tendant au maintien de leurs premières conclusions;

Vu les rapports des ingénieurs, des 9 et 16 septembre, 4 et 8 octobre 1824;

Vu l'arrêté attaqué du conseil de préfecture du département du Tarn.

du 11 avril 1826, qui condamne solidairement les propriétaires des moulins d'Alby à une amende de 500 fr., à la démolition de l'exhaussement par eux donné au barrage, ainsi que du trapèze et de la risberme construits sans autorisation, et à la remise de la chaussée dans son état primitif;

Vu le certificat du secrétaire général de la préfecture du Tarn, du 13 octobre 1826, constatant que la pêche a été affermée au-dessus du moulin d'Alby;

Vu la lettre de notre ministre de l'intérieur, du 25 août 1827, qui déclare que le Tarn doit être incontestablement considéré dès à présent comme faisant partie du domaine public, et soumis aux lois de la grande voirie, sur toute l'étendue de son cours, depuis Alby jusqu'à son embouchure, et que, quant à la partie supérieure, il ne peut y avoir lieu de lui en faire l'application;

Sur la compétence :

Considérant qu'il résulte de la déclaration susvisée de notre ministre de l'intérieur, que la navigation du Tarn ne commence qu'à Alby, et qu'elle ne remonte pas au-dessus des moulins de cette ville, dont la digue n'est percée d'aucun pertuis ou écluse pour la navigation ou le flottage; d'où il suit que les lois et règlements de grande voirie ne sont pas applicables aux réparations faites à la digue desdits moulins;

Considérant que les questions d'intérêt privé sur un cours d'eau qui n'est navigable ni flottable, sont du ressort des tribunaux ordinaires;

Notre conseil d'Etat entendu,

Nous avons ordonné et ordonnons ce qui suit :

Art. 1er. L'arrêté du conseil de préfecture du département du Tarn, du 11 avril 1826, est annulé pour cause d'incompétence.

2. Est condamnée aux dépens la partie qui succombera devant les tribunaux.

Ordonnance du roi, du 30 avril 1828, qui approuve l'adjudication d'un pont suspendu sur le Rhône et d'autres travaux au Plan de Vaise.

CHARLES, etc.; vu le cahier de charges dressé pour la construction d'un pont suspendu sur la Saône, au lieu dit *le Plan de Vaise*, aux abords de Lyon, et d'une gare latérale à cette rivière, moyennant la concession d'un péage sur l'un et l'autre de ces établissements;

Vu le procès-verbal du 8 février dernier, constatant les opérations faites à la préfecture du département du Rhône pour parvenir avec publicité et concurrence à l'adjudication de cette entreprise;

Notre conseil d'Etat entendu,

Nous avons ordonné et ordonnons ce qui suit :

Art. 1er. L'adjudication de la construction d'un pont suspendu sur la Saône, au Plan de Vaise, d'une gare latérale à cette rivière et d'un port, faite et passée, le 8 février 1828, par le préfet du département du Rhône, aux sieurs Coste, Nivière, Turin aîné, Laubreaux, Saint-Olive et Journet, moyennant la concession des droits à percevoir pendant quatre-vingt-dix-huit ans et six mois sur le pont, et à perpétuité

IV.   3

sur la gare et le port, est approuvée. En conséquence, toutes les charges, clauses et conditions de cette adjudication recevront leur pleine et entière exécution.

2. Le cahier de charges, le tarif et le procès-verbal d'adjudication demeureront annexés à la présente ordonnance (1).

Ordonnance portant fixation du tarif pour la perception des droits de navigation sur la rivière d'Isle entre Libourne et Périgueux (2).

Au château des Tuileries, le 7 mai 1828.

CHARLES, etc.; vu la loi du 5 août 1821, qui autorise l'emprunt d'une somme de deux millions cinq cent mille francs, destinée à la confection des travaux nécessaires pour rendre la rivière d'Isle navigable jusqu'à Périgueux;

Vu la loi du 20 mai 1802 (30 floréal an x), qui autorise l'établissement d'un droit de navigation sur les rivières et canaux de la France;

Vu l'arrêté réglementaire du 28 mai 1803 (8 prairial an xi);

Vu le décret du 4 mars 1808, qui fixe le tarif des droits à percevoir sur la partie alors navigable de la rivière d'Isle;

Sur le rapport de notre ministre secrétaire d'Etat des finances,

Nous avons ordonné et ordonnons ce qui suit :

---

(1) Le tarif est au Bulletin des lois.

(2) *Ordonnance qui modifie le tarif des droits de navigation à percevoir sur la rivière d'Isle.*

Au château des Tuileries, le 6 décembre 1829.

CHARLES, etc.; vu notre ordonnance du 7 mai 1828, relative à la perception des droits de navigation sur la rivière d'Isle;

Vu les réclamations auxquelles a donné lieu le tarif énoncé dans ladite ordonnance;

Vu les nouvelles propositions des deux commissions consultatives de Libourne et de Périgueux;

Sur le rapport de notre ministre secrétaire d'Etat des finances;

Nous avons ordonné et ordonnons ce qui suit :

Art. 1er. Le tarif des droits de navigation à percevoir sur la rivière d'Isle, contenu dans notre ordonnance du 7 mai 1828, ne sera divisé qu'en deux classes, savoir : la première, qui restera telle que l'a déterminée le tarif actuel, et la seconde, qui se composera des deuxième et troisième classes du même tarif en y ajoutant les bouteilles vides.

Art. 2. Les droits à percevoir par tonneau et par distance seront fixés ainsi qu'il suit:

De Libourne à Laubardemont.
Première classe. 0 08 c.
Deuxième classe. 0 05
De Laubardemont à Périgueux.
Première classe. 0 15
Deuxième classe. 0 07 1/2
Chaque arbre faisant partie d'un train flotté payera à raison du droit fixé pour un tonneau de bois à brûler.
Les bateaux vides payeront par distance. . . . . 0 25 c.

Le même droit de vingt-cinq centimes sera perçu pour les bateaux exclusivement chargés d'engrais.

3. Toutes les dispositions de notre ordonnance du 7 mai 1828, qui ne sont pas contraires à la présente, continueront de recevoir leur exécution.

Art. 1er. A dater de la publication de la présente ordonnance, le tarif établi par le décret du 4 mars 1808, pour la navigation de la rivière d'Isle entre Libourne et Laubardemont, sera remplacé par le tarif ci-après :

1° Vingt-cinq centimes par tonneau de mille kilogrammes et par distance de cinq mille mètres pour les bateaux dont le chargement, en tout ou en partie, se composera d'objets autres que ceux dont les deux paragraphes ci-après contiennent l'indication ;

2° Quinze centimes par tonneau et par distance pour les bateaux exclusivement chargés de charbon de bois, fer, fonte et autres métaux ; bois d'équarrissage, de sciage, de menuiserie et de construction ; de marbre, tuiles, briques, ardoises ; résine et matières résineuses ; osier, feuillard, bois merrain, lattes, futailles vides ; foin, pailles et autres fourrages ; céréales, tant en grains qu'en farines, graines légumineuses de toute espèce, baies de genièvre, marrons, châtaignes, pommes de terre, fruits ; viandes fraîches et salées, poissons frais et salés ; sel marin ; eau-de-vie, vin, vinaigres, lies, bières, et généralement toutes boissons spiritueuses ou fermentées ;

3° Dix centimes par tonneau et par distance pour les bateaux exclusivement chargés de charbon de terre, charbon de mine, minerai, pierres de taille brutes, dégrossies ou façonnées, moellons, tourbes, fumiers et engrais quelconques, gravier ; bois à brûler gros et menus ; marne, argile, sable, pavés et cailloux de toute espèce, plâtre, chaux, cendres fossiles, terres à faïence et bêtes vivantes ;

4° Cinquante centimes par distance pour tout bateau vide et pour tout radeau non chargé.

Lorsqu'un bateau ou radeau transportera des marchandises appartenant à différentes classes du tarif, la taxe relative à celles qui seront le plus imposées sera appliquée à la totalité du chargement.

2. Les trains d'arbres flottés seront considérés comme bois à brûler, et payeront pour chaque arbre, sans qu'on ait égard à la dimension, le droit fixé pour deux tonneaux.

Les radeaux et les trains de bois flottés chargés de marchandises seront imposés à raison d'un tonneau pour un mètre carré de superficie ; les trains de bois flottés non chargés seront imposés à raison d'un tonneau pour deux mètres carrés de superficie.

3. Les droits fixés par les articles précédents seront perçus, tant à la remonte qu'à la descente, et seront appliqués à la partie navigable de la rivière d'Isle jusqu'à Périgueux, à mesure que la navigation y sera établie.

Notre ministre secrétaire d'Etat des finances est autorisé à fixer les époques de cette application successive.

4. Il sera placé des bornes pour indiquer les distances de cinq mille mètres.

5. Le préfet du département de la Gironde déterminera provisoirement par un arrêté la distance de chaque port situé sur la rivière d'Isle dans ce département aux deux bureaux de perception les plus voisins ; et les droits seront perçus en raison de cette distance jusqu'à ce que le bornage prescrit par l'article précédent soit terminé.

6. Le tarif n'admettant pas de fractions de distance, l'espace compris entre le point de départ et la première borne, ou depuis la der-

nière borne jusqu'au point d'arrivée, sera compté pour une distance entière.

7. La régie des contributions indirectes fixera le nombre et la situation des bureaux de perception : un poteau placé sur le bord de la rivière indiquera chacun de ces bureaux.

8. Dans les trois mois qui suivront la publication de la présente ordonnance, il sera procédé par les employés de la régie des contributions indirectes au jaugeage des bateaux qui naviguent sur la rivière d'Isle, entre Libourne et Périgueux.

A cet effet, les propriétaires desdits bateaux devront, dans le délai ci-dessus fixé, les conduire ou faire conduire au bureau de Libourne. La régie pourra désigner ultérieurement d'autres bureaux de jaugeage, et les bateaux nouvellement construits seront alors conduits, pour être soumis à cette opération, au bureau le plus voisin du lieu où ils auront été mis à flot.

9. Les employés qui auront jaugé un bateau, dresseront de cette opération un procès-verbal dont ils remettront copie au propriétaire ; ce procès-verbal énoncera :

1° Le nom et le domicile du propriétaire ;

2° Le nom du bateau ;

3° Ses dimensions ;

4° Son tirant d'eau à vide ;

5° Son tonnage, calculé en tonneaux de mer de mille kilogrammes pour la plus grande charge possible, d'après le tirant d'eau déterminé par les règlements.

10. Une nouvelle expédition du procès-verbal pourra être délivrée aux frais du propriétaire, toutes les fois qu'il le demandera.

11. Le nom et le domicile du propriétaire, ainsi que le nom du bateau, seront inscrits à la droite et à la gauche de la proue en lettres de quinze centimètres de hauteur sur deux centimètres de largeur, peintes à l'huile en noir sur un fond blanc : immédiatement au-dessous et sur le même fond, les employés de la régie marqueront avec leur rouanne le numéro du procès-verbal de jaugeage et le tonnage du bateau.

Ils apposeront également la marque de la rouanne au milieu de chaque flanc, sur la ligne de flottaison du bateau à charge complète.

12. Lorsqu'un bateau non jaugé naviguera pour la première fois sur la rivière d'Isle après l'expiration du délai fixé par l'article 8, le laissez-passer délivré en conformité de l'article 15 ci-après devra énoncer cette circonstance, et de plus contenir l'engagement pris par le propriétaire ou conducteur de faire jauger ce bateau au premier bureau de jaugeage placé sur la route à parcourir.

13. Les ingénieurs des ponts et chaussées auront la faculté de vérifier le jaugeage des bateaux lorsqu'ils se trouveront à portée de le faire, et, s'ils reconnaissent des erreurs, de les consigner dans un procès-verbal, qui sera remis au préfet du département où la vérification aura été faite, et transmis ensuite au directeur général des contributions indirectes, qui fera rectifier le jaugeage fautif.

14. Quand les propriétaires soupçonneront qu'une erreur aura été commise à leur préjudice, ou quand ils auront fait à leurs bateaux des changements ou des réparations qui en modifieront le tonnage ou le

tirant d'eau, ils pourront demander qu'il soit procédé à un nouveau jaugeage. Les changements non déclarés qui auraient pour résultat d'augmenter frauduleusement le tonnage, seront considérés comme des infractions à l'article 23 de l'arrêté du 8 prairial an XI (28 mai 1803), et punis en conséquence.

15. Aucun bateau chargé ou à vide, aucun train, radeau, etc., etc., ne pourra naviguer dans la partie de la rivière d'Isle où la perception sera établie, sans une déclaration préalable de la part du conducteur ou du propriétaire, et sans un laissez-passer énonçant la destination, l'espèce et la quantité des objets transportés.

16. Les bateaux, trains, radeaux, etc., qui partiront d'un point situé au dedans de la distance de cinq mille mètres d'un bureau de perception, devront être déclarés à ce bureau. Le droit y sera acquitté avant le départ pour le nombre des distances à parcourir jusqu'à la destination déclarée, ou jusqu'au premier bureau de perception si la destination est au delà.

17. Les conducteurs acquitteront également au passage des bateaux, trains, radeaux, etc., devant les bureaux de perception, les droits dus en raison des distances à parcourir jusqu'à la destination déclarée, ou jusqu'au premier bureau de perception, indépendamment des droits qui pourront être exigibles dans les cas prévus par l'article 19 ci-après.

18. Les bateaux, trains, radeaux, etc., qui partiront d'un point situé en dehors de la distance de cinq mille mètres du bureau de perception, seront déclarés, soit à ce bureau, soit à des bureaux particuliers de déclaration qui seront désignés par la régie des contributions indirectes.

19. Il ne sera délivré de laissez-passer dans les bureaux particuliers de déclaration, qu'autant que les propriétaires ou conducteurs prendront l'engagement par écrit, dans la forme qui sera déterminée par la régie des contributions indirectes, d'acquitter les droits au bureau de perception le plus voisin de la destination, ou au premier bureau devant lequel ils devront passer pour s'y rendre.

20. Le conducteur d'un bateau parti à vide et qui prendra un chargement en route, ne pourra en effectuer le transport qu'après avoir fait une nouvelle déclaration et avoir obtenu un nouveau laissez-passer. La somme payée pour le bateau vide sera admise à compte des droits dus pour les marchandises chargées. Il sera de même fait une nouvelle déclaration et pris un nouveau laissez-passer pour les bateaux qui auront reçu en route un supplément de charge.

21. Les conducteurs de bateaux, trains, radeaux, etc., sont tenus de représenter, à toute réquisition, aux employés des contributions indirectes, des octrois, des douanes et de la navigation, ainsi qu'aux éclusiers, maîtres de ponts ou de pertuis, les procès-verbaux de jaugeage, laissez-passer, connaissements, lettres de voiture, relatifs aux bateaux, trains, radeaux, etc., qu'ils conduisent, et de faciliter les visites et vérifications desdits préposés : ils sont tenus, en outre, de remettre à chaque bureau de perception les laissez-passer qui leur auront été délivrés, tant au bureau de perception précédent qu'aux bureaux intermédiaires de déclaration.

22. Il est défendu aux éclusiers, maîtres de ponts ou de pertuis, de laisser passer aucun bateau, train, radeau, etc., pour lequel il ne leur

serait pas représenté de procès-verbaux de jaugeage et d'expéditions applicables à la nature du transport, comme aussi de percevoir aucun droit particulier pour la manœuvre des écluses ; le tout à peine de destitution, d'être contraints personnellement au remboursement des sommes indûment perçues ou des droits fraudés, et d'être poursuivis comme concussionnaires.

23. Les autorités civiles et militaires seront tenues, sur la demande écrite des préposés à la perception du droit de navigation, de requérir ou de prêter main-forte pour l'exécution des lois et règlements relatifs à leurs fonctions.

24. Les contraventions aux dispositions de la présente ordonnance seront constatées par des procès-verbaux, pour les contrevenants être poursuivis et jugés conformément à la législation existante. (*Arrêté du 8 prairial an* xi, *articles* 23 *et* 24.)

25. Les contestations sur l'application de la taxe seront, en conformité de l'article 15 de l'arrêté du 8 prairial an xi, portées devant le sous-préfet dans l'arrondissement duquel le bureau de perception sera situé, sauf le recours au préfet, qui prononcera en conseil de préfecture.

26. Les droits contestés seront provisoirement acquittés par forme de consignation entre les mains du receveur du bureau où la contestation se sera élevée, et il ne pourra être statué sur cette contestation qu'autant que le réclamant représentera quittance valable desdits droits.

Les droits consignés seront ou portés définitivement en recette, ou restitués en tout ou en partie, suivant la décision qui interviendra, et dont le réclamant devra produire un extrait en forme.

27. La régie des contributions indirectes demeure chargée de la perception des droits.

Circulaire du directeur général des ponts et chaussées et des mines (M. Becquey), à MM. les préfets, sur la nécessité de réduire le bombement des chaussées des routes.

Paris, le 16 mai 1828.

Monsieur le préfet, il est d'usage, lorsque l'on construit une route, de donner un bombement à sa chaussée dans le sens de sa largeur, afin de faciliter l'écoulement des eaux de pluie. Ce bombement, en général trop considérable, est devenu une cause fréquente d'accidents pour les voitures publiques ou particulières qui vont en poste ; il a de plus l'inconvénient de faire porter trop la charge sur les roues des voitures de roulage qui se trouvent du côté des accotements, lorsque ces voitures ne tiennent pas le milieu de la chaussée, et de répartir ainsi fort inégalement la charge entre les points d'appui aux dépens même de la route qui la supporte. Depuis quelques années, j'ai toujours eu soin, en donnant mon approbation au renouvellement des baux d'entretien, de faire sentir la nécessité de réduire ce bombement au cinquantième de la largeur de la chaussée proprement dite, c'est-à-dire de la partie construite en empierrement, en cailloutis ou en pavé ; mais le grand nombre de voitures qui versent, les malheurs qui en résultent.

prouvent que l'on ne s'est point occupé assez promptement ou avec assez de soin de satisfaire à ce que la sûreté publique réclame. Je viens par ce motif vous prier, monsieur le préfet, d'exiger la réduction du bombement des chaussées de votre département, de manière à ce que la flèche de la courbe qui le forme ne soit au plus que le cinquantième de la corde, mesurée d'une bordure à l'autre, et de dehors en dehors. Partout où les routes ont une pente dans le sens longitudinal, et peuvent ainsi se débarrasser facilement de leurs eaux, les chaussées doivent être à peu près plates.

Je sais qu'il faut attendre, pour remédier à l'excès de bombement qu'on a donné généralement jusqu'ici aux chaussées pavées, que l'on soit dans le cas de les relever à bout ; ainsi on ne doit faire aucun relevé à bout sur les routes pavées, et aucun fort rechargement sur les chaussées en cailloutis ou en empierrement, qui ne réduisent le bombement comme je viens de l'indiquer.

Ce n'est pas seulement la conservation des routes qui exige qu'on remédie le plus tôt qu'il sera possible à leur vice de construction ; la sûreté publique est aussi particulièrement intéressée à cette mesure. Cette considération grave portera, je l'espère, MM. les ingénieurs à tenir la main à l'exécution de la mesure que je recommande.

Ordonnance du roi, du 25 mai 1828, contenant des dispositions relatives aux chaudières des machines à vapeur à basse pression, employées sur des bateaux.

CHARLES, etc. ; vu les ordonnances des 2 avril, 29 octobre 1823 et 7 mai 1828 ;

Voulant pourvoir de plus en plus à la sûreté de la navigation qui se fait au moyen des bateaux à vapeur, et ajouter aux règlements généraux et spéciaux déjà publiés des dispositions que l'expérience a fait reconnaître nécessaires ;

Notre conseil d'Etat entendu,

Nous avons ordonné et ordonnons ce qui suit :

Art. 1er. Les chaudières des machines à vapeur à basse pression, c'est-à-dire qui fonctionnent à une pression de deux atmosphères et au-dessous, employées sur les bateaux à vapeur, sont, ainsi que leurs tubes bouilleurs, assujetties aux conditions de sûreté qui sont prescrites pour les chaudières et les tubes bouilleurs des machines à haute pression par les articles 2, 3, 4 et 5 et le paragraphe 1er de l'article 7 de l'ordonnance du 29 octobre 1823, et par l'ordonnance du 7 mai 1828.

2. L'usage des chaudières et des tubes bouilleurs en fonte de fer sur les bateaux à vapeur est prohibé, quelle que soit la pression de la vapeur dans les machines employées.

3. Les cylindres en fonte des machines à vapeur à basse pression employées sur les bateaux, et les enveloppes en fonte de ces cylindres, seront éprouvés et timbrés, ainsi que l'ordonnance du 7 mai 1828 le prescrit pour les cylindres et les enveloppes de cylindres faisant partie des machines à haute pression.

4. Les dispositions qui précèdent sont, ainsi que celles de l'ordon-

nance du 2 avril 1823, applicables à tout bateau stationnaire, dans lequel on fait usage d'une machine à vapeur.

5. Les commissaires créés par l'ordonnance du 2 avril 1823 surveilleront l'exécution des dispositions indiquées ci-dessus, et la constateront dans leurs procès-verbaux.

6. En cas de contravention à la présente ordonnance, les propriétaires de bateaux pourront encourir l'annulation du permis de la navigation ou du stationnement qui leur aurait été concédé, sans préjudice des peines, dommages et intérêts qui seraient prononcés par les tribunaux.

Ordonnance du roi, du 1ᵉʳ juin 1828, relative aux conflits d'attributions entre les tribunaux et l'autorité administrative.

CHARLES, etc.; vu la loi du 14 octobre 1790 et l'article 27 de la loi du 21 fructidor an III (7 septembre 1795);

Vu le travail à nous présenté par la commission formée par arrêté de notre garde des sceaux, en date du 16 janvier dernier;

Sur le rapport de notre garde des sceaux, ministre secrétaire d'Etat au département de la justice, nous avons ordonné et ordonnons ce qui suit :

Art. 1ᵉʳ. A l'avenir le conflit d'attribution entre les tribunaux et l'autorité administrative ne sera jamais élevé en matière criminelle.

2. Il ne pourra être élevé de conflit en matière de police correctionnelle que dans les deux cas suivants :

1° Lorsque la répression du délit est attribuée par une disposition législative à l'autorité administrative;

2° Lorsque le jugement à rendre par le tribunal dépendra d'une question préjudicielle dont la connaissance appartiendrait à l'autorité administrative en vertu d'une disposition législative.

Dans ce dernier cas, le conflit ne pourra être élevé que sur la question préjudicielle.

3. Ne donneront pas lieu au conflit :

1° Le défaut d'autorisation, soit de la part du gouvernement lorsqu'il s'agit de poursuites dirigées contre ses agents, soit de la part du conseil de préfecture lorsqu'il s'agira de contestations judiciaires dans lesquelles les communes ou les établissements publics seront parties;

2° Le défaut d'accomplissement des formalités à remplir devant l'administration préalablement aux poursuites judiciaires.

4. Hors le cas prévu ci-après par le dernier paragraphe de l'article 8 de la présente ordonnance, il ne pourra jamais être élevé de conflit après des jugements rendus en dernier ressort ou acquiescés, ni après des arrêts définitifs.

Néanmoins le conflit pourra être élevé en cause d'appel s'il ne l'a pas été en première instance, ou s'il l'a été irrégulièrement après les délais prescrits par l'article 8 de la présente ordonnance.

5. A l'avenir le conflit d'attribution ne pourra être élevé que dans les formes et de la manière déterminées par les articles suivants.

6. Lorsqu'un préfet estimera que la connaissance d'une question

portée devant un tribunal de première instance est attribuée par une disposition législative à l'autorité administrative, il pourra, alors même que l'administration ne serait pas en cause, demander le renvoi de l'affaire devant l'autorité compétente. A cet effet, le préfet adressera au procureur du roi un mémoire dans lequel sera rapportée la disposition législative qui attribue à l'administration la connaissance du litige.

Le procureur du roi fera connaître, dans tous les cas, au tribunal la demande formée par le préfet, et requerra le renvoi si la revendication lui paraît fondée.

7. Après que le tribunal aura statué sur le déclinatoire, le procureur du roi adressera au préfet, dans les cinq jours qui suivront le jugement, copie de ses conclusions ou réquisitions et du jugement rendu sur la compétence.

La date de l'envoi sera consignée sur un registre à ce destiné.

8. Si le déclinatoire est rejeté, dans la quinzaine de cet envoi pour tout délai, le préfet du département, s'il estime qu'il y ait lieu, pourra élever le conflit. Si le déclinatoire est admis, le préfet pourra également élever le conflit dans la quinzaine qui suivra la signification de l'acte d'appel, si la partie interjette appel du jugement.

Le conflit pourra être élevé dans ledit délai, alors même que le tribunal aurait, avant l'expiration de ce délai, passé outre au jugement du fond.

9. Dans tous les cas, l'arrêté par lequel le préfet élèvera le conflit et revendiquera la cause, devra viser le jugement intervenu et l'acte d'appel, s'il y a lieu; la disposition législative qui attribue à l'administration la connaissance du point litigieux, y sera textuellement insérée.

10. Lorsque le préfet aura élevé le conflit, il sera tenu de faire déposer son arrêté et les pièces y visées au greffe du tribunal.

Il lui sera donné récépissé de ce dépôt sans délai et sans frais.

11. Si, dans le délai de quinzaine, cet arrêté n'avait pas été déposé au greffe, le conflit ne pourrait plus être élevé devant le tribunal saisi de l'affaire.

12. Si l'arrêté a été déposé au greffe en temps utile, le greffier le remettra immédiatement au procureur du roi, qui le communiquera au tribunal réuni dans la chambre du conseil, et requerra que, conformément à l'article 27 de la loi du 21 fructidor an III, il soit sursis à toute procédure judiciaire.

13. Après la communication ci-dessus, l'arrêté du préfet et les pièces seront établis au greffe, où ils resteront déposés pendant quinze jours. Le procureur du roi en préviendra de suite les parties ou leurs avoués, lesquels pourront en prendre communication sans déplacement, et remettre, dans le même délai de quinzaine, au parquet du procureur du roi, leurs observations sur la question de compétence, avec tous les documents à l'appui.

14. Le procureur du roi informera immédiatement notre garde des sceaux, ministre secrétaire d'Etat au département de la justice, de l'accomplissement desdites formalités, et lui transmettra en même temps l'arrêté du préfet, ses propres observations et celles des parties, s'il y a lieu, avec toutes les pièces jointes.

La date de l'envoi sera consignée sur un registre à ce destiné.

Dans les vingt-quatre heures de la réception de ces pièces, le ministre de la justice les transmettra au secrétariat général du conseil d'Etat, et il en donnera avis au magistrat qui les lui aura transmises.

15. Il sera statué sur le conflit au vu des pièces ci-dessus mentionnées, ensemble des observations et mémoires qui auraient pu être produits par les parties ou leurs avocats, dans le délai de quarante jours, à dater de l'envoi des pièces au ministère de la justice.

Néanmoins ce délai pourra être prorogé, sur l'avis du conseil d'Etat et la demande des parties, par notre garde des sceaux : il ne pourra en aucun cas excéder deux mois.

16. Si les délais ci-dessus fixés expirent sans qu'il ait été statué sur le conflit, l'arrêté qui l'a élevé sera considéré comme non avenu, et l'instance pourra être reprise devant les tribunaux.

17. Au cas où le conflit serait élevé dans les matières correctionnelles comprises dans l'exception prévue par l'article 2 de la présente ordonnance, il sera procédé conformément aux articles 6, 7 et 8.

Ordonnance du roi, du 1er juin 1828, qui approuve l'adjudication de la construction d'un pont suspendu sur le Rhône, à Vienne.

CHARLES, etc. ; vu le cahier des charges pour la construction d'un pont suspendu sur le Rhône, à Vienne ;

Vu le procès-verbal du 8 avril dernier, constatant les opérations faites à la préfecture du département de l'Isère, pour parvenir avec publicité et concurrence à l'adjudication de cette entreprise ;

Notre conseil d'Etat entendu,

Nous avons ordonné et ordonnons ce qui suit :

Art. 1er. L'adjudication de la construction d'un pont suspendu sur le Rhône, à Vienne (Isère), faite et passée, le 8 avril 1828, par le préfet de ce département aux sieurs Mignot frères et compagnie, moyennant la concession des droits à percevoir sur ce pont pendant quarante-huit années, est approuvée.

En conséquence, les clauses et conditions de cette adjudication recevront leur pleine et entière exécution.

2. L'administration est autorisée à acquérir les terrains et bâtiments nécessaires pour raccorder le pont avec les communications existantes ; elle se conformera, s'il y a lieu, à ce sujet, aux dispositions de la loi du 8 mars 1810, sur l'expropriation pour cause d'utilité publique, et notamment à celles du titre II de ladite loi.

3. Le cahier des charges, le tarif et le procès-verbal d'adjudication resteront annexés à la présente ordonnance (1).

Ordonnance du roi, du 1er juin 1828, qui rejette la requête des sieurs Vezani de Varennes et consorts.

CHARLES, etc. ; vu la requête qui nous a été présentée au nom des

---

(1) Le tarif est au Bulletin des lois.

sieurs Vezani de Varennes, et marquis de Nidouchel, des héritiers Abraham, des héritiers Roulin et autres, bailleurs de fonds et créanciers des propriétaires riverains de la Hayne et de l'Escaut, intéressés à l'entreprise des desséchements connus anciennement sous le nom d'Inondation de Condé;

Ladite requête enregistrée au secrétariat général de notre conseil d'Etat, le 9 avril 1828, et tendant à ce qu'il nous plaise annuler et casser, pour avoir méconnu sa compétence, une décision du ministre de l'intérieur, du 10 mai 1816, non encore signifiée aux exposants; ordonner que le rôle de répartition, rendu exécutoire par arrêté du préfet du Nord, du 14 mai 1812, recevra son plein et entier effet; ordonner pareillement qu'à l'avenir, à défaut par la commission administrative du desséchement de pourvoir au payement des créanciers de l'entreprise, les rôles de cotisation seront dressés et exécutés sur les ordres du préfet, sauf à ladite commission à prendre telles conclusions et à exercer tel recours qu'elle avisera contre ses comptables retardataires, et condamner la commission aux dépens;

Vu la décision rendue par le ministre de l'intérieur, le 10 mai 1816, et par laquelle il refuse d'autoriser l'emploi de 2,184 fr. 76 cent., montant de l'allocation faite dans le budget de 1814 de la ville de Condé, pour sa part dans la somme de 17,964 fr. 80 cent. à laquelle s'élevait, d'après le rôle formé d'office par l'ordre du préfet, la cotisation pour 1812 de tous les propriétaires intéressés au desséchement, par le motif que, ne s'agissant que d'une difficulté d'intérêt privé entre des créanciers et des débiteurs, c'est aux tribunaux seuls qu'il appartient d'y statuer;

Vu l'arrêt du conseil d'Etat, du 4 avril 1771, qui autorise les propriétaires riverains de la Hayne et de l'Escaut à faire procéder au desséchement des marais qui bordent ces deux rivières;

Vu l'arrêt du conseil d'Etat, du 14 mars 1775, qui autorise ces mêmes propriétaires à faire en un ou plusieurs emprunts la levée de la somme qui leur sera nécessaire pour porter les ouvrages dont il s'agit à leur entière perfection;

Vu l'acte d'union et de règlement pour l'association des propriétaires intéressés au desséchement des vallées de la Hayne et de l'Escaut, délibéré les 10, 13 et 17 juin 1801 (21, 24 et 28 prairial an IX), et approuvé par le préfet du Nord, le 27 juin 1801 (8 messidor suivant);

Vu les lettres écrites au sous-préfet de Douai par la commission administrative du desséchement des vallées de la Hayne et de l'Escaut, les 15 octobre 1809, 29 juillet et 16 septembre 1810;

Ensemble toutes les autres pièces produites;

Vu la loi du 6 juillet 1791;

Vu la loi des 6, 7 et 11 septembre 1790;

Sur les conclusions principales tendant à l'annulation de la décision du ministre de l'intérieur:

Considérant qu'il résulte des arrêts du conseil, des 4 avril 1771 et 14 mars 1775, que les propriétaires riverains de la Hayne et de l'Escaut furent autorisés à se réunir en association pour procéder au desséchement des terrains couverts par les eaux de ces deux rivières, et à emprunter à cet effet la somme qui serait nécessaire pour porter les ouvrages du desséchement à leur entière perfection;

Que ce même arrêt affecta au remboursement de ce ces emprunts en capital et intérêts une imposition annuelle de 5 florins par bonnier de terre, susceptible de profiter du desséchement, et attribua à l'intendant de la province le droit de recevoir le compte annuel des recettes et des dépenses et la connaissance des contestations qui pourraient survenir sur son exécution;

Qu'il résulte des pièces produites que ces emprunts ont été effectués, mais que la commission administrative du desséchement soutient que la cotisation annuelle a été perçue jusques et compris l'exercice de 1792, et versée dans les mains des trésoriers nommés à cet effet par l'intendant de la province, et qu'elle se refuse en conséquence à ce qu'il soit imposé pour le payement des emprunts de nouvelles contributions sur les propriétaires intéressés, tant que ces trésoriers n'auront pas rendu leurs comptes;

Que néanmoins le préfet du Nord ayant, par arrêté du 8 novembre 1810, ordonné d'office la formation d'un rôle de répartition destiné au payement desdits emprunts, la ville de Condé a porté dans son budget de 1814 la somme de 2,184 fr. 76 cent., formant sa cote part, comme propriétaire de terrains desséchés, dans la cotisation de 1812;

Que c'est dans cet état que le ministre de l'intérieur a refusé d'autoriser l'emploi de ladite somme de 2,184 fr. 76 cent., et a renvoyé les parties à se pourvoir devant les tribunaux;

Que des faits ci-dessus il résulte donc qu'il n'y a contestation qu'entre le syndicat des propriétaires emprunteurs et les receveurs des deniers de l'emprunt;

Considérant qu'aux termes de l'art. 9 de la loi du 6 juillet 1791, toutes les affaires qui étaient soumises au jugement des intendants des provinces, autres que celles dont la connaissance est attribuée aux corps administratifs, ont été renvoyées au jugement des tribunaux;

Et que le décret des 6, 7 et 11 septembre 1790 ne comprend pas les contestations de la nature de celle dont il s'agit dans l'espèce, au nombre des contestations qui doivent être portées devant les autorités administratives;

Qu'ainsi le ministre de l'intérieur a eu raison de ne pas autoriser l'emploi de la somme de 2,184 fr. 76 cent., et de renvoyer les bailleurs de fonds de l'emprunt à faire valoir leurs droits devant les tribunaux;

Sur les conclusions tendant à ce qu'il soit ordonné que le rôle de répartition dressé d'office par le préfet recevra sa pleine et entière exécution :

Considérant qu'il n'y a lieu de statuer à cet égard jusqu'à ce que les tribunaux aient prononcé sur la question principale;

Notre conseil d'Etat entendu,

Nous avons ordonné et ordonnons ce qui suit :

Art. 1er. La requête des sieurs Vezani de Varennes, marquis de Nidonchel, et consorts, est rejetée.

Ordonnance du roi, du 2 juillet 1828, autorisant l'étude d'un projet de canal latéral à la Loire, d'Orléans à Nantes.

Art. 1ᵉʳ. Le sieur Laisné de Villévêque est autorisé à procéder, à ses frais, aux levées de plans, nivellements, sondes et autres opérations nécessaires à la rédaction d'un projet de canal latéral à la Loire, d'Orléans à Nantes.

Les indemnités auxquelles ces différentes opérations pourront donner lieu seront réglées conformément aux lois sur la matière, et seront payées immédiatement à qui de droit par le sieur Laisné de Villévêque.

2. La présente autorisation ne confère aucun droit à la concession dudit canal, sur laquelle il sera statué ultérieurement ce qu'il appartiendra ; mais le sieur Laisné de Villévêque, dans le cas où il ne serait pas déclaré concessionnaire, et si les projets qu'il aura présentés servent de base à la concession, aura droit au remboursement des dépenses utiles qu'il sera reconnu avoir faites pour arriver à la rédaction de ces projets.

Ordonnance du roi, du 2 juillet 1828, qui annule un arrêté d'incompétence du préfet des Hautes-Pyrénées.

(C'est à l'administration seule qu'il appartient de fixer la hauteur des retenues des usines établies sur les cours d'eau.)

CHARLES, etc. ; sur le rapport du comité du contentieux (1ʳᵉ section) ; Vu la requête à nous présentée au nom du sieur Etienne Duboë-Pau, meunier à Benac, département des Hautes-Pyrénées, ladite requête enregistrée au secrétariat de notre conseil d'Etat, le 30 mai 1828, et tendant à ce qu'il nous plaise annuler en tout ou en partie :

1° Un jugement du 27 août 1821, par lequel le tribunal civil de Tarbes s'est déclaré incompétent pour statuer sur la plainte portée par le requérant contre le sieur Cazaux, propriétaire d'un moulin établi sans autorisation sur la rivière de l'Echez, en aval de celui qui appartient audit requérant, et dont les roues sont noyées par la surélévation de la retenue du moulin dudit sieur Cazaux ;

2° Un arrêté du 28 février 1828, par lequel le préfet du département des Hautes-Pyrénées, rapportant un précédent arrêté du 23 novembre 1826, se déclare également incompétent pour prononcer sur la plainte du requérant ;

Ce faisant, décider à quel juge doit être définitivement dévolue la connaissance du litige, tant sur la question du règlement d'eau que sur celle des dommages occasionnés par les constructions de l'adversaire, et, dans tous les cas, condamner ce dernier aux dépens ;

Vu le jugement contradictoire rendu le 27 août 1821, par lequel le tribunal civil de Tarbes s'est déclaré incompétent pour prononcer sur la question relative à la hauteur des eaux, et a sursis à statuer sur la demande en dommages-intérêts jusqu'à ce que l'autorité compétente ait décidé la question principale ;

Vu l'arrêté par défaut, du 23 novembre 1826, par lequel le préfet du département des Hautes-Pyrénées, saisi de la demande du sieur Duboë-Pau, ordonne :

1° Que le sieur Cazaux, propriétaire du moulin en aval, sera tenu de faire dans la digue de son moulin une échancrure de 10 mètres de longueur sur 65 centimètres de profondeur ;

2° D'établir son seuil à 30 centimètres en contre-bas de la pièce horizontale de charpente qui supporte la cave du moulin du sieur Duboë-Pau ;

Et quant aux dommages allégués, renvoie le sieur Duboë-Pau à les réclamer devant l'autorité compétente ;

Un second arrêté du 29 février 1828, par lequel le préfet du département des Hautes-Pyrénées, admettant l'opposition formée par le sieur Cazaux à son précédent arrêté du 23 novembre 1826, déclare rapporter ledit arrêté et reconnaît son incompétence, par le motif que la rivière de l'Echez n'étant ni navigable ni flottable, et l'intérêt public ne souffrant pas de la surélévation, la demande ne peut appartenir qu'aux tribunaux ;

Vu les art. 15 et 16 du titre II de la loi du 28 septembre - 6 octobre 1791 ;

Considérant que le tribunal civil de Tarbes et le préfet des Hautes-Pyrénées se sont respectivement déclarés incompétents pour statuer sur la demande du sieur Duboë-Pau ;

D'où il résulte qu'il y a conflit négatif ;

Considérant qu'aux termes des articles ci-dessus visés de la loi du 28 septembre - 6 octobre 1791, c'est à l'administration seule qu'il appartient de fixer la hauteur des retenues des usines établies sur les cours d'eau ;

Que la demande formée par le sieur Duboë-Pau, contre le sieur Cazaux, avait pour objet principal de faire réduire la hauteur de la digue du moulin dudit sieur Cazaux ;

Que le préfet des Hautes-Pyrénées, saisi de cette demande, en ordonnant par son arrêté pris par défaut le 23 novembre 1826, des changements à la digue du moulin du sieur Cazaux, avait fait un véritable règlement d'eau, ce qui était de sa compétence, attendu qu'il n'existait pas de règlement antérieur, et que s'il avait le droit, sur l'opposition du sieur Cazaux, de modifier ledit arrêté, il ne devait pas se déclarer incompétent ;

Notre conseil d'Etat entendu,

Nous avons ordonné et ordonnons ce qui suit :

Art. 1er. L'arrêté d'incompétence du préfet du département des Hautes-Pyrénées, du 29 février 1828, est annulé.

Les parties sont renvoyées devant ledit préfet, pour fixer la hauteur de la digue du moulin du sieur Cazaux.

Ordonnance du roi, du 13 juillet 1828, qui rejette les requêtes du marquis de Brézé et de la commune de Brézé.

CHARLES, etc. ; sur le rapport du comité du contentieux (1re section) ;

Vu la requête à nous présentée au nom du sieur Henri Evrard, de

Dreux, marquis de Brézé, pair de France, grand maître des cérémonies de France, demeurant à Paris, rue de Varennes, n° 12, et des maire et habitants de la commune de Brézé, agissant dans un même intérêt, ladite requête enregistrée au secrétariat général de notre conseil d'Etat, le 3 juillet 1827, et tendant à ce qu'il nous plaise, en interprétant nos deux ordonnances des 9 octobre 1825 et 21 juin 1826, dire et déclarer que l'indemnité due aux sieurs Roehn et compagnie, concessionnaires du desséchement de la Dive, sera réglée, non d'après les anciens arrêts du conseil de 1776, 1781 et 1787, mais suivant les dispositions de la loi du 16 septembre 1807 ;

Subsidiairement, et en tant que de besoin, recevoir les exposants opposants auxdites ordonnances, et, en les rétractant, leur adjuger les conclusions ci-dessus ;

Et dès à présent dire et ordonner qu'il sera sursis à la continuation des travaux, ou qu'au moins le sieur marquis de Brézé sera autorisé à faire procéder à ses frais et par experts convenus, sinon nommés d'office par le tribunal, à la reconnaissance de la situation des lieux, à l'estimation préalable des marais en litige, pour ensuite être statué ce qu'il appartiendra ;

Vu l'ordonnance de *soit communiqué* et le mémoire en défense pour les sieurs Roehn et compagnie, banquiers à Paris, concessionnaires du canal et du desséchement de la Dive, ledit mémoire enregistré audit secrétariat général, le 30 novembre 1827, et tendant à ce qu'il nous plaise recevoir les suppliants opposants à notre ordonnance du 13 juin 1827, faisant droit sur ladite opposition, leur donner acte de ce qu'ils s'en rapportent à notre justice sur le rapport de ladite ordonnance et sur l'exécution pure et simple de la décision de la commission spéciale du 4 mai précédent ;

Et dans le cas où nous jugerions devoir maintenir notre ordonnance du 13 juin 1827, sans avoir égard à l'opposition formée aux ordonnances des 9 octobre 1825 et 21 juin 1826, statuant sur le pourvoi du sieur marquis de Brézé et des maire et habitants de la commune de Brézé, les y déclarer purement non recevables ; très-subsidiairement, les y déclarer mal fondés ; dans tous les cas rejeter ledit pourvoi avec dépens, sous toutes réserves des suppliants, notamment de se pourvoir, ainsi qu'il appartiendra, pour être indemnisés du préjudice résultant du trouble apporté aux travaux de l'entreprise ;

Vu le mémoire en réplique du sieur marquis de Brézé et des maire et habitants de la commune de Brézé, ledit mémoire enregistré audit secrétariat général, le 25 février 1828, et tendant au maintien de leurs premières conclusions ;

Vu le mémoire en réplique des sieurs Roehn et compagnie, enregistré audit secrétariat général, le 2 avril 1828, et tendant au maintien de leurs premières conclusions ;

Vu l'arrêt du conseil d'Etat du roi, du 5 novembre 1776, qui a autorisé le sieur Lafaye à faire exécuter en cinq ans un canal propre à assurer la navigation de la Dive et à dessécher les marais de la vallée de ce nom ;

Vu l'arrêt du conseil du 12 juin 1781, qui, entre autres dispositions, homologue les traités par lesquels le plus grand nombre des propriétaires des marais ont abandonné au sieur Lafaye, en toute propriété, les deux tiers de leurs marais en nature pour les frais de desséchement;

Vu l'arrêté du conseil, du 1er mai 1787, qui accorde au sieur Lafaye un délai de cinq ans pour l'exécution des travaux, et évoque par-devant l'intendant de la généralité de Tours, sauf appel au conseil, toutes les contestations qui pourraient s'élever au sujet de cette entreprise;

Vu la loi du 19 novembre 1790, qui ordonne la continuation des travaux, et évoque le jugement de toutes les contestations y relatives devant le directoire du département d'Indre-et-Loire, sans préjudice aux actions en indemnités, qui seront portées devant les tribunaux judiciaires;

Vu les lois des 5 janvier 1791 et 16 septembre 1807, relatives aux desséchements;

Vu notre ordonnance du 9 octobre 1825, qui autorise la reprise des travaux de canalisation de la rivière de la Dive et du desséchement des marais de la vallée du même nom, et accorde un nouveau délai de six ans;

Vu notre ordonnance du 21 juin 1826, qui forme une commission spéciale, commune aux départements de Maine-et-Loire, des Deux-Sèvres et de la Vienne pour connaître de toutes les discussions auxquelles pourrait donner lieu l'exécution de notre ordonnance du 9 octobre 1825;

Vu notre ordonnance du 22 mars 1827, confirmative du conflit élevé par le préfet du département de Maine-et-Loire;

Vu la décision de la commission spéciale du 4 mai 1827, portant qu'il n'y a pas lieu à faire droit à la demande du sieur marquis de Brézé et des maire et habitants de la commune de ce nom;

Vu notre ordonnance du 13 juin 1827, qui annule, pour incompétence, la décision susvisée de la commission spéciale du 4 mai 1827;

Vu toutes les pièces respectivement produites et jointes au dossier;

Considérant que la loi du 16 septembre 1807 n'a point déterminé le montant de l'indemnité à prélever en faveur des concessionnaires sur le produit du desséchement;

Qu'au contraire, elle a statué (article 20) que le montant de la plus-value obtenue par le desséchement sera divisée entre les propriétaires et les concessionnaires, dans les proportions qui auront été fixées par l'acte de concession;

En ce qui touche notre ordonnance du 9 octobre 1825:

Considérant que, loin de constituer une concession nouvelle, elle a maintenu l'ancienne concession résultant des arrêts du conseil de 1776, 1781 et 1787, concernant l'ouverture du canal et le desséchement des marais de la Dive, en même temps qu'elle a prorogé les délais d'exécution des travaux;

Considérant qu'aux termes de l'article 9 de l'arrêt du 12 juin 1781, qui détermine les indemnités dues aux concessionnaires, les propriétaires des marais doivent en abandonner les deux tiers pour frais de desséchement, et que ceux qui n'auront pas acquiescé à l'abandon des deux tiers recevront le prix de la totalité de leurs marais, suivant l'estimation qui sera faite de leur valeur actuelle et un tiers de cette valeur en sus, soit en argent, soit en terrains desséchés;

Considérant que, par l'article 7 de notre ordonnance du 9 octobre 1825, qui porte que les anciens arrêts et la loi du 19 octobre 1790 recevront leur exécution dans toutes les dispositions qui ne seraient pas modifiées par les lois actuellement en vigueur, les indemnités fixées par l'acte de concession ont été maintenues, et qu'en cela l'ordonnance a fait une juste application de l'article 20 de la loi du 16 septembre 1807;

En ce qui concerne notre ordonnance du 21 juin 1826, sur la formation d'une commission spéciale chargée de connaître des discussions relatives au desséchement de la Dive:

Considérant que si, par l'article 14 de ladite ordonnance, il est dit que les parties sont autorisées à adresser leurs dires, observations et réclamations sur l'exactitude des contenances, des limites, du classement et de l'évaluation des terres par classe, cet article n'a pas détruit les bases et les proportions d'indemnités fixées par l'article 9, déjà cité, de l'arrêt du 12 juin 1781; que seulement il a indiqué les formalités à suivre pour en assurer l'exécution, et qu'à l'égard desdites formalités, l'article 14 s'est justement référé à la loi du 16 septembre 1807;

Notre conseil d'État entendu,

Nous avons ordonné et ordonnons ce qui suit:

Art. 1er. Les requêtes du sieur marquis de Brézé et de la commune de Brézé sont rejetées.

2. Le marquis de Brézé et la commune de Brézé sont condamnés aux dépens.

Ordonnance du roi, du 13 juillet 1828, qui rejette la requête du sieur de Lirac.

Charles, etc.; sur le rapport du comité du contentieux (1re section);

Vu la requête à nous présentée au nom du sieur Henri Vidal de Lirac, propriétaire du moulin banal de la commune de Sarrians, département de Vaucluse, ladite requête enregistrée au secrétariat général de notre conseil d'État, le 4 décembre 1827, et tendant à ce qu'il nous plaise le recevoir tiers opposant à l'ordonnance royale du 28 juillet 1827, annuler ladite ordonnance et renvoyer les parties devant les tribunaux pour y faire décider si la banalité réclamée par l'exposant est ou n'est pas abolie; subsidiairement déclarer que ladite banalité n'est pas abolie; condamner le sieur de Biliotti aux dépens, sous toutes réserves;

Vu l'ordonnance de *soit communiqué* et le mémoire en défense du sieur de Biliotti, ledit mémoire enregistré audit secrétariat général, le 6 mars 1828, et tendant à ce que le pourvoi du sieur de Lirac soit déclaré non recevable et mal fondé, et à ce qu'il nous plaise le rejeter, avec dépens;

Vu le mémoire en réplique du sieur Vidal de Lirac, enregistré audit secrétariat général, le 10 mai 1828, et tendant au maintien de ses premières conclusions;

Vu l'ordonnance royale attaquée, du 18 juillet 1827, portant autorisation au sieur de Biliotti d'établir un moulin à farine sur le fossé ou ruisseau dit de la Mayre de Feyssimiane dans la commune de Sarrians, département de Vaucluse;

IV.   4

Vu l'expédition du dernier acte de vente du moulin appartenant au sieur de Lirac, ledit acte en date du 30 avril 1566;

Vu toutes les pièces produites et jointes au dossier;

Considérant que, dans son dispositif, l'ordonnance du 18 juillet 1827 se borne à permettre au sieur de Biliotti d'établir un moulin sur le ruisseau de la Mayre de Feyssimiane, qui n'est ni navigable ni flottable, et que cette permission n'a pu être donnée que sous la réserve des droits des tiers;

Que dès lors elle ne fait pas obstacle à ce que le sieur de Lirac fasse valoir ses droits devant les tribunaux;

Notre conseil d'Etat entendu,

Nous avons ordonné et ordonnons ce qui suit:

Art. 1er. La requête du sieur de Lirac est rejetée.

2. Le sieur de Lirac est condamné aux dépens.

Ordonnance du roi, du 13 juillet 1828, relative à la réclamation du sieur Fiard, entrepreneur.

(Une fourniture faite par les ordres de l'administration pour un système de travaux qui a été depuis abandonné, ne doit pas moins être payée à l'entrepreneur.)

CHARLES, etc.; sur le rapport du comité du contentieux (1re section);

Vu la requête à nous présentée au nom du sieur Fiard, entrepreneur, demeurant à Gap, ladite requête enregistrée au secrétariat général de notre conseil d'Etat, le 2 mars 1826, et tendant à ce qu'il nous plaise ordonner, avant faire droit, qu'il sera procédé contradictoirement à des expériences pour constater l'importance des réclamations de l'exposant;

Au fond, annuler l'arrêté du conseil de préfecture du département des Hautes-Alpes, du 21 mai 1825, et allouer à l'exposant la somme de 30,089 fr. 83 c., à laquelle se sont élevées les dépenses réelles qu'il a faites;

Vu le mémoire ampliatif du sieur Fiard, enregistré audit secrétariat général, le 1er juillet 1826, et tendant au maintien de ses précédentes conclusions;

Vu la lettre du directeur général des ponts et chaussées et des mines, enregistrée audit secrétariat général, le 21 août 1826, et tendant au maintien de l'arrêté attaqué;

Vu le mémoire en réplique du sieur Fiard, enregistré au secrétariat général, le 16 février 1827, et tendant au maintien de ses premières conclusions;

Vu la lettre du préfet des Hautes-Alpes, enregistrée audit secrétariat général, le 22 mai 1827, et le dossier y annexé des pièces relatives au projet de construction du pont d'Aubessagne sur le Drac, route royale n° 85, de Lyon à Antibes;

Vu les dernières observations du sieur Fiard, enregistrées audit secrétariat général, le 2 février 1828, et tendant au maintien de ses premières conclusions;

Vu l'arrêté attaqué du conseil de préfecture du département des Hautes-Alpes, du 21 mai 1825, qui alloue au sieur Fiard, entrepreneur du pont d'Aubessagne, un supplément de prix de 6,625 fr. 87 c., et qui rejette le surplus des fins et conclusions de cet entrepreneur;

Vu les plans, devis et détails estimatifs du projet approuvé le 13 avril 1815, le procès-verbal d'adjudication du 19 juin 1816 et le cahier des charges imposées aux entrepreneurs des ponts et chaussées;

Vu les observations du directeur général des ponts et chaussées, portant approbation des changements successivement apportés à la rédaction du projet primitif;

Vu le métrage général des ouvrages exécutés;

Vu toutes les pièces produites et jointes au dossier;

Sur le chef des conclusions relatif à une demande d'expériences contradictoires:

Considérant que le sieur Fiard n'élève aucun reproche contre le décompte général de l'entreprise du pont d'Aubessagne, sous le rapport des métrages; que les faits ont été régulièrement établis, et qu'il n'y a pas lieu de procéder à une nouvelle vérification;

Au fond:

Considérant qu'il ne s'agit pas de contestations relatives aux changements apportés à l'ensemble du projet par l'administration pendant l'exécution, puisque l'entrepreneur s'y est conformé sans réclamation, et que les augmentations d'ouvrages qui en sont résultées ont été comprises dans le métré général; que dès lors la réclamation du sieur Fiard se réduit à des indemnités de détail;

Considérant que la fourniture de quatre-vingt-trois pièces de bois de sapin et de cent boulons de fer a été faite par ordre de l'administration pour un système de cintres qui a été abandonné; que l'administration ne peut refuser d'accepter la livraison des parties d'ouvrages confectionnés par ses ordres, et que l'entrepreneur doit demeurer libre de requérir cette livraison, s'il ne se contente pas de l'indemnité de dépréciation allouée par le conseil de préfecture pour lesdits bois et boulons;

Sur les autres chefs de réclamation:

Considérant que le sieur Fiard n'oppose que des allégations aux faits et considérations qui ont justement motivé l'arrêté du conseil de préfecture;

Notre conseil d'État entendu,

Nous avons ordonné et ordonnons ce qui suit:

Art. 1er. Le sieur Fiard est autorisé à demander réception des fournitures des quatre-vingt-trois pièces de bois de sapin et des cent boulons, qui lui seront payés au prix de l'adjudication, après la livraison qui en aura été faite par lui à l'administration, si mieux il n'aime se contenter de la somme de 965 fr. 95 c., allouée par le conseil de préfecture, pour tenir lieu de déchets et dépréciation sur les bois et fers, qui, dans ce cas, resteront à l'entrepreneur.

2. Les autres chefs de réclamations du sieur Fiard sont rejetés.

Ordonnance du roi, du 13 juillet 1828, qui statue sur une contestation existante entre les sieurs Denis et Bonnet-Allion.

CHARLES, etc.; sur le rapport du comité du contentieux (1re section);

Vu la requête à nous présentée au nom du sieur Louis Denis, propriétaire à Tiffauges, département de la Vendée, ladite requête enregistrée au secrétariat général de notre conseil d'Etat, le 17 août 1826, et tendant à ce qu'il nous plaise le recevoir tiers opposant à l'ordonnance royale du 1er septembre 1824, annuler un arrêté du conseil de préfecture de la Vendée, du 26 mars 1826; ordonner une nouvelle enquête sur l'état de la chaussée du moulin de Gallard, avant l'acquisition du sieur Bonnet-Allion, notamment sur l'existence des saules qui régnaient sur plus des quatre cinquièmes de cette chaussée de 18 pouces de hauteur sur 3 pieds de largeur, et sur l'augmentation de diamètre donnée à la roue du moulin; qu'à cet effet il soit permis à l'exposant de faire entendre toutes les personnes du pays qui ont connaissance de ces faits, l'enquête contraire réservée au sieur Bonnet, à l'effet que si cette enquête prouve ce que l'exposant avance aujourd'hui, les choses soient remises au même état qu'auparavant, en telle sorte que l'usine supérieure de l'exposant n'éprouve plus aucun dommage; renvoyer ensuite les parties devant l'autorité compétente pour la fixation des dommages-intérêts qui sont dus à l'exposant pour les pertes que lui ou son fermier ont éprouvées par le fait des travaux du sieur Bonnet;

Vu l'ordonnance de *soit communiqué* et le mémoire du sieur Bonnet-Allion, enregistré audit secrétariat général, le 28 décembre 1826, tendant à ce qu'il nous plaise déclarer le sieur Denis non recevable dans son opposition à l'ordonnance royale du 1er septembre 1824; déclarer le sieur Denis mal fondé dans son pourvoi contre l'arrêté du conseil de préfecture de la Vendée, et le condamner aux dépens;

Vu le mémoire en réplique du sieur Louis Denis, enregistré audit secrétariat général, le 18 mars 1822, et tendant à ce qu'il nous plaise annuler la décision du conseil de préfecture, du 25 mars 1826, renvoyer les parties devant l'administration de la Vendée pour voir fixer contradictoirement la retenue d'eau du moulin de Gallard, de manière à ne pas préjudicier à l'usine supérieure; condamner le sieur Bonnet à garantir et indemniser l'exposant des réductions qu'il a pu et pourra être forcé d'accorder à son fermier par suite de l'engorgement des rivières que le moulin a éprouvé; condamner le sieur Bonnet aux dépens de la présente instance;

Vu le mémoire en réplique du sieur Bonnet-Allion, enregistré au secrétariat général, le 10 juin 1828, et tendant au maintien de ses précédentes conclusions;

Vu la lettre de notre ministre de l'intérieur, en date du 9 octobre 1827, contenant des renseignements et observations sur l'objet de la présente contestation;

Vu l'ordonnance royale attaquée, du 1er septembre 1824, portant que le sieur Bonnet-Allion est autorisé à transformer le moulin Gallard, qu'il possède sur la Sèvre nantaise, en une filature de laine et de coton; qu'il ne pourra exhausser la digue actuelle; qu'il sera tenu, quand la retenue sera pleine, de lever un nombre suffisant de pelles, afin que l'eau ne déborde jamais sur la chaussée, et que les repères en amont et en aval de l'usine seront authentiquement et contradictoirement reconnus avant l'exécution des travaux;

Vu l'arrêté du conseil de préfecture de la Vendée, du 25 mars 1826, portant que la plainte du sieur Denis est rejetée, et que la chaussée du moulin de Gallard est maintenue à la hauteur actuelle telle qu'elle a été repérée par l'ingénieur de Maine-et-Loire, et reconnue et vérifiée par celui de la Vendée ;

Vu le procès-verbal d'apposition d'affiches, et l'enquête *de commodo et incommodo*, du 3 juin 1823, faite par le maire de la commune de Langeron ;

Vu le procès-verbal dressé le 17 octobre 1823, par l'ingénieur à la résidence d'Angers, pour constater la hauteur de l'ancienne retenue d'eau ;

Vu le procès-verbal dressé le 12 juillet 1825, par le même ingénieur, pour constater que la hauteur de la chaussée n'avait pas été changée ;

Vu le plan des lieux et toutes les pièces respectivement produites et jointes au dossier ;

En ce qui concerne la tierce opposition à l'ordonnance du 1er septembre 1824 :

Considérant que ladite ordonnance n'a eu d'autre objet que d'autoriser la transformation d'un moulin à farine en filature de laine et de coton ; que, loin d'apporter aucun changement au régime et à la retenue des eaux, elle a prescrit le maintien de la hauteur de la digue, et la fixation des anciens repères en amont et en aval de l'usine ; d'où il suit que le sieur Denis est sans intérêt pour attaquer ladite ordonnance :

En ce qui concerne l'arrêté du conseil de préfecture, sur la compétence ;

Considérant que la Sèvre nantaise n'est ni navigable ni flottable en cette partie de son cours ;

Considérant que la question de savoir si le sieur Bonnet-Allion a contrevenu aux anciens règlements d'eau maintenus par l'ordonnance royale du 1er septembre 1824, est une question d'intérêt privé dont la connaissance appartient aux tribunaux ;

Notre conseil d'Etat entendu,

Nous avons ordonné et ordonnons ce qui suit :

Art. 1er. La tierce opposition du sieur Denis à l'ordonnance royale du 1er septembre 1824 est rejetée.

2. L'arrêté du conseil de préfecture du département de la Vendée, du 25 mars 1826, est annulé pour incompétence, et les parties sont renvoyées devant les tribunaux.

3. Les dépens sont compensés entre les parties.

Ordonnance du roi, du 13 juillet 1828, qui annule un arrêté du préfet de l'Orne.

(Discussion entre propriétaires d'usines.)

CHARLES, etc. ; sur le rapport du comité du contentieux (1re section) :

Vu la requête à nous présentée au nom du sieur Nicolas Chéret, propriétaire à Saligny, département de l'Orne, ladite requête enregistrée au secrétariat général de notre conseil d'Etat, le 15 mars 1826, et tendant à ce qu'il nous plaise annuler un arrêté du préfet de l'Orne, en date du 16 décembre 1825, et les délibérations et arrêtés primitifs sur lesquels il est basé; ordonner que les titres de propriété du sieur Chéret continueraient de s'exécuter comme par le passé, sans modification;

Vu la délibération du conseil municipal de la commune de Sainte-Ceronne, du 29 octobre 1824, ayant pour objet de régler les eaux provenant de la source dite Grosse-Fontaine;

Vu l'arrêté du préfet de l'Orne, du 28 juillet 1825, portant approbation dudit règlement;

Vu la délibération du même conseil municipal, du 30 octobre 1825, apportant quelques modifications au règlement du 29 octobre 1824;

Vu l'arrêté attaqué du préfet de l'Orne, du 16 décembre 1825, portant approbation de la délibération du 30 octobre précédent;

Vu les lettres du préfet de l'Orne, du directeur général des pont chaussées, et de notre ministre de l'intérieur, en date des 29 janv 30 août et 8 octobre 1827;

Lesdites lettres contenant des renseignements sur l'objet de la présente réclamation;

Vu le mémoire en réplique du sieur Chéret, enregistré audit secrétariat général, le 4 février 1828, et tendant au maintien de ses premières conclusions;

Vu le rapport de l'ingénieur ordinaire, le plan des lieux et toutes les pièces produites et jointes au dossier;

Vu le § 3 du chapitre 6 de la loi du 20 août 1790, contenant instruction sur les fonctions des autorités administratives;

Vu l'article 16, titre II de la loi du 6 octobre 1791, sur les biens et usages ruraux;

Considérant que, dans l'espèce, il n'était pas question de régler, par des motifs d'ordre public ou d'utilité générale, le partage ou le mode de jouissance des eaux du ruisseau de Grosse-Fontaine, mais qu'il s'agissait de prononcer sur le droit illimité que le sieur Chéret prétend avoir d'user desdites eaux, droit qui lui est contesté par quelques riverains inférieurs et par le propriétaire du moulin de Couillet;

Considérant que la connaissance de cette contestation, d'intérêt privé, appartient aux tribunaux ordinaires;

Notre conseil d'Etat entendu,

Nous avons ordonné et ordonnons ce qui suit:

Art. 1er. L'arrêté du préfet du département de l'Orne, du 16 décembre 1825, et les délibérations et arrêtés primitifs qui lui ont servi de base, sont annulés pour incompétence.

Ordonnance du roi, du 13 juillet 1828, qui rejette la requête du sieur Massé, tendant au rétablissement d'un moulin (Nord).

CHARLES, etc.; sur le rapport du comité du contentieux (1re section);

Vu la requête à nous présentée au nom du sieur Jean-Baptiste Massé, meunier à Saint-Amand, département du Nord, ladite requête enregistrée au secrétariat général de notre conseil d'Etat, le 30 novembre 1826, et tendant à ce qu'il nous plaise annuler une décision du ministre de l'intérieur, qui lui a été notifiée le 30 août 1827 ; ordonner qu'il sera donné suite à la décision du directeur général des ponts et chaussées, du 30 novembre 1816, et que l'exposant demeurera chargé de faire les travaux ordonnés dans ladite décision dans le délai qui sera fixé, sauf à autoriser ultérieurement l'exploitation du moulin de Lamotte ; subsidiairement adjuger à l'exposant l'indemnité à laquelle il a droit, à raison de la suppression de cette usine pour cause d'utilité publique, ladite indemnité fixée d'après la valeur de l'usine en 1823, et subsidiairement d'après le prix d'acquisition ;

Vu la lettre de notre ministre de l'intérieur, enregistrée audit secrétariat général, le 14 février 1827, et tendant au rejet de la requête du sieur Massé ;

Vu le mémoire en réplique du sieur Massé, enregistré audit secrétariat général, le 19 novembre 1827, et tendant au maintien de ses premières conclusions ;

Vu l'arrêté pris par l'administration centrale du département du Nord, le 8 avril 1798 (19 germinal an VI), portant que l'administration municipale de la commune de Saint-Amand fera démolir dans le délai d'un mois les moulins à eau établis sur la rivière de la Scarpe en cette commune ;

Vu la lettre du directeur général des ponts et chaussées, du 30 novembre 1816, indiquant les mesures qu'il y aurait à prendre pour rétablir le moulin de Lamotte, et demandant, avant de statuer, de nouveaux documents et la production des projets ;

Vu la délibération ministérielle attaquée, du 29 juillet 1826, appuyée d'un rapport du directeur général des ponts et chaussées, contenant refus du rétablissement du moulin de Lamotte et de l'indemnité demandée ;

Vu les certificats de plusieurs maires et habitants des communes voisines ;

Vu les rapports des ingénieurs et les avis du conseil général des ponts et chaussées ;

Vu toutes les pièces produites et jointes au dossier ;

Vu l'arrêté du gouvernement, du 9 mars 1798 (19 ventôse an VI) ;

Considérant que la rivière de Scarpe est navigable à Saint-Amand ;

Sur l'arrêté du 8 avril 1798 (19 germinal an VI), pris par l'administration centrale du département du Nord :

Considérant que cet arrêté, qui supprime les moulins établis sur la Scarpe à Saint-Amand, a été pris en exécution de l'arrêté du gouvernement, du 9 mars 1798 (13 ventôse an VI) ; qu'il ne contient aucune disposition relative à l'indemnité, laquelle, dans tous les cas, constituerait une créance d'une origine antérieure à l'an VIII ;

Considérant que cet arrêté a été immédiatement exécuté, et qu'enfin le sieur Massé, après avoir acquis l'emplacement du moulin de Lamotte, au lieu d'attaquer l'arrêté de l'an VI, s'est borné à demander, en 1814, l'autorisation de rétablir ledit moulin ;

Sur la décision du ministre de l'intérieur, contenant refus d'autoriser le rétablissement du moulin :

Considérant que ce refus d'autorisation n'est pas susceptible de nous être déféré par la voie contentieuse ;

Notre conseil d'État entendu,

Nous avons ordonné et ordonnons ce qui suit :

Art. 1er. La requête du sieur Massé est rejetée.

Ordonnance du roi, du 16 juillet 1828, sur les voitures publiques (1).

TITRE Ier. — Art. 1er. Les propriétaires ou entrepreneurs de voitures publiques allant à destination fixe, se présenteront, dans la quinzaine de la publication de la présente ordonnance, dans le département de la Seine, devant le préfet de police, et dans les autres départements, devant les préfets ou sous-préfets, pour faire la déclaration du nombre de places qu'elles contiennent, du lieu de leur destination, du jour et de l'heure de leur départ, de leur arrivée et de leur retour, à peine d'être poursuivis conformément à l'article 3, titre III, de la loi du 29 août 1790.

Toute nouvelle entreprise est soumise à la même déclaration.

Lorsqu'un propriétaire ou entrepreneur de voitures publiques augmentera ou diminuera le nombre de ses voitures ou le nombre de places de chacune d'elles, lorsqu'il changera le lieu de sa résidence ou qu'il transférera son entreprise dans une autre commune, il en fera la déclaration préalable, ainsi qu'il a été dit ci-dessus.

2. Aussitôt après la déclaration, les préfets ou sous-préfets ordonneront la visite desdites voitures par des experts nommés par eux, afin de constater si elles sont entièrement conformes à ce qui est prescrit par la présente ordonnance, et si elles n'ont aucun vice de construction qui puisse occasionner des accidents.

Néanmoins les voitures actuellement en construction, et qui seront présentées à l'examen des experts dans les trois mois de la publication de la présente ordonnance, ne seront point assujetties aux dispositions prescrites par les art. 10 et 13 qui suivent, pourvu cependant qu'elles soient construites suivant toutes les règles de l'art.

Aucune voiture ne pourra être mise pour la première fois en circulation avant la délivrance de l'autorisation du préfet, rendue sur le rapport des experts.

Dans le cas où les voitures actuellement en circulation seraient reconnues avoir dans leur construction des défectuosités assez graves pour amener des accidents, le préfet, après avoir entendu les experts, pourra en défendre la circulation jusqu'à ce que ces défectuosités aient été corrigées.

Les entrepreneurs auront, dans tous les cas, la faculté de nommer, de leur côté, un expert qui opérera contradictoirement avec ceux de l'administration.

Le préfet prononcera au vu du rapport de ces experts.

Les visites des voitures ne pourront être faites qu'au principal établissement de chaque entreprise.

---

(1) *Voyez*, 1re l'ordonnance royale du 23 avril 1834, t. VI, p. 75;
2° L'ordonnance du 15 février 1837, t. VII, p. 283;
3° L'ordonnance du 24 octobre 1838, t. VIII, p. 91 :
4° L'ordonnance du 3 février 1840, t. VIII, p. 291.

3. Le préfet transmettra au directeur des contributions indirectes copie, par extraits, des autorisations par lui accordées en vertu de l'article précédent.

Les directeurs ne délivreront l'estampille prescrite par l'article 117 de la loi du 25 mars 1817, que sur le vu de cette autorisation, qu'ils inscriront sur un registre.

4. Chaque voiture portera à l'extérieur le nom du propriétaire ou de l'entrepreneur et l'estampille délivrée par l'administration des contributions indirectes.

5. Elle portera dans l'intérieur l'indication du nombre des places qu'elle contient, ainsi que le numéro et le prix de chaque place, du lieu du départ à celui de la destination.

Les propriétaires ou entrepreneurs de voitures publiques ne pourront y admettre un plus grand nombre de voyageurs que celui que porte l'indication ci-dessus.

6. Les propriétaires ou entrepreneurs de voitures publiques tiendront registre du nom des voyageurs qu'ils transporteront : ils enregistreront également les ballots, malles et paquets dont le transport leur sera confié.

Copie de cet enregistrement sera remise au conducteur, et un extrait, en ce qui le concerne, sera pareillement remis à chaque voyageur, avec le numéro de sa place.

Les registres dont il s'agit au présent article seront sur papier timbré, cotés et parafés par le maire.

7. Les conducteurs des voitures publiques ne pourront prendre en route aucun voyageur, ni recevoir aucun paquet, sans en faire mention sur les feuilles qui leur auront été remises au lieu du départ.

TITRE II. *De la construction, du chargement et du poids des voitures.* — 8. Les voitures publiques seront d'une construction solide, et pourvues de tout ce qui est nécessaire à la sûreté des voyageurs.

Les propriétaires ou entrepreneurs seront poursuivis à raison des accidents arrivés par leur négligence, sans préjudice de leur responsabilité civile, lorsque les accidents auront lieu par la faute ou la négligence de leurs préposés.

9. Les voitures publiques auront au moins un mètre soixante-deux centimètres de voie entre les jantes de la partie des roues pesant sur le sol.

La voie des roues de devant ne pourra être moindre, lorsque les voies seront inégales, d'un mètre cinquante-neuf centimètres.

Néanmoins notre ministre de l'intérieur pourra, sur la proposition motivée des préfets, autoriser les entrepreneurs qui exploitent les routes à travers les montagnes non desservies par la poste, à donner une largeur de voie égale à la plus large voie en usage dans le pays.

10. La distance entre les axes des deux essieux dans les voitures publiques à quatre roues ne pourra être moindre de deux mètres, lorsqu'elles ont deux ou trois caisses, ou deux caisses et un panier, ni d'un mètre soixante centimètres lorsqu'elles n'ont qu'une caisse : néanmoins le préfet de police pourra autoriser une moindre distance entre les essieux, pour les voitures dites *des environs de Paris* qui n'auront pas de chargements sur leur impériale.

11. Les essieux seront en fer corroyé, et fermés, à chaque extré-

mité, d'un écrou assujetti d'une clavette. Les voitures publiques seront constamment éclairées pendant la nuit, soit par une forte lanterne placée au milieu de la caisse de devant, soit par deux lanternes placées aux côtés.

12. Toute voiture publique sera munie d'une machine à enrayer au moyen d'une vis de pression agissant sur les roues de derrière; cette machine devra être construite de manière à être manœuvrée de la place assignée au conducteur.

En outre de la machine à enrayer, les voitures publiques devront être pourvues d'un sabot, qui sera placé par le conducteur à chaque descente rapide.

Les préfets pourront néanmoins autoriser la suppression de la machine à enrayer et du sabot aux voitures qui parcourent *uniquement* un pays de plaine.

13. La partie des voitures publiques appelée *la berline* sera ouverte par deux portières latérales; la caisse dite le *coupé* ou le *cabriolet* sera également ouverte par deux portières latérales, à moins qu'elle ne s'ouvre par le devant; la caisse de derrière, dite la *galerie* ou la *rotonde*, pourra n'avoir qu'une portière ouverte à l'arrière. Chaque portière sera garnie d'un marchepied.

14. Il pourra être placé sur l'impériale des voitures publiques une banquette destinée au conducteur et à deux voyageurs; le siége de cette banquette sera posé immédiatement sur cette impériale.

Elle ne pourra être recouverte que d'une capote flexible.

Aucun paquet ne pourra être placé sur cette banquette.

15. Une vache en une ou plusieurs parties pourra être placée sur l'impériale, en arrière de la banquette de l'impériale; le fond de cette vache aura dans sa longueur et dans sa largeur un centimètre de moins que l'impériale; elle sera recouverte par un couvercle incompressible, bombé dans son milieu.

Lorsqu'il y aura sur le train de derrière d'une voiture publique un coffre au lieu de galerie ou rotonde, il devra aussi être fermé par un couvercle incompressible.

Les entrepreneurs qui le préféreront pourront continuer à se servir d'une bâche flexible; mais le *maximum* de hauteur du chargement sera déterminé par une traverse en fer, divisant le panier en deux parties égales. La bâche devra être placée au-dessous de cette traverse, dont les montants, au moment de la visite prescrite par l'article 2, seront marqués d'une estampille constatant qu'ils ne dépassent pas la hauteur prescrite, et ils devront, ainsi que la traverse, être constamment apparents.

Une pareille traverse devra être placée à la même hauteur sur le coffre qui remplace la galerie ou rotonde, dans le cas où le couvercle incompressible ne serait pas mis en usage.

Aucune partie du chargement ne pourra dépasser la hauteur de la traverse ni l'aplomb de ses montants en largeur.

16. Il ne pourra être attaché aucun objet ni autour de l'impériale ni en dehors du couvercle incompressible ou de la bâche.

17. Nulle voiture publique à quatre roues ne pourra avoir, du sol au point le plus élevé du couvercle de la vache ou du coffre de derrière, plus de trois mètres, quelle que soit la hauteur des roues.

Nulle voiture publique à deux roues ne pourra avoir entre les mêmes points plus de deux mètres soixante centimètres.

18. Deux ans après la promulgation de la présente ordonnance, le poids des voitures publiques, diligences et messageries, et des fourgons allant en poste ou avec des relais, sera fixé, savoir :

Avec bandes de   8 centimètres, à 2,560 kilogrammes;
Idem. . . . de 11 *idem*. . . . . à 3,520 *idem*;
Idem. . . . de 14 *idem* . . . . à 4,000 *idem*.

Jusqu'alors ces poids pourront être, ainsi qu'ils sont en ce moment, savoir :

Avec bandes de   8 centimètres, de 2,560 kilogrammes;
Idem. . . . de 11 *idem*.. . . . de 3,520 *idem*;
Idem. . . . de 14 *idem* . . . . de 4,480 *idem*.

19. Il est accordé une tolérance de cent kilogrammes sur les chargements fixés par l'article précédent, au delà de laquelle les contraventions seront rigoureusement constatées et poursuivies, conformément à la loi du 29 floréal an x et au décret du 23 juin 1806.

20. En conséquence, les employés aux ponts à bascule seront tenus, sous peine de destitution, de peser, au moins une fois par trimestre, une des voitures publiques, par chaque route desservie.

En cas de contravention, ils en dresseront procès-verbal, et il y sera statué par le maire du lieu, et à Paris par le préfet de police, conformément aux articles 7, 8 et 9 du même décret du 23 juin 1806.

Ils tiendront registre de ces opérations, et il en sera rendu compte tous les mois à notre ministre de l'intérieur.

21. Les autorités civiles et militaires seront tenues de protéger les préposés, de leur prêter main-forte, de poursuivre et faire poursuivre, suivant la rigueur des lois, les auteurs et complices des violences commises envers eux; et ce, tant sur la clameur publique que sur les procès-verbaux dressés par lesdits préposés, par eux affirmés, et remis par eux à la gendarmerie.

22. Il est, en conséquence, ordonné à tout gendarme en fonctions de s'arrêter dans sa tournée à chaque pont à bascule qui se trouvera sur sa route, de recevoir les déclarations que les préposés auraient à lui faire, et de se charger des procès-verbaux des délits qui auraient été commis contre eux pour les déposer au greffe.

23. Tout voiturier ou conducteur, qui, pour éviter de passer un pont à bascule, se détournerait de la route qu'il parcourait, sera tenu, sur la réquisition des préposés, de la gendarmerie ou autres agents qui surveilleront le service des ponts à bascule, de conduire sa voiture pour être pesée sur ce pont à bascule.

24. Tout voiturier ou conducteur pris en contravention pour excédant du poids fixé par la présente ordonnance, ne pourra continuer sa route qu'après avoir réalisé le payement des dommages, et déchargé sa voiture de l'excédant du poids qui aura été constaté; jusque-là, ses chevaux seront tenus en fourrière à ses frais, ou il fournira caution.

TITRE III. *Du mode de conduite des voitures publiques.* — 25. A dater du 1er janvier prochain, toute voiture publique, attelée de quatre chevaux et plus, devra être conduite par deux postillons, ou par un cocher et un postillon.

Pourront néanmoins être conduites par un seul cocher ou postillon les voitures publiques attelées de cinq chevaux au plus, lorsque aucune partie de leur chargement ne sera placée dans la partie supérieure de la voiture, et qu'il sera en totalité placé soit dans un coffre à l'arrière, soit en contre-bas des caisses, et lorsqu'en outre le conducteur seul aura place sur l'impériale.

Les voitures dites *des environs de Paris*, qui se rendront dans les lieux déterminés par le préfet de police, pourront être conduites par un seul homme, quoique attelées de quatre chevaux : au delà de ce nombre de chevaux, elles devront être conduites par deux hommes.

26. Les postillons ne pourront, sous aucun prétexte, descendre de leurs chevaux. Il leur est expressément défendu de conduire les voitures au galop sur les routes, et autrement qu'au petit trot dans les villes ou communes rurales, et au pas dans les rues étroites.

Titre IV. *De la police des relais et des postillons.* — 27. Tout entrepreneur ou propriétaire de voitures publiques qui ne sont pas conduites par les maîtres de poste, devra, un mois après la publication de la présente ordonnance, faire à Paris, à la préfecture de police, et à la préfecture de chaque département où ses relais sont établis, la déclaration des lieux où ils sont placés, et du nom de l'entrepreneur, ou, si les chevaux lui appartiennent, du préposé à chaque relais.

Toutes les fois que cet entrepreneur ou ce préposé changera, la déclaration devra en être également faite aux mêmes autorités.

28. A Paris, le préfet de police, et, dans les départements, le maire de la commune où le relais est placé, prévenu par le préfet du département, surveillera la tenue du relais sous le rapport de la sûreté des voyageurs.

29. Tout chef d'un bureau de départ et d'arrivée d'une voiture publique, tout entrepreneur ou préposé à un relais, tiendra un registre coté et parafé par le maire, dans lequel les voyageurs pourront inscrire les plaintes qu'ils auraient à former contre les postillons pour tout ce qui concerne la conduite de la voiture. Ce registre leur sera présenté à toute réquisition.

Les maîtres de poste qui conduiraient des voitures publiques présenteront aux voyageurs qui le requerront le registre qu'ils sont obligés de tenir d'après le règlement des postes.

30. La conduite des voitures publiques ne pourra être confiée qu'à des hommes pourvus de livrets délivrés par le maire de la commune de leur domicile, sur une attestation de bonnes vie et mœurs et de capacité à conduire. Ces hommes devront être âgés au moins de seize ans accomplis.

Aussitôt qu'un entrepreneur de relais, ou un préposé aux relais qui appartiendront à un entrepreneur de voitures publiques, recevra un cocher ou un postillon, il devra déposer son livret chez le maire de la commune, lequel vérifiera si aucune note défavorable et de nature à le faire douter de la capacité du postillon n'y est inscrite.

Dans ce cas, il en référera au préfet, et, en attendant sa décision, le postillon ne pourra être admis.

31. Lorsqu'un cocher ou postillon quittera un relais, l'entrepreneur

du relais ou le préposé viendra reprendre le livret, et y inscrira, en présence du maire et du postillon, les notes propres à faire connaître la conduite et la capacité de ce dernier. Le maire pourra, s'il le juge convenable, y inscrire ses propres observations sur la conduite du postillon, relativement à son état.

32. Au moment du relais, l'entrepreneur ou le préposé est tenu, sous sa responsabilité, de s'assurer par lui-même si les postillons en rang de départ ne sont point en état d'ivresse.

TITRE V. *Dispositions transitoires.* — 33. Il est accordé trois mois, à dater de la publication de la présente ordonnance, pour faire placer sur les voitures actuellement en service le couvercle incompressible ou les montants et la traverse prescrite par l'article 15.

Dans le même délai, les mêmes voitures devront être munies, indépendamment d'un sabot, d'une machine à enrayer, susceptible d'être manœuvrée de la place assignée au conducteur.

Les voitures actuellement en service pourront, sauf les exceptions portées à l'article 12, continuer à circuler, quelle que soit la hauteur de l'impériale au-dessus du sol; mais le chargement placé sur cette impériale ne pourra excéder une hauteur de soixante-six centimètres, mesurée de sa base au point le plus élevé.

Deux ans après la publication de la présente ordonnance, aucune voiture publique, à destination fixe, qui ne serait pas construite conformément à toutes les règles ci-dessus prescrites, ne pourra circuler dans toute l'étendue de notre royaume.

TITRE VI. *Dispositions générales.* — 34. Conformément aux dispositions de l'article 16 du décret du 28 août 1808 et de l'ordonnance de 1820, les rouliers, voituriers, charretiers, continueront à être tenus de céder la moitié du pavé aux voitures des voyageurs, sous les peines portées par l'article 475, n° 3, du Code pénal.

35. Les conducteurs de voitures publiques ou les postillons feront, en cas de contravention, leurs déclarations à l'officier de police du lieu le plus voisin, en faisant connaître le nom du roulier ou voiturier d'après la plaque, et nos procureurs, sur l'envoi des procès-verbaux, seront tenus de poursuivre les délinquants.

36. La présente ordonnance sera constamment affichée, à la diligence des entrepreneurs, dans le lieu le plus apparent de tous bureaux de voitures publiques, soit du lieu du départ, soit du lieu d'arrivée ou de relais.

Les articles 4, 5, 6, 7, 8, 24, 25, 28 et 31 seront réimprimés à part, et constamment affichés dans l'intérieur de chacune des caisses de voitures publiques.

37. Les dispositions de la présente ordonnance ne sont pas applicables aux voitures malles-postes destinées au transport de la correspondance du gouvernement et du public, la forme, les dimensions et le chargement de ces voitures étant déterminés par des règlements particuliers soumis à notre approbation.

Les voitures de particuliers qui transportent les dépêches par entreprises ne sont pas considérées comme malles-postes.

38. Les voitures publiques qui desservent les routes des pays voisins, et qui partent de l'une de nos villes frontières ou qui y arrivent, ne sont pas soumises aux règles ci-dessus prescrites. Elles devront toutefois être solidement construites.

39. Nos préfets et sous-préfets, nos procureurs généraux et ordinaires, les maires et adjoints, la gendarmerie et tous nos officiers de police, sont chargés spécialement de veiller à l'exécution de la présente ordonnance, de constater les contraventions et d'exercer les poursuites nécessaires à leur répression.

40. Le décret du 28 août 1808 et nos ordonnances des 4 février 1820 et 27 septembre 1827 sont rapportés.

Ordonnance du roi, du 16 juillet 1828, qui autorise la construction d'un pont sur l'Acheneau au Port-Saint-Père.

CHARLES, etc. ; vu les projets de construction d'un pont sur la rivière de l'Acheneau au Port Saint-Père, département de la Loire-Inférieure, route départementale n° 5, de Nantes à Saint-Gilles;

La délibération du conseil général de ce département, session de 1826;

L'avis du préfet;

La réclamation du sieur Taffa ;

L'avis de la commission formée en exécution de la loi du 8 mars 1810;

Le procès-verbal de l'adjudication passée par le préfet en conseil de préfecture, le 17 novembre 1827, au sieur Aristide de Grandville, pour la construction de ce pont, à ses frais, risques et périls, moyennant la concession d'un péage à y établir après son achèvement ;

La soumission du 23 mars 1828, dans laquelle ledit adjudicataire s'engage à construire un pont de pierre, au lieu d'un pont mixte en bois et en pierre;

Notre conseil d'Etat entendu,

Nous avons ordonné et ordonnons ce qui suit :

Art. 1er. Il sera construit un pont en pierre sur l'Acheneau au Port Saint-Père, département de la Loire-Inférieure, et deux levées à ses abords, suivant le projet approuvé par le directeur général des ponts et chaussées.

2. L'emplacement du pont et des deux levées aux abords est fixé conformément aux lignes rouges tracées sur le plan ci-annexé ; les propriétés nécessaires pour l'exécution des travaux seront acquises suivant les dispositions de la loi du 8 mars 1810.

3. Le péage à établir sur ce pont après son achèvement est concédé pour soixante années au sieur Aristide de Grandville, aux clauses et conditions de l'adjudication qui lui a été passée le 17 novembre 1827, et de sa soumission du 23 mars 1828. Le cahier de charges, le tarif du péage, et la soumission du 23 mars 1828, demeureront, avec le plan de l'emplacement du pont et des deux levées aux abords, annexés à la présente ordonnance (1).

---

(1) Le tarif est au Bulletin des lois.

Circulaire du directeur général des ponts et chaussées et des mines (M. Becquey), à MM. les préfets, portant envoi de l'instruction du 12 juillet.

Paris, le 16 juillet, 1828.

Monsieur le préfet, le 1er avril 1824 et le 19 mai 1825, j'ai eu l'honneur de vous adresser deux circulaires et deux instructions relatives à l'exécution de l'ordonnance du 29 octobre 1823, concernant les machines à vapeur à haute pression, c'est-à-dire celles dans lesquelles la force élastique de la vapeur équilibre a plus de deux atmosphères, lors même qu'elles brûleraient complétement leur fumée.

Quatre années et demie d'expérience du régime consacré par cette ordonnance ont fait sentir le besoin de nouvelles dispositions réglementaires pour le service des machines à vapeur à haute pression, et Sa Majesté a rendu à ce sujet une nouvelle ordonnance le 7 mai dernier.

La commission d'ingénieurs des mines et d'ingénieurs des ponts et chaussées que j'ai réunie, dès 1823, pour l'exécution de l'ordonnance du 29 octobre de la même année, et qui avait déjà préparé les deux instructions dont il est parlé ci-dessus, a rédigé une troisième instruction pour l'exécution de l'ordonnance du 7 mai 1828. Elle a été, sur ma proposition, approuvée, le 12 de ce mois, par Son Excellence le ministre de l'intérieur.

J'ai l'honneur de vous en adresser   exemplaires.

Cette instruction trace d'abord des règles pour les *pressions d'épreuve* que doivent subir les chaudières des machines à vapeur.

Elle indique ensuite de quelle manière les tubes bouilleurs, ainsi que les cylindres et leurs enveloppes, doivent être essayés.

Elle fait connaître combien il importe de donner aux chaudières en cuivre laminé ou en tôle (*fer laminé ou battu*) une épaisseur suffisante, et de quelle manière on parvient à déterminer ces épaisseurs, en faisant toutefois observer qu'il convient de donner toujours aux tubes bouilleurs, eu égard à leurs diamètres, des épaisseurs beaucoup plus grandes qu'aux chaudières, parce qu'étant placés au milieu du foyer, ils sont plus exposés à se détériorer.

Enfin, l'instruction se termine par quelques détails sur la manière de procéder aux épreuves des chaudières et des tubes bouilleurs.

Vous remarquerez à la fin de cette instruction :

1° Une table des épaisseurs à donner aux chaudières en tôle, pour les machines à vapeur;

2° Une formule et des explications relatives à cette table;

3° Des formules relatives à l'épreuve des chaudières, tubes bouilleurs, cylindres et enveloppes de cylindres.

Je me persuade que la table et les formules seront faciles à appliquer.

La dernière ordonnance, du 7 mai 1828, se trouve placée à la fin de l'instruction (1).

Des expériences restent à faire pour déterminer exactement les forces élastiques de la vapeur de l'eau à diverses températures, et les dimensions que les soupapes de sûreté doivent avoir, ainsi que pour vérifier de nouveaux moyens de sûreté qui ont été proposés pour les machines à

(1) Voir cette ordonnance, tome III, page 44.

vapeur. Je m'empresserai de vous faire connaître les résultats auxquels ces expériences délicates et importantes auront donné lieu, aussitôt qu'elles seront terminées (1).

Je ne terminerai pas cette lettre sans recommander de nouveau à votre sollicitude, monsieur le préfet, et aux soins éclairés de MM. les ingénieurs des mines et des ponts et chaussées, le service des machines à vapeur dans votre département. Ce service intéresse à la fois la vie des hommes et la prospérité de notre industrie, et comme les moindres détails ont leur importance et peuvent échapper à la mémoire dans des questions aussi graves, je vous prie, ainsi que MM. les ingénieurs, de vous référer aux circulaires des 1er avril 1824 et 19 mai 1825, et aux instructions qui y étaient jointes; de vous pénétrer de nouveau de leur contenu, et de vous assurer que ces premières instructions reçoivent toujours leur exécution.

La connaissance de l'instruction que je vous transmets aujourd'hui étant indispensable aux fabricants de chaudières et de machines à haute pression, et intéressant aussi ceux qui font usage de ces machines, je vous prie d'en adresser des exemplaires aux uns et aux autres, afin qu'ils puissent profiter des documents qui leur sont offerts et se conformer aux obligations qui leur sont imposées.

Je vous invite, au surplus, à veiller à l'exécution de l'ordonnance du 7 mai 1828 et de l'instruction que je vous transmets, et à m'accuser réception de la présente.

P. S. Je profite de cette occasion pour adresser à MM. les ingénieurs un rapport fait par M. de Prony, inspecteur général au corps royal des ponts et chaussées, avec deux notes ajoutées par l'auteur, l'une *sur la théorie du parallélogramme du balancier de la machine à vapeur,* l'autre *sur un moyen de mesurer l'effet dynamique des machines de rotation.* Ce rapport et ces deux notes doivent être fort utiles à MM. les ingénieurs appelés à s'occuper des machines à vapeur.

Troisième instruction, approuvée, le 12 juillet 1828, par le ministre de l'intérieur (M. de Martignac), et relative à l'exécution des ordonnances du roi, des 29 octobre 1823 et 7 mai 1828.

Conformément à l'art. 3 de l'ordonnance royale du 29 octobre 1823, portant règlement sur les machines à vapeur à haute pression, toute chaudière d'une machine de cette espèce doit subir une pression d'épreuve *cinq fois plus forte* que celle qu'elle est appelée à supporter dans l'exercice habituel de la machine à laquelle elle est destinée. Cette pression d'épreuve est réduite au *triple* par l'article 1er de l'ordonnance royale du 7 mai 1828, mais seulement pour les chaudières faites en cuivre laminé ou en tôle (fer laminé ou battu).

Ainsi les chaudières en fonte continueront à être éprouvées sous une pression *quintuple.*

Cette pression quintuple ne peut se rapporter qu'à la force qui tend à faire rompre la chaudière; il en est de même de la pression triple qui sera substituée à la première dans le cas d'une chaudière en cuivre laminé ou en tôle; mais la force dont il s'agit est évidemment égale à la

---

(1) Voir la nouvelle table qui est à la suite de l'instruction du 27 mai 1830.

tension de la vapeur dans la chaudière, diminuée d'une pression atmosphérique, puisque la chaudière supporte extérieurement tout le poids de l'atmosphère. C'est pour cette raison que l'ordonnance royale du 7 mai 1828 porte, article 4, que la force de pression à prendre, comme terme de départ, pour les épreuves des chaudières, est la force de tension que la vapeur doit avoir habituellement, diminuée de la pression extérieure de l'atmosphère.

D'après les dispositions des articles 2 et 3 de la nouvelle ordonnance, les tubes bouilleurs, ainsi que les cylindres et leurs enveloppes, seront essayés de la même manière, c'est-à-dire en prenant le même terme de départ pour les pressions d'épreuve qu'on leur fera supporter. Ces pressions seront quintuples pour les tubes bouilleurs en fonte, les cylindres et leurs enveloppes également en fonte, et seulement triples pour ceux en cuivre laminé ou en tôle.

Les timbres qui devront être apposés après les épreuves sur les tubes bouilleurs, cylindres et enveloppes, le seront de la manière qui est indiquée pour les chaudières, dans la seconde instruction relative à l'exécution de l'ordonnance royale du 29 octobre 1823.

Soit, par exemple, une machine construite pour agir à une pression habituelle de *cinq* atmosphères. La chaudière de cette machine devra, après l'épreuve, être marquée d'un timbre indiquant, en chiffres, *cinq atmosphères*. Cela posé, la pression à prendre comme terme de départ, pour l'épreuve, sera *cinq* moins *un*, ou *quatre*; et il faudra multiplier cette pression *quatre* par *cinq*, si la chaudière est en fonte, et seulement par *trois*, si elle est en cuivre laminé ou en tôle. Ainsi, pour ce même timbre *cinq atmosphères*, la pression d'épreuve sera, dans le premier cas, portée jusqu'à *vingt atmosphères*, et dans le second cas elle ne s'élèvera qu'à *douze atmosphères*.

Si la chaudière est en fonte et ses tubes bouilleurs en cuivre laminé ou en tôle, quoique les tubes n'aient été soumis qu'à la pression *triple*, ils seront marqués du même timbre que la chaudière qui aura supporté la pression *quintuple*.

Maintenant que les chaudières en cuivre laminé ou en tôle ne seront plus soumises à une épreuve aussi forte que par le passé, il est bien important de rappeler aux fabricants qu'ils ne devront pas s'autoriser de cette réduction pour diminuer les épaisseurs des chaudières. S'ils agissaient ainsi, les plus graves inconvénients seraient à craindre, et c'est pour les prévenir que l'article 1er de l'ordonnance royale du 7 mai 1828, en réduisant la pression d'épreuve au *triple*, impose aux fabricants l'obligation de donner aux chaudières des épaisseurs suffisantes pour qu'elles puissent toujours subir cette pression d'épreuve sans que la force de résistance du métal en soit altérée.

L'expérience a démontré que des substances douées d'élasticité, telles que le cuivre et le fer, ne pourraient, sans être altérées, supporter des tractions ou tensions qui s'approcheraient trop de celles capables de produire leur rupture. Les mêmes altérations auraient nécessairement lieu pour des chaudières en cuivre laminé ou en tôle qui seraient trop minces. Il est donc bien essentiel que les fabricants conservent à ces chaudières des épaisseurs suffisantes pour résister à des pressions qu'il convient de porter au triple de celles qui seront exercées, lors des épreuves par la presse hydraulique ou pompe de pression. S'il en était autrement, ces épreuves pourraient les altérer sans néanmoins y produire aucune rupture, de sorte que les chaudières, après avoir été soumises aux essais, seraient réellement moins résistantes et moins bonnes qu'auparavant.

Les fabricants devront donc faire les chaudières plutôt trop épaisses que trop minces, s'ils ne veulent pas s'exposer à les voir refuser, lors même qu'elles pourraient résister à l'épreuve par la presse hydraulique.

Il est encore bien nécessaire de rappeler ici que l'article 7 de l'ordonnance royale du 29 octobre 1823 prescrit aux ingénieurs de visiter, au moins une fois par an, les chaudières, de constater leur état, et de provoquer la réforme de celles que le long usage ou une détérioration accidentelle leur ferait regarder comme dangereuses. Or le seul moyen de constater le bon état d'une chaudière, c'est de la soumettre de nouveau à l'épreuve par la presse hydraulique. Il est donc de toute nécessité que les fabricants ne livrent dans le commerce que des chaudières assez épaisses pour pouvoir être en tout temps soumises à cette épreuve, sans en recevoir aucune altération sensible.

Si les épaisseurs qu'on a données jusqu'ici aux chaudières en tôle sont, en général trop faibles pour l'épreuve par la *pression quintuple*, elles paraissent convenir pour l'épreuve par la *pression triple*, et pourvu qu'elles soient conservées, on pourra éprouver les chaudières sans les altérer.

On parviendra, pour tous les cas, à déterminer des épaisseurs convenables, en considérant : 1° la ténacité de la tôle, eu égard d'ailleurs aux altérations qu'elle doit nécessairement subir ; 2° le diamètre des chaudières ; 3° la pression qu'elles sont appelées à supporter intérieurement. Voici le type du calcul :

On exprimera en centimètres et parties décimales du centimètre le diamètre intérieur de la chaudière, laquelle est supposée cylindrique et terminée par des calottes hémisphériques (seule forme convenable pour toute chaudière de machine à vapeur à haute pression). On multipliera par 18 ce diamètre ainsi exprimé, et le produit sera ensuite multiplié par le numéro du timbre que la chaudière doit porter, diminué d'une *unité*. On ajoutera à ce nouveau produit 3000, et on divisera cette somme par 1000 : le quotient de cette division donnera, en millimètres et parties décimales du millimètre, l'épaisseur cherchée.

Suppose, par exemple, que le diamètre intérieur d'une chaudière soit 80 centimètres, et le numéro de son timbre 5 atmosphères, on multipliera d'abord 80 par 18 : le produit sera 1440. Le numéro du timbre étant 5, ce nombre, diminué d'une *unité*, deviendra 4, par lequel il faudra multiplier 1440, et le produit sera 5760. A ce nouveau produit on ajoutera 3000, et la somme 8760 sera ensuite divisée par 1000. Cette division se fera à l'instant, en retranchant par une virgule les trois chiffres qui se trouveront à droite dans le nombre 8760. Ces trois chiffres seront des parties décimales du millimètre, tandis que celui qui restera à gauche de la virgule indiquera des millimètres. Ainsi, dans l'exemple cité, l'épaisseur que devra avoir la chaudière sera 8 millimètres et 760 millièmes de millimètre (3 lignes $\frac{8 \text{ R}}{100}$).

Les épaisseurs que donne la table qui est jointe à la présente instruction ont été calculées de la manière qui vient d'être indiquée. Elles fourniront des termes de comparaison à l'aide desquels on estimera, en ayant toutefois égard aux qualités des tôles, si les chaudières sont suffisamment épaisses pour subir les épreuves. Ces données pourront satisfaire à un grand nombre de cas. Quant aux épaisseurs qu'on ne trouvera pas calculées d'avance, on les déterminera facilement à l'aide de la méthode ci-dessus, généralisée dans la formule qui est à la suite de la table.

Les chaudières des machines à vapeur à haute pression ne doivent jamais avoir une épaisseur moindre de 4^{mm},5 (2 lignes). Mais si, d'un côté, on ne peut faire usage de chaudières trop minces, d'un autre côté, il y aurait des inconvénients à se servir de chaudières trop épaisses. L'observation a prouvé que, dans ce dernier cas, elles s'altèrent beaucoup par l'action du feu. Les praticiens portent le *maximum* d'épaisseur à 14 millimètres (6 lignes environ). Cette limite oblige à restreindre beaucoup les diamètres que l'on peut donner sans inconvénient aux chaudières des machines qui doivent travailler à une très-haute pression. On voit, en effet, par la table jointe à la présente instruction, qu'une chaudière portant le timbre 8 atmosphères, ne pourrait avoir qu'un diamètre compris entre 85 et 90 centimètres.

D'après ce qui précède, ne pourrait être admise toute chaudière qui serait trop mince, à raison de son diamètre et du numéro du timbre qui correspondrait à la pression projetée, et à laquelle chaudière on n'aurait pu cependant donner une épaisseur suffisante, sans dépasser le *maximum* ci-dessus. Dans ce cas, il faudrait appliquer à cette chaudière un timbre d'un numéro inférieur; ou si le fabricant tenait à avoir le timbre correspondant à la pression primitivement projetée, il devrait remplacer cette même chaudière par une autre d'un moindre diamètre.

Il est essentiel de faire observer ici que la méthode qui vient d'être exposée ne s'applique pas aux tubes bouilleurs. A proportion de leurs petits diamètres, on donne toujours à ces tubes des épaisseurs beaucoup plus grandes qu'aux chaudières, attendu que, par leur position au milieu du foyer, ils sont plus exposés à se détériorer.

Dans le cas où la chaudière devrait être en cuivre laminé, on pourrait aussi se servir de la table ou de la formule pour déterminer son épaisseur. Les fabricants sont dans l'usage de ne pas donner aux chaudières en cuivre des épaisseurs plus grandes qu'à celles en tôle, parce que, si, d'une part, cette dernière a une ténacité plus grande que celle du cuivre, d'une autre part, la tôle présente de très-grandes différences de qualités, non-seulement d'une feuille à une autre, mais encore dans une même feuille; ce qui n'a pas lieu pour le cuivre, dont toutes les planches ou feuilles sont en général d'une qualité plus constante. Cependant, si le cuivre n'était pas reconnu d'une très-bonne qualité, il serait nécessaire d'augmenter l'épaisseur donnée par la table ou par la formule, d'environ *un* ou *deux* dixièmes de cette épaisseur.

Quelques détails sur la manière de procéder aux épreuves, à l'aide de la presse hydraulique ou pompe de pression, termineront utilement la présente instruction.

Pour éprouver les chaudières, on chargera leurs soupapes de sûreté de poids convenables; pour les épreuves des tubes bouilleurs, des cylindres et des enveloppes, c'est la soupape de la presse hydraulique que l'on chargera autant qu'il sera nécessaire.

Le poids qui devra former la charge d'une soupape, pour une pression d'épreuve donnée, sera déterminé de la manière suivante :

On exprimera en centimètres et parties décimales du centimètre le diamètre de la soupape. On élèvera ce diamètre au carré, c'est-à-dire qu'on le multipliera par lui-même. Ce carré étant multiplié par 811, et ensuite le produit étant divisé par 1000, on obtiendra, en kilogrammes et parties décimales du kilogramme, le poids qui formera la charge directe pour une pression atmosphérique. Il ne restera plus qu'à multiplier ce poids par le nombre de pressions atmosphériques voulu pour l'épreuve.

Soit, par exemple, une soupape ayant un diamètre de 5 centimètres, 6. On élèvera ce nombre au carré, ce qui donnera 12,96. Ce carré, multiplié par 811, produira 10510,56. On divisera ce dernier nombre par 1000 (ce qui se fera aisément en avançant la virgule décimale de trois rangs vers la gauche), et on aura 10 kilog., 51056, qui formeront la charge directe pour une atmosphère.

S'il fallait élever la pression d'épreuve à 12 atmosphères, le poids trouvé 10 kilog., 51 devrait être multiplié par 12; il faudrait le multiplier par 20, si la pression d'épreuve devait être de 20 atmosphères. Supposé ce dernier cas, on aurait 210 kilog., 2 pour la charge directe, c'est-à-dire pour la charge qu'il faudrait mettre sur la tête de la soupape.

Mais si la soupape était chargée au moyen d'un levier, ce poids de 210 kilog., 2 devrait être multiplié par le petit bras de ce levier, et le produit divisé par le grand bras (1). Soient 2 la longueur du petit bras, 15 la longueur du grand : alors on multiplierait 210 kilog., 2 par 2, et on diviserait le produit 420 kilog., 4 par 15, ce qui donnerait 28 kilog., 03 pour le poids à appliquer au bout du levier. Ce poids aurait été 21 kilog., 02, dixième de la charge directe, si les bras du levier s'étaient trouvés dans le rapport de 1 à 10. Les principaux mécaniciens de Paris ont adopté ce rapport, qui abrége les calculs : il serait utile qu'on en fît de même dans toutes les fabriques de machines à vapeur et de presses hydrauliques.

Les opérations numériques qui précèdent sont, au reste, résumées dans les formules qui terminent les explications jointes à la présente instruction.

Enfin, il est à observer qu'avant de procéder aux épreuves, on devra s'assurer que les soupapes sont bien faites, et qu'elles ont été rodées avec beaucoup de soin.

Lorsqu'une soupape est défectueuse, on voit l'eau jaillir d'un seul côté, bien avant que la pression prescrite ait été atteinte ; on ne peut être certain d'avoir produit cette pression qu'autant que la soupape, se soulevant tout à coup, laisse échapper l'eau, en forme de nappe, sur tout son contour.

(1) Le petit bras est la partie du levier comprise entre son point d'appui et le point par lequel il s'applique sur la tête de la soupape. Le grand bras est la partie du levier comprise entre le même point d'appui et le point d'application du poids qui sert à charger.

Table des épaisseurs à donner aux chaudières en tôle, pour les machines à vapeur (1).

DIAMÈTRES DES CHAUDIÈRES.	NUMÉROS DES TIMBRES.						
	2 atmosph.	3 atmosph.	4 atmosph.	5 atmosph.	6 atmosph.	7 atmosph.	8 atmosph.
cent. 50.	mm. 3, 90.	mm. 4, 80.	mm. 5, 70.	mm. 6, 60.	mm. 7, 50.	mm. 8, 40.	mm. 9, 30.
55.	3, 99.	4, 98.	5, 97.	6, 96.	7, 95.	8, 94.	9, 93.
60.	4, 08.	5. 16.	6, 24.	7, 32.	8, 40.	9, 48.	10, 56.
65.	4, 17.	5, 34.	6, 51.	7, 68.	8, 85.	10, 02.	11, 19.
70.	4, 26.	5, 52.	6, 78.	8, 04.	9, 30.	10, 56.	11, 82.
75.	4, 35.	5, 70.	7, 05.	8, 40.	9, 75.	11, 10.	12, 45.
80.	4, 44.	5, 88.	7, 32.	8, 76.	10, 20.	11, 64.	13, 08.
85.	4, 53.	6, 06.	7, 59.	9, 12.	10, 65.	12, 18.	13, 71.
90.	4, 62.	6, 24.	7, 86.	9, 48.	11, 10.	12, 72.	14, 34.
95.	4, 71.	6, 42.	8, 13.	9, 84.	11, 55.	13, 26.	14, 97.
100.	4, 80.	6, 60.	8, 40.	10, 20.	12, 00.	13, 80.	15, 60.

Circulaire du directeur général des ponts et chaussées et des mines (M. Becquey), *à MM. les préfets, portant envoi de l'ordonnance du 25 mai 1828.*

Paris, le 1er août 1828.

Monsieur le préfet, vous connaissez l'ordonnance du roi, du 25 mai dernier, relative aux machines à vapeur employées sur les bateaux.

Déjà une ordonnance du 2 avril 1823 avait prescrit quelques dispo-

---

(1) Voir la nouvelle table jointe à l'instruction du 27 mai 1830.

sitions réglementaires relatives à ces bateaux : mais il importait de s'occuper plus particulièrement du moteur.

Afin de garantir encore davantage la sûreté de l'équipage et des passagers et la conservation des marchandises, on a reconnu qu'il était indispensable d'assujettir les chaudières des machines à vapeur *à basse pression, employées sur les bateaux*, et leurs tubes bouilleurs, aux conditions de sûreté qui sont prescrites par plusieurs articles de l'ordonnance du 29 octobre 1823, relative aux machines à vapeur *à haute pression*, et par l'ordonnance du 7 mai 1828, concernant les chaudières et les tubes bouilleurs des machines à haute pression.

L'usage des chaudières et des tubes bouilleurs *en fonte de fer* sur les bateaux à vapeur est prohibé.

Enfin, les cylindres en fonte des machines à vapeur à basse pression employés dans les bateaux et les enveloppes de ces cylindres doivent être éprouvés et timbrés, ainsi que l'ordonnance du 7 mai dernier le prescrit pour les cylindres et les enveloppes de cylindres faisant partie des machines à haute pression.

Telles sont les dispositions principales contenues dans l'ordonnance du 25 mai 1828. Comme elle se réfère aux ordonnances des 29 octobre 1823 et 7 mai 1828, je ne puis, monsieur le préfet, que vous rappeler les deux instructions que j'ai eu l'honneur de vous adresser les 19 mai 1825 et 16 juillet dernier, relativement à l'exécution de ces ordonnances.

La table des épaisseurs à donner aux chaudières en tôle pour les machines à vapeur, qui est insérée page 69, pourra aussi servir pour les chaudières dont il s'agit ici. En effet, cette table, commençant par le timbre 2 atmosphères, est applicable autant qu'il est nécessaire à la basse pression. On a jugé inutile d'y comprendre le timbre qui se rapporte à 1 atmosphère, attendu que, pour cette basse pression, les fabricants sont dans l'usage de donner aux chaudières des épaisseurs qui sont toujours proportionnellement plus grandes que pour les pressions supérieures.

La commission de surveillance qui a dû être formée par vous, monsieur le préfet, conformément à l'article 1er de l'ordonnance du 2 avril 1823, aura de nouveaux devoirs à remplir. Je suis assuré qu'elle se pénétrera de la gravité des nouvelles dispositions qui sont prescrites, et qu'elle y tiendra strictement la main.

Je vous prie de lui faire connaître l'instruction du 7 mai 1825, dont je vous adresse de nouveaux exemplaires, et l'instruction du 12 juillet dernier, annexée à ma circulaire du 16 du même mois.

Je vous prie aussi de transmettre ces instructions aux propriétaires de bateaux à vapeur, et aux fabricants de machines *à basse pression employées à la navigation* dans votre département.

Ils verront qu'ils peuvent se procurer les plaques servant de timbre, à la monnaie royale des médailles, rue Guénégaud, n° 8, à Paris, et les rondelles de métal fusible chez M. Collardeau, rue de la Cerisaie, n° 3, à Paris.

J'ai cru utile de faire imprimer à la suite de la présente les deux ordonnances des 2 avril 1823 et 25 mai 1828 (1). Je vous invite à distri-

_____

(1) Voir ces ordonnances, chacune à sa date.

buer les exemplaires que je vous transmets aux différentes personnes qui ont intérêt à connaître ces ordonnances.

MM. les ingénieurs des mines et des ponts et chaussées se trouvent aujourd'hui appelés à une nouvelle intervention. Si j'ai réclamé de leur part une surveillance assidue et éclairée, et de la vôtre une sollicitude constante pour les établissements qui font usage de machines à vapeur *à haute pression*, je vous prie de donner, ainsi qu'eux, les mêmes soins à l'exécution de l'ordonnance du 25 mai dernier, pour les machines à vapeur *à basse pression* employées sur les bateaux.

Vous reconnaîtrez, en effet, que les accidents qui peuvent arriver à la machine à vapeur d'un bateau sont de nature à faire craindre des conséquences bien dommageables à l'industrie, et surtout très-douloureuses pour l'humanité, par la perte et le nombre des victimes auxquelles tout moyen de salut par la fuite est interdit, et qui sont en outre exposées à périr dans les flots, si elles n'ont pas été atteintes par l'explosion.

Ordonnance du roi, du 3 août 1828, qui annule un arrêté du conseil de préfecture de Saône-et-Loire, concernant une contravention en matière de grande voirie.

CHARLES, etc.; vu le rapport qui nous a été fait par notre ministre secrétaire d'État au département de l'intérieur, ledit rapport enregistré au secrétariat général de notre conseil d'état, le 8 novembre 1827, et tendant à ce qu'il nous plaise annuler l'arrêté pris le 3 mars 1827 par le conseil de préfecture du département de Saône-et-Loire, appliquer à la contravention du sieur Coste le règlement du 4 août 1731;

Vu la lettre du 7 décembre 1827, par laquelle le commissaire de police de la ville de Châlons-sur-Saône certifie avoir notifié le pourvoi formé par notre ministre de l'intérieur au sieur Coste, qui n'a point fourni de défenses dans les délais du règlement;

Vu le procès-verbal dressé, le 31 mars 1827, par le sieur Marjoux, conducteur des ponts et chaussées, contre le sieur Coste, négociant à Châlons, pour, par ses ouvriers, avoir déposé sur l'accotement de la route départementale nº 3, à la sortie de Givry, des pierres en saillie d'environ 1 mètre 50 centimètres de largeur, sur une longueur d'environ 100 mètres;

Vu l'arrêté attaqué, par lequel il est déclaré n'y avoir lieu à statuer, par le motif que les maçons, non dénommés au procès-verbal, sont seuls coupables de la contravention, laquelle ne peut être imputée au sieur Coste, et que les pierres, qui occupaient un très-petit espace sur la route, étaient employées à une construction sur son bord;

Ensemble toutes les autres pièces produites;

Vu les lois et règlements sur la matière;

Considérant que le dépôt fait, sans autorisation, de matériaux sur la route de Givry, par les ouvriers du sieur Coste, est une contravention à l'édit de décembre 1707, à l'arrêt du conseil du 17 juin 1721, et à l'ordonnance royale du 4 août 1731;

Qu'aux termes desdits règlements, et d'après les principes du droit commun (1), le sieur Coste est civilement responsable des ouvriers qu'il a employés ;

Considérant que l'amende prononcée par l'ordonnance du 4 août 1731 est de 500 francs :

Mais que, d'après les circonstances de l'affaire, il y a lieu de modérer l'amende encourue ;

Notre conseil d'Etat entendu :

Nous avons ordonné et ordonnons ce qui suit :

Art. 1er. L'arrêté du conseil de préfecture du département de Saône-et-Loire, du 3 mars 1827, est annulé.

2. L'amende encourue par le sieur Coste est modérée à 25 francs.

Ordonnance du roi, du 10 août 1828, qui annule l'autorisation qui avait été donnée au sieur Leriche d'établir un moulin.

CHARLES, etc. ; vu la requête à nous présentée au nom du sieur Cinglant, officier supérieur de cavalerie en retraite, propriétaire à Crève-Cœur, près Cambray ; ladite requête enregistrée au secrétariat général de notre conseil d'Etat, le 26 février 1827, et tendant à ce qu'il nous plaise admettre le suppliant comme tiers opposant à l'exécution de l'article 3 de notre ordonnance du 31 mai 1826, faisant droit sur le fond, rapporter, en ce qui touche l'exposant, les dispositions de cet article, et condamner le sieur Leriche aux dépens ;

Vu l'ordonnance de *soit communiqué*, et le mémoire en défense du sieur Augustin Leriche, cultivateur et meunier, demeurant à Crève-Cœur ; ledit mémoire enregistré audit secrétariat général, le 5 juillet 1827, et tendant à ce qu'il nous plaise rejeter la requête du sieur Cinglant, et le condamner aux dépens ;

Vu le mémoire en réplique du sieur Cinglant, enregistré audit secrétariat général, le 10 novembre 1827, et tendant au maintien de ses premières conclusions ;

Vu la lettre de notre ministre de l'intérieur, du 15 mars 1828, contenant des renseignements et observations sur l'objet de la présente contestation, et concluant à ce que l'ordonnance attaquée soit rapportée ;

Vu notre ordonnance du 31 mai 1826, qui, en maintenant le moulin à farine du sieur Leriche sur la rivière de Lesdain, à Crève-Cœur, l'autorise à former un barrage à 60 mètres en amont du pont ;

Vu la lettre du préfet du Nord, en date du 27 février 1826, constatant que les sieurs Dollet et Dubail, propriétaires sur la rive gauche du Lesdain, ont donné leur consentement à l'attache du barrage projeté par le sieur Leriche ;

---

(1) On est responsable non-seulement du dommage que l'on cause par son propre fait, mais encore de celui qui est causé par le fait des personnes dont on doit répondre, ou des choses que l'on a sous sa garde.

Les maîtres et les commettants sont responsables du dommage causé par leurs domestiques et préposés, dans les fonctions auxquelles ils les ont employés. (Article 1394 du Code civil.)

Vu la lettre dudit préfet, du 17 février 1827, déclarant que l'autorité locale a été induite en erreur sur le véritable propriétaire de la partie de la rive gauche du Lesdain, à laquelle le barrage doit être attaché, et qu'il y a lieu de rapporter l'ordonnance qui repose sur cette erreur;

Vu les plans des lieux et les autres pièces produites et jointes au dossier;

Considérant que le Lesdain n'est ni navigable ni flottable;

Considérant que notre ordonnance du 31 mai 1826 a été rendue sur un faux exposé du sieur Leriche, qui reconnaît maintenant que les sieurs Dollet et Dubail ne sont pas propriétaires de la portion de la rive gauche où devait être attaché le barrage de son moulin;

Considérant que le sieur Cinglant, véritable propriétaire de cette portion de la rive gauche, ne voulant pas consentir à la servitude du droit d'attache, est fondé à s'opposer à notre ordonnance;

Notre conseil d'Etat entendu,

Nous avons ordonné et ordonnons ce qui suit :

Art. 1er Notre ordonnance du 31 mai 1826 est rapportée.

2. Le sieur Leriche est condamné aux dépens.

Ordonnance du roi, du 15 août 1828, qui approuve l'adjudication de la construction d'un pont suspendu sur le Drot à la Barthe.

CHARLES, etc.; vu le cahier des charges pour l'établissement d'un pont suspendu sur le Drot à la Barthe, département de la Gironde, moyennant la concession temporaire d'un péage;

Vu le procès-verbal du 4 septembre 1827, constatant les opérations faites à la préfecture du département pour parvenir avec publicité et concurrence à l'adjudication de cette entreprise;

Vu la soumission du sieur Richard et la lettre du 22 mars 1828, par laquelle il modifie cette soumission;

Notre conseil d'Etat entendu,

Nous avons ordonné et ordonnons ce qui suit :

Art. 1er. L'adjudication de la construction d'un pont suspendu sur le Drot à la Barthe, faite et passée le 4 septembre 1827, par le préfet de la Gironde, au sieur Richard, moyennant la concession des droits à percevoir sur ce pont pendant quatre-vingt-dix-neuf ans, est approuvée.

Toutefois, dans le cas où l'administration jugera nécessaire d'établir d'autres ponts ou des bacs, soit à l'amont, soit à l'aval du pont de la Barthe, l'adjudicataire sera tenu de le souffrir, sans pouvoir réclamer aucune indemnité, ainsi qu'il en contracte l'obligation par sa lettre du 22 mars 1828, qui modifie en ce point sa soumission sur laquelle a été prononcée l'adjudication.

2. L'administration est autorisée à acquérir les terrains nécessaires pour établir les abords de ce pont et les raccorder avec les communications existantes. Elle se conformera, à ce sujet, aux dispositions de la loi du 8 mars 1810 sur l'expropriation pour cause d'utilité publique.

3. Le cahier des charges, le tarif et le procès-verbal d'adjudication, demeureront annexés à la présente ordonnance (1).

Ordonnance du roi, du 27 août 1828, qui approuve l'adjudication passée pour l'établissement d'un chemin de fer d'Andrezieux à Roanne.

CHARLES, etc.; vu l'article 3 de la loi de finances du 24 juin 1827, et l'article 1er de celle du 17 août 1828, qui renouvelle l'autorisation conférée au gouvernement par la loi du 4 mai 1802, d'établir des droits de péage pour subvenir aux frais des ponts, écluses et autres ouvrages d'art à la charge de l'Etat, des départements et des communes;

Vu le procès-verbal de l'adjudication passée, le 21 juillet dernier, par notre ministre de l'intérieur, pour l'établissement d'un chemin de fer d'Andrezieux à Roanne;

Notre conseil d'Etat entendu,

Nous avons ordonné et ordonnons ce qui suit :

Art. 1er. L'adjudication passée, le 21 juillet 1828, par notre ministre de l'intérieur pour l'établissement d'un chemin de fer d'Andrezieux à Roanne, est approuvée. En conséquence, les sieurs Mellet et Henry sont et demeurent définitivement concessionnaires dudit chemin de fer, moyennant le rabais exprimé dans leur soumission, et sous les clauses et conditions énoncées au cahier des charges.

2. Le cahier des charges, le procès-verbal d'adjudication et la soumission resteront annexés à la présente ordonnance.

Cahier des charges.

Art. 1er. La compagnie s'engage à exécuter à ses frais, risques et périls, et à terminer dans le délai de sept ans, à dater de l'ordonnance royale qui approuvera, s'il y a lieu, la concession, ou plus tôt, si faire se peut, tous les travaux nécessaires à l'établissement et à la confection d'un chemin de fer d'Andrezieux à Roanne.

Ce chemin de fer pourra être établi, soit sur la rive droite, soit sur la rive gauche de la Loire : il sera mis en communication, au port d'Andrezieux, avec celui qui est actuellement exécuté entre Saint-Etienne et la Loire, et sera disposé de manière à permettre la libre circulation des chars qui fréquentent ce dernier chemin. Il aura généralement une double voie : toutefois, sur les points où les difficultés du passage pourraient forcer à n'adopter qu'une voie unique, on se bornera à établir de distance en distance des gares ou élargissements pour que les voitures, allant en sens contraire, puissent se croiser facilement.

2. La compagnie se conformera aux dispositions du tracé, dont elle fera faire les études à ses frais et par des agents de son choix, et dont elle sera tenue de terminer les projets dans le délai d'un an, à dater de l'ordonnance précitée de concession. Elle remettra ces projets au

---

(1) Le tarif est au Bulletin des lois.

préfet du département de la Loire, qui les transmettra, avec son avis, au directeur général des ponts et chaussées. Ils seront ensuite soumis à l'approbation de Sa Majesté par le ministre secrétaire d'Etat de l'intérieur (1).

Dans aucun cas, la compagnie ne pourra se prévaloir du montant de la dépense pour réclamer aucune indemnité quelconque.

3. Elle contracte en outre l'obligation spéciale d'établir, à ses frais, des moyens sûrs et faciles de traverser le chemin de fer dans les endroits où les communications qui existent actuellement seront coupées par le chemin, et d'adopter, aux points de traversées, une forme de barreau telle qu'il n'en résulte aucun obstacle sensible à la circulation des voitures. Elle assurera, également à ses frais, l'écoulement de toutes les eaux dont le cours serait suspendu ou modifié par les ouvrages dépendants de cette entreprise. Les aqueducs qui seront construits, en conséquence de cette clause, sous les routes royales ou départementales, seront nécessairement en maçonnerie.

Si le chemin rencontre des cours d'eau navigables, la compagnie sera tenue de prendre toutes les mesures et de payer tous les frais nécessaires pour que le service de la navigation n'éprouve ni interruption ni entrave par le fait des travaux, et qu'il puisse se continuer après comme il avait lieu avant ces travaux.

4. Tous les terrains destinés à servir d'emplacement au chemin de fer et à ses dépendances, aux lieux de chargement et de déchargement, dont le nombre et la surface seront ultérieurement déterminés, ainsi qu'au rétablissement des communications interrompues, et des nouveaux lits des cours d'eau, seront achetés et payés par la compagnie sur ses propres deniers. A cet effet, elle se conformera aux dispositions prescrites par la loi du 8 mars 1810, relative aux expropriations pour cause d'utilité publique; en conséquence, lorsque le tracé du chemin aura été définitivement approuvé par une ordonnance royale, ainsi qu'il est dit à l'article 2 du présent cahier de charges, elle fera lever le plan terrier indiqué dans l'article précité de la loi du 8 mars 1810. Les autres formalités ordonnées par les articles 6, 7, 8, 9 et 10 du titre II de la même loi seront également observées.

Si les propriétaires et la compagnie concessionnaire ne s'accordent pas sur le prix des fonds ou bâtiments à céder, il y sera pourvu par les tribunaux. L'expropriation sera poursuivie à la diligence de M. le préfet, conformément aux titres III et IV de ladite loi du 8 mars 1810; mais tous les frais de la procédure, ainsi que le montant de toutes les indemnités, seront payés des deniers de la compagnie.

5. La compagnie pourra se procurer les matériaux de remblais et d'empierrements dont elle aura besoin pour la construction du chemin de fer, en usant à cet égard de tous les droits dont l'administration fait elle-même usage pour l'exécution des travaux de l'Etat. Elle jouira, tant pour l'extraction que pour le transport et le dépôt des terres et matériaux, des priviléges accordés aux entrepreneurs de travaux publics, à la charge par elle d'indemniser à l'amiable les propriétaires des terrains endommagés, ou, en cas de non accord, d'après les règlements arrêtés par le conseil de préfecture.

---

(1) Voir l'ordonnance royale du 21 mars 1830.

6. Les indemnités pour occupation temporaire ou détérioration de terrains, pour chômage, modification ou destruction d'usines, pour tout dommage quelconque résultant des travaux, seront également payées par la compagnie.

7. Le chemin de fer et toutes ses dépendances seront constamment entretenus en bon état; les frais d'entretien, les réparations soit ordinaires, soit extraordinaires, demeureront entièrement à la charge de la compagnie.

8. Pour indemniser la compagnie des dépenses qu'elle s'engage à faire par les articles précédents, et de toutes celles qu'exigera l'exploitation du chemin, le gouvernement lui concède à perpétuité l'autorisation de percevoir pour tous frais quelconques les droits qui seront déterminés par l'adjudication.

Ces droits seront perçus par mille kilogrammes de marchandises et par distance de mille mètres, sans égard aux fractions de distance. Ainsi mille mètres entamés seront payés comme s'ils avaient été parcourus.

La présente concession sera dévolue à la compagnie, qui consentira au plus fort rabais sur le *maximum* de ces droits, fixé à quinze centimes pour la descente, et à dix-huit centimes pour la remonte, par mille kilogrammes de marchandises et par distance de mille mètres. On entend par *la descente*, le trajet ou une portion du trajet d'Andrezieux à Roanne, et, par *la remonte*, le trajet ou une portion du trajet de Roanne à Andrezieux.

Au moyen du payement des droits, tels qu'ils seront réglés définitivement par l'adjudication, la compagnie concessionnaire sera tenue d'exécuter constamment, avec soin, exactitude et célérité, à ses frais et par ses propres moyens, le transport des denrées, marchandises et matières quelconques qui lui seront confiées; toutefois le transport des masses indivisibles pesant plus de deux mille kilogrammes, ou des marchandises qui, sous le volume d'un mètre cube, ne pèseraient pas deux cents kilogrammes, ne sera point obligatoire.

9. Faute par la compagnie, après avoir été mise en demeure, d'avoir construit et terminé le chemin de fer dans le délai fixé par l'article 1er, ou même d'en pousser les travaux avec une célérité telle que le quart au moins de la longueur du chemin soit exécuté au bout des deux premières années qui suivront l'approbation définitive du tracé, et le tiers au moins à l'expiration de la troisième année, elle encourra la déchéance, et il sera pourvu à la continuation et à l'achèvement de ces mêmes travaux par le moyen d'une adjudication qu'on ouvrira sur les clauses du présent cahier de charges, et sur une mise à prix des ouvrages déjà construits, des matériaux approvisionnés, des terrains achetés. Cette adjudication sera dévolue à celui des nouveaux soumissionnaires qui offrira la plus forte somme pour ces ouvrages, matériaux et terrains. Les soumissions pourront être inférieures à la mise à prix. La compagnie évincée recevra de la nouvelle compagnie concessionnaire la valeur que l'adjudication aura ainsi déterminée pour lesdits ouvrages, matériaux et terrains; mais le cautionnement, ou au moins la partie non encore restituée de ce cautionnement, restera acquis à l'Etat, à titre de dommages et intérêts.

La présente stipulation n'est pas applicable au cas où la cessation des travaux et les retards apportés à leur exécution proviendraient de force majeure.

10. La compagnie sera soumise au contrôle et à la surveillance de l'administration, tant pour l'exécution et l'entretien des ouvrages que pour l'accomplissement des clauses énoncées dans le présent cahier de charges.

11. Dans le cas où le gouvernement ordonnerait ou autoriserait la construction de nouvelles routes royales, départementales ou vicinales, ou de canaux, qui traverseraient le chemin de fer, toutes dispositions convenables seront prises pour la conservation de ce chemin; mais les dommages qui, pendant le durée des travaux, pourraient résulter pour la compagnie de la difficulté ou de la suspension momentanée des transports, ne pourront donner lieu, de sa part, à aucune demande en indemnité, pourvu néanmoins que chaque fois qu'il y aura lieu à suspension, elle n'excède pas le terme de vingt-quatre heures.

Toute exécution ou toute autorisation ultérieure de routes, de canaux, de travaux de navigation, de chemins de fer, soit dans le bassin de la Loire, soit dans toute autre contrée voisine ou éloignée, ne pourra également fournir la matière d'une demande en indemnité.

12. La contribution foncière sera établie en raison de la surface des terrains occupés par le chemin de fer et par ses dépendances, et la cote en sera calculée, comme pour les canaux, dans les proportions assignées aux terres de meilleure qualité.

Les bâtiments et magasins dépendants de l'exploitation du chemin de fer seront assimilés aux propriétés bâties dans la localité.

13. La compagnie s'oblige à doubler, dans le mois qui suivra l'adjudication, le dépôt préalable de trois cent mille francs qu'elle aura fait pour être admise à soumissionner. Si, à l'expiration du mois, elle n'a pas rempli cette obligation, l'adjudication sera réputée nulle et non avenue, et la première somme déposée demeurera acquise au trésor royal à titre de dommages et intérêts.

Le complément du dépôt s'effectuera dans les valeurs prescrites pour le dépôt lui-même, et l'un et l'autre seront rendus par parties, à mesure que la compagnie aura exécuté des travaux pour des sommes équivalentes.

14. Toutes les contestations qui pourraient s'élever entre la compagnie et les particuliers qui lui livreraient des objets à transporter, resteront dans la compétence des tribunaux ordinaires.

Quant à celles qui s'engageraient entre l'administration et la compagnie, sur l'interprétation des clauses et conditions du présent cahier de charges, elles seront jugées administrativement par le conseil de préfecture du département de la Loire, sauf le recours au conseil d'Etat.

15. Le présent acte ne sera passible, pour frais d'enregistrement, que du droit fixe d'un franc.

16. La concession ne sera valable et définitive qu'après que l'adjudication aura été homologuée par une ordonnance royale.

Ordonnance du roi, du 31 août 1828, qui annule un arrêté du conseil de préfecture de Saône-et-Loire, relatif à une contravention en matière de grande voirie.

CHARLES, etc. ; vu le rapport qui nous a été fait par notre ministre secrétaire d'Etat au département de l'intérieur, ledit rapport enregistré au secrétariat général de notre conseil d'Etat, le 8 novembre 1827, et tendant à ce qu'il nous plaise annuler l'arrêté pris le 12 mars 1827, par le conseil de préfecture du département de Saône-et-Loire ;

Vu trois procès-verbaux dressés les 22 et 25 juillet 1826, par l'ingénieur de l'arrondissement d'Autun, constatant des infractions, en matière de grande voirie, commises par les sieurs Laurent, Jarnot et Charpet, dans les communes de Lucenay, Chissay et Cordesse, dépendantes du canton de Lucenay-l'Evêque ; lesdits procès-verbaux affirmés devant le juge de paix du canton d'Autun ;

Vu l'arrêté attaqué, portant qu'il n'échoit de statuer, sur lesdits procès-verbaux nuls, en ce qu'ils n'ont été affirmés ni devant le maire de la commune, ni devant le juge de paix du canton dans lequel la contravention a été commise ;

Vu la lettre du 31 décembre 1827, constatant que le pourvoi de notre ministre de l'intérieur a été notifié aux sieurs Laurent, Charpet et au sieur Renault, dénommé par erreur Jarnot dans le procès-verbal susvisé, lesquels n'ont pas fourni de défense dans les délais du règlement ;

Ensemble toutes les autres pièces produites ;

Vu la loi du 19 mai 1802 (29 floréal an x), et le décret du 18 août 1810 ;

Considérant que la loi qui oblige l'ingénieur à affirmer devant le juge de paix les procès-verbaux qu'il rédige, lui laisse la faculté de faire cette affirmation soit devant le juge de paix du lieu du délit, soit devant le juge de paix de sa résidence ;

Cnosidérant que, dans l'espèce, les procès-verbaux ont été affirmés par l'ingénieur devant le juge de paix de sa résidence ;

Notre conseil d'Etat entendu,

Nous avons ordonné et ordonnons ce qui suit :

Art. 1er. L'arrêté du conseil de préfecture du département de Saône-et-Loire, du 10 mars 1827, est annulé.

En conséquence, les trois procès-verbaux dressés les 22 et 25 juillet 1826, sont renvoyés par-devant le même conseil, pour y être statué ce que de droit.

Ordonnance du roi, du 12 octobre 1828, qui autorise les sieurs Vesin et Deranne à rendre navigable une partie de la rivière de Dronne.

CHARLES, etc ; vu la demande faite le 14 janvier 1828, par les sieurs Vesin et Deranne, tendant à obtenir à perpétuité la concession du droit de navigation sur la rivière de Dronne, à charge par eux de rendre cette rivière navigable depuis la Roche-Chalais, dans le département de la Dordogne, jusqu'à sa jonction dans l'Isle à Coutras, département de la Gironde;

Vu la soumission présentée le 1er juillet 1828, et par laquelle les sieurs Vesin et Deranne réduisent à quatre-vingt-dix-neuf années la concession demandée du droit de navigation;

Vu le tarif joint à ce projet;

Vu l'état approximatif des transports qui pourront être effectués par cette navigation;

Vu les délibérations des conseils municipaux des communes de Coutras, les Peintures, les Eglisottes, la Gorce et Chamatelle, riveraines de la Dronne situées dans le département de la Gironde, et celles des conseils municipaux de la Roche-Chalais, Saint-Aulaye, Parconel, Riberac, Saint-Aigulin et la Barde, situées les quatre premières dans le département de la Dordogne, et les deux dernières dans celui de la Charente-Inférieure;

Vu les actes de concession gratuite des terrains destinés au chemin de halage, consentis par les propriétaires riverains, au profit des sieurs Vesin et Deranne;

Vu l'avis du sous-préfet de l'arrondissement de Libourne;

Vu l'avis de l'ingénieur en chef du département de la Gironde;

Vu l'arrêté du préfet du département, du 2 mai 1828, ensemble les deux lettres écrites par ce préfet au directeur général des ponts et chaussées et des mines sous les dates des 2 et 16 du même mois;

Vu l'avis du conseil général des ponts et chaussées;

Vu enfin la loi de finances du 24 juin 1827, qui autorise le gouvernement à établir, conformément à la loi du 4 mai 1802, des droits de péage où ils seront reconnus nécessaires;

Notre conseil d'Etat entendu,

Nous avons ordonné et ordonnons ce qui suit:

Art. 1er. Les sieurs Vesin et Deranne sont autorisés à rendre la rivière de Dronne navigable depuis la Roche-Chalais, dans le département de la Dordogne, jusqu'à son embouchure dans celle de l'Isle à Coutras, département de la Gironde.

2. Si, indépendamment des ouvrages indiqués dans leur projet, les sieurs Vesin et Deranne veulent entreprendre d'autres travaux susceptibles d'affecter le régime de la rivière ou d'en changer le niveau ou le mode d'écoulement, ils seront tenus d'en référer à l'administration, et de lui en soumettre les projets.

3. Ces divers travaux seront exécutés aux risques, périls et fortune des sieurs Vesin et Deranne, sous la surveillance des ingénieurs, qui en feront la réception définitive avant la mise en activité de la navigation.

4. Préalablement à l'exécution de tous ouvrages, le niveau auquel les propriétaires de moulins pourront élever les eaux qui les alimentent, et celui auquel ils pourront les abaisser, seront reconnus et constatés au moyen de repères placés aux frais des concessionnaires.

5. La présente autorisation ne portera aucune atteinte, soit aux droits des propriétaires de moulins de posséder et faire usage de bateaux pour naviguer d'un bief à l'autre, mais seulement pour ce qui se rattache à l'exploitation de leurs moulins, soit à tous autres droits de tiers sur la jouissance des eaux, sur celle de la pêche, sur l'irrigation, l'accession, etc., lesquels droits demeurent expressément réservés.

6. La navigation dont il s'agit sera ouverte au plus tard dans le délai de deux ans, à partir du jour de la notification qui sera faite de la présente ordonnance. A défaut de l'accomplissement de cette disposition, et après qu'ils auront été mis en demeure, les sieurs Vesin et Deranne seront déclarés déchus de leurs droits, et la présente autorisation considérée comme non avenue.

Il en sera de même dans le cas où, plus tard, la navigation viendrait à chômer, par toute autre cause que par force majeure, pendant six mois.

7. Suivant l'offre qu'ils en ont faite par leur soumission, les sieurs Vesin et Deranne effectueront, avec assurance contre les avaries provenant du fait de leur entreprise, tous les transports qui leur seront confiés.

8. A l'expiration du temps de la concession, les machines employées pour racheter les diverses chutes de la rivière deviendront la propriété de l'Etat.

9. Pour indemniser les sieurs Vesin et Deranne des avances auxquelles ils seront obligés pour l'établissement et l'entretien de leurs machines, la confection et l'entretien des bateaux, et pour tout autre objet, de quelque nature qu'il puisse être, ils seront autorisés à percevoir à leur profit, pendant quatre-vingt-dix-neuf ans, à partir du jour où la navigation sera ouverte, les droits de transport portés au tarif ci-annexé.

Tarif des prix du transport par eau, sur la Dronne, des denrées et marchandises expédiées de la Roche-Chalais à Coutras et de Coutras à la Roche-Chalais.

DE LA ROCHE-CHALAIS A COUTRAS.

NATURE des denrées et marchandises.	DÉSIGNATION DE L'UNITÉ de mesure usuelle et métrique	PRIX de transport.
		fr. c.
Farines, grains de toute espèce, papier, huile de noix, acier, fer, peaux et cuirs de toute espèce...	Les 50 kilogrammes...........	0 23
Faissonnats................	Le cent...............	12 00
Fagots, bûches..............	Idem................	4 60
Planches de chêne, noyer, châtaignier.	La douzaine, de 2 mètres de long..	0 65
Idem de peuplier et de pin....	Idem................	0 55
Refendu..................	Idem................	0 40
Bois à brûler de tonneau.......	Le tonneau de 3 stères, 64.,....	7 00
Bois de construction navale et civile.	Le pied cube de 0,034 de mètre...	0 23
Sabots...................	La balle de 40 kilogrammes......	0 50
Merrain..................	Le quart de millier...........	4 60
Echalas de pin..............	Les 500...............	4 60
Eau-de-vie................	La pièce de 50 veltes, 3 hect. 76...	4 00
Vin.....................	Le tonneau de 8 hectol. 40......	8 00
Charbon de bois.............	La barrique de 2 hectolitres.....	0 33
Cercle en meule.............	La meule...............	0 07
Feuillard.................	Le millier...............	0 65
Gland, châtaignes, pomme de terre.	L'hectolitre..............	0 33

DE COUTRAS A LA ROCHE-CHALAIS.

Grains de toute espèce........	Les 50 kilogrammes...........	0 23
Sel, résine, brai, goudron.......	Idem................	0 23
Chanvre en rame, tabac........	Idem................	0 23
Quinc., fers ouvrés ou en barre....	Idem................	0 23
Huile, savon, plâtre, chiffons....	Idem................	0 23
Peaux et cuirs de toute espèce....	Idem................	0 23
Denrées coloniales...........	Idem................	0 23
Draperies et autres marchandises sèches................	Idem................	0 23
Verroterie, porcelaine, faïence, poterie de terre.............	Idem................	0 23
Morues, harengs, sardines, fromages.	Idem................	0 23
Vins et liqueurs en caisse.......	Idem................	0 23
Pierre de taille tendre.........	Les 2 pieds cubes, 0m,069......	0 33
Pierre de taille dure..........	Idem................	0 50
Pierres meulières............	Le pied courant..........	0 65
Vin, bière en barrique.........	Le tonneau, 8 hectol. 40 litres....	8 00
Planche de nerva et de pin des Landes.	La douzaine, de 2 mètres de long..	0 65
Vime ou osier..............	Le millier.,..........	0 33
Vignons..................	Les 100 cordes de 24........	2 50
Fumier terreau.............	La pile cubant 17 mètres.......	24 00

Observations. — Les marchandises partant des stations ou entrepôts intermédiaires payeront le même prix de transport que celles partant de la station principale immédiatement en arrière. Les marchandises partant pour des stations ou entrepôts intermédiaires payeront le même prix que celles destinées pour la station principale intermédiaire en avant.

Ordonnance du roi, du 19 octobre 1828, relative à la construction d'un pont suspendu sur la Garonne à Langon.

CHARLES, etc.; vu le cahier des charges pour l'exécution d'un pont suspendu sur la Garonne à Langon, moyennant la concession temporaire d'un droit de péage;

Vu le procès-verbal du 14 mai 1828, constatant les opérations faites à la préfecture du département de la Gironde, pour parvenir avec publicité et concurrence à l'adjudication de cette entreprise;

Vu la soumission de l'adjudicataire;

Notre conseil d'Etat entendu,

Nous avons ordonné et ordonnons ce qui suit:

Art. 1er. L'adjudication de la construction d'un pont suspendu sur la Garonne à Langon, faite et passée, le 14 mai 1828, au sieur Gimet, moyennant la concession d'un péage sur ce pont pendant quatre-vingt-dix-neuf ans, est et demeure approuvée.

En conséquence, les clauses et conditions de cette adjudication recevront leur pleine et entière exécution, conformément au cahier des charges, sauf dans les parties où cet acte est modifié par les dispositions de la présente ordonnance.

2. Le pont sera construit dans le délai de trois années, à dater de la notification de la présente ordonnance.

3. Le cautionnement de trente mille francs que l'adjudicataire doit fournir, sera reçu par le préfet en immeubles situés dans le département de la Gironde, au lieu d'être versé en valeurs dans la caisse du receveur général.

4. Le pont sera sur un seul tablier, ou à une seule voie, ou à deux voies distinctes, telles que les voitures puissent s'y croiser, de manière que ce tablier ait, dans l'un comme dans l'autre cas, six mètres de largeur entre les faces intérieures des garde-corps.

5. Si, pendant la durée de la concession, l'administration reconnaît la nécessité d'établir des passages d'eau entre Moudier à l'amont et Preignac à l'aval, l'adjudication de ces passages sera à offres égales, accordée de préférence au concessionnaire.

6. Il sera mis à la disposition du concessionnaire, sur inventaire estimatif, les machines et les objets de toute nature qui ont servi à la construction du pont de Bordeaux, et qui pourraient être utiles pour la construction du pont de Langon. Ces machines et objets seront restitués en bon état après l'achèvement des travaux, et le concessionnaire sera tenu de payer la différence, s'il en existe, entre leur valeur au moment de la prise de possession, et leur valeur au moment de la remise.

7. L'administration est autorisée à acquérir les terrains nécessaires pour établir les abords du pont et les raccorder avec les communications existantes; elle se conformera, à ce sujet, aux dispositions de la loi du 8 mars 1810, sur les expropriations pour cause d'utilité publique.

Les frais d'acquisition seront payés par le concessionnaire, conformément au cahier des charges.

8. Le cahier des charges, le tarif et le procès-verbal d'adjudication resteront annexés à la présente (1).

Ordonnance du roi, du 26 octobre 1828, qui renvoie au conseil de préfecture de la Haute-Saône, la connaissance d'une contravention en matière de grande voirie.

CHARLES, etc. ; vu le rapport de notre garde des sceaux, ministre de la justice, sur un arrêté du conseil de préfecture du département de la Haute-Saône et une ordonnance de la chambre du conseil du tribunal de Gray, par lesquels ledit conseil et ledit tribunal se sont l'un et l'autre déclarés incompétents pour connaître du fait constaté comme contravention par l'éclusier préposé à l'écluse de Gray, ledit rapport enregistré au secrétariat général de notre conseil d'Etat, le 22 août 1828 ;

Vu le procès-verbal, en date du 14 mars 1828, par lequel l'éclusier attaché à l'écluse marinière de Gray, a constaté qu'un bateau chargé de charbon de terre, et appartenant au sieur Vauxbertrand fils, voiturier sur Saône, était placé à la distance de quatre mètres seulement des bajoyers de l'écluse, côté d'aval, et interceptait absolument le passage, au lieu d'être placé à la distance de quarante mètres exigée par les règlements, ledit procès-verbal affirmé, le 15 mars 1828, devant le juge de paix du canton de Gray ;

Vu l'arrêté en date du 16 juin 1828, par lequel le conseil de préfecture de la Haute-Saône s'est déclaré incompétent pour connaître du fait constaté par le procès-verbal ci-dessus visé, sur le motif que l'article 48 du décret du 22 février 1813 en attribue la connaissance aux tribunaux.

Vu l'ordonnance de la chambre du conseil, en date du 24 juin 1828, par laquelle le tribunal de première instance, séant à Gray, a déclaré qu'il n'y avait pas lieu de renvoyer devant le tribunal de police correctionnelle le sieur Vauxbertrand, attendu l'incompétence de l'autorité judiciaire pour prononcer sur le fait dont il s'agit, sur le motif que la loi du 19 mai 1802 (26 floréal an x), en attribue la connaissance à l'autorité administrative ;

Vu toutes les pièces produites et jointes au dossier ;

Vu la loi du 16 février 1800 (28 pluviôse an VIII, article 4), la loi du 19 mai 1802 (29 floréal an x, art. 1er et 5), la loi du 28 février 1805 (9 ventôse an XIII, art. 8) ; le décret du 16 décembre 1811, titre IX, et le décret du 10 avril 1812 ;

Considérant que le conseil de préfecture de la Haute-Saône s'est déclaré incompétent pour prononcer sur le fait dont il s'agit ;

Que le tribunal de Gray s'est déclaré également incompétent ;

D'où il suit qu'il y a lieu à règlement de juges ;

Considérant que, par son procès-verbal ci-dessus visé, l'éclusier pré-

---

(1) Le tarif est au Bulletin des lois.

posé à l'écluse de Gray a constaté le fait imputé au sieur Vauxbertrand, comme constituant une contravention aux règlements de la navigation de la Saône.

Qu'aux termes de la loi du 29 floréal an x (19 mai 1802), et des autres lois et décrets sur la matière, la répression des contraventions sur les rivières navigables est attribuée aux conseils de préfecture comme en matière de grande voirie;

Que le décret du 22 février 1813 est un règlement local qui n'a pas été déclaré applicable à la navigation de la Saône, d'où il suit qu'il faut recourir à la législation générale;

Qu'ainsi c'est à tort que le conseil de préfecture s'est déclaré incompétent;

Notre conseil d'Etat entendu,

Nous avons ordonné et ordonnons ce qui suit :

Art. 1er. L'arrêté d'incompétence du conseil de préfecture du département de la Haute-Saône, du 16 juin 1828, est annulé.

2. Le procès-verbal du 14 mars 1828 est renvoyé devant ledit conseil de préfecture, pour être statué ce que de droit.

Ordonnance du roi, du 26 octobre 1828, qui annule un arrêté du conseil de préfecture du Tarn, pris en matière de police du roulage.

CHARLES, etc.; vu le rapport à nous présenté par notre ministre secrétaire d'Etat au département de l'intérieur, ledit rapport enregistré au secrétariat général de notre conseil d'Etat le 12 décembre 1827, tendant à ce qu'il nous plaise annuler un arrêté pris par le conseil de préfecture du département du Tarn, le 22 août précédent, dans la disposition qui ordonne la restitution de l'amende de 50 francs, prononcée par le maire de Graulhet contre chacun des sieurs Massip et Latreille, pour contravention aux lois et règlements qui défendent d'atteler plus d'un cheval aux voitures dont les jantes n'ont pas 11 centimètres de largeur;

Vu le récépissé des sieurs Massip et Latreille, de la notification à eux faite, le 5 février 1828, du pourvoi sus-énoncé de notre ministre de l'intérieur, sans qu'ils aient fourni de défense dans les délais du règlement;

Vu le procès-verbal de contravention, ensemble la décision du maire de Graulhet, du 11 avril 1827;

Vu l'arrêté attaqué;

Vu la loi du 27 février 1804 (7 ventôse an XII), et le décret du 23 juin 1806;

Considérant que la contravention est avouée par les sieurs Massip et Latreille;

Que le conseil de préfecture, en admettant que l'état d'inviabilité des routes les ait obligés de se servir de roues à jantes étroites, a créé une exception qui n'est pas dans la loi sus-énoncée, du 27 février 1804 (7 ventôse an XII);

Notre conseil d'Etat entendu,

Nous avons ordonné et ordonnons ce qui suit :

Art. 1er. L'arrêté du conseil de préfecture du département du Tarn, du 22 août 1827, est annulé dans la disposition portant que les deux amendes de 50 francs seront restituées aux sieurs Latreille et Massip.

2. La décision ci-dessus visée du maire de Graulhet, sortira son plein et entier effet.

Ordonnance du roi, du 26 octobre 1828, relative aux réparations faites par le sieur Lyon Moyse, à la façade de sa maison.

CHARLES, etc,; vu la requête à nous présentée au nom du sieur Lyon Moyse, propriétaire et marchand de chevaux à Vaucouleurs, arrondissement de Commercy, département de la Meuse; ladite requête enregistrée au secrétariat général de notre conseil d'Etat, le 22 décembre 1827, et tendant à ce qu'il nous plaise annuler un arrêté du conseil de préfecture du département de la Meuse, du 25 octobre précédent;

Et, dans le cas où il restera des doutes sur la vérité des faits, ordonner qu'avant faire droit il sera procédé à une nouvelle visite, à l'effet de constater s'il a été fait à la façade de la maison du requérant rien de plus qu'un simple badigeonnage et recrépissage;

Vu la lettre de notre ministre de l'intérieur, du 31 mai 1828, contenant des renseignements et observations sur l'objet de la présente réclamation;

Vu le mémoire en réplique du sieur Lyon Moyse, enregistré audit secrétariat général, le 9 juillet 1828, et tendant au maintien de ses premières conclusions;

Vu le procès-verbal dressé le 30 octobre 1826, par le sieur Blondeau, conducteur des ponts et chaussées, constatant que le sieur Lyon Moyse a fait recrépir et réparer la partie inférieure de la façade de sa maison sans autorisation;

Vu la déclaration donnée le 2 décembre 1826, par le sieur Lyon Moyse, qui reconnaît que le procès-verbal ci-dessus visé contient l'exacte vérité;

Vu l'arrêté attaqué du conseil de préfecture de la Meuse, du 25 octobre 1827, qui condamne le sieur Lyon Moyse à la démolition de la façade de sa maison et à l'amende;

Vu toutes les autres pièces produites et jointes au dossier;

Vu l'arrêt du conseil, du 27 février 1765, portant défense de construire, reconstruire ou réparer aucun édifice, le long des grandes routes, sans avoir obtenu les alignements ou permissions, à peine de démolition des ouvrages, confiscation des matériaux et de 300 livres d'amende;

Considérant que le sieur Lyon Moyse a fait réparer la façade de sa maison et réparer la partie inférieure de ladite façade, sans en avoir obtenu la permission, qu'il a reconnu avoir commis cette contravention, et qu'ainsi le conseil de préfecture a dû le condamner à l'amende; mais que ce conseil a fait une fausse application de l'arrêt du conseil de 1765, en ordonnant la démolition du mur recrépi, au lieu de se borner à la destruction du recrépissage fait sans autorisation;

Considérant néanmoins qu'il est reconnu en fait par l'administration que le recrépissage dont il s'agit n'est pas de nature à consolider la façade de la maison ;

Notre conseil d'Etat entendu,

Nous avons ordonné et ordonnons ce qui suit :

Art. 1er. L'arrêté du conseil de préfecture du département de la Meuse, du 25 octobre 1827, est annulé, seulement dans la disposition qui prononce la démolition de la façade de la maison.

2. Le surplus des conclusions du sieur Lyon Moyse est rejeté.

Ordonnance du roi, du 29 octobre 1828, relative à la longueur des moyeux de charrette, voiture de roulage ou autre.

Charles, etc. ; vu l'article 7 de la loi du 27 février 1804 (7 ventôse an XII) ;

Sur le rapport de notre ministre secrétaire d'Etat au département de l'intérieur ;

Notre conseil d'Etat entendu,

Nous avons ordonné et ordonnons ce qui suit :

Art. 1er. Dix-huit mois après la publication de la présente ordonnance, aucune charrette, voiture de roulage ou autre, ne pourra circuler, dans toute l'étendue de notre royaume, qu'avec des moyeux dont la saillie, en y comprenant celle de l'essieu, n'excédera pas de douze centimètres un plan passant par la face extérieure des jantes.

2. Toute charrette où voiture trouvée en contravention après l'époque ci-dessus déterminée, sera arrêtée et retenue, et elle ne pourra être remise en circulation qu'après que les moyeux et l'essieu auront été réduits à la longueur prescrite par l'article 1er.

3. Les contraventions seront en outre exactement constatées par des procès-verbaux, et poursuivies comme les autres contraventions en matière de roulage, sans préjudice de peines plus graves dans les cas d'accidents prévus par les lois.

Ordonnance du roi, du 5 novembre 1828, qui annule deux arrêtés du conseil de préfecture d'Ille-et-Vilaine.

(Extraction de matériaux.)

Charles, etc. ; vu la requête à nous présentée au nom du sieur Louis Pasquier, avoué licencié près le tribunal de Saint-Malo, et propriétaire en cette ville ; ladite requête enregistrée au secrétariat général de notre conseil d'Etat, le 15 octobre 1827, et tendant à ce qu'il nous plaise annuler deux arrêtés du conseil de préfecture du département d'Ille-et-Vilaine, des 30 mars et 15 juin 1827 ; ordonner qu'il aura la libre disposition et l'exploitation de la carrière de Pont-Limier ; condamner la direction générale des ponts et chaussées et des mines aux dépens ;

Vu le mémoire ampliatif dudit sieur Pasquier, enregistré audit secrétariat général, le 17 novembre 1827, et tendant aux mêmes conclusions ;

Vu la lettre du directeur général des ponts et chaussées, du 19 juillet 1828, contenant des renseignements et observations sur l'objet de la présente réclamation ;

Vu l'arrêté attaqué du conseil de préfecture du département d'Ille-et-Vilaine, du 30 mars 1827, portant qu'il est ordonné au sieur Pasquier de supprimer, dans le délai de quinze jours, le mur qu'il a élevé et qui interdit l'accès de sa carrière ; faute de quoi l'entrepreneur de la route est autorisé à détruire lui-même cette clôture, aux frais du sieur Pasquier, auquel néanmoins est réservée la faculté d'établir en cet endroit une barrière pour clore sa propriété, à la charge d'en remettre une clef à l'entrepreneur ;

Vu l'arrêté attaqué dudit conseil, du 15 juin 1827, qui déboute le sieur Pasquier de son opposition, et ordonne que l'arrêté précédent, du 30 mars 1827, sortira son plein et entier effet ;

Vu le rapport des ingénieurs, l'avis du préfet et le plan des lieux ;

Vu l'arrêt du conseil, du 7 septembre 1755, et la loi du 16 septembre 1807 ;

Vu la loi du 6 octobre 1791, concernant les biens et usages ruraux, et la police rurale ;

Considérant qu'aux termes de l'arrêt du conseil, du 7 septembre 1755, les entrepreneurs de travaux publics peuvent prendre les matériaux pour l'exécution des ouvrages dont ils sont adjudicataires, dans tous les lieux qui leur seront indiqués par les devis, sans néanmoins qu'ils puissent les prendre dans les lieux qui seront fermés de murs ou autre clôture équivalente, suivant les usages du pays ;

Considérant que, par le même arrêt, il est défendu aux propriétaires des lieux non clos, d'apporter aucun trouble ni empêchement à l'enlèvement des matériaux ; mais qu'aucune disposition ne leur interdit la faculté de clore des terrains contenant des carrières en exploitation pour un service public ;

Considérant qu'aux termes de l'art. IV, sect. 4, de la loi du 6 octobre 1791, le droit de clore et déclore ses héritages résulte essentiellement de celui de propriété ; qu'il ne peut être contesté à aucun propriétaire, et que toutes les lois et coutumes qui peuvent contrarier ce droit ont été abrogées ;

Considérant que le sieur Pasquier a usé d'un droit légitime en faisant enclore sa propriété ;

Notre conseil d'Etat entendu,

Nous avons ordonné et ordonnons ce qui suit :

Art. 1er. Les arrêtés du conseil de préfecture du département d'Ille-et-Vilaine, des 30 mars et 15 juin 1827, sont annulés.

Ordonnance du roi, du 5 novembre 1828, relative à un enlèvement de pierres qui servaient de clôture à la propriété du sieur Ducroc.

(Conflit négatif)

CHARLES, etc. ; vu le rapport de notre garde des sceaux, ministre de la justice, enregistré au secrétariat général de notre conseil d'Etat, le 19 septembre 1827, et tendant à ce qu'il nous plaise mettre fin à un conflit négatif, résultant de la déclaration respective d'incompétence faite par le juge de paix du canton de Sedan, le 26 juin 1826, d'une part, et d'un arrêté du conseil de préfecture du département des Ardennes, du 20 mars 1828, d'autre part, dans une contestation existante entre le sieur Ducroc Bernard, propriétaire à Chéhéry, et le sieur Pingard, voiturier, au sujet d'un enlèvement de pierres qui servaient de clôture à la propriété du sieur Ducroc, et qui ont été employées aux travaux de la route royale, n° 77, de Nevers à Bouillon ;

Vu le jugement rendu par le juge de paix du canton de Sedan, le 26 juin 1826, et par lequel ledit juge de paix se déclare incompétent pour connaître de la contestation, en se fondant sur l'art. 4 de la loi du 17 février 1800 (28 pluviôse an VIII), qui renvoie aux conseils de préfecture les contestations relatives aux terrains pris ou fouillés pour la confection ou l'entretien des chemins publics ;

Vu l'arrêté pris par le conseil de préfecture du département des Ardennes, du 20 mars 1828, qui se déclare également incompétent ;

Vu le devis dressé par l'ingénieur en chef du département des Ardennes, lequel interdit à l'entrepreneur de tirer des matériaux ailleurs que dans les carrières qui lui sont spécialement indiquées dans le détail dudit devis ;

Vu la loi du 16 septembre 1807, art. 55 ;

Ensemble toutes les pièces à l'appui du dossier ;

Considérant, en fait, que les ouvriers de Saint-Chavelon ont enlevé les pierres d'un mur qui servait de clôture à la propriété du sieur Ducroc Bernard ; qu'aux termes du devis de l'adjudication, il était interdit aux entrepreneurs d'extraire des matériaux ailleurs que dans les carrières nommément indiquées audit devis ; qu'ainsi, cette entreprise de leur part constitue une voie de fait dont la connaissance appartient aux tribunaux ;

Notre conseil d'Etat entendu,

Nous avons ordonné et ordonnons ce qui suit :

Art. 1er. Le jugement rendu par le juge de paix du canton de Sedan, le 26 juin 1826, est considéré comme non avenu, et les parties sont renvoyées devant les tribunaux.

Circulaire du directeur général des ponts et chaussées et des mines (M. Becquey), à MM. les préfets, sur la nécessité de procéder en temps utile à l'adjudication de la récolte des herbes qui croissent sur les francs-bords des canaux.

Paris, le 24 novembre 1828.

Monsieur le préfet, mon attention a été appelée sur la nécessité de procéder en temps utile à l'adjudication de la récolte des herbes qui croissent sur les francs-bords et autres terrains dépendants des canaux de navigation qui appartiennent à l'Etat, et qui ne font l'objet d'aucune concession. Il arrive souvent que l'époque tardive à laquelle on afferme ces produits, ne permet pas d'en retirer un prix aussi avantageux que celui qu'on doit en obtenir. Il importe de remédier à cet inconvénient, en préparant les cahiers de charges qui doivent servir de base aux adjudications, de manière qu'ils puissent être soumis à mon approbation, et vous être renvoyés avec ma décision, assez tôt pour que les adjudications aient lieu vers le commencement du mois de mai. Cette mesure, dont je vous prie de surveiller la stricte exécution, permettra aux adjudicataires de disposer des récoltes au moment qui leur paraîtra le plus opportun, et dispensera en même temps l'administration d'une surveillance qu'il est difficile d'exercer à l'époque de la maturité des herbes, et qui ne prévient pas toujours les dégâts.

Je vous prie, monsieur le préfet, de vouloir bien recommander à MM. les ingénieurs d'indiquer, dans les cahiers de charges, l'étendue des lots dont ils proposent la formation, et de désigner également les communes où ces lots sont situés. Je vous invite, en outre, à faire insérer dans les cahiers de charges la disposition suivante :

« L'adjudication ne sera définitive qu'après qu'elle aura reçu l'approbation de S. Exc. le ministre des finances. Les pièces y relatives seront à cet effet transmises immédiatement à M. le directeur général des ponts et chaussées, et néanmoins l'adjudication sera provisoirement exécutoire, en attendant cette approbation. »

Ordonnance du roi, du 26 novembre 1828, qui annule un arrêté du conseil de préfecture de la Meurthe, relatif à une contravention en matière de grande voirie.

CHARLES, etc.; vu le rapport qui nous a été fait par notre ministre secrétaire d'Etat au département de l'intérieur, ledit rapport enregistré au secrétariat général de notre conseil d'Etat, le 8 novembre 1827, et concluant à ce qu'il nous plaise annuler l'arrêté pris, le 2 février précédent, par le conseil de préfecture du département de la Meurthe, et prononcer contre le sieur Fleuret l'amende de 50 fr., conformément à l'art. 3 de la loi du 27 février 1804 (7 ventôse an XII);

Vu ladite loi;

Vu l'acte du 6 décembre 1827, constatant qu'il a été donné connaissance du pourvoi au sieur Fleuret, qui n'a pas fourni de défense dans les délais du règlement;

Vu le procès-verbal dressé, le 31 octobre 1826, par le sieur Courrier, conducteur des ponts et chaussées, en présence du sieur Créancier, cantonnier surveillant, et constatant que la voiture du sieur Fleuret a été rencontrée sur la route royale de Paris à Strasbourg, attelée de deux chevaux, et avec des roues de cinq centimètres de largeur, ledit procès-verbal signé par le sieur Courrier seul;

Vu l'arrêté attaqué, par lequel le conseil de préfecture prononce qu'il n'y a lieu à suivre sur ledit procès-verbal, par le motif que, rédigé par les sieurs Courrier et Créancier, il n'a été signé que par le sieur Courrier seul;

Ensemble toutes les autres pièces produites;

En la forme:

Considérant que le procès-verbal, du 31 octobre 1826, n'a été et ne devait être signé que par le conducteur, qui seul est assermenté;

Au fond :

Considérant que les dispositions de la loi du 27 février 1804 (7 ventôse an XII), sont applicables à la contravention constatée audit procès-verbal;

Notre conseil d'Etat entendu,

Nous avons ordonné et ordonnons ce qui suit :

Art. 1er. L'arrêté du conseil de préfecture du département de la Meurthe, du 2 février 1827, est annulé, et le sieur Fleuret est condamné à une amende de 50 fr.

Arrêté du préfet de la Seine-Inférieure, du 26 juillet 1828, approuvé le 29 novembre suivant, par S. Exc. le ministre de l'intérieur, portant règlement pour la police du port du Havre.

Nous, conseiller d'Etat, préfet du département de la Seine-Inférieure;

Vu l'arrêté de notre prédécesseur, en date du 10 mai 1826, portant institution d'une commission chargée de proposer les bases d'un règlement concernant la police du port du Havre :

Vu le projet de règlement proposé par ladite commission, sous la date du 30 mai 1828;

Vu la lettre à nous adressée le 1er juin suivant, par le sous-préfet de l'arrondissement du Havre, en nous transmettant ledit projet, avec diverses pièces relatives à la discussion à laquelle il a donné lieu;

Vu les titres I, II et IV, du livre IV de l'ordonnance de la marine, du mois d'août 1681;

Vu l'article 7 de la loi du 2—17 mars 1791, qui assujettit les ouvriers et gens de peine aux règlements de police municipale dont la publication aurait lieu : vu aussi la circulaire ministérielle, en date du 3 juillet 1818, relative à cet objet;

Vu le titre XI de la loi du 16—24 août 1790 (1), concernant les attributions des autorités administratives en matières de police;

Vu le titre III de la loi du 9—13 août 1791, et le décret du 10 mars 1807, concernant l'organisation, les fonctions et les attributions des officiers de port dans les ports de commerce;

Vu la loi du 19 mai 1802 (29 floréal an X), et le titre 9 du décret du 16 décembre 1811, concernant les contraventions en matière de grande voirie, ainsi que le décret du 10 avril 1812, qui déclare les dispositions desdits loi et décret, applicables aux ports maritimes de commerce;

Vu l'arrêté du gouvernement, en date du 20 février 1803 (2 ven-

---

(1) TITRE XI. — Art. 3. Les objets de police confiés à la vigilance et à l'autorité des corps municipaux sont:

1° Tout ce qui intéresse la sûreté et la commodité dans les rues, *quais*, places et voies publiques; ce qui comprend le nettoiement, l'illumination, l'enlèvement des encombrements.

ventôse an XI) concernant le service du lestage dans le port du Havre ;

Vu l'article 538 du Code civil, qui range les ports et les quais qui en sont l'accessoire, au nombre des dépendances du domaine public ;

Vu le livre IV du Code pénal de 1810, et notamment l'art. 484 de ce code ;

Considérant que la police du port du Havre a été, à diverses époques, l'objet de plusieurs dispositions dont la publication a eu lieu isolément ;

Que l'importance toujours croissante de ce port, le grand nombre de navires de commerce, soit nationaux, soit étrangers, qui le fréquentent, les exportations et importations considérables qui ont lieu par ces navires, démontrent la nécessité de réunir toutes ces dispositions éparses en un seul corps de règlement, où seront d'ailleurs introduites les dispositions additionnelles dont l'expérience aura fait connaître l'utilité ;

Avons arrêté ce qui suit :

TITRE Ier. *De l'entrée des navires dans le port du Havre* (1). —

---

(1)   *Ordonnance du 7 août 1822.*

Art. 1er. Les provenances par mer ne sont admises à libre pratique, qu'après que leur état sanitaire a été reconnu par les autorités ou agents préposés à cet effet.

4. Sont seuls exceptés des vérifications exigées par l'article 1er, tant que des circonstances extraordinaires n'obligent pas de les y soumettre,

Sur les côtes de l'Océan, les bateaux pêcheurs, les bâtiments des douanes, et les navires qui font le petit cabotage d'un port français à un autre.

44. Défenses sont faites à tout capitaine de navire provenant des échelles du Levant ou des côtes de Barbarie, sur les deux mers, d'aborder ailleurs que dans les ports de Marseille et de Toulon, jusqu'à ce qu'il ait pu être établi, dans d'autres ports du royaume, des lazarets susceptibles de recevoir lesdites provenances.

Les autorités sanitaires feront observer lesdites défenses, tant qu'elles n'auront pas reçu d'ordres contraires.

Décret du 12 décembre 1806.

Art. 22. Si un bâtiment amarré par un pilote dans un port provient de pays suspects de contagion, et que ledit bâtiment ne puisse conséquemment être admis à libre pratique, le pilote conduira le bâtiment à l'endroit fixé pour les visites et précautions sanitaires, sans communiquer avec lui, s'il est possible. Le pavillon de quarantaine sera arboré à la tête du mât d'artimon ; et si le navire n'a qu'un mât, le pavillon sera frappé sur l'étai de beaupré, et d'une manière visible.

23. Lorsqu'un pilote aura abordé un bâtiment destiné à entrer dans le port, il lui fera arborer de suite le pavillon de sa nation, et il préviendra le capitaine qu'il doit faire éteindre tous les feux avant d'être en dedans du port. Il sera puni de huit jours de prison si, avant de mettre un navire à quai, il ne lui a pas fait décharger ses fusils et canons, et transporter ses poudres à terre.

36. Tout pilote qui conduira un navire entrant sur son lest ne souffrira pas qu'il soit mis du lest sur le pont, ni à portée d'être jeté à l'eau ; il s'opposera formellement à ce qu'il en soit versé dans les passes, rades, ports et rivières ; et s'il s'apercevait que, malgré sa défense, il en aurait été jeté à l'eau, il en rendra compte, aussitôt sa mission remplie, à l'officier militaire chef des mouvements maritimes, à l'officier chef du pilotage ou à l'officier de port du commerce.

Les pilotes qui négligeraient de faire de suite leurs rapports de cette contravention de la part des capitaines seront punis de huit jours de prison : les capitaines délinquants seront condamnés, conformément à l'article 6, titre IV, livre IV de l'ordonnance de 1681, à une amende de cinq cents francs pour la première fois ; et, en cas de récidive, leurs bâtiments seront saisis et confisqués.

Règlement sur le pilotage du quartier du Havre, approuvé par ordonnance du roi, du 27 août 1828.

Art. 7. Aussitôt qu'un pilote, ayant abordé un navire sujet à la visite de santé, sera arrivé en dedans du banc de l'Éclat, il lui fera arborer le signal d'usage en pareil cas, et

Art. 1er. Il sera établi à la jetée du nord-ouest un système de signaux au moyen de ballons, de manière à indiquer la hauteur de l'eau dans le port.

---

il procédera à l'égard dudit navire, conformément aux ordres et instructions qui auront été donnés par le conseil de santé, le tout sous les peines portées par les ordonnances sanitaires, notamment par la loi du 3 mars 1822, dont extrait est annexé au présent règlement, à la suite du décret organique.

9. Si un bâtiment, provenant de pays suspects de contagion, exigeait la présence d'un pilote à son bord, le pilote seul pourra y monter; les autres marins qui se trouveront dans son bateau éviteront soigneusement toute communication, hors le cas d'une absolue nécessité qui sera constatée par le capitaine, sous peine par les contrevenants d'être mis en quarantaine, sans qu'il leur soit alloué aucun salaire ni ration.

10. A la sortie des bâtiments, le pilote ne laissera embarquer les poudres qu'en dehors de la tour, sous peine de huit jours de prison.

16. Il est défendu à tous pilotes et à tous capitaines de mouiller ou d'amarrer aucun bateau sur les jetées ou dans le chenal.

Il est pareillement défendu d'amarrer tout navire ou bateau sur les corps morts qui sont uniquement destinés au halage.

Il est encore défendu de laisser aucune ancre des bâtiments de la marine royale ou du commerce dans la passe des navires; mais on pourra les mouiller dans tout autre endroit du port, avec la précaution d'y attacher un orin avec bouée ou gaviteau.

Les contraventions à ces défenses seront punies conformément à ce que prescrit l'article 50 du décret du 12 décembre 1806.

Les officiers de port du commerce sont chargés de surveiller l'exécution du présent article, et de faire lever d'office toutes les ancres qui n'auraient pas de bouée ou gaviteau, dans quelque partie du port qu'elles se trouvent; et toutes celles mouillées dans le chenal qui n'auraient pas été levées à la marée suivante de l'entrée du navire auquel elles appartiennent.

Le pilote du roi surveillera de même, sous les ordres de l'officier directeur du port, l'exécution du présent article.

17. Lorsqu'un pilote aura abordé un bâtiment destiné à entrer dans le port, il lui fera arborer, au moment de son entrée, le pavillon de sa nation, sous peine d'être puni conformément à ce que prescrit l'article 50 du décret du 12 décembre 1806, et il en sera de même à la sortie du port.

Aucun navire ne pourra également entrer dans les bassins, ni en sortir sans arborer son pavillon.

En cas de contravention, le pilote sera puni, comme il est dit ci-dessus, à moins qu'il ne justifie que le capitaine, averti, s'est refusé à se conformer au premier article; dans lequel cas le capitaine lui-même sera puni plus rigoureusement.

40. Lorsqu'un capitaine, en déclarant au pilote que son navire est d'échouage, voudra entrer dans le port par marée douteuse ou baissée, il devra lui en donner l'ordre par écrit. Cet ordre devra également contenir la déclaration du capitaine sur le véritable tirant d'eau de son navire.

51. Le maître haleur sera tenu de se trouver sur la jetée du nord-ouest pendant toutes les marées, afin de faire fournir aux bâtiments entrants ou sortants le nombre de haleurs que le pilote, qui sera à bord du bâtiment, jugera nécessaire, et pour les bateaux qui n'ont point de pilote, d'après la demande du maître ou patron.

Les officiers de port du commerce pourront cependant désigner le nombre de haleurs nécessaires, suivant le temps, afin que les bâtiments, qui ont besoin d'entrer ou sortir à l'aide de haleurs, ne puissent être arrêtés dans leurs manœuvres.

La taxe du halage est fixée à trente centimes par homme pour chaque station, soit pour l'entrée, soit pour la sortie des bâtiments de toute espèce; celle du maître haleur et de son second sera double.

Le maître haleur exécutera les ordres de l'officier de marine chargé de la direction du port, et des officiers de port du commerce.

Il sera payé au maître haleur un franc cinquante centimes pour la drôme qu'il est tenu de fournir en bon état.

Les stations de halage sont déterminées ainsi qu'il suit:

1° Du bout de la jetée du nord jusqu'à la tour;

2° Depuis la jetée du sud-est jusqu'à l'éperon en face de la tour;

3° De l'éperon jusqu'aux docks;

4° Du fer à cheval jusqu'au bassin de la Barre;

5° De la pointe jusqu'au bassin du roi.

Il sera hissé un ballon lorsque l'eau sera à la hauteur de onze pieds, deux ballons à la hauteur de douze pieds, trois à la hauteur de treize pieds, et ainsi de suite, jusqu'à dix-sept pieds. Une flamme indiquera la fraction de six pouces.

A la mer baissante, le même système d'indication sera suivi dans l'ordre inverse, c'est-à-dire en diminuant successivement le nombre des ballons, jusqu'à ce qu'il y ait dans le port moins de onze pieds d'eau.

Une échelle graduée, correspondant au fond du chenal, sera placée contre le mur de la jetée, au nord, auprès de la voûte.

2. Toutes les fois qu'un bâtiment entrera dans le port avec des vents d'aval, le pilote, avant d'entrer, fera passer le troisième câble à l'arrière et l'étalinguera sur la troisième ancre.

S'il fait grand frais de vent, il mouillera, au plus tard, vis-à-vis la rue Saint-Julien, afin d'avoir le temps de mouiller une ancre de bossoir, si le câble cassait ou si la première ancre venait à chasser.

Les navires entrant dans les bassins devront toujours élonger la vergue de civadière, tenir le mât de foc prêt à rentrer, conserver les ancres en mouillage, tenir levés les daviers de canot de côté et les tangons de grands bras rentrés ou accolés au bord, à moins qu'ils ne soient fixes. Les basses vergues devront être apiquées et les voiles carguées aussitôt que lesdits navires seront étalés.

Immédiatement après leur entrée dans les bassins, les vergues de hune seront apiquées et la martingale démontée; les ancres devront être rentrées dès que l'amarrage aura eu lieu.

TITRE II. *Des navires entrés dans le port ou dans les bassins.* —

3. Lorsqu'un bâtiment restera échoué dans l'avant-port, en entrant ou en sortant, s'il est fin, on fera de suite caler ses mâts de perroquet et de hune; sa chaloupe sera mise à l'eau pour le soulager en cas de gîte.

4. Les capitaines ou gardiens devront, en cas d'apparence de tempête, ou lorsqu'ils en seront requis par les officiers de port, doubler les amarres, amener les vergues de perroquet et caler les mâts.

Ils devront, dans tous les cas, faire serrer les voiles pendant la nuit.

5. Le tour de rôle des navires, pour obtenir une place à quai pour décharger, sera déterminé, dans les bassins, par l'ordre d'entrée au bassin, et dans l'avant-port par l'ordre d'entrée au port.

Pour le chargement des navires, le tour sera déterminé par la date de la demande qui en sera faite aux officiers de port. Cette demande ne pourra être admise que du jour où le déchargement sera complétement opéré, et pour ceux qui sont au ponton ou au gril, que du jour où les réparations seront terminées.

TITRE III. *Des chargements et déchargements de marchandises.* —

6. Tout capitaine qui aura obtenu une place à quai, soit dans les bassins, soit dans l'avant-port, devra mettre de bonnes amarres et des défenses pour prévenir toutes avaries. Il souffrira le passage de communication des bâtiments au large, recevra leurs embossures, et sera chargé du balayage du quai, non-seulement en face de son navire, mais encore pour la moitié de la distance existant entre son navire et ceux de l'arrière ou de l'avant.

Le balayage se fera le soir, au moment où la cloche annoncera la fin du travail. Les immondices seront portées jusqu'au ruisseau, pour être enlevées le lendemain matin par les voitures à ce destinées.

7. Les matières lourdes ne pourront être déchargées que sur rances. Ces rances, ainsi que les échelles, planches et autres objets servant à l'embarquement ou au débarquement, seront retirés chaque soir, à la fin du travail.

8. Nul ne pourra charger, décharger ni transborder des tuiles, briques, plâtres, blocs, moellons, terre à faïence, sables, charbon de terre, etc., sans placer, entre le navire et le quai, une toile ou prélart bien conditionné et solidement attaché.

9. Les marchandises déchargées, non plus que celles qui seront mises en chargement, ne pourront être déposées en dedans des pieux d'amarres.

10. Tous chargements ou déchargements devront être terminés dans les délais ci-après, savoir :

Le chargement des bâtiments au-dessous de deux cents tonneaux, dans le délai de quinze jours, et celui des bâtiments de deux cents tonneaux et au-dessus, dans le délai de vingt-cinq jours, y compris les dimanches et jours fériés.

Le déchargement des premiers ne pourra durer plus de huit jours, et celui des autres plus de douze.

Ces délais expirés, les navires seront retirés du quai si les capitaines ou les armateurs ne justifient d'empêchements légitimes. Les officiers de port pourront, dans tous les cas, intervenir pour déterminer les facilités que les navires devront s'accorder réciproquement.

Les mâts, vergues et autres pièces de bois ne pourront être déposés que dans le sens de la longueur du quai, et en dehors des pieux d'amarre; ces objets, ainsi que les ancres placées momentanément en station sur le quai, devront être enlevés aussitôt que le navire aura quitté le quai.

11. Il ne pourra être élevé de tentes sur les quais qu'avec l'autorisation écrite des officiers de port. Il devra être conservé entre deux tentes consécutives une distance de quatre mètres au moins, qui sera toujours entièrement libre.

L'autorisation emportera de plein droit, pour ceux qui l'auront obtenue, l'obligation de réparer le pavage ou l'empierrement, de régaler et de nettoyer l'emplacement occupé par lesdites tentes après leur enlèvement.

12. En cas de déchargement de cuirs avariés et autres marchandises dont le séjour sur les quais aurait quelques inconvénients, elles seront immédiatement transportées au lieu qui sera désigné par l'administration municipale, après s'être concertée à cet égard avec celle des douanes.

13. Toutes autres marchandises devront être enlevées aussitôt après qu'elles auront été pesées et reconnues par les agents de la douane, et vérifiées, le cas échéant, par ceux de l'octroi, et au plus tard dans les trois jours qui suivront lesdites pesées ou reconnaissance et vérification.

Passé ce délai, les marchandises seront enlevées à la diligence des officiers de port, après qu'ils auront dressé procès-verbal contre les propriétaires ou consignataires; elles seront conduites par leurs soins au lieu de dépôt à ce affecté, et n'en pourront être retirées qu'après que les frais de transport et tous autres accessoires auront été acquittés.

Titre IV. *Des lestage et délestage.* — 14. Les bâtiments qui auront besoin de lest en feront la demande par écrit au capitaine de port, en indiquant d'une manière précise le nom du bâtiment, celui du capitaine, celui de l'armateur ou consignataire, le lieu où le bâtiment est placé, et l'espèce ou la qualité de lest dont il a besoin. Ces demandes seront inscrites, dans l'ordre de leur présentation, sur un registre spécial coté et paraphé par le maire. L'indication du numéro d'inscription de chaque demande sera portée sur l'original d'icelle, dont il sera fait remise au capitaine ou consignataire.

Les mêmes formalités seront remplies concernant les bâtiments qui auront besoin de délester.

15. Les précautions prescrites par l'article 8 seront applicables en cas de lestage ou de délestage. Le lest déposé sur le quai sera embarqué ou enlevé dans le jour. L'embarquement ou le débarquement en sera fait avec des mannes, et non autrement.

16. Défenses sont faites à tout capitaine de donner son lest à un autre, comme de réembarquer celui qu'il aura mis à quai. Sont néanmoins exceptés de cette disposition le lest en fer et les pierres d'Amérique, connues sous le nom d'*iron stones*, ou pierres de fer.

17. Aucun bâtiment ne pourra quitter la place où il aura pris ou quitté son lest avant que le quai ait été balayé.

Titre V. *Des précautions contre les incendies.* — 18. Les capitaines des bâtiments dont la cargaison se composera, en totalité ou en partie, de poudre ou de soufre, en feront la déclaration aux officiers de port, avant leur admission dans les bassins, sous peine de demeurer responsables de tous dommages et accidents que la nature de leur chargement pourrait occasionner; le tout sans préjudice, le cas échéant, des poursuites qui auront lieu devant le tribunal de police correctionnelle.

Les capitaines qui auront fait la déclaration ci-dessus prescrite seront tenus, sous les mêmes peines, de se rendre immédiatement au lieu indiqué par le capitaine de port.

19. Il ne pourra être employé, pour opérer le déchargement d'un navire chargé de soufre, que des pelles en bois; l'usage de pelles en fer est absolument interdit.

20. Aussitôt après que les bateaux à vapeur entrés dans le port ou dans les bassins seront amarrés, un agent préposé à cet effet par l'autorité municipale se rendra sur-le-champ à bord pour faire éteindre les feux; il ne quittera le bateau qu'après s'être assuré que le charbon et les cendres du foyer sont entièrement froids et ne laissent échapper aucune fumée.

21. Lorsque ces bateaux se disposeront à sortir du port, les capitaines en feront la déclaration aux officiers de port, et ne pourront allumer leurs feux qu'en présence du préposé dont il est fait mention en l'article précédent; celui-ci ne quittera le bâtiment que lorsqu'il poussera au large.

22. En cas d'incendie en ville, les lieutenants de port se rendront immédiatement au poste qui leur sera respectivement assigné, feront

serrer les voiles et les tentes qui seront au sec, enjoindront aux capitaines de retenir leurs équipages, et feront les rondes et visites nécessaires au maintien du bon ordre.

Ils seront surveillés dans ce service par le capitaine de port, qui devra préalablement aller prendre les ordres de l'autorité municipale, et faire ensuite l'inspection du port et des bassins.

23. Il est expressément défendu de fumer, soit sur les quais, en dedans des pieux d'amarres, soit autour des tentes, soit à bord des navires; d'y avoir du feu ou de la lumière; d'y porter des boulets, pinces ou fers rougis, pour chauffer du brai ou pour toute autre chose.

Pourront néanmoins les officiers de port, mais seulement dans le cas d'absolue nécessité, dispenser de l'exécution du présent article, sans que cette dispense puisse s'étendre à la défense de fumer. Elle ne pourra d'ailleurs être accordée que par écrit, et à charge de souffrir la surveillance de l'emploi du feu.

24. Toutes les fois que les fumigations seront nécessaires à bord d'un navire, il en sera donné avis au capitaine de port, qui fixera le lieu et l'heure où l'opération devra être faite, et désignera l'officier de port chargé de la surveillance.

25. L'officier surveillant ne pourra permettre d'allumer le feu qu'après s'être assuré :

1° Qu'il y a un grenier de lest assez élevé et assez étendu au-dessus de la carlingue;

2° Qu'il n'y a rien de combustible déposé près des chaudières qui contiendront les ingrédients;

3° Qu'il existe sur le pont du bâtiment plusieurs bailles et seaux pleins d'eau, une seille ou deux de terre, ainsi qu'une hache, deux ciseaux et deux marteaux ou maillets;

4° Qu'il se trouve au moins six hommes disponibles à bord du bâtiment;

5° Qu'une chaloupe ou canot, armé de plusieurs marins, est disposé le long du bord avec une drisse de bonnette;

6° Qu'un bateau-pompe est placé au bord opposé, prêt à servir en cas d'événement.

Le feu sera constamment surveillé, sous les ordres de l'officier, par un des gardiens du port.

26. Quand les fumigations auront cessé, l'officier de port s'assurera par lui-même que le feu est bien éteint. Il visitera la cale du navire, et rendra compte immédiatement, au capitaine de port, de la mission dont il avait été chargé.

TITRE VI. *Du chauffage des navires.* — 27. Aucun navire ne pourra se rendre au ponton ou au gril, sans avoir prévenu les officiers de port du jour et de l'heure qui lui auront été fixés.

28. Ces officiers devront être également prévenus lorsqu'un navire devra être chauffé, soit au ponton, soit au gril. L'un d'eux se rendra sur les lieux, à l'heure indiquée, pour être présent à l'opération du chauffage et la surveiller. Il s'assurera, avant de permettre d'allumer le feu, que le gouvernail est démonté, la louvre planchéiée et terrée, ainsi que les croisées, hublots, sabords et bouteilles; que les coutures de la voûte sont bien calfatées, et qu'enfin le navire est garni de garde-feux.

29. Tant que durera le chauffage d'un navire, le capitaine devra entretenir des hommes placés à l'avant et à l'arrière, avec des seaux pleins d'eau, pour arroser les rides et les amarres, et surveiller le feu. Dès que l'opération sera terminée, il sera tenu de visiter l'intérieur du navire, afin de s'assurer qu'il n'y est point entré de feu. Il en fera immédiatement son rapport aux officiers de port.

30. Il est interdit de chauffer, après midi en hiver, et après quatre heures en été, aucun bâtiment abattu au ponton ou au gril.

Il est pareillement interdit de chauffer du brai ou goudron ailleurs qu'aux lieux déterminés par la police municipale et désignés par le capitaine de port.

Les maîtres calfats de bordée sont tenus, sous leur responsabilité personnelle, d'empêcher qu'il soit mis à bord des navires aucun bois qui aurait déjà été allumé, et de veiller à ce que les chaudières qui servent au brai ne soient point serrées sortant du feu.

TITRE VII. *Des officiers de port.* — 31. Les capitaines et lieutenants de port sont chargés de veiller à la liberté, à la sûreté du port et des bassins, à la police des quais, au lestage et délestage, au maintien de l'ordre public, et spécialement à l'exécution de toutes les dispositions du présent règlement.

Ils devront toujours, dans l'exercice de leurs fonctions, porter l'uniforme et les marques distinctives de leurs grades.

32. A chaque marée, un officier de port se trouvera sur la jetée de l'ouest, pour surveiller l'entrée et la sortie des navires. Le capitaine de port réglera l'ordre de ce service entre ses lieutenants.

33. L'officier de port, de service à la jetée de l'ouest, dirigera le halage, et si ce service exige que les capitaines, maîtres ou patrons, ou autres, étant dans les navires, larguent des amarres, il pourra, en cas de refus, après deux injonctions verbales, couper lesdites amarres.

34. Les officiers de port feront ranger et amarrer les navires dans le port et dans les bassins; ils dirigeront tous les mouvements, indiqueront, dans tous les cas, les places que lesdits navires devront occuper, et règleront l'ordre d'entrée et de sortie dans les bassins. Les pilotes, capitaines, maîtres ou patrons, seront tenus d'obtempérer aux ordres qui leur seront donnés à cet effet par lesdits officiers, et d'exécuter toutes les manœuvres qui leur seront prescrites.

35. Les officiers de port ne recevront, sous aucun prétexte, aucune rétribution des capitaines, armateurs ou consignataires et courtiers, si ce n'est dans le cas prévu par l'article 28. La quotité des droits de vacation auxquels ils auront droit sera ultérieurement déterminée par un règlement particulier.

TITRE VIII. *Des ouvriers du port.* — 36. Tous les ouvriers, sans exception, travaillant sur le port du Havre, seront placés, pendant les heures du travail, sous la surveillance des officiers de port, qui, en cas de danger, pourront les requérir de prêter la main aux manœuvres qui seraient jugées nécessaires.

Les enlèvements et transport des marchandises qui auront lieu en exécution de l'article 13 du présent règlement, s'opéreront par l'intermédiaire desdits ouvriers, sauf l'intervention de l'autorité municipale pour le règlement de leurs salaires.

37. Il sera fait, à la diligence de M. le maire du Havre, une révision

7

complète des règlements concernant les diverses associations d'ouvriers qui ont pu être formées, afin de bien coordonner les dispositions desdits règlements avec les principes de la législation actuelle.

TITRE IX. *Des peines.* — 38. Les contraventions au présent règlement, et tous autres délits et contraventions concernant la police du port, des bassins et des quais, seront constatés par procès-verbaux des officiers de port, commissaires de police et autres agents qui ont un caractère pour verbaliser.

39. Ces procès-verbaux, dûment affirmés dans les vingt-quatre heures, dans le cas où l'affirmation est requise, seront soumis aux formalités du visa pour timbre et de l'enregistrement en débet, dans les délais voulus par la loi.

Ceux qui constateraient des contraventions assimilées, par le décret du 10 avril 1812, aux contraventions de grande voirie, seront adressés au sous-préfet de l'arrondissement, chargé de procurer la répression desdites contraventions.

Ceux qui constateraient des infractions au présent règlement, de nature à encourir des peines correctionnelles, soit en conformité des articles ci-après rappelés de l'ordonnance de 1681 (1), soit en conformité du Code pénal, seront adressés à M. le procureur du roi près le tribunal de police correctionnelle.

Enfin, ceux qui constateraient des contraventions de simple police seront adressés aux commissaires de police remplissant les fonctions du ministère public près le tribunal de police.

TITRE X. *Dispositions générales ou transitoires.* — 40. Lorsque les ingénieurs auront à disposer des ateliers de travail sur quelqu'un des points du port ou des bassins, le capitaine du port, qu'ils devront requérir conformément à l'article 19 du décret du 10 mars 1807, en informera sur-le-champ le sous-préfet.

41. Un règlement spécial, concerté ultérieurement avec l'administration des douanes, aura pour objet de déterminer l'ordre qui sera désormais établi pour les débarquements et embarquements dans l'intérêt combiné du commerce et de la surveillance de cette administration.

42. L'ouverture des portes des bassins sera combinée de manière que le passage public ne soit pas intercepté sur le pont de la *Citadelle* ou sur le pont de *Notre-Dame*, quand le pont d'*Angoulême* ou le pont *Lamblardie* sera ouvert. L'ouverture des portes sera d'ailleurs annoncée par un signal hissé sur le pont.

Ordonnance du roi, du 3 décembre 1828, qui annule un arrêté de conflit du préfet de la Charente-Inférieure.

CHARLES, etc.; vu l'arrêté de conflit pris par le préfet du département de la Charente-Inférieure, le 20 août 1828, à l'occasion d'un jugement rendu le 9 dudit mois, par le juge de paix du canton de Charente, qui condamne le sieur Bruhat, entrepreneur des travaux de reconstruction de

---

(1) Voir cette ordonnance, t. I, p. 56.

la route royale de Bordeaux à Saint-Malo, à l'amende et aux frais, ainsi qu'au remboursement, pour dommages, d'une somme de 119 fr. 45 c., au sujet d'un encombrement de matériaux qui aurait occasionné la chute de la voiture des sieurs Roult et Russeil;

Vu le jugement et l'arrêté ci-dessus visés;

Vu les observations des sieurs Roult et Russeil, enregistrées au secrétariat général de notre conseil d'État, le 11 novembre 1828;

Vu toutes les autres pièces produites et jointes au dossier;

Vu l'ordonnance réglementaire du 1er juin 1828;

Considérant que, d'après les règles et les formes prescrites par l'ordonnance du 1er juin 1828, le conflit ne peut pas être élevé devant la justice de paix; qu'il n'y a lieu au conflit que lorsque le tribunal de première instance est saisi de l'appel interjeté d'une sentence du juge de paix, puisque c'est alors seulement que peuvent être accomplies les formalités prescrites par les articles 5, 6 et suivants de ladite ordonnance;

Notre conseil d'État entendu,

Nous avons ordonné et ordonnons ce qui suit :

L'arrêté de conflit pris par le préfet du département de la Charente-Inférieure, le 20 août 1828, est annulé.

———

Ordonnance du roi, du 17 décembre 1828, qui autorise l'étude d'un canal latéral à la Garonne, de Toulouse à Bordeaux.

Art. 1er. Le sieur Magendie, capitaine de vaisseau en retraite, est autorisé à faire procéder, à ses frais, aux levées de plans, nivellements, sondes, et autres opérations nécessaires à la rédaction des projets de perfectionnement de la navigation de la Garonne depuis Toulouse jusqu'aux environs de Bordeaux, soit par des travaux dans le lit de cette rivière, soit par l'établissement d'un canal latéral.

2. La présente autorisation ne confère aucun droit à la concession de ladite ligne navigable, sur laquelle il sera statué ce qu'il appartiendra; mais le sieur Magendie, si les projets qu'il aura présentés servent de base à la concession, et s'il n'est pas déclaré concessionnaire, aura droit au remboursement des dépenses utiles qu'il sera reconnu avoir faites pour arriver à la rédaction de ces projets.

———

Ordonnance du roi, du 31 décembre 1828, relative au moulin construit par le sieur Campeau.

CHARLES, etc.; vu la requête à nous présentée au nom de la ville de Paris, poursuite et diligence du préfet du département de la Seine, ladite requête enregistrée au secrétariat général de notre conseil d'État, le 29 août 1827, et tendant à ce qu'il nous plaise annuler l'arrêté pris par l'administration centrale du département de l'Aisne, le 12 mars 1798 (22 ventôse an VI); ordonner la destruction du troisième tournant du moulin du sieur Campeau;

Subsidiairement, et par application de l'instructin ministérielle du 3 août 1798 (16 thermidor an vi), et de l'arrêté du 22 juillet 1803 (3 thermidor an xi), ordonner la suppression, aux frais du sieur Campeau, du moulin à blé par lui abusivement édifié en décembre 1826;

En cas de contestation, le condamner aux dépens;

Vu l'exploit de signification de l'ordonnance de *soit communiqué*, du 13 octobre 1827, à laquelle le sieur Campeau n'a pas répondu dans les délais du règlement du 22 juillet 1806;

Vu l'arrêté attaqué;

Ensemble toutes les autres pièces jointes au dossier;

Vu l'article 43 de l'ordonnance de 1672;

La loi du 21 septembre 1792;

L'arrêté du gouvernement du 9 mars 1798 (19 ventôse an vi), et celui du 22 juillet 1803 (3 thermidor an xi);

Considérant qu'aux termes de l'arrêté réglementaire du 9 mars 1798 (19 ventôse an vi), l'administration centrale du département de l'Aisne ne pouvait accorder la permission d'établir le moulin dont il s'agit que de l'autorisation expresse du gouvernement;

Notre conseil d'Etat entendu,

Nous avons ordonné et ordonnons ce qui suit:

Art. 1er. L'arrêté de l'administration centrale du département de l'Aisne, du 12 mars 1798 (22 ventôse an vi), est annulé.

2. Le sieur Campeau est condamné aux dépens.

Ordonnance du roi qui autorise, aux conditions y exprimées, les héritiers ou ayants droit du sieur Guyenot de Châteaubourg, à exécuter les travaux nécessaires pour l'ouverture du canal de l'Essonne entre Orléans et Corbeil.

Au château des Tuileries, le 11 février 1829.

CHARLES, etc.; sur le rapport de notre ministre secrétaire d'Etat, au département de l'intérieur;

Vu la loi du 22 août 1791 (1), qui ordonne l'ouverture du canal de l'Essonne entre Corbeil et Orléans;

Vu le décret du 3 juillet 1824 (14 messidor an xii), qui subroge le sieur Guyenot de Châteaubourg aux sieurs Grignet, Gerdet et Jard, dans la concession de ce canal, et qui lui impose l'obligation de terminer dans le délai de deux ans les travaux depuis Corbeil jusqu'à la Ferté-Aleps, et de présenter dans le même délai une portion de la partie du canal à ouvrir entre la Ferté-Aleps et Orléans;

Vu le décret du 13 novembre 1807, qui proroge jusqu'à la fin de 1811 le délai accordé aux concessionnaires;

Vu l'ordonnance royale du 30 mars 1820, qui révoque la concession accordée au sieur de Châteaubourg;

Vu notre ordonnance du 19 mai 1825, qui, sur la requête du sieur de Châteaubourg et de ses ayants droit, pour être relevés de la dé-

(1) Voir tome Ier, page 331.

chéance, les autorise à faire faire à leurs frais les études nécessaires : 1° pour constater la possibilité d'amener au bief de partage du canal de l'Essonne un volume d'eau suffisant pour l'alimenter, en s'abstenant toutefois d'employer à cet usage les eaux qui appartiennent au canal d'Orléans; 2° pour rédiger un projet général et complet du canal;

Vu le projet présenté par les ayants droit du sieur Guyenot de Châteaubourg, ensemble l'avis du conseil des ponts et chaussées du 16 août 1828;

Considérant qu'il résulte du projet présenté par les ayants droit du sieur *de Châteaubourg*, qu'il est possible d'amener au bief de partage un volume d'eau suffisant pour l'alimenter, sans employer à cet usage les eaux qui appartiennent au canal d'Orléans;

Considérant que l'achèvement du canal de l'Essonne doit procurer au commerce des avantages incontestables;

Notre conseil d'Etat entendu,

Nous avons ordonné et ordonnons ce qui suit :

Art. 1er. Les héritiers ou ayants droit du sieur Guyenot de Châteaubourg sont autorisés à exécuter à leurs risques et périls les travaux nécessaires pour l'ouverture du canal de l'Essonne entre Orléans et Corbeil, ordonné par la loi du 22 août 1791.

Ils sont en conséquence subrogés aux droits assurés par ladite loi, et assujettis aux charges imposées par elle aux entrepreneurs du canal; ils se soumettront en outre aux conditions ci-après énoncées.

2. Le projet des travaux, présenté par les ayants droit du sieur de Châteaubourg, est approuvé sous la réserve des modifications et dispositions adoptées par le conseil général des ponts et chaussées, dans son avis du 16 août 1828, lequel demeurera annexé à la présente ordonnance, et à la charge par eux de faire à leurs frais, dans le délai de trois années, et conformément aux instructions qui leur seront données par l'administration, les travaux nécessaires pour faire cesser les inconvénients résultant, pour l'agriculture et la salubrité, des filtrations et amas d'eaux stagnantes qui se sont formés sur quelques points par suite de l'abandon des anciens travaux.

3. Les anciens propriétaires des terrains achetés par le sieur de Châteaubourg, pour l'exécution du canal d'après l'ancien tracé, et qui seraient reconnus inutiles pour l'exécution des travaux, suivant le nouveau tracé, pourront, pendant un délai de cinq années, réclamer leur réintégration dans la jouissance et propriété de ces terrains qui lui appartiendraient encore, à la charge seulement par eux de restituer au sieur de Châteaubourg ou à ses ayants droit, le prix qu'eux ou que leurs auteurs auront reçu pour la cession desdits terrains.

4. Il est accordé aux ayants droit du sieur de Châteaubourg un délai de dix années pour l'entière confection du canal de l'Essonne; ils devront avoir commencé les travaux dans les six mois qui suivront la notification de la présente ordonnance; ils en poursuivront l'exécution, de manière qu'à l'expiration des cinq premières années, le tiers au moins des ouvrages qui constituent la totalité de l'entreprise soit terminé; et faute par eux de s'être conformés à ces dispositions, la présente concession pourra être révoquée, et la déchéance prononcée contre les concessionnaires.

5. Pour garantie de l'exécution des conditions qui leur sont impo-

sées, les concessionnaires seront tenus, avant la mise en activité des travaux, de déposer à la caisse des consignations un cautionnement en numéraire ou en effets publics, montant en capital au vingtième de l'évaluation des travaux à exécuter : ce cautionnement leur sera rendu successivement et par parties, en proportion de l'avancement des travaux, constaté par l'administration des ponts et chaussées.

6. Toutes les contestations qui pourraient survenir entre l'administration et les concessionnaires, sur l'interprétation des conventions faites entre eux, pour l'exécution des présentes, seront jugées par le conseil de préfecture du département de Seine-et-Oise, sauf recours au conseil d'Etat.

Ordonnance du roi, relative à la construction d'un pont en pierre sur la Marne à Trilport.

Au château des Tuileries, le 11 février 1829.

CHARLES, etc. ; sur le rapport de notre ministre secrétaire d'Etat de l'intérieur ;

Vu le cahier des charges dressé pour la construction d'un pont en pierre sur la Marne à Trilport, route royale n° 3, de Paris à Metz, au moyen de la concession d'un péage à y établir après son achèvement ;

Vu le procès-verbal du 3 octobre 1828, constatant les opérations faites à la préfecture du département de Seine-et-Marne pour parvenir, avec publicité et concurrence, à l'adjudication de cette entreprise ;

Notre conseil d'Etat entendu ;

Nous avons ordonné et ordonnons ce qui suit :

Art. 1er. L'adjudication de la construction d'un pont en pierre sur la Marne à Trilport, faite et passée le 3 octobre 1828, par le préfet du département de Seine-et-Marne, au sieur Aubineau Caron, négociant à Paris, moyennant la concession des droits à percevoir sur ce pont pendant soixante-trois années, est approuvée. En conséquence, toutes les charges, clauses et conditions de cette entreprise recevront leur pleine et entière exécution.

2. Le cahier des charges, le tarif des droits de péage et le procès-verbal d'adjudication, demeureront annexés à la présente ordonnance (1).

Ordonnance du roi, du 11 février 1829, qui rejette la requête du sieur Larocque de Chaufray.

CHARLES, etc. ; sur le rapport du comité de la justice et du contentieux ;

Vu la requête qui nous a été présentée au nom du sieur Larocque de Chaufray, ladite requête enregistrée au secrétariat général de notre conseil d'Etat, le 13 janvier 1829, et tendant à ce qu'il nous plaise le

---

(1) Le tarif est au Bulletin des lois.

recevoir opposant à notre ordonnance du 27 août 1828, qui a autorisé le sieur Goupy à établir une usine à laminer le zinc sur la rivière d'Epte ; ce faisant, annuler ladite ordonnance comme portant atteinte aux droits de propriété de l'exposant ;

Subsidiairement, et pour le cas seulement où nous ne croirons pas devoir annuler entièrement cette ordonnance, ordonner que le barrage du sieur Goupy sera baissé jusqu'au point où il ne pourra plus nuire au moulin de Cerifontaine ; que des repères suffisants seront établis pour que l'état des eaux, qui sera réglé par l'ordonnance à intervenir, ne puisse plus être changé, et condamner les contestants aux dépens ;

Vu notre ordonnance du 27 août 1828 ;

Considérant que la rivière d'Epte n'est ni navigable ni flottable ;

Que, dès lors, l'ordonnance qui a autorisé la construction de l'usine du sieur Goupy ne constitue qu'une simple permission accordée sous les rapports de police, et sans préjudice des droits relatifs à la propriété du sol, à l'usage des eaux et autres droits des tiers ;

Qu'ainsi elle ne fait pas obstacle à ce que le sieur Larocque de Chaufray fasse valoir ses droits, s'il le juge convenable, devant les tribunaux, seuls compétents à cet égard ;

Notre conseil d'Etat entendu,

Nous avons ordonné et ordonnons ce qui suit :

Art. 1er. La requête du sieur Larocque de Chaufray est rejetée.

Ordonnance du roi, du 18 février 1829, qui annule un arrêté de conflit du préfet de l'Ardèche.

Charles, etc. ; sur le rapport du comité de la justice et du contentieux ;

Vu le rapport de notre garde-des-sceaux, ministre de la justice, enregistré au secrétariat général de notre conseil d'Etat, le 1er décembre 1827, et relatif à un arrêté de conflit pris par le préfet du département de l'Ardèche, le 22 octobre 1827, dans une contestation existante devant le tribunal civil de Privas, entre le sieur Jean-Antoine Astier, ouvrier du sieur Clerc, entrepreneur de travaux publics, d'une part, et le sieur Antoine-Andéol Astier, d'autre part, au sujet de pierres que ce dernier a fait extraire dans la carrière du bourg Saint-Andéol, pour être employées à la réparation et à l'entretien du pont Saint-Esprit ;

Vu l'arrêté de conflit ;

Vu le jugement du tribunal civil de Privas ;

Vu l'extrait du devis estimatif des ouvrages à faire pour la réparation et l'entretien ordinaire du pont Saint-Esprit, département du Gard, pendant les années 1827, 1828 et 1829, duquel il résulte que les pierres nécessaires à l'exécution des travaux seront prises exclusivement à la carrière de Bourg-Saint-Andéol, dite carrière du Roi ;

Vu les renseignements transmis par le préfet du département de l'Ardèche, le 25 décembre 1828, desquels il résulte que la carrière du sieur Jean-Antoine Astier n'est point celle dite du Roi ; que celle-ci est située sur les bords du Rhône et sur la rive droite, tandis que la propriété du sieur Jean-Antoine Astier est à la distance de mille mètres environ au couchant, et en est séparée par la route royale de Lyon à Beaucaire ;

Vu les réclamations des sieurs Astier, enregistrées audit secrétariat général, les 12 mars et 17 mai 1828 ;

Ensemble toutes les autres pièces jointes au dossier ;

Considérant qu'il résulte des renseignements transmis par le préfet du département de l'Ardèche, par la lettre ci-dessus visée, que la carrière du sieur Astier est différente de celle qui avait été exclusivement désignée à l'entrepreneur par le devis ou par l'administration ;

D'où il suit que les contestations d'intérêt privé qui existent entre le sieur Astier et le sieur Andéol sont du ressort des tribunaux ;

Notre conseil d'Etat entendu,

Nous avons ordonné et ordonnons ce qui suit :

Art. 1er. L'arrêté de conflit pris par le préfet du département de l'Ardèche, le 22 octobre 1827, est annulé.

Ordonnance du roi, du 18 juillet 1829, portant rejet des réclamations formées par le fermier du bac de Tains.

Charles, etc. ; sur le rapport du comité de la justice et du contentieux ;

Vu la requête à nous présentée, au nom du sieur François Dufourd, demeurant à Saint-Vallier, département de la Drôme, ancien fermier du bac à traille de Tains à Tournon, ladite requête enregistrée au secrétariat général de notre conseil d'État, le 28 mars 1827, et tendant à ce qu'il nous plaise annuler, pour incompétence et mal jugé, un arrêté du conseil de préfecture du département de l'Ardèche, du 30 décembre 1826, en ce qu'il a, d'une part, fixé de lui-même à la somme de 1,813 francs 16 centimes, lorsqu'il aurait dû la faire déterminer par des experts, l'indemnité due au requérant, par suite de la résiliation de son bail, prononcée par le préfet dudit département, le 24 août 1825, veille du jour où le pont construit dans l'ancien emplacement du bac, par la compagnie Séguin, fut livré au passage du public ;

D'autre part, refusé d'accorder au suppliant le payement des passages d'ouvriers et de matériaux effectués par les ordres et sur les bateaux de ladite compagnie, pendant la durée de la construction du pont ;

Ce faisant, ordonner qu'il sera fait une nouvelle évaluation, à dire d'experts, des indemnités auxquelles il a droit de prétendre pour les causes ci-dessus rappelées ;

Vu l'arrêté attaqué ;

Vu la lettre de notre ministre des finances, du 29 septembre 1827, en réponse à la communication qui lui avait été donnée du pourvoi du sieur Dufourd, et par laquelle il conclut au rejet dudit pourvoi ;

Vu les observations additionnelles présentées au nom du sieur Dufourd, enregistrées au secrétariat général de notre conseil d'Etat, le 9 décembre 1828, et tendant au maintien de ses précédentes conclusions ;

Vu le procès-verbal de l'adjudication faite au profit du sieur Dufourd, le 29 novembre 1816, des droits établis au passage du bac de Tournon, pour l'espace de neuf années, prenant terme le 31 décembre 1825;

Vu l'arrêté pris le 24 août 1825, par le préfet du département de l'Ardèche, pour prononcer la résiliation de la ferme du bac à traille, établi sur le Rhône entre les villes de Tains et de Tournon;

Ensemble, toutes les autres pièces produites; vu la loi du 26 novembre 1798 (6 frimaire an VII), relative à la police, au régime et à l'administration des bacs et bateaux sur les fleuves, rivières et canaux navigables;

En ce qui touche la demande en indemnité pour privation de jouissance;

Sur l'incompétence:

Considérant qu'en allouant au sieur Dufourd, pour indemnité, le tiers du prix de son bail pour le temps qui restait à courir, le conseil de préfecture n'a contrevenu à aucune loi;

Au fond:

Considérant que le sieur Dufourd n'oppose à l'appréciation faite par le conseil de préfecture que des allégations qui ne sont pas justifiées;

En ce qui touche la demande en indemnité pour le transport des ouvriers et matériaux de la compagnie Séguin;

Considérant qu'en vertu de l'article 8 de la loi du 26 novembre 1798 (6 frimaire an VII), le gouvernement a pu, malgré l'existence du bail à traille, accorder au concessionnaire du pont l'autorisation d'établir des bateaux pour le transport des ouvriers et matériaux destinés à la construction dudit pont;

Notre conseil d'État entendu,

Nous avons ordonné et ordonnons ce qui suit:

Art. 1er. La requête du sieur Dufourd est rejetée.

Ordonnance du roi, du 15 mars 1829, portant annulation d'une décision de la commission spéciale du desséchement des marais de l'Authie.

CHARLES, etc.; sur le rapport du comité de la justice et du contentieux;

Vu les requêtes sommaire et ampliative à nous présentées au nom des sieurs Bernault Dubuc, marquis de Laubepin et comte de Laubepin, ces deux derniers héritiers bénéficiaires de feu la dame marquise de Laubepin, née Scoraille, leur mère, concessionnaire du desséchement de la vallée d'Authie, laquelle s'était associé les sieurs Bernault et Dubuc, suites et diligences du sieur Protais, demeurant à Montreuil-sur-Mer;

Lesdites requêtes enregistrées au secrétariat général de notre conseil d'État, les 15 septembre 1827 et 25 avril 1828, et tendant à ce qu'il nous plaise annuler une décision de la commission spéciale du desséchement de la vallée d'Authie, en date du 17 janvier 1827; décision demeurée informe jusqu'au 15 juin suivant, jour où par délibération nouvelle elle a été transcrite au registre des délibérations de ladite commission; ordonner que la tourbe rendue productive par le desséchement sera passible de la plus-value accordée aux concessionnaires du desséchement, laquelle plus-value sera reconnue et fixée par des experts convenus entre les parties ou nommés d'office par l'autorité compétente, et choisis parmi les ingénieurs des mines et conducteurs des tourbages communaux des départements de la Somme et du Pas-de-Calais, se réservant tous droits, moyens et conclusions;

Vu l'ordonnance de *soit communiqué* à tous les propriétaires de tourbe au profit desquels a été rendue la décision attaquée;

Vu le mémoire en défense pour, 1° le sieur Pierre-François de Guibert, propriétaire et maire de la commune de Villiers-sur-Authie, y demeurant; 2° le sieur Charles Vignier Davesne, maire de la commune de Vion; 3° le sieur Rougeat, maire de la commune de Dompierre; 4° et le maire de la commune de Nampont, agissant tant en leur nom personnel qu'au nom des communes qu'ils représentent;

Ledit mémoire enregistré audit secrétariat général de notre conseil d'Etat, le 19 juin 1828, et tendant à ce qu'il nous plaise rejeter purement et simplement la requête en pourvoi des concessionnaires et les condamner aux dépens;

Vu la réplique des concessionnaires, enregistrée audit secrétariat général de notre conseil d'Etat, le 20 octobre 1828, à laquelle les défendeurs n'ont pas répondu dans les délais du règlement;

Vu la décision attaquée de la commission spéciale de desséchement;

Vu toutes les autres pièces produites;

Vu les art. 9, 13, 14, 18, 19 et 20 de la loi du 16 septembre 1807, et les articles 13 et 14 du décret de concession du 25 mai 1811;

Considérant, en la forme, qu'il n'est pas justifié que la décision de la commission du 17 janvier 1827 ait été signifiée aux concessionnaires avant le 15 juin même année; qu'ainsi leur pourvoi formé le 15 septembre suivant est recevable;

Considérant, au fond, qu'aux termes des articles ci-dessus visés de la loi du 16 septembre 1807, et notamment de l'art. 18, les terrains desséchés doivent, à la fin des travaux de desséchement, être estimés d'après leur valeur nouvelle et l'espèce de culture dont ils sont devenus susceptibles; que, d'après l'art. 13 du décret de concession du 25 mai 1811, cette estimation doit avoir lieu, non-seulement eu égard à l'espèce de culture, mais encore d'après le produit qui peut être obtenu;

Que les concessionnaires prétendent que le desséchement a procuré une plus-value au sol, en facilitant aux propriétaires des marais l'extraction de la tourbe, et que c'est alors que la commission spéciale a refusé de faire vérifier si cette plus-value existait réellement;

Notre conseil d'Etat entendu,

Nous avons ordonné et ordonnons ce qui suit :

Art. 1er. La décision de la commission spéciale de desséchement, du 17 janvier 1827, transcrite le 15 juin suivant, sur les registres de ladite commission, est annulée.

2. Il sera procédé, conformément à l'article 18 de la loi du 16 septembre 1807, à une expertise à l'effet de constater :

1° Si le desséchement a facilité l'extraction de la tourbe dans les terrains desséchés;

2° Quelle est la plus-value qui résulte pour les terrains de cette plus grande facilité d'extraction;

3° Les défendeurs, ès-noms qu'ils procèdent, sont condamnés aux dépens.

Arrêté du préfet de Seine-et-Marne, du 20 mars 1829, portant règlement pour la navigation du canal Cornillon (1).

CHAPITRE Ier. *Police sous le rapport de la liberté de la navigation.*

ART. 1er. Aucun bateau chargé ou non chargé ne sera admis dans le canal, s'il ne porte écrits, en caractères bien lisibles et apparents, le nom du propriétaire, le lieu de son domicile, ainsi que la dénomination dudit bateau; ceux qui seraient dépourvus de cette inscription seront tenus de se garer soit en amont soit en aval du canal, de manière à ne point nuire à la navigation.

2. Les trains de bois, soit de chauffage, soit de charpente, ne pouvant satisfaire à une semblable obligation, ne seront admis qu'après que le conducteur du train, ou en son absence le principal marinier, aura déclaré son nom et son domicile au chef éclusier, qui l'inscrira sur son registre.

3. Les bateaux et trains seront reçus dans le canal, suivant leur ordre d'arrivée, sauf les cas qui vont être détaillés dans l'article suivant. L'ordre d'arrivée sera constaté par le registre tenu par l'éclusier, et sur lequel chaque patron de bateau ou de train sera tenu de se faire inscrire à son arrivée; si cependant le bateau ou le train qui sera reçu dans l'écluse ne suffisait pas pour remplir ladite écluse, on y ferait entrer en même temps un autre bateau ou train, pris parmi ceux qui devraient passer ensuite; mais toujours en basant la préférence sur l'ordre d'arrivée.

En attendant qu'ils puissent passer, lesdits bateaux et trains seront solidement amarrés, soit en amont, soit en aval de l'embouchure supérieure ou inférieure du canal, aux lieux qui seront indiqués par l'ingénieur chargé du service du canal. C'est par l'époque de leur arrivée à ces points que sera déterminé leur ordre d'entrée.

4. Les boutiques à poissons et les bateaux avariés auront toujours la priorité du passage sur les bois, charbons ou autres marchandises non avariables, sauf les exceptions qui pourront être prescrites par M. le préfet, à raison du service public ou besoin de la capitale.

5. En cas de discussion sur la situation des bateaux annoncés comme avariés, l'ingénieur, ou en son absence le conducteur des ponts et chaussées attaché au service de la navigation, décidera, sauf le recours dont il sera parlé à l'article 8.

6. La jauge ou le tirant d'eau des bateaux ou trains à recevoir dans le canal sera déterminé par la hauteur d'eau existante sur les buscs de l'écluse.

Lorsqu'il y aura lieu de penser que lesdits bateaux ou trains excèdent la jauge admissible, le chef éclusier fera la vérification; et dans le cas où il jugerait que le passage n'en peut avoir lieu sans qu'ils frottent sur

---

(1) Ce règlement a été approuvé par M. le directeur général des ponts et chaussées.

le busc de l'écluse, le marinier sera tenu d'alléger ou d'attendre que les eaux lui soient devenues favorables.

En cas de contestations, l'ingénieur ou le conducteur sous ses ordres vérifierait le fait.

7. Les mêmes formes seront observées au sujet de la largeur des bateaux ou trains, afin d'éviter qu'ils ne se trouvent pas en serre dans les portes de l'écluse.

8. Dans le cas où les parties intéressées refuseraient de déférer aux décisions de l'ingénieur, la difficulté serait portée devant le sous-préfet, lequel déciderait après le rapport succinct dudit ingénieur. Mais cette circonstance ne pourrait dans aucun cas arrêter le cours de la navigation ; seulement les mariniers qui auraient perdu leur rang pendant la discussion, passeraient immédiatement après que M. le sous-préfet aurait prononcé en leur faveur.

9. Les bateaux ou trains devant céder le passage à un autre stationneront, ainsi que le prescrit l'article 3 ci-dessus.

10. Les propriétaires ou maîtres mariniers, qui feront stationner pendant plus d'un jour leurs bateaux ou trains aux abords du canal Cornillon, seront tenus de faire connaître au chef éclusier le nom et la demeure du gardien, afin d'y avoir recours au besoin.

11. Faute par les propriétaires ou mariniers d'avoir amarré leurs bateaux ou trains aux lieux indiqués, ou d'avoir suffisamment pourvu à leur sûreté, il y sera suppléé à leurs frais, d'après la décision de M. le sous-préfet, prise sur le rapport de l'ingénieur. L'état des dépenses qui en seront résultées sera dressé par l'ingénieur et rendu par M. le préfet exécutoire contre le délinquant.

12. Dans aucun temps, et sous aucun prétexte, il ne sera permis aux bateaux ou trains de séjourner, soit dans le canal, soit dans l'écluse. Ils ne pourront non plus y charger aucune marchandise et autres effets, le tout sous peine, par les propriétaires ou autres maîtres mariniers contrevenants, d'être poursuivis suivant les lois, et notamment aux articles 9 et 10 de l'ordonnance de 1672, portant défense de mettre obstacle dans le lit de la rivière, et sans préjudice du recours en dommages et intérêts qu'auraient contre eux les autres mariniers dont ils auraient retardé la marche.

13. Les bois ou autres matières tombant des bateaux ou trains, de même que les bateaux ou trains eux-mêmes qui viendraient à se mettre en fond dans le canal, seront retirés par les propriétaires sous le plus bref délai possible ; sinon il y sera pourvu à leurs frais dans la forme prescrite par l'article 11 ci-dessus, et sous les peines portées en l'article ci-dessous.

14. Toutes contraventions aux dispositions du précédent article seront constatées et punies suivant les dispositions des lois et règlements en vigueur, et notamment l'ordonnance de 1672, la loi du 29 floréal an x, le décret du 16 décembre 1811, rendu applicable à la navigation par celui du 12 avril 1812 ; lesdites lois statuant que toute espèce de contraventions comme anticipation, dépôts de fumier ou autres objets, détérioration sur les canaux, fleuves et rivières navigables, leurs chemins de halage, francs-bords, fossés et ouvrages d'art, seront poursuivies et réprimées par voie administrative, et punies d'une amende.

Chapitre II. *Police sous le rapport du service des éclusiers.*

Art. 1er. Les éclusiers sont sous les ordres immédiats de l'ingénieur et du conducteur attachés au service de la navigation.

2. Ils sont chargés d'ouvrir et de fermer les portes de l'écluse.

Ils doivent en outre aide et assistance aux bateaux et trains pour leur faciliter l'entrée et la sortie du canal, mais ne doivent fournir aucun agrès ni cordages.

Le chef éclusier est dépositaire d'un registre-journal, sur lequel sera inscrit jour par jour, et suivant leur ordre d'arrivée, le nom de chaque bateau, celui du patron, sa demeure, le chargement dudit bateau, et son tirant d'eau aperçu.

Ils dressent, sur l'ordre de l'ingénieur, procès-verbaux des délits qu'ils reconnaissent.

3. Ils n'exigeront dans aucun cas argent ou marchandises des voituriers, leurs facteurs ou mariniers, même à titre de payement pour location de cordages ou autres agrès, sous peine d'être poursuivis comme concussionnaires, conformément aux lois.

4. Suivant l'ordonnance de 1672, les éclusiers ne doivent ouvrir les portes de l'écluse qu'entre le soleil levant et le couchant.

5. Cependant en cas d'urgence, et sur l'ordre écrit de l'ingénieur, et en son absence, du conducteur sous ses ordres, l'ouverture de l'écluse pourrait se faire avant le lever ou après le coucher du soleil, mais seulement dans les temps de clair de lune.

6. Les éclusiers seront ainsi classés :

Un chef éclusier;

Un éclusier.

L'ingénieur ordinaire classera ces rangs suivant le degré d'intelligence et de probité de ces hommes; il pourra les changer à sa volonté, soit parce qu'il ne les juge pas en état de remplir ces postes, soit parce que des fautes les en rendront indignes.

L'ingénieur ne pourra faire ces changements qu'après avoir rendu compte de ses motifs à l'ingénieur en chef et avoir pris son avis.

7. Tous les éclusiers porteront continuellement un pantalon et une veste ronde bleu de roi. Le chef aura sur le bras un galon d'or.

8. Les clefs des écluses seront dans les mains du chef; en cas d'absence ou de maladie, dans celles de l'autre éclusier; et dans aucun cas ils ne doivent confier ces clefs à un étranger au service, sous peine d'une retenue de dix francs sur le salaire de celui qui aurait enfreint cette disposition.

9. Le chef éclusier doit donner avis à l'ingénieur et au conducteur de toutes les contraventions et de tous les accidents qu'il remarquera, soit dans le canal, soit dans ses abords.

10. Aucun éclusier, ni leur femme, père, mère et gendre, ne peuvent tenir cabaret.

11. Le chef fera balayer par l'éclusier sous ses ordres, et balayera lui-même tous les jours, été et hiver, les ponts de service, les portes et les bracons, les chemins de halage longeant le canal. Ils dirigeront les eaux pluviables, nettoieront leurs cassis, et feront fonction de cantonniers autour du canal. En cas d'omission, il sera retenu au chef 2 francs par chaque jour d'oubli et 1 franc à l'autre éclusier.

Tous les huit jours en été, et tous les quinze jours en hiver, et sous les mêmes peines, ils visiteront et graisseront les mouvements des écluses.

12. Le titre de chef éclusier ne dispense pas celui qui en est décoré du service de l'écluse; ce titre le revêt seulement d'une autorité et d'une surveillance nécessaire au maintien de la police des écluses.

13. Et à cet effet il empêchera et préviendra tant qu'il sera en son pouvoir toute injure, grossièreté, désobéissance aux ordres des supérieurs, tous mauvais traitements envers les mariniers; signalera sous sa responsabilité, à l'ingénieur, ceux qui se seront rendus coupables.

14. Un tiers des amendes prononcées contre un délinquant appartiendra à l'agent qui aura constaté le délit, ainsi que l'ordonne l'article 113 du décret du 16 décembre 1811.

15. Il sera accordé annuellement à titre de haute-paye au chef éclusier 50 francs, non compris les gratifications qui pourront dans le cours de l'année lui être accordées, ainsi qu'à l'éclusier sous ses ordres. Ces gratifications pourront être diminuées à proportion du plus ou moins de contentement que l'ingénieur aura de leur service.

16. Le présent règlement ne déroge en rien aux dispositions précitées de l'ordonnance de 1669, de celle de 1672, et de toutes les lois relatives à la police de la navigation; lesdites lois et ordonnances continuant à avoir sur le canal Cornillon leur plein et entier effet.

Ordonnance du roi, qui approuve l'adjudication de la construction de deux ponts suspendus, l'un sur le Rhône, à Beaucaire, et l'autre sur le Gardon, à Remoulins.

Au château des Tuileries, le 26 mars 1829.

CHARLES, etc.; sur le rapport de notre ministre secrétaire d'État de l'intérieur;

Vu le cahier des charges pour la construction de deux ponts suspendus, l'un sur le Rhône, entre Beaucaire et Tarascon; l'autre sur le Gardon, à Remoulins, moyennant la concession temporaire d'un droit de péage;

Vu le procès-verbal du 7 octobre, constatant les opérations faites à la préfecture du département du Gard, pour parvenir avec publicité et concurrence à l'adjudication de cette entreprise;

Vu la loi du 8 mars 1810;

Notre conseil d'État entendu,

Nous avons ordonné et ordonnons ce qui suit:

Art. 1er. L'adjudication de la construction de deux ponts suspendus, l'un sur le Rhône, à Beaucaire, et l'autre sur le Gardon, à Remoulins, faite et passée le 7 octobre 1828, par le préfet du Gard, aux sieurs Jules Séguin-Montgolfier et compagnie, moyennant la concession d'un péage sur chacun de ces ponts pendant quatre-vingt-dix-huit années, est et demeure approuvée.

En conséquence, les clauses et conditions de cette adjudication recevront leur pleine et entière exécution.

2. L'administration est autorisée à acquérir, en se conformant à la loi

du 8 mars 1810 sur l'expropriation pour cause d'utilité publique, les terrains nécessaires pour établir les abords des nouveaux ponts et les raccorder avec les communications existantes.

3. Le cahier des charges, les tarifs et le procès-verbal d'adjudication resteront annexés à la présente ordonnance (1).

Ordonnance du roi, qui approuve l'adjudication d'un pont suspendu sur la Saône, à Belleville.

Au château des Tuileries, le 2 avril 1829.

CHARLES, etc. ; sur le rapport de notre ministre secrétaire d'Etat au département de l'intérieur;

Vu le cahier des charges dressé pour la construction d'un pont suspendu sur la Saône, à Belleville, département du Rhône, moyennant la concession temporaire d'un droit de péage;

Vu le procès-verbal du 22 juin 1827, constatant les opérations faites à la préfecture du Rhône, pour parvenir avec publicité et concurrence à l'adjudication de l'entreprise;

Vu la loi du 8 mars 1810;

Notre conseil d'Etat entendu,

Nous avons ordonné et ordonnons ce qui suit :

Art. 1er. L'adjudication de la construction d'un pont suspendu sur la Saône, à Belleville, faite et passée le 22 juin 1827, par le préfet du Rhône, au sieur Pierre-André Malboz, moyennant la concession d'un droit de péage pendant quatre-vingt-neuf années, est approuvée.

En conséquence, toutes les clauses et conditions de cette adjudication recevront leur pleine et entière exécution.

2. L'administration est autorisée à acquérir, en se conformant aux dispositions de la loi du 8 mars 1810, les terrains et bâtiments nécessaires pour établir les abords du pont et les raccorder avec les communications existantes.

3. Le cahier des charges, le tarif et le procès-verbal d'adjudication resteront annexés à la présente ordonnance (2).

Avis du comité des finances du conseil d'Etat, du 2 avril 1829, confirmé par celui du 16 décembre suivant, concernant l'application de la législation relative aux bacs.

LE comité des finances, sur le renvoi qui lui a été fait par le ministre secrétaire d'Etat au même département, de la question de savoir si l'administration des contributions indirectes peut, dans l'état actuel de la législation et de la jurisprudence relatives aux bacs, s'emparer de ceux établis sur des cours d'eau non navigables;

Vu les lois des 28 mars 1790, 25 août 1792, 6 frimaire an VII, 14 floréal an x et 28 août 1816;

---

(1) Les tarifs sont au Bulletin des lois.
(2) Le tarif est au Bulletin des lois.

Vu la circulaire du ministre de l'intérieur, du 17 prairial an VII, pour l'exécution de la loi du 6 frimaire précédent;

Vu l'article 538 du Code civil;

Vu deux avis du comité des finances, des 3-8 octobre 1817 et 3 août 1819, approuvés par le ministre, le 2 septembre 1819, et portant que tout passage par bacs ou bateaux établis sur des cours d'eau quelconques, appartiennent à l'Etat, du moment qu'ils servent à l'usage commun;

Vu l'avis du comité de législation du conseil d'Etat, en date du 30 juillet 1818, portant que, « sur les cours d'eau qui ne sont ni navigables ni flottables, le droit d'établir des bacs de passage appartient » aux propriétaires des deux rives, sauf à l'administration à intervenir » dans la fixation du tarif. »

Vu l'ordonnance royale rendue, le 15 novembre 1826, en faveur des héritiers Got, et statuant que la loi du 6 frimaire an VII leur est inapplicable, attendu que la rivière du Dou, n'est ni navigable ni flottable, et qu'aucun chemin n'aboutit sur le point où leur barque est établie;

Vu l'avis du conseil d'administration des contributions indirectes, du 20 août dernier, et le rapport des bureaux, en vertu duquel cette question a été de nouveau renvoyée au comité;

Considérant que le droit d'établir des passages d'eau par bacs ou bateaux se rattache au grand intérêt des communications publiques, et qu'à ce titre il a de tout temps été mis en dehors du droit commun;

Qu'avant la révolution le droit de bac était ou de nature féodale ou de souveraineté; que, comme droit féodal, il a été aboli par les lois des 28 mars 1790 et 25 août 1792, et, comme droit souverain, rendu à l'Etat par la loi du 6 frimaire an VII;

Que sur les cours d'eau qui sont des dépendances du domaine public, c'est-à-dire navigables ou flottables, le droit exclusif de l'Etat résulte des termes exprès de la susdite loi du 6 frimaire an VII et de l'article 538 du Code civil; qu'au surplus ce droit n'est pas contesté;

Que relativement aux cours d'eau qui ne sont ni navigables ni flottables, le même droit exclusif appartient à l'Etat, mais découle moins des textes formels de la législation existante que des principes généraux qui lui servent de base, ainsi qu'on va le développer;

Qu'en effet, un bac établi sur un cours d'eau qui n'est pas navigable, mais qui traverse une route royale ou départementale, se lie trop étroitement au besoin de la voie publique, pour être la propriété d'un particulier; qu'ainsi un tel bac rentre dans la dépendance du domaine de l'Etat, non plus à raison du cours d'eau, mais en raison de la route sur laquelle il est établi;

Qu'à l'égard des bacs situés sur des rivières qui traversent des chemins vicinaux, ils ne peuvent pas non plus être la propriété d'un riverain ou d'une seule commune; qu'autrement les habitants des communes voisines, qui fréquentent lesdits chemins, se trouveraient à la discrétion de ces propriétaires privés, soit pour le droit de péage, soit pour la régularité des communications;

Que, d'après ces principes, tout bac aboutissant à un chemin public (royal, départemental ou vicinal), doit appartenir à l'Etat, quelle que soit la nature du cours d'eau qu'il traverse;

Que la conséquence du droit exclusif est d'interdire aux particuliers la faculté de placer sur les mêmes cours d'eau, à une certaine distance du bac public, d'autres bacs ou bateaux de passage, toutes les fois que ceux-ci pourraient nuire au produit de son péage, ces produits étant la compensation nécessaire des frais d'entretien dont l'Etat est chargé;

Que réciproquement l'Etat doit pourvoir à l'entretien de tous les bacs, sans excepter ceux dont les produits seraient insuffisants pour couvrir cette dépense; que ces principes ne font point obstacle à ce que des particuliers puissent établir, sans autorisation administrative, des bateaux de passage pour le service de leurs propriétés situées sur des cours d'eau non navigables, pourvu qu'ils n'y reçoivent pas de passagers moyennant rétribution, et en concurrence avec un bac public qui serait situé dans le voisinage;

Qu'une tolérance analogue pourrait être même accordée à une commune traversée par un cours d'eau de cette dernière espèce, et qui pour le passage de ses seuls habitants aurait un bac rétribué aboutissant à un sentier ou à un chemin purement communal, mais que dans ce cas le tarif du péage devrait être soumis à l'approbation du préfet;

Considérant que la discussion qui a eu lieu à la chambre des pairs, au mois de juin 1828, sur la propriété de certains cours d'eau, non plus que la loi qui se discute en ce moment sur la pêche fluviale, ne peuvent modifier en rien la manière dont on a entendu et appliqué jusqu'ici la législation spéciale concernant les bacs;

Que cette législation consacre un droit exceptionnel qui ne se rattache point au droit de propriété et qui n'a pas d'analogie avec le droit de pêche;

Que néanmoins la dénomination restrictive de rivières navigables, employée par la loi du 6 frimaire an VII, ayant fait naître depuis 1815 des contestations de fait et des dissidences d'opinions fréquemment renouvelées, il serait désirable qu'une nouvelle loi fût proposée aux chambres sur cette matière, pour mettre un terme à toutes les incertitudes, particulièrement en ce qui concerne les bacs desservant des communications vicinales ou communales, et quelques autres points où la démarcation entre les droits résultant de la propriété privée et ceux dérivant de l'intérêt général n'est pas assez clairement établie par la législation existante;

Est d'avis:

1° Qu'il convient de persévérer dans le mode d'application de la loi qui a été adopté jusqu'ici, tel qu'il est développé dans les deux précédents avis du comité et dans le présent avis;

2° Que néanmoins l'administration doit user de son droit avec réserve, surtout lorsqu'il s'agit de cours d'eau non navigable ni flottable, et de bacs existants dont les communes seraient en possession;

3° Qu'il serait utile qu'un projet de loi fût préparé pour fixer les droits de l'Etat, des communes et des particuliers en matière de bacs, comme on vient de le faire en matière de pêche fluviale.

Ordonnance du roi, du 8 avril 1829, qui annule un arrêté de conflit du préfet de l'Eure.

CHARLES, etc. ; sur le rapport du comité de la justice et du contentieux :

Vu l'arrêté de conflit pris, le 11 février 1829, par le préfet du département de l'Eure, contre un jugement rendu par le tribunal civil d'Evreux, le 21 août 1828, dans une contestation existante entre le directeur général des contributions indirectes d'une part; et le sieur Rives, adjudicataire des droits établis au passage des bacs existants dans le département de l'Eure, d'autre part, au sujet de la moins-value des bacs, bateaux et agrès, dont la remise a été faite audit sieur Rives, au commencement de sa jouissance;

Vu le jugement rendu par le tribunal civil d'Evreux, le 21 août 1828;

Vu les certificats des avoués, constatant que la notification de l'arrêté de conflit leur a été faite;

Ensemble toutes les autres pièces jointes au dossier;

Vu les articles 5, 6 et suivants de l'ordonnance réglementaire du 1er juin 1828;

Considérant, dans l'espèce, que le conflit n'ayant été élevé par le préfet du département de l'Eure qu'après le jugement définitif du tribunal d'Evreux, ce conflit a été élevé tardivement, et qu'il ne reste au préfet d'autre voie pour revendiquer la contestation, que d'élever, s'il y a lieu, le conflit sur l'appel dudit jugement, conformément aux dispositions du IIe paragraphe de l'article 8 de ladite ordonnance;

Notre conseil d'Etat entendu,

Nous avons ordonné et ordonnons ce qui suit :

Art. 1er. L'arrêté de conflit pris par le préfet du département de l'Eure, le 11 février 1829, est annulé.

Ordonnance du roi, du 8 avril 1829, qui statue sur une contestation existante au sujet de l'usine de Gravigny.

CHARLES, etc. ; sur le rapport du comité de la justice et du contentieux ;

Vu la requête à nous présentée au nom du sieur Petit, manufacturier, demeurant à Rouen, ladite requête enregistrée au secrétariat général de notre conseil d'Etat, le 7 août 1825, et tendant à ce qu'il nous plaise annuler, pour cause d'incompétence, et, dans tous les cas, pour mal jugé au fond, une décision de notre ministre de l'intérieur, du 17 juin 1826, portant que les trois déversoirs placés en amont de l'usine de Gravigny, située sur l'Iton, département de l'Eure, appartenant aujourd'hui au réclamant, seront arasés de niveau entre eux;

Ce faisant, déclarer que l'ordonnance royale du 7 mai 1825 sortira son plein et entier effet, en ce qui touche la hauteur des déversoirs établis par la dame de Courcy, lesquels resteront arasés à la surface des eaux correspondantes au repère, sauf le maintien de la transaction du 12 juin

1812, dans les clauses qui ne seraient point contraires à cette dernière disposition ;

Subsidiairement, et avant faire droit, ordonner que les lieux contentieux seront visités par experts nommés contradictoirement par les ingénieurs du département de l'Eure, pour, sur leurs procès-verbaux, être par les parties conclu et par nous statué ce qu'il appartiendra ;

Vu une seconde requête du même sieur Petit, enregistrée audit secrétariat général le 2 novembre 1826, tendante à ce qu'il nous plaise annuler, pour excès de pouvoir et pour injustice au fond, l'arrêté pris contre lui par le conseil de préfecture du département de l'Eure, le 23 septembre 1826, qui l'a condamné à détruire les ouvrages qu'il a faits pour relever les déversoirs, et subsidiairement le décharger de l'amende de *deux cents francs* prononcée contre lui ;

Vu les requêtes en intervention à nous adressées :

1° Les 20 octobre 1826 et 5 mai 1827, par les sieurs Louis et Gabriel Doucerain, demeurant en la commune de Normanville, hameau de Caer ; la dame Désirée Dasches, veuve de Prosper Doucerain, tant en son nom personnel que comme tutrice de Jules-Prosper et Alexandrine Doucerain, ses enfants mineurs ; Michel et Louis-Frédéric Doucerain, demeurant en la commune de Huetz ;

2° Le 23 janvier 1827, pour les sieurs Duvamet, avocats à Evreux, propriétaires à Caer, canton d'Evreux ; Armand-Alexis Lecouturier de Courcy, propriétaire de prairies, en la commune de Saint-Germain-des-Angles, où il demeure, canton d'Evreux ; Sellé et Louvet, filateurs et propriétaires d'usines à Gravigny ; Duchesne père et fils, filateurs et propriétaires d'usines à Saint-Germain-des-Angles, où ils demeurent ; la dame comtesse de Toustain, propriétaire de prairies et d'usines, dans les communes de Honneteville et Hondeville, arrondissement de Louviers, demeurant à Cannapeville ;

3° Le 19 février 1827, par la duchesse de Rohan, demeurant à Paris, se disant propriétaire du flottage des rivières d'Iton et Couches ;

Lesdites requêtes tendantes aux mêmes fins que celle du sieur Petit ;

Vu le mémoire en défense de la dame Lecouturier de Courcy, propriétaire à Gravigny, ledit mémoire enregistré au secrétariat général de notre conseil d'Etat, et tendant à ce qu'il nous plaise rejeter les pourvois du sieur Petit et les différentes interventions, et condamner chacune des parties, en ce qui la concerne, aux dépens ;

Vu la réplique du sieur Petit, en date du 14 mai 1828, et par laquelle il persiste dans ses précédentes conclusions ;

Vu une nouvelle requête en intervention, du 24 mai 1828, de la dame Louise Seyssel, veuve du marquis de Champigny, tant en son nom personnel qu'au nom et comme tutrice de Jean de Champigny son fils, demeurant à Normanville près Evreux, laquelle dame, après avoir pris communication des requêtes des sieur et dame Doucerain, déclare adhérer aux conclusions par eux prises dans lesdites requêtes ;

Vu la réplique de la dame Lecouturier de Courcy, enregistrée au secrétariat général de notre conseil d'Etat le 11 juillet 1828, dans laquelle elle déclare persister dans ses précédentes conclusions, et produire plusieurs certificats et réclamations de divers propriétaires contre la demande du sieur Petit ;

Vu les dernières observations et les requêtes en production nouvelle du sieur Petit, qui persiste dans ses conclusions ;

Vu les observations du directeur général des ponts et chaussées, en réponse à la lettre par laquelle notre garde des sceaux lui a donné communication des pièces de la procédure ;

Vu la transaction du 12 juin 1812 ;

Vu le procès-verbal du 22 juin 1822 ;

Vu l'ordonnance royale du 7 mai 1823 ;

Vu la décision ministérielle attaquée du 17 juin 1826 ;

Vu l'arrêté du conseil de préfecture du département de l'Eure, du 23 septembre 1826 ;

Vu les plans des lieux et toutes les autres pièces produites et jointes au dossier ;

Vu les lois des 6 octobre 1791, 9 mars 1798 (19 ventôse an VI), 19 mai 1802 (29 floréal an X), et le décret du 10 avril 1812 ;

Considérant que les pourvois contre la décision de notre ministre de l'intérieur, du 17 juin 1826, et l'arrêté du conseil de préfecture du département de l'Eure, du 23 septembre 1826, avaient pour objet un même règlement d'eau, et qu'il y a lieu de statuer sur les deux par une seule ordonnance ;

Sur la décision de notre ministre de l'intérieur :

Considérant, sur la compétence, que, dans la contestation sur laquelle ladite décision est intervenue, il s'agissait de déterminer le sens des deux articles de l'ordonnance royale du 7 mai 1823, que les parties prétendaient contenir des dispositions contraires entre elles et à la transaction du 12 juin 1812, dont ladite ordonnance prescrivait l'exécution ;

Considérant qu'il n'appartient qu'à nous, en notre conseil d'Etat, de donner l'interprétation de ladite ordonnance ;

Considérant, au fond, que le seul changement prescrit à l'ancien règlement d'eau par l'ordonnance royale du 7 mai 1823, consiste à relever le repère de onze centimètres ; qu'elle prescrit d'araser les déversoirs au niveau du repère, conformément à la transaction précitée : d'où il suit que les déversoirs et le repère doivent se trouver dans un seul et même plan horizontal ;

Sur l'arrêté du conseil de préfecture de l'Eure :

Considérant que l'attribution accordée par la loi du 19 mai 1802 (29 floréal an X), aux conseils de préfecture, est uniquement relative aux contraventions qui auraient lieu en matière de navigation et de flottage ; que, dans l'espèce, l'intérêt public n'étant pas compromis, et la contestation ne portant que sur des intérêts privés, l'affaire était de la compétence des tribunaux ;

Sur l'intervention de la duchesse de Rohan :

Considérant que cette intervention est fondée sur ce que ladite dame serait propriétaire du flottage de l'Iton, en vertu d'une ordonnance royale du 12 juin 1816, qui n'est pas produite, et dont l'application ne pourrait avoir lieu que contradictoirement avec l'administration des domaines, qui n'est pas en cause ;

Notre conseil d'Etat entendu,

Nous avons ordonné et ordonnons ce qui suit :

Art. 1er. La décision de notre ministre de l'intérieur, du 16 juin 1826, interprétative de l'ordonnance royale du 7 mai 1823, et l'arrêté du conseil de préfecture du département de l'Eure, du 23 septembre 1826, sont annulés pour cause d'incompétence.

2. Les trois déversoirs situés en amont de l'usine de Gravigny seront, conformément à la transaction du 12 juin 1812, arasés de niveau entre eux et à la hauteur du repère relevé de onze centimètres, conformément à l'art. 1er de l'ordonnance royale du 7 mai 1823.

3. La présente ordonnance est déclarée commune aux parties intervenantes, autres que la duchesse de Rohan, sur l'intervention de qui il n'y a lieu de statuer.

4. Les dépens sont compensés entre toutes les parties.

Ordonnance du roi, du 12 avril 1829, qui rejette la requête du sieur Varillat (Eure).

Charles, etc. ; sur le rapport du comité du contentieux ;

Vu la requête à nous présentée au nom du sieur Varillat, ancien président du tribunal de commerce de Louviers, y demeurant, ladite requête enregistrée au secrétariat général de notre conseil d'État, le 17 février 1829, et tendante à ce qu'il nous plaise annuler un arrêté du conseil de préfecture du département de l'Eure, du 20 janvier 1829, qui a condamné le requérant à 300 francs d'amende, pour une prétendue contravention dont il n'est pas l'auteur, à laquelle il n'a eu aucune part, soit directement, soit indirectement, et conséquemment le décharger des condamnations contre lui prononcées ;

Vu le procès-verbal dressé le 17 novembre 1825, par le sieur Larré, conducteur des ponts et chaussées, et duquel il résulte que, sans permission de l'autorité compétente, toute la partie du mur de l'écurie du moulin des Quatre-Moulins, située sur la route départementale de Paris à Honfleur, a été reconstruite sur 1 mètre 25 centimètres de longueur, depuis le sol jusqu'au-dessous des sommiers, sur une hauteur de 2 mètres ; qu'il avait été fait un vide de 80 centimètres de largeur, produit par la démolition de l'ancienne maçonnerie, et qu'on se disposait à remplir avec de la maçonnerie neuve ; qu'une chaîne en briques a été également établie depuis le sol jusqu'au-dessous des sommiers ; et qu'enfin il a été reconnu, par des informations, que ce délit est du fait du sieur Varillat, fondé de pouvoir du sieur Ternaux, propriétaire du moulin des Quatre-Moulins ;

Vu l'arrêté du conseil de préfecture du département de l'Eure, du 20 janvier 1829, lequel, après avoir visé un jugement qui rejette l'inscription de faux que le sieur Varillat avait formée contre le procès-verbal ci-dessus relaté, ordonne la démolition des travaux constatés par ledit procès-verbal, et condamne le sieur Varillat à 300 francs d'amende ;

Vu les lois des 27 février 1790 (9 ventôse an VI), 19 mai 1802 (29 floréal an X), l'ordonnance de 1669, l'arrêt du conseil de 1765 ;

Considérant qu'il résulte du procès-verbal dressé le 17 novembre 1825, qu'il a été fait sans autorisation des travaux de confortation à un bâtiment situé sur la route départementale de Paris à Honfleur, et appartenant au sieur Ternaux, dont le sieur Varillat est l'ayant cause;

Notre conseil d'État entendu,

Nous avons ordonné et ordonnons ce qui suit:

Art. 1er. La requête du sieur Varillat est rejetée; l'arrêté du conseil de préfecture du département de l'Eure, du 20 janvier 1829, sera exécuté suivant sa forme et teneur.

Ordonnance du roi, du 12 avril 1829, qui rejette la demande de la compagnie du canal du Midi.

(Établissement d'usine.)

CHARLES, etc.; sur le rapport du comité de la justice et du contentieux;

Vu la requête à nous présentée au nom de la compagnie du canal du Midi, poursuite et diligence de ladite compagnie;

Ladite requête enregistrée au secrétariat général de notre conseil d'État le 4 août 1827, et tendante à ce qu'il nous plaise recevoir ladite compagnie opposante à une ordonnance royale rendue en faveur du sieur Riols-Fonclare, le 8 juillet 1818, en ce que cette ordonnance pourrait avoir de préjudiciable aux droits de propriété de ladite compagnie, sur le terrain indiqué comme devant servir d'emplacement à l'usine que le sieur Riols est autorisé à établir;

Ce faisant, annuler ladite ordonnance en cette partie seulement;

Subsidiairement, déclarer que l'ordonnance attaquée ne fait point obstacle à ce que la compagnie exerce et fasse valoir devant les tribunaux ses droits de propriété sur le terrain;

Vu l'ordonnance de *soit communiqué*, rendue par notre garde des sceaux, ministre de la justice, le 23 dudit mois d'août 1827;

Vu les significations faites en conséquence audit sieur Riols-Fonclare, par exploits des 26 octobre et 7 novembre 1827, sans qu'il ait été par lui fourni de défense dans les délais du règlement;

Vu la lettre du 28 janvier 1829, écrite à notre garde des sceaux par notre ministre de l'intérieur, lequel estime que l'ordonnance susénoncée ne saurait faire obstacle à ce que la compagnie exerçât et fit valoir ses droits de propriété;

Vu l'ordonnance attaquée;

Vu le décret du 10 mars 1810;

Considérant que l'ordonnance royale du 8 juillet 1818 a été rendue sans préjudice du droit des tiers, et par conséquent ne fait point obstacle à ce que la compagnie du canal du Midi fasse valoir ses droits de propriété devant les tribunaux, contre le sieur Riols-Fonclare;

Notre conseil d'État entendu,

Nous avons ordonné et ordonnons ce qui suit:

Art. 1er. La requête de la compagnie du canal du Midi est rejetée.

Loi relative à la pêche fluviale.

Au château des Tuileries, le 15 avril 1829.

Titre Ier. — Du droit de pêche.

Art. 1er. Le droit de pêche sera exercé au profit de l'Etat :

1° Dans tous les fleuves, rivières, anaux et contre-fossés navigables ou flottables avec bateaux, trains ou cadeaux, et dont l'entretien est à la charge de l'Etat ou de ses ayants cause;

2° Dans les bras, noues, boires et fossés qui tirent leurs eaux des fleuves et rivières navigables ou flottables, dans lesquels on peut en tout temps passer ou pénétrer librement un bateau de pêcheur, et dont l'entretien est également à la charge de l'Etat.

Sont toutefois exceptés les canaux et fossés existants, ou qui seraient creusés dans des propriétés particulières, et entretenus aux frais des propriétaires.

2. Dans toutes les rivières et canaux autres que ceux qui sont désignés dans l'article précédent, les propriétaires riverains auront, chacun de son côté, le droit de pêche jusqu'au milieu du cours de l'eau, sans préjudice des droits contraires établis par possessions ou titres.

3. Des ordonnances royales, insérées au Bulletin des lois (1), détermineront, après une enquête de commodo et incommodo, quelles sont les parties des fleuves et rivières, et quels sont les canaux désignés dans les deux premiers paragraphes de l'article 1er où le droit de pêche sera exercé au profit de l'Etat.

De semblables ordonnances fixeront les limites entre la pêche fluviale et la pêche maritime, dans les fleuves et rivières affluant à la mer. Ces limites seront les mêmes que celles de l'inscription maritime; mais la pêche qui se fera au-dessus du point où les eaux cesseront d'être salées, sera soumise aux règles de police et de conservation établies pour la pêche fluviale.

Dans le cas où des cours d'eau seraient rendus ou déclarés navigables ou flottables, les propriétaires qui seront privés du droit de pêche auront droit à une indemnité préalable, qui sera réglée selon les formes prescrites par les articles 16, 17 et 18 de la loi du 8 mars 1810, compensation faite des avantages qu'ils pourraient retirer de la disposition prescrite par le gouvernement.

4. Les contestations entre l'administration et les adjudicataires relatives à l'interprétation et à l'exécution des conditions des baux et adjudications, et toutes celles qui s'élèveraient entre l'administration ou ses ayants cause et des tiers intéressés, à raison de leurs droits ou de leurs propriétés, seront portées devant les tribunaux.

5. Tout individu qui se livrera à la pêche sur les fleuves et rivières navigables ou flottables, canaux, ruisseaux ou cours d'eau quelconques, sans la permission de celui à qui le droit de pêche appartient, sera

---

(1) Voir l'ordonnance royale rendue à ce sujet le 10 juillet 1835.

condamné à une amende de vingt francs au moins, et de cent francs au plus, indépendamment des dommages-intérêts.

Il y aura lieu, en outre, à la restitution du prix du poisson qui aura été pêché en délit, et la confiscation des filets et engins de pêche pourra être prononcée.

Néanmoins il est permis à tout individu de pêcher à la ligne flottante tenue à la main, dans les fleuves, rivières et canaux désignés dans les deux premiers paragraphes de l'article 1er de la présente loi, le temps du frai excepté.

Titre II. — *De l'administration de la régie de la pêche.*

6 (*art. 3 du Code forestier*). « Nul ne peut exercer l'emploi de » garde-pêche, s'il n'est âgé de vingt-cinq ans accomplis. »

7 (*art. 5 du Code forestier*). « Les préposés chargés de la surveil- » lance de la pêche ne pourront entrer en fonctions qu'après avoir prêté » serment devant le tribunal de première instance de leur résidence, » avoir fait enregistrer leur commission et l'acte de présentation de leur » serment au greffe des tribunaux, dans le ressort desquels ils devront » exercer leurs fonctions.

» Dans le cas d'un changement de résidence qui les placerait dans un » autre ressort en la même qualité, il n'y aura pas lieu à une nouvelle » prestation de serment. »

8. Les gardes-pêche pourront être déclarés responsables des délits commis dans leurs cantonnements, et passibles des amendes et indem- nités encourues, par les délinquants, lorsqu'ils n'auront pas dûment constaté les délits.

9. L'empreinte des fers dont les gardes-pêche font usage pour la marque des filets sera déposée au greffe des tribunaux de première instance.

Titre III. — *Des adjudications des cantonnements de pêche.*

10. La pêche au profit de l'État sera exploitée, soit par voie d'adju- dication publique aux enchères et à l'extinction des feux, conformément aux dispositions du présent titre, soit par concession de licences à prix d'argent.

Le mode de concession par licence ne pourra être employé qu'à défaut d'offres suffisantes.

En conséquence, il sera fait mention, dans les procès-verbaux d'ad- judication, des mesures qui auront été prises pour leur donner toute la publicité possible et des offres qui auront été faites.

11. L'adjudication publique devra être annoncée au moins quinze jours à l'avance, par des affiches apposées dans le chef-lieu du départe- ment, dans les communes riveraines du cantonnement et dans les com- munes environnantes.

12 (*art. 18 du Code forestier*). « Toute *location* faite autrement que » par adjudication publique, sera considérée comme clandestine et dé- » clarée nulle. Les fonctionnaires et agents qui l'auraient ordonnée ou » effectuée, seront condamnés solidairement à une amende *égale au* » *double* du fermage annuel du cantonnement de pêche. »

Sont exceptées les concessions par voie de licence.

13 (*art.* 19 *du Code forestier*). « Sera de même annulée toute adjudication qui n'aura point été précédée des publications et affiches prescrites par l'article 11, ou qui aura été effectuée dans d'autres lieux, à autres jour et heure que ceux qui auront été indiqués par les affiches ou les procès-verbaux de remises en location.

» Les fonctionnaires ou agents qui auraient contrevenu à ces dispositions, seront condamnés solidairement à une amende égale à la valeur annuelle du cantonnement de pêche; et une amende pareille sera prononcée contre les adjudicataires en cas de complicité. »

14 (*art.* 20 *du Code forestier*). « Toutes les contestations qui pourront s'élever, pendant les opérations d'adjudication, sur la validité des enchères, ou sur la solvabilité des enchérisseurs et des cautions, seront décidées immédiatement par le fonctionnaire qui présidera la séance d'adjudication. »

15 (*art.* 21 *du Code forestier*). « Ne pourront prendre part aux adjudications, ni par eux-mêmes ni par personnes interposées, directement ou indirectement, soit comme parties principales, soit comme associés ou cautions :

» 1° Les agents et gardes forestiers et les gardes-pêche, dans toute l'étendue du royaume; les fonctionnaires chargés de présider ou de concourir aux adjudications et les receveurs du produit de la pêche, dans toute l'étendue du territoire où ils exercent leurs fonctions;

» En cas de contravention, ils seront punis d'une amende qui ne pourra excéder le quart ni être moindre du douzième du montant de l'adjudication; et ils seront, en outre, passibles de l'emprisonnement et de l'interdiction qui sont prononcés par l'article 175 du Code pénal;

» 2° Les parents et alliés en ligne directe, les frères et beaux-frères, oncles et neveux des agents et gardes forestiers et gardes-pêche, dans toute l'étendue du territoire pour lequel ces agents ou gardes sont commissionnés;

» En cas de contravention, ils seront punis d'une amende égale à celle qui est prononcée par le paragraphe précédent;

» 3° Les conseillers de préfecture, les juges, les officiers du ministère public et greffiers des tribunaux de première instance, dans tout l'arrondissement de leur ressort;

» En cas de contravention, ils seront passibles de tous dommages et intérêts, s'il y a lieu.

» Toute adjudication qui serait faite en contravention aux dispositions du présent article, sera déclarée nulle. »

16 (*art.* 22 *du Code forestier*). « Toute association secrète ou manœuvre entre les pêcheurs ou autres, tendant à nuire aux enchères, à les troubler ou à obtenir *les cantonnements de pêche* à plus bas prix, donnera lieu à l'application des peines portées par l'article 412 du Code pénal, indépendamment de tous dommages-intérêts; et si l'adjudication a été faite au profit de l'association secrète ou des auteurs desdites manœuvres, elle sera déclarée nulle. »

17 (*art.* 23 *du Code forestier*). « Aucune déclaration de command ne sera admise, si elle n'est faite immédiatement après l'adjudication et séance tenante. »

18 (*art. 24 du Code forestier*). « Faute par l'adjudicataire de fou
» nir les cautions exigées par le cahier des charges dans le délai pres
» il sera déclaré déchu de l'adjudication par un arrêté du préfet,
» sera procédé dans les formes ci-dessus prescrites à une nouvelle
» judication du cantonnement de pêche, à sa folle enchère.

» L'adjudicataire déchu sera tenu par corps de la différence entre
» prix et celui de la nouvelle adjudication, sans pouvoir réclamer l'
» cédant, s'il y en a. »

19 (*art. 25 du Code forestier*). « Toute personne capable et recon
» solvable sera admise, jusqu'à l'heure de midi du lendemain de l'ad
» dication, à faire une offre de surenchère, qui ne pourra être moin
» du cinquième du montant de l'adjudication.

» Dès qu'une pareille offre aura été faite, l'adjudicataire et les sur
» chérisseurs pourront faire de semblables déclarations de simple sur
» chère jusqu'à l'heure de midi du surlendemain de l'adjudication, heu
» à laquelle le plus offrant restera définitivement adjudicataire.

» Toutes déclarations de surenchère devront être faites au secrétar
» qui sera indiqué par le cahier des charges, et dans les délais ci-des
» fixés ; le tout sous peine de nullité.

» Le secrétaire, commis à l'effet de recevoir ces déclarations,
» tenu de les consigner immédiatement sur un registre à ce destin
» d'y faire mention expresse du jour et de l'heure précise où il les au
» reçues, et d'en donner communication à l'adjudicataire et aux sur
» chérisseurs, dès qu'il en sera requis ; le tout sous peine de trois cen
» francs d'amende, sans préjudice de plus fortes peines en cas de col
» lusion.

» En conséquence, il n'y aura lieu à aucune signification des décla
» rations de surenchère, soit par l'administration, soit par les adju
» cataires et surenchérisseurs. »

20 (*art. 26 du Code forestier*). « Toutes contestations au sujet de
» validité des surenchères seront portées devant les conseils de pr
» fecture. »

21 (*art. 27 du Code forestier*). « Les adjudicataires et surenchér
» seurs sont tenus, au moment de l'adjudication ou de leurs déclaration
» de surenchère, d'élire domicile dans le lieu où l'adjudication aura
» faite : faute par eux de le faire, tous actes postérieurs leur ser
» valablement signifiés au secrétariat de la sous-préfecture. »

22 (*art. 28 du Code forestier*). « Tout procès-verbal d'adjudicati
» emporte exécution parée et contrainte par corps contre les adjudic
» taires, leurs associés et cautions, tant pour le payement du prix pri
» cipal de l'adjudication que pour accessoires et frais.

» Les cautions sont en outre contraignables solidairement et par le
» mêmes voies au payement des dommages, restitutions et amende
» qu'aurait encourus l'adjudicataire. »

TITRE IV. — *Conservation et police de la pêche.*

23. Nul ne pourra exercer le droit de pêche dans les fleuves et ri
vières navigables ou flottables, les canaux, ruisseaux ou cours d'ea
quelconques, qu'en se conformant aux dispositions suivantes.

24. Il est interdit de placer dans les rivières navigables ou flottable

canaux et ruisseaux, aucun barrage, appareil ou établissement quelconques de pêcherie, ayant pour objet d'empêcher entièrement le passage du poisson.

Les délinquants seront condamnés à une amende de cinquante francs à cinq cents francs, et, en outre, aux dommages-intérêts; et les appareils ou établissements de pêche seront saisis et détruits.

25. Quiconque aura jeté dans les eaux des drogues ou appâts qui sont de nature à enivrer le poisson ou à le détruire, sera puni d'une amende de trente francs à trois cents francs, et d'un emprisonnement d'un mois à trois mois.

26. Des ordonnances royales détermineront :

1° Les temps, saisons et heures pendant lesquels la pêche sera interdite dans les rivières et cours d'eau quelconques ;

2° Les procédés et modes de pêche qui, étant de nature à nuire au repeuplement des rivières, devront être prohibés ;

3° Les filets, engins et instruments de pêche, qui seront défendus comme étant aussi de nature à nuire au repeuplement des rivières ;

4° Les dimensions de ceux dont l'usage sera permis dans les divers départements pour la pêche des différentes espèces de poissons ;

5° Les dimensions au-dessous desquelles les poissons de certaines espèces qui seront désignées ne pourront être pêchés et devront être rejetés en rivière ;

6° Les espèces de poissons avec lesquelles il sera défendu d'appâter les hameçons, nasses, filets ou autres engins.

27. Quiconque se livrera à la pêche pendant les temps, saisons et heures prohibés par les ordonnances, sera puni d'une amende de trente à deux cents francs.

28. Une amende de trente à cent francs sera prononcée contre ceux qui feront usage, en quelque temps et en quelque fleuve, rivière, canal ou ruisseau que ce soit, de l'un des procédés ou modes de pêche, ou de l'un des instruments ou engins de pêche prohibés par les ordonnances.

Si le délit a eu lieu pendant le temps du frai, l'amende sera de soixante à deux cents francs.

29. Les mêmes peines sont prononcées contre ceux qui se serviront, pour une autre pêche, de filets permis seulement pour celle du poisson de petite espèce.

Ceux qui seront trouvés porteurs ou munis, hors de leur domicile, d'engins ou instruments de pêche prohibés, pourront être condamnés à une amende qui n'excédera pas vingt francs, et à la confiscation des engins ou instruments de pêche, à moins que ces engins ou instruments ne soient destinés à la pêche dans les étangs ou réservoirs.

30. Quiconque pêchera, colportera ou débitera des poissons qui n'auront point les dimensions déterminées par les ordonnances, sera puni d'une amende de vingt à cinquante francs, et de la confiscation desdits poissons. Sont néanmoins exceptées de cette disposition les ventes de poissons provenant des étangs ou réservoirs.

Sont considérés comme des étangs ou réservoirs, les fossés et canaux appartenant à des particuliers, dès que leurs eaux cessent naturellement de communiquer avec les rivières.

31. La même peine sera prononcée contre les pêcheurs qui appâteront leurs hameçons, nasses, filets ou autres engins, avec des pois-

sons des espèces prohibées, qui seront désignées par les ordon...

32. Les fermiers de la pêche et porteurs de licences, leurs asso... compagnons et gens à gages, ne pourront faire usage d'aucun... ou engin quelconque, qu'après qu'il aura été plombé ou marqué... les agents de l'administration de la police de la pêche.

La même obligation s'étendra à tous autres pêcheurs compris... les limites de l'inscription maritime, pour les engins et filets don... feront usage dans les cours d'eau désignés par les §§ 1er et 2 de... ticle 1er de la présente loi.

Les délinquants seront punis d'une amende de vingt francs po... chaque filet ou engin non plombé ou marqué.

33. Les contre-maîtres, les employés du balisage et les marinier... fréquentent les fleuves, rivières et canaux navigables ou flottables... pourront avoir dans leurs bateaux ou équipages aucun filet ou en... de pêche, même non prohibé, sous peine d'une amende de cinqu... francs, et de la confiscation des filets.

A cet effet, ils seront tenus de souffrir la visite, sur leurs bateau... équipages, des agents chargés de la police de la pêche, aux lieux o... aborderont.

La même amende sera prononcée contre ceux qui s'opposeront à c... visite.

34. Les fermiers de la pêche et les porteurs de licences, et... pêcheurs en général, dans les rivières et canaux désignés par les... premiers paragraphes de l'article 1er de la présente loi, seront t... d'amener leurs bateaux, et de faire l'ouverture de leurs loges et... gars, bannetons, huches et autres réservoirs ou boutiques à poiss... sur leurs cantonnements, à toute réquisition des agents et prépos... l'administration de la pêche, à l'effet de constater les contraven... qui pourraient être par eux commises aux dispositions de la présent...

Ceux qui s'opposeront à la visite, ou refuseront l'ouverture de... boutiques à poisson, seront, pour ce seul fait, punis d'une amend... cinquante francs.

35. Les fermiers et porteurs de licences ne pourront user, su... fleuves, rivières et canaux navigables, que du chemin de halage... les rivières et cours d'eau flottables, que du marche pied. Ils traite... de gré à gré avec les propriétaires riverains pour l'usage des ter... dont ils auront besoin pour retirer et assener leurs filets.

TITRE V. — *Des poursuites en réparation de délit.*

SECTION Ire. — Des poursuites exercées au nom de l'administration.

36. Le gouvernement exerce la surveillance et la police de la pêc... dans l'intérêt général.

En conséquence, les agents spéciaux par lui institués à cet eff... ainsi que les gardes champêtres, éclusiers des canaux et autres offici... de police judiciaire, sont tenus de constater les délits qui sont spéci... au titre IV de la présente loi, en quelques lieux qu'ils soient comm... et lesdits agents spéciaux exerceront, conjointement avec les offici... du ministère public, toutes les poursuites et actions en réparation... ces délits.

Les mêmes agents et gardes de l'administration, les gardes champêtres, les éclusiers, les officiers de police judiciaire, pourront constater également le délit spécifié en l'article 5, et ils transmettront leurs procès-verbaux au procureur du roi.

37. Les gardes-pêche nommés par l'administration sont assimilés aux gardes forestiers royaux.

38. Ils recherchent et constatent par procès-verbaux les délits dans l'arrondissement du tribunal près duquel ils sont assermentés.

39 (*art.* 161 *du Code forestier*). *Ils sont autorisés à saisir les filets et autres instruments de pêche prohibés, ainsi que le poisson pêché en délit.*

40. Les gardes-pêche ne pourront, sous aucun prétexte, s'introduire dans les maisons et enclos y attenants, pour la recherche des filets prohibés.

41. Les filets et engins de pêche qui auront été saisis comme prohibés, ne pourront, dans aucun cas, être remis sous caution : ils seront déposés au greffe, et y demeureront jusqu'après le jugement pour être ensuite détruits.

Les filets non prohibés dont la confiscation aurait été prononcée en exécution de l'article 5, seront vendus au profit du trésor.

En cas de refus, de la part des délinquants, de remettre immédiatement le filet déclaré prohibé après la sommation du garde-pêche, ils seront condamnés à une amende de cinquante francs.

42. Quant au poisson saisi pour cause de délit, il sera vendu sans délai dans la commune la plus voisine du lieu de la saisie, à son de trompe et aux enchères publiques, en vertu d'ordonnance du juge de paix ou de ses suppléants, si la vente a lieu dans un chef-lieu de canton, ou, dans le cas contraire, d'après l'autorisation du maire de la commune : ces ordonnances ou autorisations seront délivrées sur la requête des agents ou gardes qui auront opéré la saisie, et sur la présentation du procès-verbal régulièrement dressé et affirmé par eux.

Dans tous les cas, la vente aura lieu en présence du receveur des domaines, et, à défaut, du maire ou adjoint de la commune, ou du commissaire de police.

43. Les gardes-pêche ont le droit de requérir directement la force publique pour la répression des délits *en matière de pêche*, ainsi que pour la saisie des filets prohibés et du poisson *pêché en délit*.

44 (*art.* 165 *du Code forestier*). « Ils écriront eux-mêmes leurs procès-verbaux, ils les signeront et les affirmeront, au plus tard le lendemain de la clôture desdits procès-verbaux, par-devant le juge de paix du canton ou l'un de ses suppléants, ou par-devant le maire ou l'adjoint, soit de la commune de leur résidence, soit de celle où le délit a été commis ou constaté ; le tout sous peine de nullité.

» Toutefois, si, par suite d'un empêchement quelconque, le procès-verbal est seulement signé par le garde-pêche, mais non écrit en entier de sa main, l'officier public qui en recevra l'affirmation devra lui en donner préalablement lecture, et faire ensuite mention de cette formalité ; le tout sous peine de nullité du procès-verbal. »

45 (*art.* 166 *du Code forestier*). « Les procès-verbaux dressés par les agents forestiers, les gardes généraux et les gardes à cheval, soit isolément, soit avec le concours des gardes-pêche royaux et des gardes champêtres, ne seront point soumis à l'affirmation. »

46. Dans le cas où le procès-verbal portera saisie, il en sera fait une expédition qui sera déposée dans les vingt-quatre heures au greffe de la justice de paix, pour qu'il en puisse être donné communication à ceux qui réclameraient les objets saisis.

Le délai ne courra que du moment de l'affirmation pour les procès-verbaux qui sont soumis à cette formalité.

47 (*art. 170 du Code forestier*). « Les procès-verbaux seront, sous » peine de nullité, enregistrés dans les quatre jours qui suivront celui » de l'affirmation, ou celui de la clôture du procès-verbal, s'il n'est pas » sujet à l'affirmation.

» L'enregistrement s'en fera en débet. »

48. Toutes les poursuites exercées en réparation des délits pour fait de pêche, seront portées devant les tribunaux correctionnels.

49 (*art. 172 du Code forestier*). « L'acte de citation doit, à peine » de nullité, contenir la copie du procès-verbal et de l'acte d'affir- » mation. »

50 (*art. 173 du Code forestier*). « Les gardes de l'administration » *chargés de la surveillance de la pêche* pourront, dans les actions et » poursuites exercées en son nom, faire toutes citations et significations » d'exploits, sans pouvoir procéder aux saisies-exécutions.

» Leurs rétributions pour les actes de ce genre seront taxées comme » pour les actes faits par les huissiers des juges de paix. »

51 (*art. 174 du Code forestier*). « Les agents de cette administration » ont le droit d'exposer l'affaire devant le tribunal, et sont entendus à » l'appui de leurs conclusions. »

52. Les délits en matière de pêche seront prouvés, soit par procès-verbaux, soit par témoins, à défaut de procès-verbaux ou en cas d'insuffisance de ces actes.

53. Les procès-verbaux revêtus de toutes les formalités prescrites par les articles 44 et 47 ci-dessus, et qui sont dressés et signés par deux agents ou gardes-pêche, font preuve, jusqu'à inscription de faux, des faits matériels relatifs aux délits qu'ils constatent, quelles que soient les condamnations auxquelles ces délits peuvent donner lieu.

Il ne sera, en conséquence, admis aucune preuve outre ou contre le contenu de ces procès-verbaux, à moins qu'ils n'existe une cause légale de récusation contre l'un des signataires.

54. Les procès-verbaux revêtus de toutes les formalités prescrites, mais qui ne seront dressés et signés que par un seul agent ou *garde-pêche*, feront de même preuve suffisante jusqu'à inscription de faux, mais seulement lorsque le délit n'entraînera pas une condamnation de plus de cinquante francs, tant pour amende que pour dommages-intérêts.

55 (*art. 178 du Code forestier*). « Les procès-verbaux qui, d'après » les dispositions qui précèdent, ne font point foi et preuve suffisante » jusqu'à inscription de faux, peuvent être corroborés et combattus par » toutes les preuves légales, conformément à l'article 154 du Code d'in- » struction criminelle. »

56. Le prévenu qui voudra s'inscrire en faux contre le procès-verbal sera tenu d'en faire par écrit et en personne, ou par un fondé de pouvoir spécial par acte notarié, la déclaration au greffe du tribunal avant l'audience indiquée par la citation.

Cette déclaration sera reçue par le greffier du tribunal; elle sera signée par le prévenu ou son fondé de pouvoir; et dans le cas où il ne saurait ou ne pourrait signer, il en sera fait mention expresse.

Au jour indiqué pour l'audience, le tribunal donnera acte de la déclaration, et fixera un délai de huit jours au moins et de quinze jours au plus, pendant lequel le prévenu sera tenu de faire au greffe le dépôt des moyens de faux, et des noms, qualités et demeures des témoins qu'il voudra faire entendre.

A l'expiration de ce délai, et sans qu'il soit besoin d'une citation nouvelle, le tribunal admettra les moyens de faux, s'ils sont de nature à détruire l'effet du procès-verbal, et il sera procédé sur le faux conformément aux lois.

Dans le cas contraire, et faute par le prévenu d'avoir rempli toutes les formalités ci-dessus prescrites, le tribunal déclarera qu'il n'y a lieu à admettre les moyens de faux, et ordonnera qu'il soit passé outre au jugement.

57 (*art.* 180 *du Code forestier*). « Le prévenu contre lequel aura été rendu un jugement par défaut, sera encore admissible à faire sa déclaration d'inscription de faux pendant le délai qui lui est accordé par la loi pour se présenter à l'audience sur l'opposition par lui formée. »

58 (*art.* 181 *du Code forestier*). « Lorsqu'un procès-verbal sera rédigé contre plusieurs prévenus, et qu'un ou quelques-uns d'entre eux seulement s'inscriront en faux, le procès-verbal continuera de faire foi à l'égard des autres, à moins que le fait sur lequel portera l'inscription de faux ne soit indivisible et commun aux autres prévenus. »

59. Si, dans une instance en réparation de délit, le prévenu excipe d'un droit de propriété ou tout autre droit réel, le tribunal saisi de la plainte statuera sur l'incident.

L'exception préjudicielle ne sera admise qu'autant qu'elle sera fondée, soit sur un titre apparent, soit sur des faits de possession équivalents, articulés avec précision, et si le titre produit ou les faits articulés sont de nature, dans le cas où ils seraient reconnus par l'autorité compétente, à ôter au fait qui sert de base aux poursuites tout caractère de délit.

Dans le cas de renvoi à fins civiles, le jugement fixera un bref délai dans lequel la partie qui aura élevé la question préjudicielle devra saisir les juges compétents de la connaissance du litige et justifier de ses diligences; sinon il sera passé outre. Toutefois, en cas de condamnation, il sera sursis à l'exécution du jugement sous le rapport de l'emprisonnement, s'il était prononcé; et le montant des amendes, restitutions et dommages-intérêts, sera versé à la caisse des dépôts et consignations, pour être remis à qui il sera ordonné par le tribunal qui statuera sur le fond de droit.

60 (*art.* 183 *du Code forestier*). « Les agents de l'administration *chargés de la surveillance de la pêche* peuvent, en son nom, interjeter appel des jugements, et se pourvoir contre les arrêts et jugements en dernier ressort; mais ils ne peuvent se désister de leurs appels sans son autorisation spéciale. »

61 (*art.* 184 *du Code forestier*). « Le droit attribué à l'administration et à ses agents de se pourvoir contre les jugements et arrêts par

» appel ou par recours en cassation, est indépendant de la même faculté
» qui est accordée par la loi au ministère public, lequel peut toujours
» en user, même lorsque l'administration ou ses agents auraient aquiescé
» aux jugements et arrêts. »

62. Les actions en réparation de délits en matière de pêche se prescrivent par un mois à compter du jour où les délits ont été constatés, lorsque les prévenus sont désignés dans les procès-verbaux. Dans le cas contraire, le délai de prescription est de trois mois, à compter du même jour.

63. Les dispositions de l'article précédent ne sont pas applicables aux délits et malversations commis par les agents, préposés ou gardes de l'administration dans l'exercice de leurs fonctions; les délais de prescription à l'égard de ces préposés et de leurs complices seront les mêmes que ceux qui sont déterminés par le Code d'instruction criminelle.

64. Les dispositions du Code d'instruction criminelle sur les poursuites des délits, sur défauts, oppositions, jugements, appels et recours en cassation, sont et demeurent applicables à la poursuite des délits spécifiés par la présente loi, sauf les modifications qui résultent du présent titre.

SECTION II. — Des poursuites exercées au nom et dans l'intérêt des fermiers de la pêche et des particuliers.

65. Les délits qui portent préjudice aux fermiers de la pêche, aux porteurs de licences et aux propriétaires riverains, seront constatés par leurs gardes, lesquels sont assimilés aux gardes-bois des particuliers.

66 (art. 188 du Code forestier). « Les procès-verbaux dressés par ces » gardes feront foi jusqu'à preuve contraire. »

67. Les poursuites et actions seront exercées au nom et à la diligence des parties intéressées.

68. Les dispositions contenues aux articles 38, 39, 40, 41, 42, 43, 44, 45, 46, 47, paragraphe 1er, 49, 52, 59, 62 et 64 de la présente loi, sont applicables aux poursuites exercées au nom et dans l'intérêt des particuliers et des fermiers de la pêche, pour les délits commis à leur préjudice.

TITRE VI. — Des peines et condamnations.

69. Dans le cas de récidive, la peine sera toujours doublée.

Il y a récidive lorsque, dans les douze mois précédents, il a été rendu contre les délinquants un premier jugement pour délit en matière de pêche.

70. Les peines seront également doublées, lorsque les délits auront été commis la nuit.

71 (art. 202 du Code forestier). « Dans tous les cas où il y aura lieu » à adjuger des dommages-intérêts, ils ne pourront être inférieurs à l'a- » mende simple prononcée par le jugement. »

72. Dans tous les cas prévus par la présente loi, si le préjudice causé n'excède pas vingt-cinq francs, et si les circonstances paraissent atténuantes, les tribunaux sont autorisés à réduire l'emprisonnement même

au-dessous de six jours, et l'amende même au-dessous de seize francs : ils pourront aussi prononcer séparément l'une ou l'autre de ces peines, sans qu'en aucun cas elle puisse être au-dessous des peines de simple police.

73 (*art.* 204 *du Code forestier*). « Les restitutions et dommages-intérêts appartiennent aux fermiers, porteurs de licences et propriétaires » riverains, si le délit est commis à leur préjudice ; mais, lorsque le délit » a été commis par eux-mêmes au détriment de l'intérêt général, ces » dommages-intérêts appartiennent à l'Etat.

» Appartiennent également à l'Etat toutes les amendes et confis- » cations. »

74. Les maris, pères, mères, tuteurs, fermiers et porteurs de licences, ainsi que tous propriétaires, maîtres et commettants, seront civilement responsables des délits en matière de pêche commis par leurs femmes, enfants mineurs, pupilles, bateliers et compagnons, et tous autres subordonnés, sauf tout recours de droit.

Cette responsabilité sera réglée conformément à l'article 1384 du Code civil.

Titre VII. — *De l'exécution des jugements.*

Section Iᵉʳ. — De l'exécution des jugements rendus à la requête de l'administration ou du ministère public.

75 (*art.* 209 *du Code forestier*). « Les jugements rendus à la requête » de l'administration chargée de la police de la pêche, ou sur la pour- » suite du ministère public, seront signifiés par simple extrait, qui con- » tiendra les noms des parties et le dispositif du jugement.

» Cette signification fera courir les délais de l'opposition et de l'appel » des jugements par défaut. »

76. Le recouvrement de toutes les amendes pour délits de pêche est confié aux receveurs de l'enregistrement et des domaines. Ces receveurs sont également chargés du recouvrement des restitutions, frais et dommages-intérêts résultant des jugements rendus en matière *de pêche.*

77 (*art.* 211 *du Code forestier*). « Les jugements portant condamna- » tion à des amendes, restitutions, dommages-intérêts et frais, sont exé- » cutoires par la voie de la contrainte par corps ; et l'exécution pourra » en être poursuivie cinq jours après un simple commandement fait aux » condamnés.

» En conséquence, et sur la demande du receveur de l'enregistre- » ment et des domaines, le procureur du roi adressera les réquisitions » nécessaires aux agents de la force publique chargés de l'exécution des » mandements de justice. »

78 (*art.* 212 *du Code forestier*). « Les individus contre lesquels la » contrainte par corps aura été prononcée pour raison des amendes et » autres condamnations et réparations pécuniaires, subiront l'effet de » cette contrainte jusqu'à ce qu'ils aient payé le montant desdites con- » damnations, ou fourni une caution admise par le receveur des do- » maines, ou, en cas de contestation de sa part, déclarée bonne et va- » lable par le tribunal de l'arrondissement. »

79 (*art.* 213 *du Code forestier*). « Néanmoins les condamnés qui

IV.   9

» justifieront de leur insolvabilité, suivant le mode prescrit par l'ar-
» ticle 420 du Code d'instruction criminelle, seront mis en liberté après
» avoir subi quinze jours de détention, lorsque l'amende et les autres
» condamnations pécuniaires n'excéderont pas quinze francs.

» La détention ne cessera qu'au bout d'un mois, lorsque les con-
» damnations s'élèveront ensemble de quinze à cinquante francs.

» Elle ne durera que deux mois, quelle que soit la quotité desdites
» condamnations.

» En cas de récidive, la durée de la détention sera double de ce qu'elle
» eût été sans cette circonstance. »

8o (*art. 214 du Code forestier*). « Dans tous les cas, la détention
» employée comme moyen de contrainte est indépendante de la peine
» d'emprisonnement prononcée contre les condamnés pour tous les cas
» où la loi l'inflige. »

SECTION II. — De l'exécution des jugements rendus dans l'intérêt des fermiers
de la pêche et des particuliers.

81. Les jugements contenant des condamnations en faveur des fermiers de la pêche, des porteurs de licences et des particuliers, pour réparation des délits commis *à leur préjudice*, seront, à leur diligence,
signifiés et exécutés suivant les mêmes formes et voies de contrainte
que les jugements rendus à la requête de l'administration chargée de la
surveillance de la pêche.

Le recouvrement des amendes prononcées par les mêmes jugements
sera opéré par les receveurs de l'enregistrement et des domaines.

82. La mise en liberté des condamnés détenus par voie de contrainte
par corps à la requête et dans l'intérêt des particuliers ne pourra être
accordée, en vertu des articles 78 et 79, qu'autant que la validité des
cautions ou la solvabilité des condamnés aura été, en cas de contestation
de la part desdits propriétaires, jugée contradictoirement entre eux.

TITRE VIII. — *Dispositions générales.*

83. Sont et demeurent abrogés toutes lois, ordonnances, édits et
déclarations, arrêts du conseil, arrêtés et décrets, et tous règlements
intervenus, à quelque époque que ce soit, sur les matières réglées par
la présente loi, en ce qui concerne la pêche.

Mais les droits acquis antérieurement à la présente loi seront jugés,
en cas de contestation, d'après les lois existant avant sa promulgation.

Dispositions transitoires.

84. Les prohibitions portées par les articles 6, 8 et 10, et la prohi-
bition de pêcher à autres heures que depuis le lever du soleil jusqu'à
son coucher, portée par l'article 5 du titre 31 de l'ordonnance de 1669,
continueront à être exécutées jusqu'à la promulgation des ordonnances
royales qui, aux termes de l'article 26 de la présente loi, détermineront
les temps où la pêche sera interdite dans tous les cours d'eau, ainsi que
les filets et instruments de pêche dont l'usage sera prohibé.

Toutefois les contraventions aux articles ci-dessus énoncés de l'ordonnance de 1669, seront punies conformément aux dispositions de la présente loi, ainsi que tous les délits qui y sont prévus, à dater de sa publication.

Ordonnance du roi relative à une nouvelle taxation du tarif des bateaux de poste sur le canal du Midi.

Au château des Tuileries ; le 15 avril 1829.

CHARLES, etc. ; sur le rapport de notre ministre de l'intérieur ;

Vu l'offre faite par la compagnie propriétaire du canal du Midi, de faire les dispositions nécessaires pour que le trajet de Toulouse à Béziers par les bateaux de poste, qui ne se fait maintenant qu'en quatre jours, s'effectue, à dater du 1er mai prochain, en trente-six heures, moyennant l'élévation à 25 centimes, y compris le décime de guerre, du prix de 15 centimes actuellement fixé pour toutes les personnes voyageant par lesdits bateaux de poste ;

Vu l'édit du 24 octobre 1666 et les articles 2 et 3 de la loi du 12 octobre 1796 (21 vendémiaire an v) ;

Considérant que cette amélioration dans le service des bateaux de poste occasionnera des dépenses considérables à la compagnie, et que l'augmentation demandée est suffisamment justifiée par les avantages qui résulteront pour les voyageurs d'un transport plus accéléré ;

Notre conseil d'Etat entendu,

Nous avons ordonné et ordonnons ce qui suit :

Art. 1er. A dater du 1er mai prochain, le prix de 15 centimes actuellement établi pour toute personne voyageant sur les bateaux de poste du canal du Midi, sera porté à 25 centimes par chaque personne et par distance de cinq kilomètres, y compris tous droits de navigation, transport, dixième et dixième du dixième de guerre.

Il ne sera payé que moitié de ce prix par les militaires et matelots en activité de service.

2. A dater de la même époque, et en raison de ladite augmentation, la compagnie sera tenue de prendre les mesures nécessaires pour que le trajet de Toulouse à Béziers s'effectue, hors le cas de force majeure, en trente-six heures au plus ;

3. Dans le cas de la suppression de tout ou partie du dixième et dixième du dixième de guerre, le prix de 25 centimes réglé par la présente ordonnance sera réduit de toute la portion desdits droits de décime de guerre qui serait supprimée.

4. Les personnes voyageant sur d'autres bateaux que ceux de poste continueront à n'être sujettes qu'au prix de 15 centimes actuellement établi.

Ordonnance du roi qui approuve l'adjudication de la construction d'un pont suspendu sur le Lot à la Madeleine.

Au château des Tuileries, le 23 avril 1829.

CHARLES, etc.; sur le rapport de notre ministre de l'intérieur;

Vu le cahier des charges pour l'établissement d'un pont suspendu sur le Lot à la Madeleine, moyennant la concession temporaire d'un droit de péage;

Notre conseil d'Etat entendu,

Nous avons ordonné et ordonnons ce qui suit:

Art. 1er. L'adjudication de la construction d'un pont suspendu sur le Lot à la Madeleine, faite et passée, le 12 septembre 1828, par le préfet de l'Aveyron, à notre cousin le duc de Cazes, pair de France, et au sieur Humann, membre de la chambre des députés, moyennant la concession d'un péage sur ce pont pendant quatre-vingt-dix-neuf années, est et demeure approuvée (1).

En conséquence, les clauses et conditions de cette adjudication recevront leur pleine et entière exécution.

2. L'administration est autorisée à acquérir, en se conformant aux conditions de la loi du 8 mars 1810, les terrains et bâtiments nécessaires pour établir les abords du pont et les raccorder avec les communications existantes.

---

(1) *Ordonnance du 16 juin 1830.*

CHARLES, etc.; vu la demande de notre très-cher, amé et féal le duc de Cazes, pair de France, et du sieur Humann, concessionnaires du pont à construire sur le Lot au passage de la Madeleine, département de l'Aveyron, tendant à ce que l'erreur qui a fait joindre au cahier des charges un tarif approuvé en 1804 (an xii), au lieu de celui qui se perçoit au bac établi sur ce point depuis 1825, soit réparée, ou que l'adjudication qui leur a été passée le 12 septembre 1828, et qui a été approuvée par notre ordonnance du 23 avril 1829, soit résiliée;

Vu l'engagement que prennent lesdits concessionnaires, dans le cas où le concours ouvert pour une nouvelle adjudication serait sans résultat, d'exécuter le pont aux clauses de l'adjudication du 12 septembre 1828, sous la condition toutefois que le tarif actuel du bac sera substitué à celui de 1804 (an xii);

Considérant que l'administration a entendu accorder aux adjudicataires du pont de la Madeleine le droit de percevoir au passage de ce pont le péage qui se perçoit maintenant au bac de la Madeleine; que les adjudicataires ont été dans cette bonne foi;

Considérant que c'est par une erreur évidente que le tarif de 1804 a été joint au cahier des charges de l'entreprise, au lieu de celui qui est en perception depuis 1825; que cette erreur vicie l'engagement contracté par les concessionnaires;

Notre conseil d'Etat entendu,

Nous avons ordonné et ordonnons ce qui suit:

Art. 1er. L'adjudication de la construction d'un pont suspendu sur le Lot au passage de la Madeleine, faite et passée le 12 septembre 1828, par le préfet de l'Aveyron, à notre très-cher, amé et féal le duc de Cazes et au sieur Humann, moyennant la concession d'un péage pendant quatre-vingt-dix-neuf ans, est et demeure résiliée.

2. Il sera procédé, à la diligence de notre ministre secrétaire d'Etat des travaux publics, à une nouvelle adjudication de l'entreprise, d'après le tarif annexé à la présente ordonnance.

3. Dans le cas où le concours ouvert pour cette nouvelle adjudication serait sans résultat, notre très-cher, amé et féal le duc de Cazes et le sieur Humann resteront chargés de la construction du pont suspendu de la Madeleine, aux clauses et conditions de l'adjudication du 12 septembre 1828. Toutefois la perception aura lieu conformément au tarif annexé à la présente ordonnance.

3. Le cahier des charges, le tarif et le procès-verbal d'adjudication resteront annexés à la présente ordonnance.

Ordonnance du roi, du 10 mai 1829, contenant des dispositions relatives aux travaux du port de Dieppe.

CHARLES, etc. ; sur le rapport de notre ministre secrétaire d'Etat au département de la guerre ;

Vu la loi du 10 juillet 1791, en ce qui concerne la conservation et le classement des places de guerre et postes militaires ;

Vu l'ordonnance du mois de mai 1786, portant approbation du projet général pour l'amélioration du port et l'agrandissement de la ville de Dieppe ;

Vu la loi du 17 juillet 1819, relative aux servitudes imposées à la propriété pour la défense de l'Etat ;

Vu l'ordonnance du 1er août 1821, qui fixe le mode d'exécution de la loi du 17 juillet 1819 précitée, et vu aussi le tableau du classement des places de guerre et postes militaires annexé à cette ordonnance ;

Vu la délibération de la commission mixte des travaux publics, en date du 23 mars 1829 ;

Considérant qu'il importe essentiellement à l'utilité publique et en particulier à la prospérité de la ville de Dieppe, que les travaux pour l'amélioration du port et l'agrandissement de cette ville, approuvés par l'ordonnance du mois de mai 1786, et en cours d'exécution depuis 1787, soient enfin terminés ; mais que le classement de la ville de Dieppe au nombre des postes militaires, résultant du tableau annexé à l'ordonnance du 1er août 1821, en obligeant à conserver l'enceinte existante et à faire aux terrains extérieurs l'application des servitudes imposées à la propriété pour la défense de l'Etat, s'oppose au parachèvement des travaux entrepris, et fait perdre en quelque sorte tout le fruit des dépenses considérables déjà faites ;

Considérant d'ailleurs que la mise en état de défense de la ville de Dieppe entraînerait dans des frais hors de proportion avec les avantages éventuels qui en résulteraient, et qu'il suffit, suivant ce qui avait eu lieu, en exécution de la loi du 10 juillet 1791, de conserver le château pour servir de point d'appui et de refuge aux troupes qui défendraient cette partie des côtes contre des débarquements partiels ;

Nous avons ordonné et ordonnons ce qui suit :

Art. 1er. La ville de Dieppe sera rayée du tableau des places de guerre et postes militaires annexé à l'ordonnance du 1er août 1821, qui fixe le mode d'exécution de la loi du 17 juillet 1819, sur les servitudes imposées à la propriété pour la défense de l'Etat ; mais son château restera classé au nombre des places, ainsi qu'il est porté audit tableau.

Ordonnance du roi, du 20 mai 1829, portant annulation d'un arrêté du conseil de préfecture de l'Orne.

CHARLES, etc. ; sur le rapport du comité du contentieux ;

Vu le pourvoi formé devant nous par notre ministre de l'intérieur, ledit pourvoi enregistré au secrétariat général de notre conseil d'État, le 16 août 1828, et tendant à ce qu'il nous plaise annuler l'arrêté du conseil de préfecture du département de l'Orne, en date du 18 mars 1828, qui a faussement interprété l'article 8 de la loi du 27 février 1804, en décidant que les sieurs Barbier et Bouillon devaient profiter de l'exception qu'elle établit en faveur des voitures employées à la culture des terres ; ce faisant, condamner lesdits contrevenants à l'amende par eux encourue pour violation des lois et règlements sur la police du roulage ;

Vu le procès-verbal de contravention, dressé, le 21 décembre 1827, par le préposé au pont à bascule de la ville d'Alençon, dûment affirmé, et constatant que ledit jour les sieurs René Barbier et François Bouillon, cultivateurs et propriétaires dans la commune de la Lacelle, avaient fait circuler sur la route départementale de Rouen à Tours une voiture chargée, attelée de deux chevaux, montée sur des roues à jantes étroites, et non munie de plaque, faits prévus et réprimés par la loi du 27 février 1804 et le décret du 23 juin 1806 ;

Vu l'arrêté pris, le 28 décembre 1827, par le maire d'Alençon, qui condamne lesdits contrevenants à une amende de 75 francs ;

Vu l'arrêté du conseil de préfecture du département de l'Orne, du 18 mars 1828, qui, en se fondant sur ce que les susnommés, entrepreneurs de l'enlèvement des matières fécales de la ville de Sées et y domiciliés temporairement, faisaient conduire, le 21 décembre 1827, de leurs propriétés à leur domicile temporaire, les produits de leur culture pour y être employés au service de cette entreprise, décide que la charrette qui les transportait pouvait être considérée comme employée à la culture des terres, et qu'ils n'étaient, dès lors, passibles d'aucune amende ;

Vu la lettre adressée par les sieurs Barbier et Bouillon au préfet du département de l'Orne, le 20 novembre 1828, par laquelle ils annoncent qu'ils ne sont pas dans l'intention de défendre au pourvoi de notre ministre de l'intérieur ;

Vu toutes les autres pièces produites et jointes au dossier ;

Vu les lois des 19 mai 1802 (29 floréal an X), 27 février 1804 (7 ventôse an XII) et le décret du 23 juin 1806 ;

Considérant que la circulation des charrettes chargées, attelées de plus d'un cheval et à jantes de moins de onze centimètres de largeur, est interdite par la loi du 27 février 1804 et par le décret du 23 juin 1806 ; que l'exception accordée par l'article 6 de la loi du 27 février 1804 n'est applicable qu'aux transports qui se font d'un point à l'autre d'une ferme et de ses dépendances, et que cette exception cesse lorsque le transport a pour but de livrer les produits de la culture à la consommation ou au commerce ;

Considérant que la charrette des sieurs Barbier et Bouillon, attelée de deux chevaux et à jantes de huit centimètres seulement de largeur, transportait, le 21 décembre 1827, de la commune de la Lacelle à Sées, des fourrages destinés à la nourriture des chevaux employés par eux à une entreprise étrangère à leur exploitation agricole ;

Considérant qu'en vertu de l'article 34 du décret du 23 juin 1806, tout propriétaire de voiture de roulage est tenu d'y adapter une plaque de métal sur laquelle son nom et son domicile doivent être peints en caractères apparents, et qu'il n'existait sur ladite charrette qu'un morceau de tôle, sans désignation de nom et de domicile ; qu'ainsi le conseil de préfecture, en les déchargeant de l'amende prononcée contre eux, a fait une fausse application du règlement sur la police du roulage ;

Notre conseil d'Etat entendu,

Nous avons ordonné et ordonnons ce qui suit :

Art. 1er. L'arrêté du conseil de préfecture du département de l'Orne, en date du 18 mars 1828, est annulé.

2. Les sieurs René Barbier et François Bouillon, cultivateurs à la Lacelle, sont condamnés à 75 francs d'amende, dont 50 francs en vertu de l'article 3 de la loi du 27 février 1804, et 25 francs en vertu de l'article 34 du décret du 23 juin 1806.

Ordonnance du roi, du 28 mai 1829, qui rejette la requête du sieur Bagros, entrepreneur.

CHARLES, etc. ; sur le rapport du comité de la justice et du contentieux ;

Vu la requête à nous présentée au nom du sieur Bagros, entrepreneur du pont de Valvins sur la Seine, département de Seine-et-Marne, ladite requête enregistrée au secrétariat général de notre conseil d'Etat, le 8 avril 1829, et tendant à ce qu'il nous plaise dire que, vu l'ouverture de requête civile tirée de l'article 32 du règlement du 22 juillet 1806, et fondée sur ce qu'il a succombé dans la précédente instance, à défaut de représenter une pièce décisive retenue par le ministre de l'intérieur, son adversaire, il y a lieu, en la forme, de reviser notre ordonnance royale du 26 octobre 1828 ;

Au fond, que, d'après l'intention déclarée dans le devis de fournir tous les bois nécessaires dans la forêt de Fontainebleau, il en demeure dû à l'entrepreneur la quantité de quatre cents mètres cubes de bois ; que le pont de Valvins faisant partie de la route départementale n° 10, l'Etat et le département étaient parties contractantes vis-à-vis de l'entrepreneur pour la part qu'ils ont respectivement dans la propriété des routes d'un département ; qu'ils sont, à cet égard, débiteurs directs de l'entrepreneur, en vertu du contrat d'adjudication, et qu'ils seront tenus de le désintéresser, soit en nature, soit en argent, soit en lui accordant une prolongation de la ferme du péage à titre d'indemnité, pour le temps nécessaire à cet effet ;

Dire enfin subsidiairement qu'à défaut de toute autre ressource pour ses obligés directs, le sieur Bagros sera autorisé à porter son action devant les tribunaux, juges légitimes de l'effet de la promesse royale contre la liste civile, aux droits du domaine de l'Etat et du département de Seine-et-Marne, par la subrogation royale ou cession de tous droits, raisons et actions de ses débiteurs contre un tiers, résultant des articles 1166 et 1251, § 3 du Code civil;

Vu notre ordonnance du 26 octobre 1828, portant que la requête du sieur Bagros contre la décision de notre ministre de l'intérieur est rejetée;

Vu l'article 32 du règlement du 22 juillet 1806, qui fait défense, sous peine d'amende, de présenter requête en recours contre une décision contradictoire, si ce n'est en deux cas: 1° si elle a été rendue sur pièces fausses; 2° si la partie a été condamnée faute de présenter une pièce décisive qui était retenue par son adversaire;

Considérant que pour motiver son recours contre notre ordonnance du 26 octobre 1828, le sieur Bagros expose que, dans l'instruction contradictoire, le ministre de l'intérieur, son adversaire, aurait retenu une pièce décisive, c'est-à-dire l'avis du conseil général des ponts et chaussées, du 1er septembre 1826;

Considérant que, par cet avis, le conseil général des ponts et chaussées a estimé qu'il y aurait lieu de solder, soit en nouveaux bois de Fontainebleau, soit en argent, ce qui peut rester dû au sieur Bagros, pour constituer l'échange complet, volume pour volume, des bois employés au pont de Valvins;

Que, par suite de cet avis, le directeur général des ponts et chaussées a invité le ministre de notre maison à faire livrer au sieur Bagros, 400 mètres 16 centimètres cubes de bois, que cet entrepreneur réclamait comme formant le complément de ce qu'il devait recevoir;

Que, dans la réponse du ministre de notre maison, du 9 novembre 1826, il est établi que le sieur Bagros a reçu, non-seulement les six mille pièces de bois qui lui avaient été promises, mais de plus mille sept cent soixante-quinze pièces, deux cent quatorze millimètres, et qu'ainsi il n'y avait pas lieu de lui accorder un nouveau supplément;

Considérant que la délibération du conseil général des ponts et chaussées ne contient qu'un simple avis, et que le refus qui s'en est suivi a été l'objet des débats contradictoires, sur lesquels il a été statué par notre ordonnance du 26 octobre 1828, d'où il suit que cet avis ne constituait pas une pièce que l'administration fût obligée de produire, et que, dans aucun cas, ledit avis ne peut être assimilé aux pièces décisives dont il est fait mention dans l'article 32 du règlement du 22 juillet 1806;

Notre conseil d'Etat entendu,

Nous avons ordonné et ordonnons ce qui suit:

Art. 1er. La requête du sieur Bagros est rejetée.

Ordonnance du roi, qui approuve l'adjudication de la construction d'un pont suspendu sur le petit Rhône à Fourques.

Au château de Saint-Cloud, le 28 mai 1829.

Charles, etc.; sur le rapport de notre ministre secrétaire d'Etat de l'intérieur;

Vu le cahier des charges pour l'établissement d'un pont suspendu de quatre mètres de large sur le petit Rhône à Fourques, route départementale n° 11, de Nimes à Arles, moyennant la concession temporaire d'un péage;

Vu le procès-verbal de l'adjudication de la construction de ce pont, faite et passée le 10 juillet 1828, par le préfet du Gard, aux sieurs Mignot (Siméon) frères et compagnie, moyennant la concession d'un péage pendant quarante-huit années;

Vu la soumission postérieure par laquelle les adjudicataires se sont engagés à établir à leurs frais, sur la pile du milieu du pont, un passage de six mètres de largeur pour le croisement des voitures, moyennant une prorogation de péage de cinq ans;

Vu l'avis de notre directeur général des ponts et chaussées sur cette soumission;

Notre conseil d'Etat entendu,

Nous avons ordonné et ordonnons ce qui suit:

Art. 1er. L'adjudication de la construction d'un pont suspendu sur le petit Rhône à Fourques, faite et passée le 10 juillet 1828, par le préfet du Gard, aux sieurs Mignot (Siméon) frères et compagnie, est et demeure approuvée.

En conséquence, les clauses et conditions de cette adjudication recevront leur pleine et entière exécution, conformément au cahier des charges approuvé par notre ministre de l'intérieur, et aux articles additionnels mis à la suite par le préfet le 27 mai 1828.

Toutefois la largeur du passage sur la pile du milieu du pont sera portée à six mètres pour que les voitures puissent s'y croiser.

Au moyen de cette modification, à laquelle les adjudicataires ont pris l'engagement de se conformer par leur soumission supplémentaire, la durée de la concession du péage, qui avait été fixée à quarante-huit années par l'adjudication, sera augmentée de cinq ans et portée définitivement à cinquante-trois années.

2. L'administration est autorisée à acquérir, en se conformant au mode prescrit par la loi du 8 mars 1810, les terrains nécessaires pour établir les abords du pont et les raccorder avec les communications existantes.

3. Le cahier des charges, le tarif, le procès-verbal d'adjudication et la soumission additionnelle des adjudicataires resteront annexés à la présente ordonnance (1).

Ordonnance du roi, du 10 juin 1829, qui rejette la requête du sieur Winther, propriétaire riverain de la Gironde.

CHARLES, etc.; sur le rapport du comité de la justice et du contentieux;

Vu les requêtes à nous présentées au nom du sieur Winther, propriétaire, lesdites requêtes enregistrées au secrétariat général de notre conseil d'Etat, les 12 juin, 25 juillet et 2 août 1827, et tendant à ce qu'il

---

(1) Le tarif est au Bulletin des lois.

nous plaise annuler deux arrêtés du conseil de préfecture du département de la Gironde, des 11 septembre 1826 et 16 mars 1827, qui le condamnent chacun à une amende de 500 francs, aux frais, et à démolir la portion du mur qu'il a fait construire, en contravention aux lois et ordonnances relatives à la conservation des chemins de halage; ce faisant, ordonner que le mur de l'exposant continuera d'exister comme il existe depuis nombre d'années;

Subsidiairement, remettre ou modérer l'amende de 500 francs;

Vu l'arrêté attaqué du conseil de préfecture, du 11 septembre 1826, lequel porte:

1° Que le sieur Winther, propriétaire à Riom, est condamné à une amende de 500 francs pour fait de contravention aux lois et ordonnances relatives à la conservation du halage;

2° Qu'il fera démolir, dans la huitaine qui suivra la notification de cet arrêté, le mur faisant l'objet de cette contravention; faute de quoi il y sera procédé administrativement et à ses frais, sauf audit sieur Winther à se pourvoir, ainsi qu'il avisera, pour obtenir l'autorisation de le rebâtir au lieu qui lui sera indiqué;

3° Qu'il est également condamné aux frais de timbre et d'enregistrement du procès-verbal du 15 juillet 1826 et du présent arrêté;

Vu l'exploit de signification au sieur Winther, du procès-verbal dressé le 25 mars 1826, par le sieur Victor Flix, piqueur de l'administration des ponts et chaussées, lequel a pour objet de constater que ce propriétaire faisait rehausser le mur de clôture situé dans la commune de Riom, au passage de Podensac, qu'il avait été condamné à démolir, par arrêté du conseil de préfecture, comme se trouvant sur la voie de halage, et ayant été bâti sans autorisation;

Vu l'arrêté du conseil de préfecture pris par défaut contre ledit sieur Winther, par suite du procès-verbal du 25 novembre 1826, ci-dessus visé;

Vu l'arrêté attaqué du conseil de préfecture, du 16 mars 1827, par lequel il reçoit le sieur Winther opposant pour la forme à son arrêté du 18 janvier de la même année, et le condamne à une amende de 500 francs, aux frais de timbre et d'enregistrement, et à démolir, si fait n'a été, la partie du mur qu'il a empiétée sur la largeur du chemin de halage;

Vu la lettre de notre conseiller d'Etat directeur général des ponts et chaussées, du 29 mai 1828, en réponse à la communication qui lui a été donnée par notre garde des sceaux, des requêtes en pourvoi du sieur Winther contre les arrêtés des 11 septembre 1826 et 16 mars 1827 ci-dessus visés;

Vu les mémoires en réplique, en observations et en reproductions nouvelles du sieur Winther, enregistrés les 25 juillet, 15 octobre et 1er décembre 1828, par lesquels il persiste dans ses précédentes conclusions;

Vu les nouveaux renseignements transmis par notre conseiller d'Etat directeur général des ponts et chaussées, le 10 février 1829;

Vu la copie du procès-verbal dressé par le préfet du département de la Gironde, constatant que le sieur Victor Flix, piqueur des ponts et chaussées, a prêté serment devant lui, le 14 février 1827, en exécution de la loi du 19 mai 1802 (29 floréal an x);

Vu le plan des lieux;

Ensemble toutes les pièces produites et réunies au dossier ;

Vu l'ordonnance des eaux et forêts du mois d'août 1669, la loi du 19 mai 1802 (29 floréal an x), et le décret du 22 janvier 1808, qui déclare l'article 7 du titre 28 de l'ordonnance de 1669 applicable à toutes les rivières navigables ;

Vu le décret réglementaire du 22 juillet 1806 ;

En ce qui touche l'arrêté du 11 septembre 1826 :

Considérant que le sieur Winther a payé, le 2 novembre 1826, le montant des condamnations prononcées contre lui par ledit arrêté, sous la réserve de se pourvoir, et qu'il ne s'est pas pourvu dans le délai du règlement ;

En ce qui touche l'arrêté du 16 mars 1827 :

En la forme :

Considérant que la contravention imputée au sieur Winther est suffisamment constatée, non-seulement par le procès-verbal dont la légalité est constatée, mais par le rapport inséré au bas dudit procès-verbal par l'ingénieur des ponts et chaussées qui a vérifié le fait sur les lieux, et aussi par le propre aveu du requérant, qui n'excipe, pour moyen de défense, que d'une permission dont il ne justifie pas ;

Au fond :

Considérant que le sieur Winther, riverain de la Gironde, doit le chemin de halage, et qu'il a contrevenu aux lois ci-dessus visées en élevant des constructions sur ledit chemin de halage ;

Notre conseil d'Etat entendu,

Nous avons ordonné et ordonnons ce qui suit :

Art. 1er. La requête du sieur Winther est rejetée.

Ordonnance du roi, qui autorise la construction d'un pont en bois sur la Garonne, entre la commune de Chaum et celle de Saint-Béat, département de la Haute-Garonne.

Au château de Saint-Cloud, le 10 juin 1829.

Art. 1er. La construction d'un pont en bois sur la Garonne, entre la commune de Chaum et celle de Saint-Béat, arrondissement de Saint-Gaudens, département de la Haute-Garonne, et servant de communication entre la route royale n° 125 et la route départementale n° 11, est autorisée.

2. Il sera perçu sur ce pont, à dater du jour où il sera livré au public, des droits de péage, réglés d'après le tarif qui suit, savoir (1) :

4. Ce péage sera concédé à l'entrepreneur qui se chargera de la construction du pont, aux clauses et conditions de l'adjudication qui lui en sera passée par le préfet, suivant les formes établies pour les adjudications publiques.

Cette adjudication sera soumise à notre ministre de l'intérieur.

---

(1) Le tarif est au Bulletin des lois.

Ordonnance du roi, qui rejette les requêtes présentées à l'effet d'obtenir l'annulation de celle du 3 mars 1825.

A Saint-Cloud, le 24 juin 1829.

CHARLES, etc.; sur le rapport du comité de la justice et du contentieux;

Vu la requête à nous présentée au nom des syndics du commerce de charbon de bois par eau, et délégués du commerce de charbon de terre, savoir : Salaun, syndic des canaux d'Orléans, de Briare et du Loing;

Barbier, ancien secrétaire général du ministère de la marine, syndic de la Loire; Subert, syndic de l'Allier;

Gérard, Roux-Moreau et Reboux, adjoints;

Ladite requête enregistrée au secrétariat général de notre conseil d'Etat, le 24 mai 1826, et tendant à ce qu'il nous plaise déclarer que notre ordonnance du 3 mars 1825 ne fait pas obstacle à ce que la question de la légalité de l'indemnité demandée pour frais de stationnement des bateaux dans les canaux de Loing, d'Orléans et de Briare, soit décidée par les tribunaux, d'après les lois et tarifs qui régissent les canaux;

Vu la requête en défense de la compagnie des canaux d'Orléans et Loing, poursuite et diligence du sieur Rouxel, administrateur des canaux, demeurant à Paris, rue de la Paix, n° 6, ladite requête enregistrée audit secrétariat général le 13 décembre 1826, et tendant à ce qu'il nous plaise rejeter le pourvoi des sieurs Salaun et consorts, parce qu'ils ne justifient pas des qualités qu'ils ont prises dans leurs requêtes et mémoires;

Parce qu'à défaut de cette justification, ils se trouvent avoir formé un recours collectif, quoiqu'ils aient chacun un intérêt distinct et séparé; subsidiairement et toujours en la forme, déclarer ledit pourvoi nul et de nul effet, comme ayant été formé tardivement plus de trois mois après la promulgation légale de l'ordonnance attaquée;

Très-subsidiairement au fond, rejeter l'opposition des sieurs Salaun et consorts à notre ordonnance du 3 mars 1825, laquelle sera exécutée selon sa forme et teneur;

Condamner les demandeurs aux dépens;

Vu la requête en défense de la compagnie du canal de Briare, ladite requête enregistrée audit secrétariat général le 5 février 1827, et tendant aux mêmes conclusions que la compagnie des canaux d'Orléans et de Loing;

Vu la lettre de notre ministre de l'intérieur, du 1er novembre 1828, sur la présente contestation;

Vu le mémoire en réponse des syndics et délégués du commerce de charbon, enregistré audit secrétariat général le 30 décembre 1828, tendant à ce qu'il nous plaise rapporter l'ordonnance du 3 mars 1825;

Vu le mémoire de la compagnie du canal de Briare en production des arrêts de la cour royale de Paris, du 30 avril 1827, et de la cour de cassation, du 5 mars 1829, ledit mémoire enregistré audit secrétariat général le 2 avril 1819, et tendant au maintien des conclusions que cette compagnie a prises précédemment ;

Vu les dernières observations des syndics et délégués du commerce de charbon, lesdites observations enregistrées audit secrétariat général le 7 avril 1829, et tendant à ce qu'il nous plaise, avant faire droit, demander les avis de l'administration des domaines et de celle des ponts et chaussées, et de nos ministres de l'intérieur et du commerce ;

Vu les lettres de notre ministre des finances, des 31 janvier 1826 et 7 avril 1829, contenant des observations et renseignements sur l'objet de la présente contestation ;

Vu notre ordonnance du 3 mars 1825, qui autorise la perception d'un droit sur les bateaux qui séjournent dans les canaux d'Orléans, de Loing et de Briare ;

Vu l'arrêt de la cour royale de Paris, du 30 avril 1807, qui repousse la prétention des marchands de charbon contre la perception du droit de stationnement ;

Vu l'arrêt de la cour de cassation, du 5 mars 1829, qui rejette le pourvoi des marchands de charbon contre l'arrêt de la cour royale ;

Vu toutes les autres pièces produites et jointes au dossier ;

Vu le règlement du 22 juillet 1806 ;

Sans s'arrêter aux autres fins de non recevoir ;

Considérant que notre ordonnance du 3 mars 1825 est un règlement administratif, qui a pour objet de modifier et de compléter, en l'appliquant au canal de Briare, le décret du 22 février 1813, contenant règlement pour la police des canaux d'Orléans et de Loing, et auquel décret le nouveau règlement se réfère ;

Que dès lors ladite ordonnance réglementaire n'est pas susceptible d'être attaquée par la voie contentieuse ;

Notre conseil d'État entendu,

Nous avons ordonné et ordonnons ce qui suit :

Art. 1er. La requête des sieurs Salaun et consorts est rejetée.

2. Les sieurs Salaun et consorts sont condamnés aux dépens.

Loi concernant la répression des contraventions aux ordonnances royales sur les voitures publiques.

Au château de Saint-Cloud, le 28 juin 1829.

Art. 1er. Seront punis de l'amende portée par le § 4 de l'article 475 du Code pénal, ceux qui contreviendront aux dispositions des ordonnances royales ayant pour objet :

La solidité des voitures publiques,

Leur poids,

Le mode de leur chargement,

Le nombre ou la sûreté des voyageurs,

L'indication, dans l'intérieur des voitures, des places qu'elles contiennent, et du prix de ces places,

Et l'indication, à l'extérieur, du nom du propriétaire.

2. Les tribunaux pourront en outre, suivant les circonstances, ap-

pliquer aux quatre premiers cas de contravention ci-dessus la peine de l'emprisonnement d'un à trois jours portée par l'article 476 du même Code.

Loi qui autorise le gouvernement à créer seize cents actions de mille francs chacune, à l'effet de pourvoir à la dépense des travaux projetés pour l'amélioration du port de Boulogne.

Au château de Saint-Cloud, le 28 juin 1829.

ART. 1er. Le gouvernement est autorisé à créer seize cents actions de mille francs chacune, à l'effet de pourvoir à la dépense des travaux projetés pour l'amélioration du port de Boulogne, département du Pas-de-Calais.

2. Seront affectés au service des intérêts et au remboursement du capital :

1° Quatre-vingt-quinze mille francs qui seront prélevés annuellement sur le budget du ministère de l'intérieur, section des ponts et chaussées ;

2° Une somme annuelle de vingt-cinq mille francs qui sera portée pendant treize années consécutives au budget de la ville de Boulogne, conformément à la délibération du conseil municipal de cette ville, en date du 21 août 1826 ;

3° Le produit du droit spécial établi dans le port de Boulogne, conformément à la loi du 24 mars 1825, en remplacement du demi-droit de tonnage ;

3. La négociation des actions aura lieu avec publicité et concurrence.

Loi relative à la dépense des travaux à faire pour l'achèvement du port du Havre.

Au château de Saint-Cloud, le 28 juin 1829.

ART. 1er. Le gouvernement est autorisé à emprunter deux millions huit cent mille francs pour concourir à la dépense des travaux du port du Havre. L'emprunt aura lieu avec publicité et concurrence.

2. Seront affectés aux mêmes travaux :

1° Une somme annuelle de deux cent mille francs, qui sera prélevée pendant huit ans sur le budget du ministère de l'intérieur, section des ponts et chaussées ;

2° Une somme annuelle de vingt-cinq mille francs, payable aussi pendant huit ans par la ville du Havre, conformément à la délibération de son conseil municipal, du 19 octobre 1825 ;

3° Le produit du droit spécial qui sera établi au port du Havre, à compter du 1er octobre 1829, conformément au tarif ci-annexé, et en exécution de la loi du 24 mars 1825.

En conséquence, la perception des droits de demi-tonnage et de ba actuellement perçus au port du Havre, sera suspendue pendant toute la durée de celle du nouveau droit.

3. A l'expiration de la huitième année, le produit du droit spécial sera exclusivement appliqué au payement des intérêts et à l'amortissement du capital qui sera dû aux prêteurs : ce droit cessera d'être perçu immédiatement après l'entier remboursement de l'emprunt.

Tarif du droit de péage à percevoir dans le port du Havre, pour être employé aux travaux de ce port, et remplacer le demi-droit de tonnage et de bassin à flot, supprimé en exécution de la loi du 24 mars 1825.

Venant des ports de la Grande-Bretagne ou de ses possessions en Europe.	par tonneau	2 f. 50 c.	
Venant d'autres ports étrangers, ou faisant le grand cabotage et les voyages de long cours.	par tonneau	0 75	
Faisant le petit cabotage.		0 30	
Des États-Unis et des États mexicains.		0 75*	
Brésiliens..		2 12	1/2
Espagnols, comme les navires français, dans tous les cas.			
Anglais, arrivant sur lest d'un port étranger autre que ceux qui appartiennent en Europe à Sa Majesté Britannique.		0 75	
Tous autres.		2 50	

* L'administration des douanes tiendra compte, en outre, à la caisse locale, d'une somme de 1 fr. 75 c. par tonneau pour chaque navire américain ou mexicain qui sera entré dans le port.

Navires qui resteront dans l'avant-port.

Venant des ports de la Grande-Bretagne ou de ses possessions en Europe.	par tonneau	1 65	
Venant d'autres ports étrangers, ou faisant le grand cabotage et les voyages de long cours. . .	par tonneau	0 37	1/2
Faisant le petit cabotage. . . .	par tonneau	0 15	
Des États-Unis et des États mexicains.	par tonneau	0 37	1/2*
Brésiliens..	par tonneau	1 40	1/4
Espagnols, comme les navires français, dans tous les cas.			
Anglais { arrivant sur lest d'un port étranger autre que ceux qui appartiennent en Europe à Sa Majesté Britannique.		0 37	1/2
Tous autres.		1 65	

* L'administration des douanes tiendra compte, en outre, à la caisse locale, d'une somme de 1 fr. 17 c. 1/2 par tonneau pour chaque navire américain ou mexicain qui sera entré dans l'avant-port.

Les navires de quarante tonneaux et au-dessous employés au petit cabotage, les bateaux passagers et les bateaux pêcheurs qui séjourneront dans l'avant-port, ne seront point assujettis au payement du droit. Sont affranchis de tous droits les bâtiments de guerre français et étrangers, et tous les navires de commerce français ou étrangers frétés pour le compte de l'Etat ou requis pour le service militaire.

Ordonnance du roi, du 1ᵉʳ juillet 1829, qui annule un arrêté du p[...]
de l'Eure.

CHARLES, etc.; sur le rapport du comité de la justice et du con[...]
tieux;

Vu les requêtes sommaire et ampliative qui nous ont été présen[...]
au nom des sieurs comte Roy, pair de France, et Duval, maître[...]
forges, lesdites requêtes enregistrées au secrétariat général de [...]
conseil d'Etat, les 5 et 20 décembre 1827, et tendant à ce qu'il [...]
plaise annuler, pour incompétence et excès de pouvoir, une déci[...]
du ministre de l'intérieur, du 7 juillet 1827, approbative d'un arrêt[...]
préfet du département de l'Eure, du 12 juin 1826;

Subsidiairement et dans le cas où nous croirions devoir statuer[...]
fond, réformer lesdites décision et arrêté, en déclarant leurs disp[...]
tions non avenues, comme contraires aux titres et aux droits des[...]
posants;

Dans tous les cas condamner la demoiselle Gazzani aux dépens;

Vu la requête en défense présentée au nom de la demoiselle Gaz[...]
héritière bénéficiaire du sieur Gazzani, son père, ladite requête en[...]
gistrée audit secrétariat général le 24 mai 1828, et tendant à ce qu[...]
nous plaise déclarer la demande des sieurs comte Roy et Duval non [...]
cevable, et en tout cas mal fondée, ordonner l'exécution des décisi[...]
attaquées, et condamner les adversaires aux dépens;

Vu le mémoire en réplique, présenté au nom des sieurs comte R[...]
et Duval, enregistré le 9 septembre 1828, et par lequel ils persis[...]
dans leurs précédentes conclusions;

Vu le mémoire en réponse, présenté au nom de la demoiselle G[...]
zani, enregistré le 21 novembre 1828, et tendant au maintien de[...]
précédentes conclusions;

Vu l'arrêté attaqué, du 12 juin 1826, du préfet du département [...]
l'Eure, lequel, statuant sur une demande du sieur Levacher-Durc[...]
tendant à être autorisé à conserver un nouveau moulin à blé qu[...]
fait construire sans autorisation dans la commune de Condé, a ordo[...]
audit sieur Durclé, auteur des sieurs comte Roy et Duval, d'aras[...]
la hauteur du repère existant à la tête de son ancien moulin, le barr[...]
fixe par lequel il a remplacé la vanne du coursier de cet ancien m[...]
lin, et lui a prescrit en même temps de ne lever les vannes de décha[...]
que de manière à soutenir toujours les eaux à la hauteur du repè[...]
particulièrement dans les jours et aux heures fixés pour l'irrigation[...]

Vu la décision en date du 7 juillet 1827, par laquelle notre mini[...]
de l'intérieur, en approuvant l'arrêté ci-dessus visé du préfet du dép[...]
tement de l'Eure, ordonne, en outre, que chacune des vannes du[...]
versoir du sieur Levacher-Durclé sera fermée par un cadenas don[...]
clef sera déposée entre les mains d'une tierce personne que le p[...]
désignera, et dont les salaires seront payés, moitié par ledit sieur [...]
clé et moitié par la demoiselle Gazzani;

Vu la lettre de notre ministre de l'intérieur, à la date du 4 avril 1[...]
en réponse à la communication qui lui avait été donnée du pourvo[...]
sieurs comte Roy et Duval;

Vu toutes les autres pièces produites jointes au dossier;

Vu le règlement publié le 5 juin 1802 (16 prairial an x), à l'effet de fixer le niveau des eaux de toutes les rivières qui coulent dans le département de l'Eure, et la hauteur des déversoirs sur ces rivières ;

Vu les lois des 12, 20 août 1790, et 28 septembre et 6 octobre 1791 ;

Considérant que jusqu'à ce qu'il eût été statué par nous, sur la demande du sieur Levacher-Durclé en conservation du nouveau moulin qu'il avait fait construire sans autorisation, le préfet de l'Eure et le ministre de l'intérieur devaient se borner à ordonner, dans l'intérêt de l'ordre public, le rétablissement des lieux dans leur ancien état, en renvoyant aux tribunaux pour l'application des titres privés et l'exécution des anciens règlements ;

Notre conseil d'Etat entendu,

Nous avons ordonné et ordonnons ce qui suit :

Art. 1er. L'arrêté du préfet de l'Eure, du 12 juin 1826, et la décision confirmative du ministre de l'intérieur, du 7 juillet 1827, sont annulés pour cause d'incompétence.

2. La demoiselle Gazzani est condamnée aux dépens.

Ordonnance du roi, du 1er juillet 1829, qui confirme un arrêté de conflit du préfet de l'Aisne.

CHARLES, etc. ; sur le rapport du comité de la justice et du contentieux ;

Vu un arrêté en date du 23 avril 1829, transmis au conseil d'Etat le 30 mai suivant, par lequel le préfet du département de l'Aisne a élevé le conflit d'attribution au sujet des poursuites exercées devant les tribunaux de Château-Thierry et de Laon par l'administration forestière, contre le sieur Delaître, entrepreneur des travaux publics, à raison de l'extraction des matériaux par lui faite dans des bois appartenant aux hospices de Château-Thierry ;

Vu le jugement en date du 4 avril 1829, par lequel le tribunal de première instance de Laon a réformé celui du tribunal de Château-Thierry, qui s'était déclaré incompétent, et sursis à statuer au fond jusqu'après l'accomplissement des formalités prescrites par l'ordonnance royale du 1er juin 1828 ;

Vu le procès-verbal d'adjudication faite au sieur Delaître des travaux de construction et d'entretien de la route départementale no 8, et le devis des fournitures et matériaux à employer pour l'exécution de ces travaux ;

Ensemble toutes les autres pièces produites ;

Vu la loi du 17 février 1800 (28 pluviôse an VIII), l'article 145 du Code forestier et l'article 175 de l'ordonnance royale du 1er août 1827 ;

Considérant qu'aux termes de l'article 4 de la loi du 17 février 1800 (28 pluviôse an VIII). les contestations concernant les indemnités dues aux particuliers par les entrepreneurs, à raison de terrains pris ou fouillés pour la confection des chemins et autres ouvrages publics, sont de la compétence des conseils de préfecture ;

Que le Code forestier déclare, par son article 145, qu'il n'est pas dérogé au droit conféré à l'administration des ponts et chaussées d'in-

IV.   10

diquer les lieux où doivent être faites les extractions de matériaux pour les travaux publics, et que l'article 175 de l'ordonnance réglementaire du 1er août 1827, rendue pour l'exécution du Code forestier, se réfère expressément, pour le jugement des contestations, à la loi du 17 février 1800 (28 pluviôse an VIII);

Considérant qu'il résulte du procès-verbal d'adjudication et des autres pièces ci-dessus visées, que le sieur Delaître est entrepreneur des travaux publics;

Que les matériaux dont il s'agit ont été extraits par lui dans les limites des terrains indiqués au devis dressé par l'administration, et qu'ils ont été employés à la confection des travaux mentionnés dans le devis;

Notre conseil d'État entendu,

Nous avons ordonné et ordonnons ce qui suit:

Art. 1er. L'arrêté du 23 avril 1829, par lequel le préfet du département de l'Aisne a élevé le conflit d'attribution, est confirmé.

2. Le jugement du tribunal de première instance de Laon, du 4 avril 1829, est considéré comme non avenu.

Loi relative à l'aliénation de l'étang de Capestang.

Au château de Saint-Cloud, le 4 juillet 1829.

Article unique. L'étang de Capestang, situé sur la limite des départements de l'Aude et de l'Hérault, et faisant partie de la dotation de l'ordre royal de la Légion d'honneur, sera vendu avec publicité et concurrence, à charge de desséchement. Le produit de cette vente sera employé en achat de rentes sur l'État, au profit de la Légion d'honneur.

Ordonnance du roi, du 8 juillet 1829, qui confirme un arrêté de conflit du préfet de la Gironde.

CHARLES, etc.; sur le rapport du comité de la justice et du contentieux;

Vu l'arrêté de conflit pris, le 12 janvier 1829, par le préfet du département de la Gironde, dans une contestation existante devant le tribunal civil de Bordeaux, entre le sieur Bareyre, entrepreneur des travaux d'ensemencement des dunes du cap Ferret, d'une part, et la compagnie des Landes, d'autre part, au sujet d'ajoncs et autres plantes que le sieur Bareyre, entrepreneur desdits travaux, aurait fait arracher sur des terrains dont ladite compagnie est propriétaire, et qui étaient désignés dans le devis de son traité;

Vu le jugement rendu le 23 décembre 1828, par lequel le tribunal civil de Bordeaux a retenu la cause, et ordonné que les parties plaideraient au fond;

Vu le cahier des charges de l'adjudication passée au sieur Bareyre pour le semis des dunes du cap Ferret, et dans lequel sont désignés les lieux où il devra prendre les ajoncs, broussailles et autres matériaux destinés à la confection de ces travaux;

Vu les observations de la compagnie des Landes, enregistrées au secrétariat général de notre conseil d'Etat, le 18 février 1829;

Vu l'ordonnance royale du 5 janvier 1817, portant que les travaux de fixation et d'ensemencement des dunes dans les départements de la Gironde et des Landes seront repris en 1817, et que les travaux seront, à compter de cet exercice, dirigés par le directeur général des ponts et chaussées, sous l'autorité du ministre de l'intérieur; qu'ils seront exécutés, les dépenses faites et les comptes rendus, d'après le mode adopté pour le service de l'administration des ponts et chaussées;

Vu toutes les autres pièces produites;

Considérant que les travaux faits pour la fixation et l'ensemencement des dunes dans les départements des Landes et de la Gironde ont été repris, en vertu de l'ordonnance royale ci-dessus visée, et placés comme travaux publics sous l'autorité et la direction du directeur général des ponts et chaussées;

Considérant que l'enlèvement des ajoncs et broussailles dont se plaint la compagnie des Landes, constitue des torts et dommages dont l'indemnité doit être réglée par le conseil de préfecture, aux termes du §3 de l'article 4 de la loi du 17 février 1800 (28 pluviôse an vin);

Notre conseil d'Etat entendu,

Nous avons ordonné et ordonnons ce qui suit:

Art. 1er. L'arrêté de conflit pris par le préfet du département de la Gironde, le 12 janvier 1829, est confirmé.

Le jugement rendu par le tribunal civil de Bordeaux, le 23 décembre 1828, est considéré comme non avenu.

Ordonnance du roi, du 8 juillet 1829, qui annule un arrêté du conseil de préfecture de la Gironde.

CHARLES, etc.; sur le rapport du comité de la justice et du contentieux;

Vu le pourvoi de notre ministre de l'intérieur, enregistré au secrétariat général de notre conseil d'Etat le 5 juillet 1827, et tendant à l'annulation d'un arrêté du conseil de préfecture du département de la Gironde, du 29 juillet 1826, qui a refusé de statuer sur une contravention de grande voirie commise par le sieur Duperrier sur un chemin public riverain de la Garonne;

Vu l'arrêté attaqué;

Vu les requêtes en défense du sieur Duperrier, enregistrées audit secrétariat général, les 3 novembre 1827 et 11 décembre 1828, tendant au rejet du pourvoi de notre ministre de l'intérieur;

Vu les nouvelles observations du sieur Duperrier, enregistrées le 19 juin 1829;

Ensemble toutes les autres pièces produites;

Considérant que la Garonne est navigable dans l'endroit dont il s'agit;

Qu'aux termes de l'ordonnance de 1669, un chemin de halage et un marche-pied sont dus le long des rivières navigables;

Et qu'en établissant des clôtures et palissades sur ledit chemin, sans en avoir obtenu préalablement l'autorisation et l'alignement, le sieur Duperrier a contrevenu aux lois en matière de grande voirie;

Notre conseil d'Etat entendu,

Nous avons ordonné et ordonnons ce qui suit:

Art. 1er. L'arrêté du conseil de préfecture du département de la Gironde, du 29 juillet 1826, est annulé.

En conséquence, les ouvrages construits sans autorisation par le sieur Duperrier seront démolis.

Ordonnance du roi, du 8 juillet 1829, portant annulation d'un arrêté du conseil de préfecture des Landes.

CHARLES, etc.; sur le rapport du comité de la justice et du contentieux;

Vu le rapport à nous présenté par notre ministre secrétaire d'Etat au département de l'intérieur, ledit rapport enregistré au secrétariat général de notre conseil d'Etat, le 24 février 1828, et tendant à ce qu'il nous plaise annuler un arrêté du conseil de préfecture du département des Landes, en date du 26 janvier 1827, lequel décide que l'indemnité due par l'Etat au sieur Gilly, ex-entrepreneur du pont de Lannes, sur l'Adour, est fixée à la somme de 5,340 francs 14 centimes;

Vu le mémoire en défense du sieur Gilly, enregistré audit secrétariat général, le 29 septembre 1828, et tendant à ce qu'il nous plaise rejeter le pourvoi de notre ministre de l'intérieur;

Vu l'arrêté attaqué;

Vu l'article 26 du cahier des charges:

Ensemble toutes les autres pièces produites et jointes au dossier;

Vu la loi du 28 avril 1816 et celle du 25 mars 1817;

Considérant que les matériaux déposés par le sieur Gilly, pour les travaux du pont de Lannes, ont été enlevés dans la campagne de 1814 par les armées belligérantes;

Que, dès lors, les pertes dont il se plaint ont été occasionnées par un fait de guerre qui ne peut donner lieu à aucune indemnité;

Notre conseil d'Etat entendu,

Nous avons ordonné et ordonnons ce qui suit:

Art. 1er. L'arrêté du conseil de préfecture du département des Landes, en date du 26 janvier 1827, est annulé.

Circulaire du directeur général (M. Becquey), portant envoi de l'ordonnance royale du 10 mai 1829.

Paris, le 15 juillet 1829.

MONSIEUR le préfet, j'ai l'honneur de vous adresser deux exemplaires de l'ordonnance royale du 10 mai dernier, sur les travaux qui dépendent de l'administration des ponts et chaussées. Le rapport (1) présenté au roi par Son Excellence le ministre de l'intérieur, et qui est imprimé en tête de l'ordonnance, vous en fera connaître l'intention et le but.

Vous y verrez que la vue principale a été de séparer, par une ligne générale de démarcation, les travaux d'entretien et de réparations ordinaires des travaux neufs et de grosses réparations, et d'attribuer sur les premiers à l'autorité locale une action plus immédiate, dans la confiance qu'elle sera plus efficace.

Je ne répéterai point le texte de l'ordonnance; les dispositions qu'elle contient s'expliquent suffisamment par leur seul énoncé, et je n'entrerai ici que dans de courts développements.

L'article 1er divise les fonds du budget des ponts et chaussées en deux grandes sections : l'une est relative, ainsi que je viens de le dire, aux travaux d'entretien et de réparations ordinaires; l'autre aux travaux neufs et de grosses réparations.

L'article 2 maintient l'ordre actuel pour la répartition et la sous-répartition des sommes affectées à la seconde section. Mais l'article 3 introduit dans cet ordre une modification importante en ce qui concerne la première section. Pour cette section, la répartition des fonds par départements est seule arrêtée par le directeur général, et, dans chaque département, la sous-répartition doit être faite par un conseil local que vous présiderez, et dans lequel viendront siéger l'inspecteur divisionnaire, l'ingénieur en chef, et deux membres du conseil général qui seront nommés chaque année par Son Excellence le ministre de l'intérieur. Je vous prie, en m'adressant la liste des membres du conseil général, de désigner ceux de ces membres qui, par leurs connaissances spéciales, par leur résidence plus habituelle dans le département, par la nature de leurs occupations, et par les loisirs dont ils peuvent disposer, vous paraîtront les plus propres à remplir les nouvelles fonctions qui leur seront attribuées. Je mettrai cette liste et les renseignements dont vous l'aurez accompagnée sous les yeux de Son Excellence, pour éclairer son choix. Vous aurez besoin aussi de vous concerter avec M. l'inspecteur divisionnaire sur l'époque de la tenue du nouveau conseil, dès que je vous aurai fait connaître le montant de la répartition affectée à votre département. L'inspecteur divisionnaire, dont le service embrasse plusieurs départements, ne peut pas se trouver dans tous à la fois, et ce n'est que successivement qu'il lui sera possible de venir prendre part aux délibérations qui s'ouvriront aux divers chefs-lieux compris dans le territoire de son inspection. J'appelle particulièrement votre attention sur le dernier paragraphe de ce même article 3, et je vous invite à me transmettre une copie de la sous-répartition dès qu'elle sera arrêtée dans le conseil local.

L'article 4 place spécialement sous la direction des ingénieurs, et sous votre autorité, les travaux d'entretien et de réparations ordinaires; à l'avenir, pour cette partie du service, vous approuverez les projets, vous passerez les adjudications, qui deviendront définitives par votre approbation. Cet article vous donne des pouvoirs qui s'exercent aujourd'hui du centre même de l'administration; il supprime des examens et

(1) La reproduction de ce rapport nous a paru inutile.

des formalités que vos soins, vos efforts et votre vigilance suppléeront utilement à l'avenir. Ces travaux, toutefois, resteront soumis à toutes les formes établies pour la comptabilité des ponts et chaussées; chaque année vous en présenterez le compte au conseil local, et vous voudrez bien m'adresser une copie de ce compte, avec le procès-verbal de la délibération dont il aura été l'objet.

Le premier paragraphe de l'article 5 vous confère la faculté de désigner un certain nombre de commissaires voyers qui seront chargés de concourir avec les ingénieurs et les autres agents des ponts et chaussées, à la surveillance des travaux d'entretien des routes. On ne peut qu'attendre d'utiles effets de cette intervention de l'intérêt local; toutefois, la mise en vigueur de cet article est essentiellement subordonnée à celle de l'article 6, qui annonce des instructions que je prépare en ce moment, et que je vous adresserai plus tard.

L'article 7 vous investit d'un droit nouveau; lorsque l'estimation d'un travail neuf, ou d'une grosse réparation, n'excédera pas cinq mille francs, vous aurez la faculté d'en approuver immédiatement le projet, sur la proposition de l'ingénieur en chef; mais l'exécution n'en pourra avoir lieu qu'autant que les fonds auront été crédités à l'avance. Je dois insister sur cette condition : le crédit dont l'ouverture est indispensable pour légitimer le commencement et l'entreprise du travail, ne peut pas être confondu avec le crédit général que je vous annoncerai chaque année pour les ouvrages neufs de votre département. Ce crédit doit être spécial : vous m'en ferez la demande particulière dès que vous en sentirez le besoin, et moi, de mon côté, j'aurai à en examiner et à en juger l'opportunité. La distinction que je viens d'établir est d'une importance que vous comprendrez facilement.

L'article 8 ordonne qu'à l'avenir tout travail nouveau et important sera l'objet d'une enquête préalable. Déjà aujourd'hui aucun ouvrage n'est entrepris sans qu'on ait consulté, soit les conseils généraux ou d'arrondissement, soit les conseils municipaux, soit les chambres de commerce; mais ce qui n'est encore qu'un usage deviendra désormais une obligation : il est essentiel, en effet, de ne modifier l'état des lieux et des intérêts préexistants qu'après avoir reconnu l'utilité de l'entreprise nouvelle. Pour abréger les délais, dès que l'ingénieur en chef vous aura remis des projets, vous pourrez consulter immédiatement, selon les cas divers, soit les conseils généraux, soit les conseils d'arrondissement, soit les conseils municipaux intéressés, soit les chambres de commerce, soit même à la fois tous ces corps ou plusieurs d'entre eux. Vous n'aurez pas besoin, pour remplir ces formalités, d'attendre mon autorisation, et vous ferez bien, à cet égard, de prendre l'initiative. Lorsque, d'après l'importance de l'influence probable des travaux, vous jugerez convenable d'ouvrir une enquête plus étendue, vous voudrez bien me faire connaître votre avis, et m'adresser vos propositions.

Le titre III et dernier de l'ordonnance détermine les formes à suivre dans l'adjudication des travaux. Les motifs du choix de ces formes sont exposés dans le rapport de Son Excellence le ministre de l'intérieur, et il serait inutile de répéter ici les considérations et les développements que renferme ce rapport.

Je terminerai, monsieur le préfet, par une observation très-essentielle. C'est que les dispositions de l'ordonnance que j'ai l'honneur de vous transmettre ne commenceront à recevoir d'effet que pour les travaux dont les dépenses seront payées sur les fonds du budget de 1830. Ce n'est pas dans le cours d'un exercice qu'il est possible, sans inconvénient, de passer d'un système à un autre : l'exercice de 1829 se continuera, s'achèvera et se clora dans les formes suivant lesquelles il a été commencé. Toutefois rien n'empêche de suivre dès ce moment le nouveau mode d'adjudication ; mais, sauf cette seule exception, toutes les autres dispositions de l'ordonnance ne seront applicables que lorsqu'il s'agira d'employer les fonds du budget de 1830.

Je vous prie, monsieur le préfet, de m'accuser réception de la présente circulaire et de l'ordonnance qui s'y trouve annexée.

J'adresse à M. l'ingénieur en chef une ampliation de ces deux pièces. Vous recevrez incessamment des instructions particulières sur la division des fonds et sur quelques mesures qui auront pour objet de simplifier la comptabilité.

Ordonnance du roi sur diverses dispositions relatives aux travaux dépendant de l'administration des ponts et chaussées.

Au château de Saint-Cloud, le 10 mai 1829.

Titre Ier. — *Distribution des fonds.*

Art. 1er. Les fonds portés sur le budget du ministère de l'intérieur, section des ponts et chaussées, pour les travaux :

1° Des routes royales et ponts ;
2° De navigation, bacs, canaux, quais ;
3° De ports maritimes de commerce ;

Seront divisés, dans chacun de ces trois chapitres, en deux catégories spéciales ; l'une concernant les travaux d'entretien et de réparations ordinaires ; l'autre les travaux neufs et de grosses réparations.

2. La répartition par département et la sous-répartition dans chaque département, des fonds affectés aux travaux neufs et aux grosses réparations, continueront, comme par le passé, d'être réglées par le directeur général des ponts et chaussées.

Quant aux fonds affectés aux travaux d'entretien et de réparations ordinaires, la répartition par département sera seule arrêtée par le directeur général des ponts et chaussées ; et, dans chaque département, la sous-répartition, suivant les besoins particuliers, sera faite dans un conseil local présidé par le préfet et composé de l'inspecteur divisionnaire (1), de l'ingénieur en chef et de deux membres du conseil général du département, que désignera chaque année notre ministre secrétaire d'État de l'intérieur.

Les ingénieurs ordinaires seront admis dans ce conseil ; mais seulement avec voix consultative.

---

(1) D'après l'article 2 de l'ordonnance royale du 19 octobre 1830, les inspecteurs divisionnaires ne font plus partie du conseil local institué par le présent article.

La sous-répartition ainsi arrêtée sera définitive. Une copie en sera transmise au directeur général des ponts et chaussées.

TITRE II. — *Approbation des projets, exécution des travaux.*

4. Les travaux d'entretien et de réparations ordinaires dépendant de l'administration des ponts et chaussées, seront exécutés dans chaque département, sous la direction des ingénieurs et sous l'autorité du préfet.

En conséquence, pour cette partie du service, le préfet approuvera les projets, passera les adjudications, et l'administration centrale n'aura plus à exercer qu'une haute surveillance.

Ces travaux resteront soumis néanmoins à toutes les formes établies pour la comptabilité de l'administration des ponts et chaussées. Le compte en sera présenté chaque année par le préfet au conseil local, et une copie de ce compte, avec le procès-verbal de la délibération dont il aura été l'objet, sera transmise au directeur général des ponts et chaussées.

5. Le préfet pourra désigner un certain nombre de commissaires voyers qui seront chargés de concourir avec les ingénieurs et les autres agents des ponts et chaussées à la surveillance des travaux d'entretien des routes.

6. Les fonctions des commissaires voyers seront gratuites. Des instructions particulières de la direction générale règleront les attributions de ces commissaires, et leurs rapports avec les ingénieurs, conducteurs et autres agents des ponts et chaussées.

7. Les projets de travaux neufs et de grosses réparations seront, comme par le passé, soumis à l'approbation du directeur général des ponts et chaussées; mais lorsque l'estimation n'excédera pas cinq mille francs, ils pourront être approuvés immédiatement par le préfet, sur la proposition de l'ingénieur en chef. Toutefois, l'exécution n'en pourra avoir lieu qu'autant que les fonds auront été crédités.

8. A l'avenir, aucune route nouvelle au compte de l'Etat, aucun pont d'un grand débouché, aucun ouvrage neuf d'une grande dimension sur le bord d'un torrent ou d'une rivière, ou dans un port maritime de commerce, ne sera entrepris, sans que la proposition en ait été préalablement soumise à des enquêtes dont les formes seront déterminées dans chaque cas particulier, suivant l'importance des travaux et leur influence probable.

Il sera statué par une ordonnance spéciale sur la forme des enquêtes qui devront précéder toute entreprise de canal ou de navigation (1).

TITRE III. — *Formes à suivre dans l'adjudication des travaux.*

9. Les adjudications relatives aux travaux dépendant de l'administration des ponts et chaussées auront lieu à l'avenir sur un seul concours, et par voie de soumissions cachetées.

---

(1) Voir l'ordonnance royale, en date du 18 février 1834, et celle du 15 février 1835.

Le délai du concours sera au moins d'un mois. Toutefois, il pourra être réduit, dans les cas d'urgence, et avec l'autorisation du directeur général des ponts et chaussées.

10. Nul ne sera admis à concourir, s'il n'a les qualités requises pour entreprendre les travaux et en garantir le succès. A cet effet, chaque concurrent sera tenu de fournir un certificat constatant sa capacité, et de présenter un acte régulier ou au moins une promesse valable de cautionnement : ce certificat et cet acte ou cette promesse seront joints à la soumission; mais celle-ci sera placée sous un second cachet.

Il ne sera pas exigé de certificat de capacité pour la fourniture des matériaux destinés à l'entretien des routes, ni pour les travaux de terrassements dont l'estimation ne s'élèvera pas à plus de 15,000 francs.

11. Les paquets seront reçus cachetés par le préfet, le conseil de préfecture assemblé, en présence de l'ingénieur en chef. Ils seront immédiatement rangés sur le bureau, et recevront un numéro dans l'ordre de leur présentation.

12. A l'instant fixé pour l'ouverture des paquets, le premier cachet sera rompu publiquement, et il sera dressé un état des pièces contenues sous ce premier cachet. L'état dressé, les concurrents se retireront de la salle de l'adjudication, et le préfet, après avoir consulté les membres du conseil de préfecture et l'ingénieur en chef, arrêtera la liste des concurrents agréés.

13. Immédiatement après, la séance redeviendra publique; le préfet annoncera sa décision. Les soumissions seront alors ouvertes publiquement, et le soumissionnaire qui aura fait l'offre d'exécuter les travaux aux conditions les plus avantageuses sera déclaré adjudicataire.

14. Néanmoins, si les prix de la soumission excédaient ceux du projet approuvé, le préfet surseoirait à l'adjudication; il en rendrait compte au directeur général des ponts et chaussées, qui lui transmettrait des instructions conformes aux circonstances.

15. Lorsqu'un certificat de capacité n'aura pas été admis, la soumission qui l'accompagnera ne sera pas ouverte.

16. Toute soumission qui ne sera pas exactement conforme au modèle adopté, sera déclarée nulle et non avenue.

17. Il sera dressé, pour chaque adjudication, un procès-verbal de toutes les opérations ci-dessus indiquées.

Une copie de ce procès-verbal sera transmise immédiatement, avec les pièces qui devront l'accompagner, au directeur général des ponts et chaussées, dont l'approbation sera nécessaire pour rendre l'adjudication valable et définitive.

Toutefois, ainsi qu'il a été dit ci-dessus, les adjudications relatives aux travaux d'entretien et de réparations ordinaires, deviendront valables et définitives par la seule approbation du préfet.

18. Nonobstant les dispositions qui précèdent, et lorsque la dépense des travaux n'excédera pas cinq mille francs, le préfet pourra, dans les cas urgents, recevoir des soumissions isolées et sans concours.

19. Dans certaines circonstances, et lorsqu'il ne s'agira que de travaux neufs dont la dépense n'excédera pas quinze mille francs, le préfet pourra déléguer au sous-préfet la faculté de passer l'adjudication au chef-lieu de la sous-préfecture; le sous-préfet suivra les formes et les dispositions ci-dessus indiquées; il sera assisté du maire du chef-lieu de

la sous-préfecture, de deux membres du conseil d'arrondissement, et d'un ingénieur ordinaire.

20. Le montant du cautionnement n'excédera pas le trentième de l'estimation des travaux, déduction faite de toutes les sommes portées à valoir pour cas imprévus, indemnités de terrains et ouvrages en régie.

Ce cautionnement sera mobilier ou immobilier, à la volonté des soumissionnaires. Les valeurs mobilières ne pourront être que des effets publics ayant cours sur la place (1).

Circulaire du directeur général (M. Becquey), concernant le timbre des actes d'acquisition de terrains pour les routes départementales.

Paris, le 27 juillet 1829.

Monsieur le préfet, par ma circulaire du 28 février 1828, j'ai eu l'honneur de vous annoncer que Son Excellence le ministre des finances avait décidé que les actes d'acquisition des terrains destinés aux routes départementales devaient être enregistrés *gratis*, conformément à l'article 70 de la loi du 12 décembre 1798 (22 frimaire an 7), comme les actes des acquisitions faites pour les routes royales.

Depuis cette époque, de nouvelles difficultés se sont élevées dans plusieurs départements, où MM. les directeurs des domaines ont cru devoir exiger que les actes à enregistrer *gratis* soient dressés sur papier timbré; les réclamations qu'elles ont excitées ont porté Son Excellence le ministre de l'intérieur à demander à Son Excellence le ministre des finances que les actes d'acquisition des routes départementales soient également affranchis des droits de timbre, et M. le comte Roy lui a annoncé, le 10 mars dernier, que, d'après le nouvel examen qu'il avait fait de la question soulevée par l'administration de l'enregistrement, *il avait décidé que les actes dont il s'agit seraient admis au visa pour timbre gratis :* qu'il avait transmis cette décision à M. le directeur général de l'enregistrement, afin qu'il donnât les ordres nécessaires pour en assurer l'exécution.

Cette décison lève les dernières difficultés qui avaient motivé les réclamations de plusieurs de MM. les préfets. Je vous invite à tenir la main, en ce qui vous concerne, à ce qu'elle soit exécutée.

Loi qui autorise le gouvernement à concéder à perpétuité le havre de Courseulles, à la charge par le concessionnaire d'exécuter divers travaux.

Du 29 juillet 1829.

Art. 1er. Le gouvernement est autorisé à concéder à perpétuité le

---

(1) Voir tome III, page 226, l'ordonnance royale du 19 juin 1825, d'après laquelle les inscriptions en rentes sur l'Etat seront admises pour cautionnement, savoir : les rentes 3 p. 0/0 au cours de 75 fr., et les rentes 4 1/2 et 5 pour 0/0 au pair.

havre de Courseulles, à la charge par le concessionnaire d'exécuter les travaux nécessaires à l'établissement d'un port et d'un dock, conformément au projet adopté par le conseil général des ponts et chaussées, les 7 mars 1826 et 8 février 1828, et à l'état énonciatif des travaux et des clauses principales à insérer au cahier des charges; état arrêté par M. le directeur général des ponts et chaussées, le 25 mai 1829, et annexé à la présente loi.

La concession aura lieu avec publicité et concurrence; elle sera dévolue à la compagnie qui offrira le rabais le plus considérable sur le droit de 50 centimes par millier effectif d'huîtres, apporté par bateaux et bâtiments, et même par voitures en destination pour la partie de la côte comprise entre le ruisseau de Luc et la rivière de Gronds (1).

2. Indépendamment de la taxe précédente, le concessionnaire est autorisé à percevoir un droit de stationnement, d'après le tarif ci-annexé.

Ordonnance du roi, du 29 juillet 1829, qui annule plusieurs arrêtés du conseil de préfecture de Seine-et-Oise.

CHARLES, etc.; sur le rapport du comité de la justice et du contentieux;

Vu les requêtes sommaire et ampliative à nous présentées au nom du sieur Tondu-Poullain, extracteur de tourbe, demeurant à Mennecy, département de Seine-et-Oise, lesdites requêtes enregistrées au secrétariat général de notre conseil d'Etat, les 30 octobre et 28 décembre 1823, 21 et 27 octobre 1825, et 4 avril 1827, et tendant à ce qu'il nous plaise annuler, pour cause d'incompétence et d'excès de pouvoir, les arrêtés pris par le conseil de préfecture du département de Seine-et-Oise, les 9 septembre 1823, 27 et 31 mai, 7 et 10 juin 1825, et 26 décembre 1826, et ordonner la restitution des sommes qu'il a été contraint de payer en vertu de ces arrêtés;

Vu les procès-verbaux dressés les 30 juin 1823, 17 et 19 juin 1824, 22 avril 1825 et 24 novembre 1826, par les piqueurs-gardes de la rivière d'Essonne, constatant qu'ils ont trouvé des ouvriers du sieur Tondu-Poullain occupés à extraire de la tourbe dans les propriétés appartenant audit sieur Tondu, à une distance moindre de 100 mètres de la berge de ladite rivière, délit prévu par l'article 12 de l'ordonnance royale du 1er octobre 1817, rendue pour la police des rivières d'Essonne et de la Juine;

Vu les arrêtés attaqués, lesquels prenant en considération les fréquentes récidives du sieur Tondu-Poullain, l'ont condamné, chacun en une amende de 500 francs, à raison des délits constatés par les procès-verbaux ci-dessus visés;

---

(1) L'adjudication a été passée le 23 avril 1830, par M. le préfet du Calvados, à MM. Balleroy et Gaugain, pour un droit de 0 fr. 379 par millier d'huîtres, au lieu de 0 fr. 50.
Une loi du 3 juillet 1846 a autorisé le rachat de cette concession, par suite duquel les droits spéciaux fixés par la présente loi seront supprimés.

Vu les lettres de notre ministre de l'intérieur, des 27 janvier 1827 et 1er mars 1828, en réponse à la communication qui lui avait été faite des pourvois du sieur Tondu-Poullain, et par lesquelles il conclut à leur rejet, attendu que l'Essonne ayant été toujours considérée comme une rivière navigable, le conseil de préfecture avait été compétent pour réprimer les contraventions commises sur son cours par l'exposant;

Vu les mémoires en réplique présentés au nom du sieur Tondu-Poullain, lesdits mémoires enregistrés au secrétariat général de notre conseil d'Etat, les 24 janvier 1826 et 6 juin 1827, et par lesquels il persiste dans ses précédentes conclusions;

Vu l'ordonnance royale du 1er octobre 1827, rendue pour la police de l'Essonne et de la Juine;

Vu une nouvelle lettre de notre ministre de l'intérieur, du 28 juin 1828, par laquelle notredit ministre, en convenant que la rivière d'Essonne n'est plus navigable de fait depuis fort longtemps, soutient néanmoins qu'elle n'a jamais cessé de l'être de droit, et conclut en conséquence au maintien de ses précédentes conclusions;

Vu un nouveau mémoire présenté au nom du sieur Tondu-Poullain, enregistré audit secrétariat général le 8 mai 1829, et par lequel il persiste dans ses précédentes conclusions;

Vu la loi du 22 août 1791, relative aux moyens de faciliter la navigation des rivières d'Etampes et d'Essonne, et notamment son art. 4; ensemble toutes les autres pièces produites;

Considérant que les pourvois du sieur Tondu-Poullain, contre les arrêtés du conseil de préfecture de Seine-et-Oise, des 9 septembre 1823, 27 et 31 mai, 7 et 10 juin 1825, et 26 décembre 1826, présentent à juger la même question;

Qu'ainsi il y a lieu d'y statuer par une seule et même ordonnance;

Considérant que la rivière d'Essonne n'est ni navigable ni flottable; d'où il suit que c'était aux tribunaux qu'il appartenait de réprimer les contraventions commises par le sieur Tondu-Poullain à l'article 12 de l'ordonnance royale du 1er octobre 1817 (1);

Notre conseil d'Etat entendu,

Nous avons ordonné et ordonnons ce qui suit:

Art. 1er. Les arrêtés du conseil du préfecture du département de Seine-et-Oise, des 19 septembre 1823, 27 et 31 mai, 7 et 10 juin 1825, et 26 décembre 1826, sont annulés pour cause d'incompétence.

2. Il sera fait restitution au sieur Tondu-Poullain des sommes qu'il aurait pu payer en exécution des condamnations prononcées contre lui par lesdits arrêtés.

(1) Voir cette ordonnance, t. II, p. 303.

Ordonnance du roi, qui rejette les réclamations de M. de Mirandol et autres propriétaires riverains de la Vezère, au sujet de la servitude du chemin de halage.

Saint-Cloud, le 5 août 1829.

CHARLES, etc.; sur le rapport du comité de la justice et du contentieux;

Vu les requêtes à nous présentées au nom des sieurs comte de Mirandol, membre de la chambre des députés; Defeletz, conservateur de la bibliothèque Mazarine; Devaux, chevalier de l'ordre royal et militaire de Saint-Louis; Labrousse; Cantaloup; Labadie; Sorbier, avocat; Martin fils; Labrousse-Beauregard; Bayle, docteur en médecine; Lafilolie; Lassale; Foucaud; Teisson; Grand; Regnier; Thibeyran; Vᵉ Latrade; Chaumel, docteur en médecine; Mérilhou; Daussin, Bosredon aîné; D. Tallerie; A. Boresdon; Greslières; Desforces; L.-L. Delbos; Aladière, curé de Condat; Lasserre; Dubois-Lagrave; Chalard; Lagorce; Lafond; Bouquier; Montribot; Dumas; Bosredon; Cluzeau; Chabreli; Laborie; Lafrené, curé de Saint-Lazare; Louis Bosredon; autre Bosredon; Jean Lapourcherie; Passemart et Delteil, tous propriétaires riverains de la Vezère, entre Montignac et Terrasson; lesdites requêtes enregistrées au secrétariat général de notre conseil d'Etat, les 24 octobre 1826, 10 février, 25 avril 1827 et 13 mai 1828, et tendant à ce qu'il nous plaise annuler la décision prise par le ministre de l'intérieur, le 22 juillet 1826; ordonner que la compagnie adjudicataire du canal de la Vezère ne pourra s'emparer des terrains nécessaires pour les francs-bords et chemin de halage de ce canal, sans payer préalablement aux propriétaires de ces terrains une indemnité qui sera réglée conformément aux lois;

Condamner ladite compagnie aux dépens;

Subsidiairement ordonner une enquête pour constater si la Vezère était navigable en 1808, ou l'avait été antérieurement;

Vu la requête en défense produite pour le sieur Mévil, au nom des concessionnaires des canaux de la Corrèze et de la Vezère, ladite requête enregistrée audit secrétariat général le 15 septembre 1827, et tendant à ce qu'il nous plaise rejeter le pourvoi des adversaires, avec dépens;

Vu la lettre écrite, le 9 janvier 1827, à notre garde des sceaux, par le directeur général des ponts et chaussées, en réponse à la communication qui lui a été donnée de la requête des propriétaires riverains;

Vu la décision attaquée par laquelle le ministre de l'intérieur approuve deux arrêtés du préfet de la Dordogne, des 29 septembre 1825 et 11 mars 1826, qui enjoignent aux propriétaires riverains de la Vezère, entre Montignac et Terrasson, de couper les arbres et de fournir, sans indemnité, le chemin de halage ainsi que le marchepied dans l'étendue prescrite par l'ordonnance de 1669;

Vu lesdits arrêtés;

Vu le procès-verbal de visite de la rivière de la Vezère, fait les 19 et 20 septembre 1753, par le sieur Vimar, ingénieur des ponts et chaussées et inspecteur général de la navigation des rivières de cette généralité, et par le sieur Martin du Rive, syndic de la navigation et de ladite rivière de Vezère;

Vu l'ordonnance du 24 décembre 1753, rendue au vu du procès-verbal ci-dessus visé, par laquelle l'intendant de la Guyenne a prescrit l'abattage des arbres au-dessus et au-dessous du lieu de la Vallade, et qui obstruaient le chemin de halage de la Vezère, et l'enlèvement de quelques souches et pieux dans le lit de cette rivière au-dessus de la digue du moulin d'Aubas, lesquels nuisaient à la navigation;

Vu le rapport de l'ingénieur en chef du département de la Dordogne, en date du 8 juin 1826;

Vu la lettre écrite par le directeur général des ponts et chaussées, le 25 février 1829, en réponse aux renseignements demandés par notre garde des sceaux, de laquelle il résulte:

1° Que, depuis ladite ordonnance de 1753, aucune construction de barrage n'a été autorisée sur la Vezère;

2° Que l'Etat jouit des droits de pêche et de bacs sur cette rivière;

3° Que les riverains ne sont pas assujettis au curage de la rivière;

Ensemble toutes les autres pièces produites;

Vu l'article 7, titre 28 de l'ordonnance du mois d'août 1669; vu le décret du 22 janvier 1808;

Considérant qu'aux termes du décret sus-énoncé, du 22 janvier 1808, l'indemnité n'est due aux propriétaires riverains que pour les navigations nouvellement établies dans les rivières qui n'étaient pas navigables par bateaux, trains ou radeaux; que, dans l'espèce, il résulte des pièces ci-dessus visées, que la rivière de la Vezère était anciennement navigable; qu'en supposant même qu'il y ait eu interruption momentanée de la navigation, le droit de l'Etat n'a pu être prescrit;

D'où il suit que le chemin de halage est dû sans indemnité;

Notre conseil d'Etat entendu,

Nous avons ordonné et ordonnons ce qui suit:

Art. 1er. La requête du comte de Mirandol et consorts est rejetée.

2. Le comte de Mirandol et consorts sont condamnés aux dépens.

Ordonnance du roi, du 5 août 1829, qui rejette le pourvoi formé contre l'arrêté d'une commission spéciale par le sieur de Guibert.

CHARLES, etc.; sur le rapport du comité de la justice et du contentieux;

Vu la requête à nous présentée au nom du sieur de Guibert, propriétaire à Villers-sur-Authie, ladite requête enregistrée au secrétariat général de notre conseil d'Etat, le 15 septembre 1826, et tendant à ce qu'il nous plaise, interprétant, en tant que de besoin, l'article 16 du décret de concession, du 25 mai 1811, déclarer que cet article ne saurait s'appliquer au lit de la rivière de Pendé appartenant à l'exposant;

Annuler par conséquent l'arrêté de la commission spéciale du 20 juin 1826;

Subsidiairement, et dans le cas où nous penserions que cet article 16 renferme l'expropriation du lit de ladite rivière de Pendé, déclarer que cet article est contraire au texte de l'article 545 du Code civil, comme aux dispositions spéciales de la loi du 16 septembre 1807;

Rapporter en conséquence ledit article 16 comme vicié d'excès de pouvoir, et par suite annuler l'arrêté attaqué de la commission;

Vu le mémoire en défense des concessionnaires du desséchement des marais de la vallée d'Authie, ledit mémoire enregistré au secrétariat général de notre conseil d'Etat le 10 juin 1828, et tendant à ce qu'il nous plaise rejeter le pourvoi contre la décision attaquée du 20 juin 1826; au besoin déclarer que le sieur de Guibert est non recevable dans sa tierce opposition, en tout cas mal fondé, et le condamner aux dépens;

Vu la première réplique du sieur de Guibert, enregistrée le 1er juillet 1828, par laquelle il persiste dans ses précédentes conclusions, et conclut en outre à ce qu'il nous plaise, dans le cas où nous ne croirions pas pouvoir actuellement accueillir sa tierce opposition, lui accorder toutes réserves à cet égard;

Vu la réplique des concessionnaires, enregistrée le 18 août 1828, par laquelle ils déclarent persister dans leurs précédentes conclusions;

Vu de nouvelles observations, tant pour le sieur de Guibert que pour les concessionnaires, enregistrées les 2 septembre 1828, et 9 octobre suivant;

Vu l'arrêté attaqué de la commission spéciale;

Vu les observations du directeur général des ponts et chaussées;

Vu le plan des lieux;

Vu toutes les autres pièces produites;

Vu la loi du 16 septembre 1807;

Sur la compétence :

Considérant qu'aux termes de l'article 46 de la loi du 16 septembre 1807, la commission spéciale était compétente pour décider si les lits desséchés de la rivière de Pendé étaient ou non au nombre de ceux dont l'article 16 du décret du 25 mai 1811, avait fait abandon aux concessionnaires;

Au fond :

Considérant que le décret de concession du 25 mai 1811 a été rendu, publié et exécuté dans les formes prescrites par la loi du 16 septembre 1807, et que la commission a fait une juste application de l'article 16 dudit décret;

Notre conseil d'Etat entendu,

Nous avons ordonné et ordonnons ce qui suit :

Art. 1er. La requête du sieur de Guibert est rejetée.

2. Le sieur de Guibert est condamné aux dépens.

Ordonnance du roi, du 22 août 1829, qui annule un arrêté du conseil de préfecture de l'Allier.

CHARLES, etc.; sur le rapport du comité de la justice et du contentieux;

Vu les requêtes à nous présentées au nom du sieur Boirot-Desserviers, enregistrées au secrétariat général de notre conseil d'Etat les 17 juin

1826, 9 et 21 mai 1827, 14 janvier 1828, et 28 mars 1829, et tendant à l'annulation d'un arrêté pris par le conseil de préfecture du département de l'Allier, le 9 mars 1826, lequel a déclaré qu'à raison d'une extraction de pierres faite sur sa propriété pour la construction du pont d'Ebreuil, il ne lui est dû d'indemnité que pour les dommages causés à la superficie du sol;

Vu l'arrêté attaqué;

Vu les requêtes en défense des sieurs Passant et Steuf, entrepreneurs du pont d'Ebreuil, enregistrées audit secrétariat général les 27 décembre 1826, 23 juin 1827, et 24 janvier 1829, et tendant au rejet du pourvoi du sieur Boirot-Desserviers;

Vu l'article 55 de la loi du 16 septembre 1807, portant qu'on ne doit payer la valeur des matériaux au prix courant qu'autant que l'on s'empare d'une carrière déjà en exploitation;

Vu toutes les autres pièces produites et jointes au dossier;

Considérant qu'il résulte des pièces produites, qu'antérieurement à l'entreprise des sieurs Steuf et Passant, la carrière dont il s'agit avait été plusieurs fois mise en exploitation pour le compte du sieur Boirot-Desserviers;

Que dès lors il y avait lieu de faire entrer dans l'estimation la valeur des matériaux à extraire, conformément à l'art. 55 de la loi du 16 septembre 1807;

Notre conseil d'Etat entendu,

Nous avons ordonné et ordonnons ce qui suit:

Art. 1er. L'arrêté pris par le conseil de préfecture du département de l'Allier, le 9 mars 1826, est annulé;

2. Les parties sont renvoyées pour faire procéder, soit à l'amiable, soit devant le conseil de préfecture, au règlement de l'indemnité réclamée par le requérant.

Le prix des pierres extraites sera réglé, abstraction faite des améliorations apportées par les entrepreneurs à l'exploitation de la carrière.

3. Les sieurs Steuf et Passant sont condamnés aux dépens.

Ordonnance du roi, du 26 août 1829, qui rejette la réclamation formée par le sieur Detroyat, contre une décision ministérielle.

Charles, etc.; sur le rapport du comité de la justice et du contentieux;

Vu la requête à nous présentée par le sieur Armand Detroyat, négociant et propriétaire à Bayonne; ladite requête enregistrée au secrétariat général de notre conseil d'Etat le 6 novembre 1828, et tendant à ce qu'il nous plaise: 1° annuler une décision rendue le 12 juin 1828, par notre ministre de l'intérieur, approbative d'un arrêté du préfet des Basses-Pyrénées, du 29 avril 1825, lequel détermine l'alignement des constructions exécutées par le sieur Berot, rue de l'Argenterie, à Bayonne, route royale n° 10 de Paris en Espagne; 2° maintenir au contraire l'arrêté du 30 avril 1822, et en conséquence ordonner la démolition des constructions faites contrairement à ce dernier arrêté, sans autre indemnité pour le sieur Berot que celle qui lui revient de droit pour la valeur du terrain qu'il délaissera au besoin de la ville, sous la réserve de tous moyens et exceptions;

Vu la décision attaquée;

Vu la lettre écrite à notre garde des sceaux par notre ministre de l'intérieur, le 12 février 1829;

Vu la réplique faite par le sieur Detroyat, ladite réplique tendant aux mêmes fins que la requête;

Vu les arrêtés précités du 30 avril 1822 et du 29 avril 1825;

Vu le plan des lieux, ensemble les autres pièces produites et jointes au dossier;

Vu l'article 52 de la loi du 16 septembre 1807, le décret du 27 juillet 1808, les instructions ministérielles des 16 novembre 1811, 29 octobre 1811, et 2 octobre 1815;

Considérant que la rue de l'Argenterie à Bayonne, faisant partie de la route royale n° 10 de Paris en Espagne, est placée sous le régime de la grande voirie;

Que les formalités dont le sieur Detroyat signale l'omission sont prescrites par des instructions ministérielles relatives à l'exécution de l'article 52 de la loi du 16 septembre 1807, lequel article ne concerne que les plans généraux d'alignement des rues qui ne sont pas grandes routes;

Que l'arrêté du 30 avril 1822, dont le maintien est demandé, ne déterminait aucun alignement général, que cette décision interlocutoire se bornait à prescrire, sur le projet d'un alignement partiel, des formalités utiles, mais qui, dans l'espèce, n'étaient pas obligatoires;

Qu'à défaut d'un plan général d'alignement approuvé par nous, c'est au préfet qu'il appartient, en matière de grande voirie, de déterminer un alignement partiel;

Et que le sieur Berot a suivi exactement la ligne qui lui était tracée par l'arrêté du 29 avril 1825;

Considérant que ledit sieur Detroyat n'a pas qualité pour élever des réclamations dans l'intérêt de la voirie urbaine;

Considérant que le dommage dont se plaint ce particulier, s'il était appréciable, ne serait que la perte d'un avantage auquel il n'avait aucun droit acquis;

Notre conseil d'Etat entendu,

Nous avons ordonné et ordonnons ce qui suit :

Art. 1er. La requête du sieur Detroyat est rejetée.

Ordonnance du roi, du 26 août 1829, qui statue sur une discussion entre l'administration et l'entrepreneur du pont d'Aiguillon.

CHARLES, etc. ; sur le rapport du comité de la justice et du contentieux;

Vu la requête à nous présentée au nom du sieur Vigneau, forgeron, demeurant à Aiguillon, département de Lot-et-Garonne, ladite requête enregistrée au secrétariat général de notre conseil d'Etat le 14 août 1827, et tendant à ce qu'il nous plaise annuler l'arrêté du conseil de préfecture du département de Lot-et-Garonne, du 8 mai 1827,

IV.   11

qui fixe à 39,024 le nombre des pointes d'outils què l'exposant a restaurées pour la régie du pont d'Aiguillon, du 1er novembre 1824 au 2 juillet 1825, et à 2,926 fr. 70 cent. le prix de cette restauration, à raison de 7 cent. par pointe; ce faisant, ordonner que les 65,712 pointes d'outils portées dans les états que fournit l'exposant lui seront payées par l'administration des ponts et chaussées à raison de 10 cent. la pointe; subsidiairement encore ordonner qu'avant faire droit il sera procédé à une enquête pour déterminer la quantité de pointes forgées par l'exposant pour la régie du pont d'Aiguillon, du 1er novembre 1824 au 2 juillet 1825;

Vu la décision attaquée;

Vu la lettre écrite, le 10 octobre 1828, à notre garde des sceaux, ministre de la justice, par le directeur général des ponts et chaussées;

Vu la réplique pour le sieur Vigneau, ladite réplique enregistrée au secrétariat général de notre conseil d'Etat, le 16 juin 1829, tendant aux mêmes fins que la requête, et contenant en outre une conclusion subsidiaire ayant pour but, en cas de rejet des conclusions principales, d'obtenir que les 39,024 pointes d'outils que le conseil de préfecture décide avoir été restaurées seront payées à raison de 10 cent. l'une, prix moyen reconnu par ledit conseil;

Ensemble les autres pièces produites et jointes au dossier;

Considérant que le conseil de préfecture rejette le registre produit par l'exposant, plutôt à raison du défaut de forme et d'authenticité que pour cause d'inexactitude;

Considérant que l'administration n'oppose à ce registre aucune note, aucun attachement tenu pendant les travaux, et qu'elle n'excipe que d'une expérience qui, dans l'espèce, ne paraît pas suffisamment concluante;

Notre conseil d'Etat entendu,

Nous avons ordonné et ordonnons ce qui suit :

Art. 1er. L'arrêté du conseil de préfecture du département de Lot et Garonne, en date du 8 mai 1827, est annulé.

2. Il sera tenu compte au sieur Vigneau de la réparation des 65,712 pointes d'outils portée sur les états qu'il a fournis, et chaque pointe réparée sera payée à raison de 7 cent. et demi, prix moyen.

Ordonnance du roi qui approuve l'adjudication de la construction d'un pont suspendu sur l'Oise à Précy.

Au château de Saint-Cloud, le 26 août 1829.

CHARLES, etc.; sur le rapport de notre ministre secrétaire d'Etat de l'intérieur;

Vu le cahier de charges dressé pour la construction d'un pont suspendu sur l'Oise à Précy, département de l'Oise, moyennant la concession d'un péage;

Vu le procès-verbal du 27 juin 1829, constatant les opérations faites à la préfecture du département pour parvenir avec publicité et concurrence à l'adjudication de cette entreprise;

Notre conseil d'Etat entendu,

Nous avons ordonné et ordonnons ce qui suit :

Art. 1er. L'adjudication de la construction d'un pont suspendu sur l'Oise à Précy, faite et passée le 27 juin 1829 par le préfet du département de l'Oise au sieur Bayard de la Vingtrie, moyennant la concession des droits à percevoir sur ce pont pendant quatre-vingt-quatorze ans, est approuvée. En conséquence, toutes les charges, clauses, et conditions de cette adjudication recevront leur pleine et entière exécution.

2. Le cahier des charges, le tarif et le procès-verbal d'adjudication demeureront annexés à la présente ordonnance (1).

Ordonnance du roi, du 2 septembre 1829, qui statue sur une contravention du sieur de Neuflize.

CHARLES, etc. ; sur le rapport du comité de la justice et du contentieux ;

Vu la requête à nous présentée au nom du sieur Gilles-Robert-Pierre Lemoine-Desmares, ladite requête enregistrée au secrétariat général de notre conseil d'Etat, le 23 août 1827, et tendant à ce qu'il nous plaise annuler un arrêté du conseil de préfecture du département des Ardennes, du 3 mai 1827, et faisant ce que ledit conseil aurait dû faire, ordonner que l'atterrissement provenant du fait du sieur de Neuflize sera détruit à ses frais, et le condamner aux dépens, tant du présent pourvoi que des autres, occasionnés par sa contravention ;

Vu le mémoire en défense pour le sieur de Neuflize, enregistré audit secrétariat général le 25 février 1825, tendant à ce qu'il nous plaise déclarer le pourvoi du sieur Lemoine-Desmares purement et simplement non recevable, subsidiairement mal fondé, et le condamner aux dépens ;

Vu le pourvoi de notre ministre de l'intérieur, en date du 31 janvier 1828, contre le même arrêté du 3 mai 1827, et contre celui du 19 juin 1826 ;

Vu le mémoire en réplique du sieur Lemoine-Desmares, en date du 9 août 1828, par lequel, persistant dans ses précédentes conclusions, il demande l'enlèvement des saules et de l'atterrissement, enfin de tout ce qui a été amassé dans la rivière, en dehors du mur qui sert de clôture et de limite à la propriété du sieur de Neuflize, et conclut à ce qu'il nous plaise statuer aussi sur le procès-verbal du 24 juin 1825 ;

Vu la réplique du sieur de Neuflize, par laquelle il persiste dans ses conclusions à l'égard du pourvoi du sieur Lemoine-Desmares, et, en ce qui touche celui formé par notre ministre de l'intérieur, conclut à ce qu'il nous plaise le déclarer purement et simplement non recevable, subsidiairement mal fondé ;

Vu les procès-verbaux des 11 mars, 5 avril, 24 juin 1825 et 11 février 1826 ;

---

(1) Le tarif est au Bulletin des lois.

Vu l'ordonnance royale du 2 août même année ;

Vu l'avis des ingénieurs ;

Vu les arrêtés attaqués du conseil de préfecture, des 19 juin 1826 et 3 mai 1827 ;

Considérant que les arrêtés du conseil de préfecture, des 19 juin 1826 et 3 mai 1827, n'ont statué que sur les procès-verbaux des 11 mars et 5 avril 1825 et 19 juin 1826 ; que dès lors il n'y a lieu, quant à présent, à statuer sur les autres procès-verbaux ;

Considérant qu'il résulte desdits procès-verbaux et des autres pièces produites, qu'à l'époque où les procès-verbaux ont été rédigés, il existait au pied du mur du sieur de Neuflize un atterrissement sur lequel croissaient trois saules âgés d'environ trente ans ;

Que des pierres ou décombres ont été jetés ou déposés sur cet atterrissement, et que ces matériaux tendaient, soit à l'accroître, soit à le consolider ;

Que ces procès-verbaux font foi jusqu'à inscription de faux ;

Que ce jet ou dépôt de matériaux fait sur les bords d'une rivière navigable constituait une contravention en matière de grande voirie, qui devait être réprimée par le conseil de préfecture ;

Notre conseil d'Etat entendu,

Nous avons ordonné et ordonnons ce qui suit :

Art. 1er. Les arrêtés du conseil de préfecture des Ardennes, des 19 juin 1826 et 3 mai 1827, sont annulés.

2. Il est enjoint au sieur de Neuflize d'enlever toutes les pierres et décombres tendant à étendre ou charger l'atterrissement naturel qui existait au pied de sa propriété, et cet atterrissement sera rétabli dans l'état où il se trouvait avant le jet ou dépôt de matériaux et décombres, constaté par les procès-verbaux des 11 mars et 5 avril 1825 et 19 juin 1826.

3. Les dépens sont compensés entre les parties.

Ordonnance du roi, du 2 septembre 1829, qui annule une décision de la commission spéciale des marais de l'Authie.

CHARLES, etc. ; sur le rapport du comité de la justice et du contentieux ;

Vu la requête à nous présentée au nom du sieur Jourdain de l'Etoile, maire de la commune d'Argoules, département de la Somme, où il demeure, et propriétaire de terrains en la vallée d'Authie, tant en son nom qu'au nom des propriétaires et communes intéressés au dessèchement ; ladite requête enregistrée au secrétariat général de notre conseil d'Etat le 22 septembre 1827, et dont les conclusions tendent à ce qu'il nous plaise le recevoir appelant, tant dans son propre intérêt que dans celui de la commune d'Argoules, dont il est maire, et des propriétaires et communes dont il est syndic, d'une décision rendue par la commission spéciale du dessèchement de la vallée d'Authie, estimative de la plus-value de 1823 ;

Vu le mémoire en défense des concessionnaires, enregistré le 3 octobre 1828, et tendant à ce qu'il nous plaise déclarer ce pourvoi non recevable et sans objet;

Vu la requête en pourvoi contre la même décision formée au nom des sieurs Bernault, Dubuc, marquis et comte de Laubepin, concessionnaires du desséchement de la vallée d'Authie, ladite requête enregistrée le 11 mars 1828, et par laquelle lesdits concessionnaires concluent à ce qu'il nous plaise annuler la même décision du 15 juin 1827, ordonner que le revenu des terrains demeurera fixé tel qu'il est établi par la majorité des experts dans leur procès-verbal du 7 juin 1827; subsidiairement et dans le cas où nous ne le prononcerions pas ainsi, ordonner qu'il sera, par les mêmes experts, procédé à une nouvelle évaluation, dans laquelle ils prendront pour base le prix des herbes de 1823;

Vu le mémoire en défense, enregistré le 6 août 1828, des sieurs Jourdain et autres;

Tous propriétaires des terrains desséchés;

Les conclusions de ce mémoire, tendant à ce qu'il nous plaise réformer la décision du 15 juin 1827, en ce qu'elle augmente le prix des classes déterminées par les procès-verbaux des 31 mai 1813 et 2 mai 1815, ordonner que ce prix restera le même après comme avant le desséchement;

Subsidiairement, et dans le cas où nous ne croirions pas devoir adopter les conclusions principales, rejeter purement et simplement le pourvoi formé par les concessionnaires contre la décision du 15 juin 1827, les déclarer non recevables et les condamner aux dépens;

Vu divers mémoires produits à l'appui des mêmes conclusions;

Vu la décision attaquée;

Vu le procès-verbal d'expertise, pour la plus-value provisoire de 1823;

Vu la loi du 16 septembre 1807;

Vu le décret du 25 mai 1811, portant concession du desséchement de la vallée d'Authie;

Considérant que le pourvoi du sieur Jourdain et celui des concessionnaires ont pour objet la même décision de la commission spéciale, et qu'il y a lieu dès lors de les joindre;

Considérant qu'il s'agit, dans l'espèce, de la plus-value provisoire à déterminer pendant le cours des travaux de desséchement, et non de la plus-value définitive; que cette indemnité doit être réglée d'après les articles 16 de la loi du 16 septembre 1807 et 10 du décret du 25 mai 1811;

Considérant qu'aux termes de l'article 16 de la loi du 16 septembre 1807, la plus-value provisoire consiste dans une portion en deniers du produit des fonds qui ont les premiers profité du desséchement;

Qu'aux termes de l'article 10 du décret de concession, cette portion doit être fixée par la commission dans la proportion des quatre cinquièmes de la plus-value annuelle desdits terrains sur l'excédant de leur revenu primitif;

Que cette indemnité étant accordée chaque année, doit être réglée d'après le revenu réel de ladite année;

Que la plus-value provisoire a été ainsi fixée en 1820, 1821 et 1822, et que c'est à tort qu'il n'a point été procédé de même en 1823;

Notre conseil d'Etat entendu,

Nous avons ordonné et ordonnons ce qui suit :

Art. 1er. La décision de la commission spéciale du desséchement de la vallée d'Authie est annulée.

2. Il sera procédé à une nouvelle expertise, dans laquelle on prendra pour base de la plus-value provisoire de 1823 le prix des herbes pendant ladite année.

3. Les dépens sont réservés pour être supportés par la partie qui succombera en fin de cause.

Ordonnance du roi, du 2 septembre 1829, qui statue sur une discussion relative aux marais de l'Authie.

CHARLES, etc.; sur le rapport du comité de la justice et du contentieux;

Vu les requêtes à nous présentées au nom des sieurs Bernault, Dubuc, marquis et comte de Laubepin, concessionnaires du desséchement de la vallée d'Authie; lesdites requêtes enregistrées au secrétariat général de notre conseil d'Etat, les 27 septembre 1827 et 18 mars 1828, et tendant à ce qu'il nous plaise annuler une décision prise le 16 juin 1827 par la commission spéciale du desséchement de la vallée d'Authie; ordonner que les concessionnaires jouiront à perpétuité, comme de leur propriété, du produit des berges, canaux et fossés, à moins que les propriétaires chargés de l'entretien des travaux de desséchement ne traitent de gré à gré ou d'après estimation contradictoire, et condamner le sieur de Guibert aux dépens;

Vu le mémoire en défense pour le sieur de Guibert, enregistré le 19 juin 1828, dont les conclusions tendent à ce qu'il nous plaise rejeter purement et simplement la requête en pourvoi formée par les concessionnaires du desséchement de la vallée d'Authie contre la décision de la commission spéciale, en date du 16 juin 1827; subsidiairement, et dans le cas où nous désirerions voir dans l'ordonnance royale du 22 août 1821 un titre de propriété en faveur des adversaires, recevoir le sieur de Guibert tiers opposant à cette ordonnance, la rapporter en ce qui concerne l'objet du procès actuel, comme étant contraire aux droits qui nous sont conférés par la loi du 16 septembre 1807; confirmer aussi, dans ce cas, la décision attaquée, condamner les adversaires aux dépens;

Vu les observations de notre ministre de l'intérieur, en réponse à la communication qui lui avait été donnée desdites requêtes;

Vu la décision attaquée;

Vu la loi du 16 septembre 1807;

Sur le pourvoi des concessionnaires contre la décision de la commission spéciale du desséchement, du 16 juin 1827;

Considérant qu'aux termes de l'article 25 de la loi du 16 septembre 1807, durant le cours des travaux de desséchement, les canaux, fossés, rigoles, digues et autres ouvrages, doivent être entretenus et gardés aux frais des entrepreneurs du desséchement, et que la commission spéciale a fait une juste application de cet article en maintenant les concessionnaires du desséchement de l'Authie en jouissance des digues et berges dont il s'agit jusqu'à la réception des travaux;

Mais qu'aux termes de l'article 26, à compter de la réception des travaux, l'entretien et la garde desdits travaux doivent être à la charge des propriétaires anciens et nouveaux, représentés par une administration qui fera exécuter les travaux et en répartira la dépense, conformément à des règlements d'administration publique qui seront rendus à cette époque sur la proposition des syndics et sur l'avis de la commission spéciale;

Que, dès lors, ladite commission devait s'abstenir de statuer sur la question de savoir si, à ladite époque, les digues et berges dont il s'agit devront être remises par les concessionnaires aux propriétaires ou à leurs représentants avec ou sans indemnités;

Sur les conclusions du sieur de Guibert;

Considérant que ledit sieur de Guibert n'allègue pas qu'il lui soit dû par les concessionnaires aucune indemnité pour la cession ou l'expropriation des terrains sur lesquels ont été élevées les digues dont il revendique la jouissance;

Que ces digues, élevées aux frais des concessionnaires, doivent, aux termes des articles 25 et 26 de la loi du 16 septembre 1807, être entretenues et gardées par les concessionnaires jusqu'à la réception des travaux, et après la réception, par l'association des propriétaires anciens et nouveaux;

Que, dans aucun cas, les propriétaires limitrophes n'ont aucun droit personnel sur les digues qui font partie de ces travaux;

Que, dès lors, c'est avec raison que la commission spéciale a rejeté la demande du sieur de Guibert;

Qu'il est également, et par les mêmes motifs, non recevable à former tierce opposition à l'ordonnance royale du 22 août 1821;

Notre conseil d'Etat entendu,

Nous avons ordonné et ordonnons ce qui suit:

Art. 1er. La décision de la commission spéciale du desséchement de la vallée d'Authie, du 16 juin 1827, est annulée dans la disposition qui statue sur la question de savoir si, après la réception des travaux, les digues dont il s'agit devront être remises à l'association des propriétaires anciens et nouveaux, avec ou sans indemnité.

1. La tierce opposition du sieur de Guibert à l'ordonnance du 22 août 1821 est rejetée.

3. Le sieur de Guibert est condamné aux dépens.

Ordonnance du roi, du 2 septembre 1829, qui statue sur une contestation relative à la conservation des travaux de desséchement des marais de l'Authie.

CHARLES, etc.; sur le rapport du comité de la justice et du contentieux;

Vu la requête à nous présentée au nom des sieur et dame de Bosredon, tant en leur nom qu'en celui des autres propriétaires du domaine de Dompierre, et notamment du mineur de Carbonnière dont ils sont tuteurs, tous domiciliés à Neuville, département de l'Allier, contre les sieurs de Laubepin, Dubuc et Bernault, ou tous autres concessionnaires de l'entreprise du dessèchement de la vallée d'Authie;

Ladite requête, enregistrée au secrétariat général de notre conseil d'Etat, le 18 avril 1827, et tendant à ce qu'il nous plaise annuler, pour incompétence, excès de pouvoir, et comme attentatoire aux droits de leur propriété, un arrêté pris par le préfet du département de la Somme, le 19 mai 1826, qui enjoint au sieur de Carbonnière de fermer les prises d'eau qu'il a faites à la rivière de l'Authie, et de suspendre toute entreprise d'irrigation avant de s'être entendu avec les concessionnaires du dessèchement;

Vu le mémoire en défense desdits concessionnaires, enregistré audit secrétariat général, le 15 mars 1828, dont les conclusions tendent à ce qu'il nous plaise rejeter, tant en la forme qu'au fond, le pourvoi des sieur et dame de Bosredon, maintenir l'arrêté qui en est l'objet, et les condamner aux dépens;

Vu la réplique, en date du 12 juillet 1828, desdits sieur et dame de Bosredon, ès noms qu'ils agissent, par laquelle ils persistent dans leurs conclusions, et y ajoutant, pour le cas où nous croirions devoir retenir la connaissance de l'affaire et statuer définitivement au fond, ordonner que les exposants seront autorisés à faire usage de vannes additionnelles, et à jouir du droit d'irrigation, conformément à leurs titres (celui du 4 avril 1777), à l'usage et à la loi, le tout sans être obligés de s'entendre avec les concessionnaires et de leur payer une indemnité quelconque, condamner ces derniers aux dépens;

Vu les nouvelles productions desdits sieur et dame de Bosredon, en date du 6 août 1828;

Vu la réplique, en date du 27 décembre 1828, des concessionnaires, tendant à ce qu'il nous plaise, en confirmant l'arrêté du préfet de la Somme, du 19 mai 1826, dire et ordonner qu'aucun des propriétaires des terrains desséchés de la vallée d'Authie ne pourra naviguer de la manière déterminée par les ordonnances des 22 août 1821 et 16 août 1823, qu'après avoir établi, soit de gré à gré ou par des experts respectivement nommés avec les concessionnaires, telles conventions qu'il appartiendra pour obtenir d'irriguer leurs prairies, en se conformant d'ailleurs à toutes les dispositions fixées par les ordonnances, et à celles qu'il appartient au gouvernement de prescrire, déclarant lesdits concessionnaires que dans le cas où le sieur de Bosredon et les propriétaires qui, comme lui, irriguaient avant le dessèchement, préféreraient que leurs prés fussent usinés comme irrigués, ils consentent (eux concessionnaires) à ce que l'estimation du 28 septembre 1826 soit, en ce sens, rectifiée par les experts du dessèchement, attendu que les exposants trouveront dans cette rectification la plus-value d'amélioration que le dessèchement a donnée à ces prés;

Et sera, dans tous les cas, le sieur de Bosredon, tant en privé nom qu'aux qualités qu'il agit, condamné aux dépens;

Vu la pétition présentée au préfet de la Somme, le 26 janvier 1826, par le sieur de Bosredon, en sa qualité de tuteur du mineur de Carbonnière;

Vu l'arrêté attaqué du préfet de la Somme;

Vu la déclaration du roi, du 20 août 1790, la loi du 16 septembre

1807, le décret du 25 mai 1811 et l'ordonnance du 22 août 1821;

Considérant qu'aux termes de l'article 27 de la loi du 16 septembre 1807, la conservation des travaux de desséchement est commise à l'administration publique; que le préfet de la somme était compétent pour ordonner la destruction des vannes d'irrigation comme indûment placées et contraires au système de desséchement de la vallée d'Authie;

Que le sieur de Bosredon est non recevable à attaquer directement devant nous, en notre conseil d'Etat, l'arrêté du préfet de la Somme, qui ne peut être déféré qu'à notre ministre de l'intérieur;

Notre conseil d'Etat entendu,

Nous avons ordonné et ordonnons ce qui suit:

Art. 1er. La requête du sieur de Bosredon, ès noms qu'il agit, est rejetée.

2. Le sieur de Bosredon, ès dits noms, est condamné aux dépens.

Arrêté du préfet du département du Pas-de-Calais, concernant la Scarpe et le Gy.

A Arras, le 5 septembre 1829.

Nous, préfet du département du Pas-de-Calais;

Vu les plaintes portées par les maires, conseils municipaux et propriétaires riverains, soit sur l'état de dégradation et d'envasement de la rivière non navigable de Scarpe et des sources et ruisseaux qui y affluent, soit sur le désordre existant dans le cours et l'usage des eaux par suite des entreprises illégales des usiniers, et notamment de la hauteur excessive et arbitraire des retenues de leurs usines;

Les instructions de notre prédécesseur prescrivant qu'une reconnaissance exacte des lieux serait faite par les ingénieurs des ponts et chaussées, afin de fournir à l'administration les moyens d'apprécier le mérite des réclamations, et de faire cesser les abus et inconvénients existants;

Les rapports des ingénieurs ordinaire et en chef, présentant leurs renseignements et observations, ainsi que des propositions pour l'adoption d'un règlement général sur la police et l'entretien de cette rivière et de ses affluents;

Les observations des maires et conseils municipaux, des propriétaires riverains et des usiniers, sur le projet de règlement proposé, ensuite de la communication qui en a été faite aux intéressés, l'avis des sous-préfets des arrondissements d'Arras et de Saint-Pol, ensemble les nouveaux rapports des ingénieurs sur les observations et réclamations auxquelles a donné lieu le projet de règlement;

L'ordonnance rendue par le roi, sur le rapport du comité du contentieux et de la justice, le 6 mai 1829, statuant sur les contestations auxquelles a donné lieu la retenue du moulin de Saint-Nicolas, et les lettres de M. le directeur général des ponts et chaussées, des 14 juillet et 10 août suivant, à ce sujet;

Vu l'arrêt du conseil d'Etat du roi, du 1er octobre 1774, l'ordonnance des états d'Artois, pour son exécution, du 20 mars 1775, ainsi que le règlement des mêmes états, du 26 mai 1781, sur cette rivière, depuis ses deux sources à Vandelicourt et à Noyelle-Vion jusqu'aux moulins de Saint-Nicolas, et la lettre ministérielle, du 13 décembre 1820, relative à l'exécution de ce règlement;

Les lois et règlements généraux sur la matière, nommément les lois des 20 août 1790, 6 octobre 1791, 4 mai 1803 (14 floréal an XI), les articles 645 et 650 du Code civil, l'arrêté du gouvernement, du 9 mars 1798 (19 ventôse an VI), et le règlement de notre prédécesseur, du 25 août 1828, sur les usines à eaux;

Considérant que l'état actuel de la Scarpe non navigable et de ses affluents est extrêmement préjudiciable aux propriétés riveraines et aux usines établies sur leur cours, ainsi qu'à la salubrité publique; qu'il est également nuisible à la navigation de la Scarpe canalisée, qui est alimentée par la Scarpe supérieure; qu'il est reconnu que cet état est occasionné, 1° par le défaut d'entretien et de curage du lit, la dégradation des rives et digues, et les plantations irrégulières; 2° par les entreprises illégales des usiniers, qui, au mépris des règlements, soit généraux, soit spéciaux, tiennent les eaux à une hauteur excessive, par l'élévation arbitraire de leurs retenues, et par là dégradent les digues, occasionnent des inondations aux moindres crues, en même temps qu'ils se nuisent les uns aux autres, à partir du dernier, les roues de chaque moulin supérieur étant noyées par les manœuvres de l'inférieur;

Considérant que la loi du 20 août 1790 charge les administrations de département (les préfets) de rechercher et indiquer les moyens de procurer le libre cours des eaux, d'empêcher que les prairies ne soient submergées, et de diriger, autant qu'il sera possible, toutes les eaux de leur territoire vers un but d'utilité générale;

Considérant qu'aux termes de la loi du 6 octobre 1791 et de l'arrêté du gouvernement, du 9 mars 1798 (19 ventôse an VI), il est dans les attributions de l'administration de régler la hauteur des eaux et tout ce qui concerne l'établissement et la police des usines;

Considérant, que, conformément à la loi du 4 mai 1803 (14 floréal an XI), il doit être pourvu au curage des canaux et rivières non navigables, et à l'entretien des digues et ouvrages d'art qui y correspondent, de la manière prescrite par les anciens règlements, ou d'après les usages locaux, et que les rôles de répartition des sommes nécessaires au payement des travaux doivent être dressés sous la surveillance du préfet et rendus exécutoires par lui, pour le recouvrement en être opéré de la même manière que celui des contributions directes;

Que, d'après le règlement précité des états et les usages locaux, les frais de curage, réparation et entretien sont à la charge des propriétaires d'usines pour une partie, et pour le surplus à la charge des riverains, chacun au droit de soi;

Considérant qu'il est urgent et du devoir de l'administration de prendre les mesures nécessaires et conformes aux lois et règlements, pour faire droit aux justes plaintes qu'excite l'état actuel de cette rivière; concilier les droits respectifs des propriétaires riverains et des usiniers; et satisfaire enfin à ce qu'exigent les intérêts de l'agriculture, de l'industrie et de la navigation, en procurant un libre et utile cours aux eaux et en en réglant convenablement l'emploi: qu'à cet effet, il importe de prescrire et d'assurer l'exécution des anciens règlements dans leurs dispositions actuellement applicables;

Considérant néanmoins, *en ce qui concerne les tenues d'eau des moulins*, qu'attendu les changements survenus, l'obscurité et l'insuffisance des anciens règlements, qui paraissent d'ailleurs être restés sans exécution, on ne pourrait aujourd'hui en appliquer utilement les dispositions;

Que, dès lors, il est indispensable d'y pourvoir par un règlement d'administration publique qui règle la retenue et l'usage des eaux, de manière à concilier l'utilité générale et les intérêts respectifs sans porter atteinte aux droits réels de chacun;

Considérant que le projet de règlement présenté par les ingénieurs, modifie, en plus ou en moins, les chutes actuelles de huit des dix usines établies sur cette rivière; que ces propositions, résultat d'une étude approfondie des lieux et de l'ensemble de la chose, paraissent être basées uniquement sur une distribution plus rationnelle des chutes d'eau, mais sans égard pour les titres et droits légaux que pourraient faire valoir les intéressés; qu'il convient donc de mettre préalablement les meuniers en demeure de produire les titres authentiques constatant la hauteur d'eau à laquelle ils prétendent avoir droit, pour être débattus, et servir, s'il y a lieu, de base à un règlement contradictoire;

Que d'ailleurs, et indépendamment des considérations ci-dessus, on ne pourrait régulièrement arrêter le règlement d'eau dont il s'agit, avant la solution définitive de la contestation pendante entre les meuniers de Sainte-Catherine et de Saint-Nicolas, au sujet de la hauteur d'eau qui doit appartenir à cette dernière usine, puisque c'est celle qui devrait subir la réduction la plus importante, réduction à laquelle est entièrement subordonnée l'économie du projet de règlement et de répartition des chutes d'eau;

Arrêtons :

TITRE Ier. — *Curage et mise en bon état du lit et des rives.*

Art. 1er. Les deux branches qui forment la rivière non navigable de Scarpe, depuis leurs deux sources à Vandelicourt et à Noyelle-Vion jusqu'à l'écluse de navigation, dite des Quatre-Crics, seront curées *intégralement*, nettoyées et remises en bon état, ainsi que leurs affluents, conformément aux dispositions suivantes.

2. A partir du terme des remous des moulins d'Agnez et de Louez, c'est-à-dire à partir de quinze cents mètres en amont du moulin d'Agnez et de quatorze cents mètres, mesurés sur la Scarpe, en amont du moulin de Louez jusqu'à l'écluse des Quatre-Crics, le fond de chaque bief sera mis en parfait niveau de pente. Le point de départ pour l'amont sera le vieux fond, et le point d'arrivée pour l'aval le seuil de décharge des moulins.

Il en sera de même des bassins de retenue en amont des moulins de Marœil, Bray et Chinchy, dont les longueurs sont fixées, savoir : pour le premier à onze cents mètres, pour le deuxième à huit cent cinquante mètres, et pour le troisième à neuf cents mètres.

Dans tout le reste de la rivière, la pente du fond sera réglée de mille en mille mètres au moins, et toujours à partir du vieux fond.

Le fond du lit des ruisseaux, sources et ravins affluents sera aussi réglé en parfait niveau de pente depuis le vieux fond à leur origine jusqu'au fond régularisé à l'endroit du confluent.

3. Le lit de la Scarpe, de Vaudelicourt à Chinchy, et celui du Gy, de Noyelle-Vion à Agnez, seront curés et entretenus de manière qu'ils aient au moins un mètre soixante centimètres de largeur dans le fond. Les endroits qui seront plus larges seront curés sur toute leur largeur telle qu'elle se trouve.

De Chinchy au moulin de Marœuil, la largeur du fond sera portée à deux mètres soixante centimètres ; et sur tout le reste de leur étendue, les lits de la Scarpe et du Gy conserveront ou reprendront la largeur comprise entre le pied des vieilles berges dégagées de toute alluvion et éboulement.

Le lit des ravins et affluents sera curé et entretenu de manière qu'il ait au moins un mètre soixante centimètres de largeur au fond.

4. Néanmoins nous pourrons permettre, sur les rapports et propositions du maire et du commissaire, que certaines parties de la rivière ou de ses affluents, qui n'ont pas dans le fond la largeur indiquée, ne soient pas portées à cette largeur, s'il est reconnu que l'élargissement serait inutile.

5. Les talus de la rivière et de ses affluents seront réglés à un mètre de base par mètre de hauteur ; cependant, dans les endroits où cette inclinaison ne pourrait être suivie sans un préjudice notable pour les arbres croissant sur les bords, elle pourra être diminuée, ainsi que la largeur du fond. Hors ce cas d'exception, tous les arbres isolés ou penchés fortement sur les bords, ou groupés par deux ou trois, seront abattus à blanche taille ; seront également abattus ou déplantés, tous les arbres que les gens de l'art reconnaîtront et constateront être très-mal venants ou susceptibles de transplantation.

6. Les terres provenant du curage et des travaux de terrassements seront jetées ou transportées sur les digues pour les élever, élargir et fortifier. Celles qui seraient inutiles appartiendront aux riverains.

7. Tous les travaux mentionnés aux articles qui précèdent seront à la charge, savoir : des propriétaires des moulins dans la distance de cent mètres, tant en amont qu'en aval de ces moulins, et pour le surplus à celle des riverains, chacun au droit de sa propriété, conformément à l'article 2 de l'arrêt du conseil d'Etat, du 1er octobre 1774, et à l'article 5 du règlement des états d'Artois, du 26 mai 1781.

8. M. Autrique, Louis-Alexandre, arpenteur-géomètre à Hermin, est nommé commissaire pour diriger et surveiller les opérations dont il s'agit, de concert avec les maires. Il tracera les ouvrages dans chaque commune, en présence du maire et des parties intéressées, qui en seront prévenues huit jours à l'avance, par voie de publication, à la diligence du maire. Le silence ou l'absence des intéressés seront considérés comme consentement à l'opération.

9. Les travaux seront commencés aussitôt après la publication du présent arrêté dans les communes intéressées et la visite du commissaire, et ils devront être terminés au 1er novembre prochain.

10. En cas de refus ou de négligence, et faute par les meuniers et riverains d'exécuter régulièrement, chacun en ce qui le concerne et dans le terme prescrit, les travaux à leur charge, il y sera pourvu

d'office aux frais des retardataires, à la diligence du maire et du commissaire.

Le recouvrement de ces frais sera opéré, comme en matière de contributions publiques, sur des rôles certifiés par le maire et le commissaire, contenant l'indication des travaux et journées employés ou à employer avec leur évaluation en argent, lesquels seront arrêtés et rendus exécutoires par nous, conformément à l'article 3 de la loi du 14 floréal an XI.

11. Après l'achèvement des travaux, il sera procédé à leur vérification et réception, s'il y a lieu, par l'ingénieur ordinaire des ponts et chaussées, en résidence à Arras.

12. Pour et pendant l'exécution des ouvrages, les meuniers seront tenus d'exécuter les manœuvres jugées nécessaires, et de mettre les eaux basses deux jours par semaine. Mais s'il était reconnu possible d'assurer cette même exécution en détournant les eaux par des fossés déjà existants, de manière à ne pas nuire aux moulins, les meuniers pourront demander l'emploi de ce mode, sous condition que les frais de batardeaux et de curement desdits fossés d'écoulement seront à leur charge. Les meuniers demeureront en outre responsables des dommages que ce moyen d'exécution pourrait occasionner.

13. Les frais généraux de l'opération, salaires et vacations, après avoir été réglés par nous, seront répartis entre les propriétaires riverains et les meuniers, proportionnellement aux longueurs sur lesquelles doivent s'étendre les travaux à leur charge respective.

Les honoraires et vacations *actuellement* dus à l'ingénieur ordinaire Néhou et à l'ingénieur en chef (et réglés sur états) pour visites des lieux, étude de cette affaire et rédaction de projets et rapports, seront répartis, d'abord, entre les meuniers et riverains, d'après le degré d'intérêt respectif dans l'opération dont il s'agit, sur le rapport de l'ingénieur en chef. La portion mise à la charge des riverains sera ensuite sous-répartie entre eux, conformément au premier paragraphe du présent article, et celle à la charge des meuniers par égale part entre eux.

L'ingénieur en chef nous proposera également le mode de répartition des frais et vacations dus au sieur Deliège, pour visite et opérations relatives au ruisseau des sources d'Ecoivres.

14. Tous les frais et honoraires mentionnés en l'article précédent seront recouvrés conformément au deuxième paragraphe de l'article 10 du présent arrêté.

TITRE II. — *Dispositions générales; entretien, irrigations, plantations et mesures de police.*

15. Chaque meunier sera tenu de faucarder et enlever, au moins deux fois par an, les herbes croissant dans la rivière, depuis son moulin jusqu'au moulin inférieur.

16. Chaque année, dans le mois de septembre, il sera fait un travail d'entretien, à l'effet de maintenir et rétablir au besoin la rivière et ses affluents dans l'état où ils doivent être après la restauration actuelle, et de conserver les résultats de cette opération. Ce travail sera fait de la manière et par les moyens prescrits au titre 1er du présent arrêté.

17. Les ouvrages d'entretien, mentionnés aux deux articles précé-

dents, seront surveillés par les maires qui sont chargés, chacun en ce qui concerne sa commune, d'en prescrire et assurer l'exécution par les voies de droit, conformément aux dispositions du présent arrêté.

Le préfet chargera en outre, lorsqu'il en sera besoin, l'ingénieur ordinaire ou tout homme de l'art, de tracer, de diriger et recevoir ces travaux de concert avec les maires.

18. Les riverains ne pourront planter, à l'avenir, aucune espèce d'arbres le long de la rivière et de ses affluents à une distance moindre d'un mètre neuf cent cinquante millimètres (six pieds), de la crête du talus des rives, réglé à mètre par mètre, après que le fond du lit aura été mis à sa largeur, conformément à l'article 19 du règlement du 26 mai 1781.

19. Pour rendre possible et assurer le service des irrigations, les meuniers seront tenus de placer, à la demande des propriétaires ou occupeurs des prés flottants, des rehausses au-dessus des vannes de retenue de leurs usines, afin de faire gonfler l'eau à la hauteur nécessaire aux irrigations.

Les propriétaires des prairies devront fournir ces rehausses que les usiniers mettront en place. Ces derniers seront tenus de les lever en cas d'imminence d'orage ou de crue; et à défaut par eux, soit de placer les rehausses à la demande des propriétaires et occupeurs de prairies, soit de les lever, dans les cas déterminés, les maires y pourvoiront aussitôt d'office et aux frais des usiniers.

20. Les irrigations n'auront lieu que du 1er avril au 1er septembre, et seulement deux jours par semaine, savoir : le jeudi et le dimanche, depuis le lever jusqu'au coucher du soleil.

21. Toutes les vannes des moulins seront tenues en tel état qu'elles puissent être levées facilement, soit lors des orages et des crues, soit simplement lors de leur apparence.

22. Il ne sera fait aux moulins et écluses d'irrigation aucuns travaux extraordinaires sans l'autorisation spéciale du préfet.

23. Il ne pourra être établi en travers de la rivière aucun noc ou auge propre à faire couler l'eau d'un bord à l'autre, sans l'autorisation préalable du préfet, et sous la condition expresse que les nocs seront construits et placés de façon que la rivière venant à les atteindre par l'effet du gonflement, elle puisse les enlever et jeter naturellement contre la rive à laquelle ils seront fixés par une chaîne.

Ces dispositions sont applicables aux nocs ou auges déjà établis avec ou sans autorisation. Les propriétaires de ceux non autorisés devront se pourvoir, dans le délai de trois mois, à l'effet d'obtenir l'autorisation voulue. A défaut, et passé ce terme, les nocs seront enlevés à la diligence du maire et aux frais des propriétaires. Il en sera de même pour ceux qui seraient établis sans autorisation ou contrairement aux dispositions du présent article.

TITRE III. — *Dispositions spéciales aux retenues des moulins.*

24. Il est enjoint aux propriétaires des usines établies sur la Scarpe non navigable et le Gy, de produire et de déposer à la préfecture, *dans le délai de trois mois*, à partir de la notification qui leur sera faite de la présente disposition par les soins du maire de leur commune, les titres

d'établissement ou de règlement d'eau de leurs usines, et toutes concessions et décisions y relatives, à l'effet de parvenir à un règlement général des eaux de la Scarpe, qui concilie les droits des riverains et des usiniers et ceux de ces derniers entre eux, en tant que fondés en droit.

MM. les maires constateront cette notification par un procès-verbal ou certificat qui nous sera transmis aussitôt par l'intermédiaire du sous-préfet.

25. Après l'expiration du délai mentionné en l'article précédent, il sera procédé au règlement de la hauteur de chute de chacune des retenues des moulins existants, que les intéressés aient produit ou non leurs titres.

Il sera statué en même temps sur les mesures accessoires et d'exécution.

26. MM. les sous-préfets des arrondissements d'Arras et de Saint-Pol, et M. l'ingénieur en chef des ponts et chaussées, sont chargés, chacun en ce qui le concerne, de l'exécution du présent arrêté, qui sera publié dans les communes intéressées.

Ordonnance du roi qui affecte les produits des droits de péage du bassin de la Garonne à l'exécution des travaux d'amélioration du cours de cette rivière.

Au château de Saint-Cloud, le 9 septembre 1829.

CHARLES, etc. ; sur le rapport de notre ministre secrétaire d'Etat de l'intérieur ;

Vu le projet dressé pour l'amélioration de la partie du cours de la Garonne, située dans le département de Lot-et-Garonne ;

Vu les dispositions précédemment faites pour assurer l'exécution des travaux de rectification de la Garonne, reconnus nécessaires pour la défense de la commune de Barie, département de la Gironde ;

Vu les observations présentées par les chambres de commerce de Toulouse et de Bordeaux ;

Vu la loi du 24 mars 1825 ;

Notre conseil d'Etat entendu,

Nous avons ordonné et ordonnons ce qui suit :

Art. 1er. Pendant vingt-cinq ans, à partir du 1er octobre prochain, les droits de navigation du bassin de la Garonne seront remplacés par des droits de péage d'une quantité égale, et dont les produits seront spécialement affectés à l'exécution des travaux d'amélioration du cours de la Garonne, depuis Toulouse jusqu'à Bordeaux.

2. Les droits de péage, substitués aux droits de navigation, seront perçus par les agents de l'administration des contributions indirectes.

Il en sera tenu un compte particulier, dont le montant, applicable aux travaux dont il s'agit, sera ajouté chaque année, à titre de crédit supplémentaire, au budget du ministère de l'intérieur, section des ponts et chaussées.

Ordonnance du roi, relative à l'établissement d'un droit de péage pour la réparation du pont communal d'Undurcin (Basses-Pyrénées).

Au château de Saint-Cloud, le 9 septembre 1829.

Art. 1er. L'adjudication passée le 1er juin 1829, par le sous-préfet de l'arrondissement de Mauléon, en vertu de la délégation du préfet des Basses-Pyrénées, au profit de la dame veuve Philippe d'Abeuse, des travaux nécessaires pour la réparation du pont communal d'Undurcin, moyennant la concession du droit de péage sur ce pont pendant quatre-vingt-dix-neuf ans, est approuvée aux clauses et conditions énoncées dans le cahier des charges annexé au procès-verbal d'adjudication.

2. Le tarif des droits de péage demeure fixé ainsi qu'il suit (1).

Circulaire du directeur général (M. Becquey), contenant des instructions pour l'exécution de l'ordonnance du 10 mai 1829.

Paris, le 31 octobre 1829

Monsieur le préfet, j'ai eu l'honneur de vous adresser, le 15 juillet dernier, deux exemplaires de l'ordonnance royale du 10 mai précédent, relative au service des ponts et chaussées, et de vous annoncer que je préparais des instructions nouvelles sur quelques objets importants, susceptibles de plus de développements.

En adoptant une marche qui laisse à MM. les préfets plus de latitude, plus de moyens d'appliquer leur expérience et de développer leur zèle, cette ordonnance leur impose de nouveaux devoirs; il est donc important qu'ils voient, à côté de l'action nouvelle qui leur est confiée, la ligne qu'ils doivent suivre pour remplir exactement le but que le gouvernement s'est proposé, celui de faciliter le service des ponts et chaussées dans chaque département, sans nuire à la régularité des actes, et à l'ordre, qui est l'âme de toute bonne administration.

Le titre Ier de l'ordonnance présente, dans les articles 1, 2 et 3, ce qui concerne la distribution à faire, tous les ans, des fonds affectés aux travaux des différents services dépendants de l'administration des ponts et chaussées; ceux qui sont destinés à l'entretien simple et aux réparations ordinaires, doivent être répartis par un conseil local que vous présiderez; l'emploi des fonds affectés aux travaux neufs sera toujours déterminé par le directeur général des ponts et chaussées. De cette division de fonds en deux catégories, résulte la nécessité de bien distinguer, dans les projets de budget de chaque exercice, ce qui est demandé pour l'entretien et réparations ordinaires, et ce qu'on juge nécessaire pour les travaux neufs et les grosses réparations.

C'est d'après le montant des baux et des salaires alloués, soit aux préposés des ponts à bascule, soit aux agents dont les traitements

---

(1) La tarif est au Bulletin des lois.

sont pas sujets à la retenue, soit aux cantonniers, que les demandes de fonds destinés à l'entretien des routes doivent être établies : il convient, par ce motif, que le projet de budget indique, dans la colonne d'observations, le montant des baux, route par route, et celui des divers salaires, dans des articles spéciaux.

La même observation s'applique aux travaux d'entretien du service de la navigation et des ports de commerce; le montant des baux, lorsqu'il en existe, et celui des salaires doivent former la base des demandes.

Par entretien et réparation ordinaire, on doit entendre, d'abord tous les travaux mentionnés dans les baux d'entretien, puis les réparations d'ouvrages de toute espèce qui ne sont pas comprises dans les baux d'entretien, et qui, par le peu de dépenses qu'elles entraînent, ne sont pas susceptibles d'être l'objet d'une adjudication spéciale. Il faut surtout ne pas perdre de vue que les fonds affectés aux entretiens et réparations ordinaires, doivent comprendre les dépenses à faire pour le maintien de la viabilité des parties qui sont à réparer, et qui n'auront point de part au fonds de grosses réparations; sans cette attention, la viabilité se trouverait interrompue sur un grand nombre de points.

Je vous rappelle, monsieur le préfet, qu'on ne doit demander de fonds pour les travaux neufs, dans les projets de budgets, qu'autant que les projets de ces travaux ont été déjà approuvés; que, pour chaque demande, il est nécessaire de porter, dans la colonne d'observations, le montant de l'entreprise, les fonds alloués précédemment, et ceux qui restent à faire pour la terminer; enfin, que le projet de budget doit être adressé à l'administration tous les ans, du 15 septembre au 15 octobre.

Le titre III de l'ordonnance, *relatif à l'approbation des projets et à l'exécution des travaux,* autorise MM. les préfets à approuver les projets d'entretien et de réparations ordinaires; il les dispense de soumettre les adjudications de ces travaux au directeur général des ponts et chaussées. Le but de cette disposition est de prévenir les retards attachés à l'envoi de ces projets à Paris, et à l'instruction dont ils étaient l'objet. Quant aux adjudications, qui ne sont que la conséquence de l'approbation des projets, il était à plus forte raison inutile de les faire ratifier.

Mais, pour éviter les inconvénients d'un défaut de régulateur dans cette partie importante du service, il convient d'exposer ici quelques principes, dont il est essentiel de maintenir l'observation. Une longue expérience a prouvé que, pour l'entretien des routes empierrées, l'emploi et la fourniture des matériaux ne doivent pas faire la matière d'une seule et même entreprise. Elle a prouvé également que l'emploi ne devait pas être donné à forfait à un entrepreneur, et qu'il ne pouvait être opéré avec succès que par des cantonniers continuellement en station sur la route, pour réparer la dégradation, pour y exécuter en outre toutes les autres main-d'œuvres que réclament l'entretien des chaussées et des accotements, le curement des fossés, etc., etc.

Enfin, dans toutes les transactions que passe l'administration des ponts et chaussées, elle rend toujours obligatoires les clauses et conditions générales imprimées. Cette espèce de code est connu de tous les entrepreneurs; l'application en est simple et facile; il contient des règles qu'on ne doit pas modifier sans nécessité; MM. les préfets ont d'ail-

IV. 12

leurs la faculté d'y ajouter les clauses particulières que les circonstances locales pourraient réclamer ; ils sont toujours à portée d'apprécier ces circonstances, d'après les rapports de MM. les ingénieurs. Ainsi maintenir, pour l'entretien des routes empierrées, la division aujourd'hui généralement admise entre la fourniture et l'emploi des matériaux ; ne confier cet emploi qu'à des ouvriers obligés de stationner sur la route depuis le lever jusqu'au coucher du soleil, et prendre pour base commune de toutes les transactions, les clauses et conditions générales imprimées en 1811, sauf l'insertion des clauses particulières nécessitées par des circonstances locales : telles sont, monsieur le préfet, les règles principales qui déjà vous sont connues, et que j'ai cru devoir rappeler.

Je dois ici vous prier de remarquer que, jusqu'à ce que les ressources de mon administration soient mises, par le budget de l'État, en rapport parfait avec les besoins du service que je dirige, il sera impossible d'allouer à chaque département tout ce qu'exigent l'entretien et les réparations ordinaires.

Ainsi, pour 1830, ces travaux doivent être nécessairement mesurés sur la quotité des fonds alloués pour 1829. Le budget de 1830, relatif au service des routes, est le même que celui de 1829, et je ne pourrai pas augmenter les allocations des départements. J'en éprouve un véritable regret ; mais j'ai la confiance que la vigilance de toutes les personnes appelées à surveiller l'emploi des ressources, le zèle de MM. les ingénieurs, et l'activité des agents placés sous leurs ordres, suppléeront, autant que possible, à l'insuffisance des fonds.

Je vous prie, monsieur le préfet, de m'accuser réception de cette lettre, dont j'adresse ampliation à MM. les ingénieurs.

Circulaire du directeur général (M. Becquey), contenant des instructions relatives à l'institution des commissaires voyers, pour la surveillance des travaux d'entretien des routes royales.

Paris, le 2 novembre 1829.

Monsieur le préfet, l'ordonnance du 10 mai dernier autorise, article 5, la création de *commissaires voyers*, dont les fonctions seront gratuites, et qui seront chargés de concourir, avec les ingénieurs et autres agents des ponts et chaussées, à la surveillance des travaux d'entretien des routes royales. Je vous ai annoncé, par ma circulaire du 15 juillet dernier, des instructions particulières sur cet objet. Je viens vous en entretenir aujourd'hui.

Déjà, d'après le décret du 16 décembre 1811, article 25, des commissions avaient dû être créées pour surveiller spécialement les travaux des routes départementales. Aux termes de ce décret, c'est parmi les membres des conseils de département, d'arrondissement et de commune principalement, que MM. les préfets doivent choisir les membres des commissions des routes départementales. L'ordonnance du 10 mai vous laisse la faculté de désigner les personnes que vous croirez devoir appeler à surveiller, de concert avec les ingénieurs et les autres agents des ponts et chaussées, les travaux d'entretien des routes royales ; elle n'indique point dans quelle classe seront pris les commissaires voyers ; mais vous penserez sans doute, comme moi, que c'est parmi les personnes notables de votre département qu'il y a lieu de chercher celles qui peuvent le mieux seconder l'administration.

Le choix que vous ferez portera donc principalement sur les personnes qui, par leur fortune, leur sollicitude active, leurs lumières, peuvent vous être d'un plus grand secours. Cette considération de la fortune est ici une garantie nécessaire, en ce qu'elle donne les moyens de remplir avec plus d'exactitude des fonctions gratuites ; la sollicitude active procure une surveillance plus constante, et les lumières promettent de sages avis.

Le concours des commissaires voyers ne peut être considéré comme donnant droit à aucune sorte d'autorité sur les ouvriers et entrepreneurs, sur les agents des ponts et chaussées et ingénieurs. Si ces commissaires pouvaient ordonner des travaux, déplacer des ouvriers, disposer des agents des ponts et chaussées, ils se trouveraient fréquemment en opposition avec les ingénieurs, et il résulterait de ce conflit anarchie et désordre dans le service ; s'ils avaient autorité sur les ingénieurs, il pourrait arriver qu'ils se missent à la place de ces derniers, dont le zèle, l'expérience, les talents et les soins deviendraient en partie inutiles.

Ce sont des surveillants actifs, sévères, mais sages, que l'ordonnance a voulu créer, pour seconder l'administration départementale et les ingénieurs dans les soins qu'ils donnent aux routes royales. A ce titre de *surveillants*, les commissaires voyers, pour s'assurer du bon emploi des fonds de l'Etat destinés à l'entretien et réparation des routes, auront la mission de vérifier si les entrepreneurs des fournitures remplissent fidèlement leurs engagements, s'ils fournissent les matériaux aux époques fixées par les devis, si ces matériaux sont de bonne qualité, et dans les dimensions fixées par les adjudications ; si les cantonniers font leur devoir ; si les préposés à la police du roulage constatent les contraventions avec l'exactitude qui leur est prescrite ; si les communications dont l'inspection leur est assignée sont en aussi bon état qu'elles peuvent l'être avec les ressources qui y sont affectées. Lorsqu'ils remarqueront des abus, ils les signaleront aux préfets et aux ingénieurs, ainsi que les désordres de toute espèce qui parviendraient à leur connaissance. Il est désirable enfin qu'ils communiquent leurs vues à l'administration sur les moyens d'améliorer l'état des routes, et d'en réduire les dépenses. Autant il y aurait d'inconvénients à ce qu'ils fussent chargés de diriger ou ordonner des travaux, autant leur intervention sera utile, à raison de leur surveillance et même de leurs conseils ; et par ce motif, vous saurez, je n'en doute pas, apprécier le mérite des avis qu'ils jugeront convenable de vous adresser, sur le service de l'entretien des routes.

MM. les ingénieurs sentiront, de leur côté, combien ils doivent d'égards aux personnes estimables qui consentiront à se charger des fonctions souvent pénibles de commissaires voyers, et l'administration doit compter sur leur sagesse et leur bon esprit pour rendre leurs rapports avec ces commissaires aussi agréables que ces derniers sont en droit de l'attendre. Je verrais avec une vive peine qu'on pût reprocher aux agents de l'administration des ponts et chaussées de ne pas se prêter à tout ce qui doit maintenir la plus parfaite harmonie entre eux et MM. les commissaires voyers, entre des personnes enfin qui ne peuvent avoir qu'un seul et même but, celui d'assurer le bon état des routes et le bon emploi des deniers publics qu'on affecte à leur entretien.

Pour que MM. les commisaires voyers puissent remplir les fonctions que leur confie l'ordonnance, il conviendra, monsieur le préfet, que vous fassiez connaître à chacun d'eux, après l'avoir concerté avec lui, d'avance, l'état des communications soumises à son inspection, les fonds affectés à leur entretien, le nom et le nombre des cantonniers, le nom des entrepreneurs chargés des approvisionnements, les clauses et conditions des entreprises qu'il se sera chargé de surveiller ; enfin le nom des ingénieurs et des agents de l'administration avec lesquels il doit avoir des rapports.

Je vous serai obligé de m'adresser une copie de l'arrêté que vous aurez pris pour les désigner, et dans lequel il sera utile d'indiquer les routes ou parties des routes royales soumises à l'inspection de chacun d'eux.

Je vous prie de m'accuser réception de cette circulaire, dont j'adresse ampliation à MM. les ingénieurs.

Ordonnance du roi qui autorise la construction d'un pont en pierre sur le Thouet, dans la commune de Chacé (Maine-et-Loire).

Au château des Tuileries, le 4 novembre 1829.

ART. 1er. La construction d'un pont en pierre sur le Thouet, dans la commune de Chacé, département de Maine-et-Loire, suivant le plan dressé à cet effet, est approuvée.

2. Il sera perçu sur ce pont, à dater du jour où il sera livré au public, des droits de péage réglés d'après le tarif qui suit, savoir :

Pour une personne chargée ou non chargée. . . . . . . 2 c. 1/2
Pour un cheval, mulet, bœuf, vache ou âne, chargé ou non. 2 1/2
Pour une charrette ou voiture chargée ou non chargée, non compris le conducteur (1). 2 1/2

Nota. Il sera perçu en sus, pour chaque cheval ou bœuf attelé à une charrette ou voiture, le droit fixé ci-dessus.

3. Seront exempts de la taxe, le préfet et le sous-préfet en tournée, le maire, le juge de paix du canton, le garde champêtre, la gendarmerie dans ses fonctions, les facteurs ruraux commissionnés par l'admi-

---

(1) *Ordonnance du roi, portant rectification du tarif des droits de péage à percevoir au pont de Chacé sur le Thouet. (Maine-et-Loire.)*

Au château des Tuileries, le 17 février 1830.

Art. 1er. Le tarif des droits de péage à percevoir au pont de Chacé sur le Thouet, département de Maine-et-Loire, fixé par l'article 2 de notre ordonnance du 4 novembre dernier, est rectifié ainsi qu'il suit :

Pour une charrette ou voiture chargée ou non chargée, non compris le conducteur, vingt-cinq centimes, ci. 25 c.

nistration des postes, porteurs de dépêches, et les militaires voyageant par troupe ou isolément, à la charge, dans ce dernier cas, de présenter une feuille de route ou un ordre de service.

4. Le péage sera concédé à l'entrepreneur qui se chargera de la construction du pont aux clauses et conditions de l'adjudication qui lui en sera passée par le préfet, suivant les formes établies pour les adjudications publiques.

Le terme de quarante-cinq années sera pris comme maximum pour base de l'adjudication, qui sera soumise à l'approbation de notre ministre de l'intérieur.

Ordonnance du roi, du 8 novembre 1829, qui confirme un arrêté de conflit du préfet du Nord.

CHARLES, etc.; sur le rapport du comité de la justice et du contentieux;

Vu la lettre de notre procureur près le tribunal de première instance de Valenciennes, en date du 4 septembre 1829, par laquelle il transmet à notre garde des sceaux un arrêté de conflit d'attribution, élevé le 12 août précédent par le préfet du département du Nord, relativement au jugement rendu par ledit tribunal le 6 du même mois, dans la contestation intentée à l'État par le sieur Divuy, négociant à Valenciennes, à l'occasion des dommages qu'il prétend être causés à son moulin, situé sur l'Escaut, par suite de l'ouverture des canaux de Saint-Quentin et de la Sensée;

Vu l'exploit, en date du 24 juin 1829, par lequel le sieur Louis Divuy fait donner assignation au préfet du département du Nord, comme représentant l'État, de comparaître devant le tribunal civil de Valenciennes; ensemble les conclusions prises devant ledit tribunal par ledit sieur Divuy; desquelles il résulte que la demande de ce propriétaire a pour objet de se faire allouer l'indemnité annuelle à laquelle il prétend avoir droit, tant pour le passé que pour l'avenir, à raison de la différence qui existe entre le produit ancien et celui actuel de son moulin, par suite de la grande activité qu'a donnée à la navigation l'ouverture des canaux de Saint-Quentin et de la Sensée;

Vu les conclusions de notre procureur près ledit tribunal, représentant le préfet du Nord, tendant à ce que la réclamation du sieur Divuy soit renvoyée devant le conseil de préfecture;

Vu le jugement du 6 août 1829, par lequel le tribunal se déclare compétent, ordonne aux parties de plaider au fond, et condamne le préfet aux dépens de l'incident;

Vu l'arrêté du conflit d'attribution, du 12 août 1829;

Vu les observations présentées par le sieur Divuy, par lesquelles il conclut à l'annulation dudit arrêté;

Vu le contrat de vente du moulin dont il s'agit, en date du 2 mars 1711;

Vu la lettre du préfet du Nord, du 12 juillet 1829, portant que l'ouverture des canaux de Saint-Quentin et de la Sensée a été ordonnée par arrêt du conseil du 24 février 1769;

Vu la loi du 16 septembre 1807;

Ensemble toutes les pièces réunies au dossier;

Considérant que, d'après l'exploit introductif d'instance, et les conclusions ci-dessus visées, il ne s'agit pas dans l'espèce d'une indemnité pour cause d'expropriation, mais d'une indemnité annuelle de chômage, laquelle doit être réglée administrativement, d'après les règles fixées par la loi du 16 septembre 1807;

Notre conseil d'Etat entendu,

Nous avons ordonné et ordonnons ce qui suit :

Art. 1er. L'arrêté de conflit d'attribution du préfet du département du Nord, du 12 août 1829, est confirmé.

2. Le jugement du tribunal de première instance de Valenciennes du 6 août 1829, et tous les actes de procédure qui l'ont précédé, sont considérés comme non avenus.

Arrêté du préfet de l'Aisne, du 17 novembre 1829, contenant règlement pour le service de la navigation du canal de Saint-Quentin, et approuvé par le ministre secrétaire d'Etat de l'intérieur, le 9 janvier 1830.

Art. 1er. Aucun bateau ne sera admis sur le canal, s'il ne porte, en caractères bien lisibles, sur la poupe, le nom du bateau, celui du propriétaire, et son domicile.

2. Tout conducteur de bateaux ou de trains, doit être porteur d'une lettre de voiture, en bonne forme, et d'un *laissez-passer*, délivré, *sans frais*, par le receveur du bureau où il aura acquitté les droits de navigation, à défaut de quoi le passage des écluses pourra lui être fermé.

3. Aucun bateau ou radeau naviguant sur le canal de Saint-Quentin à Cambrai, ne pourra avoir plus de 5 mètres de largeur, ni plus de 34 mètres 30 centimètres de longueur; aucun bateau ou radeau naviguant sur le canal entre Saint-Quentin et Chauny, ne pourra avoir plus de 6 mètres 30 centimètres de largeur, ni plus de 35 mètres 80 centimètres de longueur.

4. Nulle embarcation, ou radeau, ou drome, ne pourra être mené à la remorque, à l'exception de la nacelle ordinaire de service, qui ne pourra avoir plus de 5 mètres de longueur, et, dans tous les cas, cette nacelle devra toujours pouvoir être contenue dans les écluses avec le bateau auquel elle appartient, parce qu'il ne sera point fait d'éclusées particulières pour la nacelle.

5. Le tirant d'eau des bateaux chargés est fixé à un mètre 20 centimètres (44 pouces). Lorsqu'il y aura augmentation dans le tirant d'eau, les dispositions de la décision qui le prescrira, n'auront pas d'effet rétroactif; elles ne seront applicables qu'aux bateaux dont le chargement sera d'une date postérieure à celle de la décision.

6. Tout bateau qui aurait un plus grand enfoncement que celui fixé par les arrêtés ou règlements en vigueur sera contraint de s'alléger partout où il se trouvera, et si l'excès d'enfoncement provient de fraude ou de surcharge, la contravention sera poursuivie comme en matière

de grande voirie, conformément aux décrets du 16 décembre 1811 et du 10 avril 1812.

Seront considérés comme concussionnaires tous agents du canal qui auront reçu, à titre d'amende, ou tout autre quel qu'il soit, des sommes, même payées volontairement, si 'a contravention n'a été préalablement constatée par procès-verbal. Les inspecteurs de la navigation constateront par des procès-verbaux les délits de cette nature dont ils pourront avoir connaissance.

7. Les bateaux seront jaugés à leur entrée dans le canal, ou après leur chargement, s'il est effectué sur le canal même. Le jaugeage sera fait par des agents spéciaux, payés et désignés à cet effet par le concessionnaire.

En cas de contestation entre ces agents et les mariniers, l'enfoncement sera vérifié et constaté par l'inspecteur ou le sous-inspecteur de la navigation.

Il sera accordé 2 centimètres de tolérance dans ce jaugeage.

Les opérations relatives au jaugeage auront lieu au fur et à mesure de l'arrivée des bateaux. Les inspecteurs et sous-inspecteurs de la navigation veilleront à ce que ces opérations soient faites de manière que le mouvement de la navigation ne soit jamais retardé.

8. Tous les bateaux ou trains iront de file sans être doublés et suivant le rang dans lequel ils entreront dans le canal.

Toutefois, les bateaux qui, en vertu du présent règlement ou de nouvelles décisions de l'administration, auront un privilége de passage, pourront dépasser ceux qui les précéderont en accélérant leur marche par une augmentation de force. Ils seront admis à passer les écluses et souterrains dès qu'ils s'y présenteront.

9. Les bateaux qui quitteront leur stationnement dans un port, ne pourront prendre rang qu'après ceux qui sont en marche dans le même moment, c'est-à-dire qu'ils seront placés à la queue de la rame qui passerait.

10. Hors des souterrains, le halage se fera avec des chevaux.

Un cheval et son conducteur mèneront un bateau chargé. Un homme devra toujours être à bord du bateau pour empêcher les accotements.

Les bateaux vides pourront être halés par des hommes ou par des chevaux.

Il n'est pas interdit, par les dispositions du présent article, aux bateaux privilégiés à raison de la nature de leur chargement, d'employer un plus grand nombre de chevaux, afin de pouvoir atteindre, sans ralentir le mouvement de la navigation, la tête des rames, et passer de préférence aux écluses.

Le présent article ne sera point un obstacle à ce qu'il s'établisse un mode de transport accéléré sous l'approbation de l'administration, qui en réglera les dispositions.

11. Dans les souterrains, le halage des bateaux se fera par des hommes; on y en emploiera trois pour un bateau chargé, allant de Cambrai vers Chauny, et un seul pour un bateau vide; le halage d'un bateau chargé allant en sens contraire, sera fait avec quatre hommes, et celui d'un bateau vide, avec deux.

12. Lorsque l'inspecteur ou le sous-inspecteur de la navigation, dans l'intérêt du service et pour presser les manœuvres aux passages des

ponts et écluses, croira nécessaire de prendre des chevaux, il en donnera avis aux mariniers, qui devront se conformer aux ordres qu'ils recevront.

Ils seront également tenus d'obtempérer aux ordres de prendre des renforts d'hommes pour passer les souterrains.

En cas de discussion sur le prix entre les bateliers et les haleurs ou conducteurs de chevaux, il les déterminera.

13. Les bateaux ne pourront stationner qu'à une distance d'au moins 90 mètres des écluses, des ponts et des souterrains; tout bateau stationnaire sera placé sur la rive opposée au halage, de manière à le serrer dans toute sa longueur.

Il est expressément défendu aux bateliers de doubler leurs bateaux, sous quelque prétexte que ce soit. Tout marinier qui étant stationné ou voulant stationner, s'opposerait au passage de ceux qui le suivent, sera considéré comme entravant la navigation, et puni comme tel.

14. Tout bateau ou train allant dans un sens, doit la moitié de la voie d'eau à tout bateau ou train allant dans le sens contraire. Les bateaux vides se rangeront du côté opposé au halage. Dans le cas où les bateaux se rencontrant seraient tous chargés ou tous vides, les bateaux allant de Cambrai à Chauny suivront le côté du halage.

15. Tout marinier, à l'approche des écluses, devra ralentir la marche de son bateau pour prévenir le choc contre les portes auxquelles il est expressément défendu d'amarrer les bateaux.

16. Prendront la tête des rames et auront la priorité de passage sur les autres bateaux, dans l'ordre ci-après indiqué :

1° Les bateaux chargés de munitions de guerre ou approvisionnements quelconques pour le service de l'État;

2° Les bateaux chargés uniquement de matériaux et outils pour les travaux du canal de Saint-Quentin, du canal du duc d'Angoulême et des navigations de l'Oise; ces mêmes bateaux à leur retour à vide;

3° Les bateaux chargés de grains, sel, tabac, poissons, chaux vive et autres marchandises susceptibles d'avaries, par le seul retard dans le transport.

Aucun autre bateau que ceux désignés dans le présent article, ne pourra jouir du privilége de passage, que d'après une décision spéciale du préfet de l'Aisne, administrateur du canal.

Tout bateau, pour jouir de ce privilége, devra d'ailleurs produire un certificat de l'inspecteur de la navigation.

17. Tout bateau qui, en conséquence de l'article précédent ou à cause d'avarie ou de péril imminent, sera obligé de céder le pas, reculera, au besoin, à l'approche des écluses, des ponts ou des souterrains.

18. La navigation, hors le cas des chômages, aura lieu tous les jours, depuis une demi-heure avant le lever du soleil jusqu'à un quart d'heure après son coucher, à l'exception des souterrains et des tranchées du point de partage, dont le passage pourra avoir lieu pendant la nuit.

Le préfet de l'Aisne pourra apporter, par des décisions spéciales, des modifications aux dispositions du présent article.

Néanmoins, dans les cas prévus par l'article 12, l'inspecteur de la navigation pourra ordonner la continuation de la manœuvre pendant la nuit, à toutes les écluses indistinctement.

19. Tout bateau coulé à fond ou naufragé sera relevé ou tiré de l'eau par le propriétaire ou conducteur, dans les vingt-quatre heures; faute de quoi, il le sera à ses frais et dépens, à la diligence de l'éclusier le plus voisin, ou de tout autre employé du canal, qui en fera prévenir sur-le-champ l'inspecteur de la navigation. L'éclusier ou l'agent dressera procès-verbal, dans lequel il constatera la cause du naufrage, le retard qui en résulterait pour la navigation et les frais auxquels le bateau aura donné lieu. Ceux-ci seront payés de suite par le conducteur du bateau, ou ce bateau et ses marchandises seront retenus jusqu'à remboursement.

L'inspecteur, aussitôt l'avis qu'il aura reçu du naufrage, se transportera sur les lieux; il s'assurera si le procès-verbal ordonné par le présent article a été rédigé; s'il ne l'a pas été, il fera procéder à sa rédaction : il ordonnera toutes les mesures qu'il croira les plus propres à débarrasser le canal de tous les obstacles qui peuvent entraver le cours de la navigation.

20. Toute avarie causée par le choc d'un bateau contre les portes des écluses, les buscs, les ponts ou autres ouvrages du canal sera réparée aux frais du conducteur du bateau, qui sera retenu jusqu'au remboursement, à moins qu'il ne consigne le montant de ces frais.

21. Aucun bateau ou train ne peut s'amarrer dans les écluses, ni y charger ou décharger quoi que ce soit.

22. Il est défendu aux bateaux de s'amarrer aux arbres ou plantations le long du canal, ou de tenir le cordage d'amarrage élevé au-dessus de terre, de manière à empêcher le passage sur les levées.

23. Il est défendu d'établir des chantiers pour radouber et réparer les bateaux ailleurs qu'aux lieux qui seront indiqués par l'administration, du consentement du concessionnaire.

Une semblable autorisation sera nécessaire pour former sur les digues des dépôts de charbon, cendres minérales ou d'autres marchandises. Aucun dépôt, même momentané, d'agrès ou autres objets venant des bateaux ne pourra également y avoir lieu.

24. Les contraventions au présent règlement seront constatées par procès-verbaux dûment affirmés et enregistrés, et il sera statué par le conseil de préfecture, conformément aux lois et règlements sur les délits en matière de grande voirie.

25. Les bateliers qui se rendraient coupables de résistance, de menaces et d'injures, d'insultes ou de voies de fait contre les agents de la navigation ou les employés du canal dans l'exercice de leurs fonctions, ou enfin provoqueraient des oppositions en se rendant chefs de coalition, seront arrêtés et remis entre les mains du procureur du roi, afin qu'ils soient punis conformément aux lois.

26. L'époque et la durée des chômages seront déterminées par le préfet de l'Aisne, après avoir entendu le concessionnaire.

Les décisions prises à cet égard devront être rendues publiques deux mois au moins avant leur exécution.

Pendant le chômage, aucun bateau ne pourra circuler sur le canal sans permission du préfet.

27. Le concessionnaire est tenu d'avoir, au port de Saint-Quentin, aux trois entrées du canal, savoir : à Cambrai, à Saint-Simon et à Chauny, des agents chargés de jauger les bateaux et de percevoir les

droits de navigation; ce qui devra avoir lieu immédiatement après les demandes des mariniers et dans l'ordre où elles auront été faites.

28. Les inspecteurs et sous-inspecteurs de la navigation, commissionnés par l'administration, feront exécuter tous les ordres immédiats du préfet de l'Aisne et le présent règlement.

Ils constateront par des procès-verbaux les infractions qui pourraient y être faites.

Ils constateront également par des procès-verbaux tous les obstacles que la navigation pourrait rencontrer, soit à raison des avaries survenues au canal, par suite de force majeure ou par défaut de bon entretien; ils en rendront compte au préfet de l'Aisne.

Ils prononceront, sauf à rendre compte, sur toutes les contestations entre les mariniers et agents du canal, en tout ce qui concerne le mouvement de la navigation. Les agents du canal seront tenus d'obtempérer aux ordres qu'ils recevront d'eux, à cet égard.

29. Le concessionnaire sera tenu d'avoir un domicile dans le département de l'Aisne, pour que les significations puissent lui être régulièrement faites.

30. Le présent règlement sera constamment affiché dans les bureaux des receveurs de l'octroi et dans toutes les maisons d'éclusiers.

Ordonnance du roi, du 22 novembre 1829, relative à l'indemnité réclamée par le sieur Léonard.

CHARLES, etc.; sur le rapport du comité de la justice et du contentieux;

Vu la requête à nous présentée au nom du sieur Léonard, propriétaire à Tonnerre, département de l'Yonne; ladite requête enregistrée au secrétariat général de notre conseil d'Etat, le 13 octobre 1828, et tendant à ce qu'il nous plaise annuler un arrêté du conseil de préfecture du département de l'Yonne, en date du 23 mai 1828, qui, par le motif que les moulins du requérant n'ont pas d'existence légale, déclare qu'il n'y a lieu à indemnité à raison des chômages attribués à la diminution de force motrice qu'aurait causée la dérivation d'une partie des eaux de l'Armançon pour le service du canal de Bourgogne; dire que l'indemnité de dépossession est due à l'exposant, et le renvoyer ensuite, ainsi que l'Etat, devant les tribunaux, pour la faire régler en cas de discord;

Vu le mémoire ampliatif présenté, le 28 octobre suivant, dans lequel l'exposant reproduit les conclusions de sa requête introductive;

Vu l'arrêté attaqué;

Vu le rapport de l'ingénieur en chef, directeur du département de l'Yonne, en date du 16 janvier 1829;

Vu les observations adressées, le 14 mars suivant, à notre garde des sceaux, ministre de la justice, par le directeur général des ponts et chaussées;

Vu le mémoire en réplique présenté au nom du sieur Léonard, ledit mémoire enregistré audit secrétariat général, le 31 août 1829, et tendant à ce qu'il nous plaise rejeter la fin de non-recevoir qui sert de base à l'arrêté attaqué ;

Vu l'acte de vente nationale des moulins de Dannemoine, sous la date du 13 septembre 1794 (27 fructidor an 11) ;

Vu le décret du 12 août 1807, qui ordonne la reprise des travaux du canal de Bourgogne ;

Vu la loi du 16 septembre 1807 et le décret du 18 août 1810 ;

Sur la compétence :

Considérant que les travaux du canal de Bourgogne ont été repris en vertu d'un décret du 12 août 1807, et sur les plans anciennement approuvés ; qu'ainsi toutes les indemnités auxquelles peuvent donner matière les travaux de ce canal doivent être réglés administrativement, dans les formes prescrites par la loi du 16 septembre 1807 ;

Au fond :

Considérant que le conseil de préfecture a rejeté la demande en indemnité, par le motif que les moulins de Dannemoine n'avaient pas d'existence légale, mais qu'il résulte des pièces que ces moulins ont été vendus nationalement, le 13 septembre 1794 (27 fructidor an 11), et qu'à cette époque ils se composaient de deux tournants ;

Considérant que si, postérieurement à ladite vente nationale, le sieur Léonard a augmenté, sans autorisation, la force motrice de son usine, le conseil de préfecture a été fondé à refuser une indemnité pour suppression de tout ou partie de la force ajoutée ; mais que si, par suite des travaux du canal de Bourgogne, les deux tournants vendus par l'Etat ne jouissent pas aujourd'hui de la force motrice à laquelle ils avaient droit d'après l'acte d'adjudication du 13 septembre 1794 (27 fructidor an 11), il y a lieu à indemnité pour la diminution que cette force motrice peut avoir éprouvée ;

Notre conseil d'Etat entendu,

Nous avons ordonné et ordonnons ce qui suit :

Art. 1er. L'arrêté pris par le conseil de préfecture du département de l'Yonne, le 23 mai 1828, est annulé, seulement en ce qui concerne la quantité de force motrice à laquelle les moulins de Dannemoine avaient droit à l'époque de la vente nationale du 13 septembre 1794 (27 fructidor an 11).

2. Le sieur Léonard est renvoyé par devant l'administration pour faire constater si cette quantité de force motrice a éprouvé quelque diminution par suite des travaux du canal de Bourgogne, et, dans ce cas, faire régler, dans les formes prescrites par la loi du 16 septembre 1807, l'indemnité qui lui a été allouée.

Ordonnance du roi, du 25 novembre 1829, relative à une contravention du sieur Mussat (Deux-Sèvres).

CHARLES, etc. ; sur le rapport du comité de la justice et du contentieux ;

Vu le rapport à nous fait le 26 septembre 1829, par notre ministre secrétaire d'Etat au département de l'intérieur, ledit rapport enregistré au secrétariat général de notre conseil d'Etat le 30 du même mois, tendant à ce qu'il nous plaise annuler un arrêté du conseil de préfecture du département des Deux-Sèvres, en date du 26 février 1829, pris en matière de roulage;

Vu ledit arrêté, lequel a décidé que le procès-verbal dressé le 7 février 1829 ne pouvait être affirmé devant le maire de Saint-Maixent qu'autant que l'absence du juge de paix eût été constatée;

Vu les décrets des 23 juin 1806, 18 août 1810 et 16 décembre 1811;

Considérant que, par l'article 38 du décret du 23 juin 1806, les maires ont été chargés de prononcer provisoirement, et sauf recours aux conseils de préfecture, sur le fait des contraventions à la police du roulage;

Considérant que, par le décret du 18 août 1810, les procès-verbaux en matière de roulage doivent être affirmés devant les juges de paix, mais que, d'après l'article 112 du décret du 16 décembre 1811, relatif aux routes en général, ces procès-verbaux peuvent être affirmés devant les maires ou leurs adjoints; qu'il convient surtout d'user de cette faculté lorsqu'il s'agit de contraventions, sur lesquelles les maires sont appelés à prononcer provisoirement;

Notre conseil d'état entendu,

Nous avons ordonné et ordonnons ce qui suit :

Art. 1er. L'arrêté du conseil de préfecture du département des Deux-Sèvres, en date du 26 février 1829, est annulé.

2. L'affirmation faite des procès-verbaux de contravention, devant le maire de Saint-Maixent, est déclarée bonne et valable.

3. Le sieur Jean Mussat est renvoyé à se pourvoir de nouveau, et s'il s'y croit fondé, devant ledit conseil de préfecture, contre la décision du maire de Saint-Maixent.

Ordonnance du roi, qui rejette la requête du sieur Accolas, tendant à l'annulation de la décision du ministre de l'intérieur, qui approuve une adjudication passée au profit du sieur Thonissen.

Du 25 novembre 1829.

CHARLES, etc. ; sur le rapport du comité du contentieux,

Vu la requête qui nous a été présentée au nom du sieur Accolas, entrepreneur des ponts et chaussées, demeurant à Paris;

Ladite requête enregistrée au secrétariat général de notre conseil d'Etat le 28 octobre 1829, et tendant à ce qu'il nous plaise annuler une décision de notre ministre de l'intérieur, du 28 juillet précédent, en conséquence déclarer nulle et non avenue l'adjudication passée le 21 mars 1829, au sieur Thonissen, d'une partie des travaux du canal de Nantes à Brest, et ordonner que cette adjudication sera consentie à l'exposant sur les offres d'un rabais de 7 pour 100, et de se conformer à toutes les clauses et conditions du cahier des charges;

Vu la décision attaquée, de laquelle il résulte que notre ministre de l'intérieur a repoussé la réclamation qui lui avait été présentée par le sieur Accolas, par le motif que la soumission qu'il avait faite pour l'adjudication des travaux du canal de Nantes à Brest avait été écartée par le préfet comme n'étant pas appuyée d'un certificat de capacité qui justifiât suffisamment qu'il était en état de bien exécuter les travaux d'art qu'il avait soumissionnés;

Considérant que la soumission du sieur Accolas n'a été repoussée que par le motif d'inaptitude de sa part à l'exécution des travaux qu'il avait soumissionnés;

Et que cette appréciation de capacité ne constitue qu'un acte administratif qui ne peut pas nous être déféré par la voie contentieuse;

Notre conseil d'Etat entendu,

Nous avons ordonné et ordonnons ce qui suit:

Art. 1er. La requête du sieur Accolas est rejetée.

Ordonnance du roi, du 2 décembre 1829, qui statue sur une contestation relative au marais de l'île Bouin.

CHARLES, etc.; sur le rapport du comité de la justice et du contentieux;

Vu les requêtes sommaire et ampliative à nous présentées au nom de la société de desséchement des marais de l'île Bouin, contre les sieurs Luminais, Saint-Céran, Blanchard, Léveillé et Lunau, propriétaires des lais de mer et alluvions dans l'île de Bouin, demeurant à Nantes, lesdites requêtes enregistrées au secrétariat général de notre conseil d'Etat les 20 et 27 juillet 1827, et tendant à ce qu'il nous plaise réformer un arrêté du conseil de préfecture du département de la Vendée, du 1er février 1827, en ce qui concerne les dispositions des articles 2 et 3, par lesquels lesdits sieurs Luminais et consorts ont obtenu d'être affranchis pendant vingt-cinq ans et pour un temps plus long, s'il y a lieu, du demi-droit à la contribution sociale destinée à l'entretien des ouvrages dont ils bénéficient, et ce, à l'expiration de l'immunité entière dont ils jouissent habituellement;

Vu le mémoire en défense des sieurs Luminais et consorts, par lequel ils concluent à ce qu'il nous plaise rejeter le pourvoi de la société, ordonner la confirmation pure et simple de l'arrêté attaqué, et condamner en outre les adversaires aux dépens.

Vu le désistement donné par les sieurs Céran et Luneau, deux des huit défenseurs, de leurs prétentions au bénéfice des articles 2 et 3 de l'arrêté du conseil de préfecture du 1er février 1827, attaqué devant nous;

Vu les observations additionnelles pour les sieurs Luminais et consorts, par lesquelles ils persistent dans leurs précédentes conclusions, et demandent en outre que le pourvoi soit déclaré non recevable, jusqu'à ce que la compagnie ait justifié de la signification qu'elle prétend lui avoir été faite le 20 avril seulement de l'arrêté contre lequel elle se pourvoit;

Vu les répliques pour la société de desséchement et pour les sieurs Luminais et consorts, par lesquelles les parties persistent dans leurs premières conclusions;

Vu l'arrêté attaqué, du 1er février 1827;

Vu la loi du 4 mai 1803 (14 floréal an XI);

En la forme : considérant que les sieur Luminais et consorts ne justifient pas qu'ils aient signifié l'arrêté du conseil de préfecture du département de la Vendée, du 1er février 1827, antérieurement au 20 avril de la même année; que dès lors le pourvoi de la société de desséchement est recevable ;

Au fond : considérant qu'aux termes de l'article 4 de la loi précitée du 4 mai 1803 (14 floréal an XI), le conseil de préfecture n'était compétent que pour connaître des contestations relatives au recouvrement des rôles dressés par le préfet, aux réclamations des individus imposés et à la confection des travaux;

Qu'aux termes des articles 1, 2 et 3 de ladite loi, c'était au préfet qu'il appartenait, soit de dresser les rôles, et d'ordonner les travaux d'après les anciens règlements ou d'après les usages locaux, soit de proposer un nouveau règlement, et que le conseil de préfecture était incompétent pour faire ce règlement;

Notre conseil d'Etat entendu,

Nous avons ordonné et ordonnons ce qui suit :

Art 1er. L'arrêté du conseil de préfecture du département de la Vendée, du 1er février 1827, est annulé pour cause d'incompétence.

2. Les sieurs Luminais et consorts sont condamnés aux dépens.

Ordonnance du roi, qui approuve l'adjudication de la construction d'un pont suspendu sur l'Aisne à Vic-sur-Aisne.

Au château des Tuileries, le 6 décembre 1829.

CHARLES, etc.; sur le rapport de notre ministre secrétaire d'Etat au département de l'intérieur;

Vu le cahier des charges dressé pour la construction d'un pont suspendu sur l'Aisne à Vic-sur-Aisne, route départementale n° 5, de Villers-Cotterets à Noyon, moyennant la concession d'un péage;

Vu le procès-verbal du 1er septembre 1829, constatant les opérations faites à la préfecture du département pour parvenir avec publicité et concurrence à l'adjudication de cette entreprise;

Vu l'avis de la commission mixte des départements de l'intérieur et de la guerre, du 29 juin 1829;

Notre conseil d'Etat entendu,

Nous avons ordonné et ordonnons ce qui suit :

Art. 1er. L'adjudication de la construction d'un pont suspendu sur l'Aisne à Vic-sur-Aisne, faite et passée le 1er septembre 1829, par le préfet du département de l'Aisne, au sieur Bayard de la Vingtrie, moyennant la concession des droits à percevoir sur ce pont pendant quatre-vingt-seize ans, est approuvée. En conséquence, toutes les charges, clauses et conditions de cette adjudication recevront leur pleine et entière exécution.

2. Le cahier des charges, le tarif et le procès-verbal d'adjudication demeureront annexés à la présente ordonnance (1).

---

(1) Le tarif est au Bulletin des lois.

Ordonnance du roi, qui approuve l'adjudication de la construction d'un pont suspendu sur la Loire à Andrezieux.

Au château des Tuileries, le 13 décembre 1829.

CHARLES, etc. ; sur le rapport de notre ministre secrétaire d'Etat de l'intérieur;

Vu le cahier des charges pour l'exécution d'un pont suspendu sur la Loire à Andrezieux, département de la Loire, moyennant la concession d'un péage ;

Vu le tarif des droits de péage ;

Vu le procès-verbal du 24 juin 1829, constatant les opérations faites à la préfecture de la Loire pour parvenir avec publicité et concurrence à l'adjudication de cette entreprise;

Notre conseil d'Etat entendu,

Nous avons ordonné et ordonnons ce qui suit :

Art. 1er. L'adjudication de la construction d'un pont suspendu sur la Loire à Andrezieux, département de la Loire, faite et passée le 24 juin 1829, par le préfet du département de la Loire, au sieur Etienne Gauthier, moyennant la concession pendant trente-six ans, d'un droit de péage, est approuvée. En conséquence, toutes les charges, clauses et conditions de cette adjudication recevront leur pleine et entière exécution.

2. Le cahier des charges, le tarif et le procès-verbal d'adjudication demeureront annexés à la présente ordonnance (1).

Ordonnance du roi, qui autorise la compagnie du chemin de fer de Saint-Etienne à Lyon à construire un pont fixe sur la Saône, à l'extrémité de la presqu'île de Perrache.

Au château des Tuileries, le 13 décembre 1829.

CHARLES, etc. ; sur le rapport de notre ministre secrétaire d'Etat au département de l'intérieur :

Vu les propositions de la compagnie du chemin de fer de Saint-Etienne à Lyon, tendant à construire sur la Saône, à l'extrémité méridionale de la presqu'île Perrache, un pont fixe, propre au double service du chemin de fer et de la route royale n° 88 de Lyon à Toulouse, au lieu et place du pont suspendu qu'elle a été autorisée à établir, pour le service de son chemin de fer, par notre ordonnance du 4 juillet 1827, le tout à ses frais, risques et périls, moyennant la concession d'un droit de péage à perpétuité sur la partie de ce pont destinée au passage public;

Vu l'avis du conseil général des ponts et chaussées, du 2 août 1828, dans lequel il reconnaît la nécessité d'établir un seul pont pour les deux services, et demande une enquête locale pour déterminer la durée du péage à concéder et le tarif de ce péage;

---

(1) Le tarif est au Bulletin des lois.

Vu la délibération du conseil municipal de la ville de Lyon, du 27 août 1828, concluant à l'adoption d'un seul et même pont, et à la concession, pendant quatre-vingt-dix-neuf ans, des droits de péage perçus au pont de la Mulatière, sauf modération dans quelques articles du tarif ;

Vu la délibération du conseil général du département du Rhône, dans sa session de 1828, tendant à ce que, pour des motifs de sécurité publique, le pont du chemin de fer reste circonscrit dans sa spécialité, à ce que le pont de la Mulatière soit reconstruit séparément de ce dernier sur les fonds du trésor, ou, s'il y a nécessité, moyennant une concession de péage qui n'excède pas quarante ans ;

Vu l'engagement souscrit par la compagnie de faire remorquer les chariots sur le pont par des chevaux, dans le cas où l'usage de la machine à vapeur, qu'ils se proposent de perfectionner, motiverait la crainte de quelque danger ;

Vu l'avis du préfet du Rhône, tendant à la réunion des deux services, à la concession d'un droit de péage pendant vingt-cinq ans, et à l'abandon, aux concessionnaires, des matériaux du pont de la Mulatière, dont la démolition aura lieu après l'achèvement du nouveau pont et son ouverture ;

Vu un second avis du 7 février 1829, dans lequel le conseil des ponts et chaussées propose de fixer à vingt-six ans la durée de la concession du péage ;

Vu les observations de la compagnie, tendant à ce qu'une jouissance plus longue lui soit accordée ;

Vu le rapport du directeur général des ponts et chaussées, du 30 juillet 1829, qui propose une durée de cinquante ans et l'adhésion de la compagnie concessionnaire à cette fixation ;

Vu la délibération de la commission mixte des travaux publics, à laquelle ont adhéré nos ministres secrétaires d'Etat de la guerre et de l'intérieur, portant que la construction du pont peut être autorisée, mais sous la condition que, dans le cas où l'intérêt de la défense exigerait sa destruction, la compagnie n'aura aucune indemnité à réclamer ;

Notre conseil d'Etat entendu,

Nous avons ordonné et ordonnons ce qui suit :

Art. 1er. La compagnie du chemin de fer de Saint-Etienne à Lyon est autorisée à construire à ses frais, risques et périls, conformément à ses offres et au projet examiné par le conseil général des ponts et chaussées, un pont fixe sur la Saône, à l'extrémité de la presqu'île Perrache, propre au double service du chemin de fer et de la route royale n° 88 de Lyon à Toulouse. Ce pont sera substitué au pont suspendu dont l'établissement avait été autorisé par notre ordonnance du 4 juillet 1827. Il sera établi dans les formes et dimensions indiquées sur les plans visés, *ne varietur*, par le secrétaire du conseil des ponts et chaussées, le 7 février 1829. Les dispositions indiquées sur un des plans par une feuille de retombe sont adoptées.

Le pont aura onze mètres de largeur mesurée entre les garde-corps, dont six mètres au milieu pour une voie charretière, trois mètres du côté d'amont pour la voie du chemin de fer, et deux mètres du côté d'aval pour un trottoir destiné aux piétons. La hauteur du pavé de la voie charretière sera de neuf mètres quarante-six centimètres au-dessus de l'étiage.

Ce pont sera formé de huit travées de charpente, composées chacune de sept fermes en arbalétriers courbes, suivant le système des ponts de Serin et de Charles X à Lyon; les piles et les culées seront en maçonnerie; les huit travées seront également espacées entre elles, et auront chacune dix-huit mètres soixante-quinze centimètres d'ouverture; ce qui portera le débouché des eaux à cent cinquante mètres entre les culées.

Les piles auront trois mètres d'épaisseur au-dessous du cordon; elles seront terminées par des avant et arrière-becs demi-circulaires, et revêtues, dans tout leur pourtour, en pierre de taille de Villebois, de 0m,50 d'épaisseur réduite.

L'épaisseur moyenne des culées sera de quatre mètres. Elles seront paremcntées comme les piles.

Les parties supérieures des piles seront ajustées comme aux ponts de Serin et de Charles X, ainsi que l'indiquent les plans.

Les fondations des piles et culées seront établies dans des encaissements de pieux jointifs recépés et liernés à 0m,57 au-dessous des fondations des culées du pont actuel de la Mulatière. Ces encaissements seront remplis intérieurement en mortier hydraulique, sur lequel seront assises les maçonneries, et ils seront garnis extérieurement par des enrochements dont la surface supérieure sera à un mètre au-dessous de l'étiage.

Les concessionnaires auront le droit de substituer à ce mode de fondation proposé par eux, soit un système de pieux et de caissons, soit un système de pieux avec grillage et plate-forme.

La flèche des arches en charpente sera au plus du sixième de leur ouverture.

Dans aucun cas, la compagnie ne pourra s'appuyer sur les dispositions qui lui sont imposées ci-dessus pour décliner la responsabilité que fait peser sur elle l'entreprise dont elle se charge, attendu qu'en accédant à tout ce qui est prescrit, elle prend sous sa garantie toutes les conséquences de l'exécution.

2. Pour dédommager cette compagnie des dépenses qu'elle prend à sa charge et des obligations qui lui sont imposées, il lui est accordé, pendant un laps de temps de *cinquante années*, à partir du jour de la réception provisoire du pont, la concession d'un droit de péage à percevoir sur la partie de ce pont réservée au public. Le tarif sera conforme à celui qui existe actuellement au pont de la Mulatière. Il lui est fait en outre l'abandon des matériaux dudit pont de la Mulatière, dont la démolition ne pourra avoir lieu qu'un an après l'ouverture du passage sur le nouveau pont.

3. La compagnie fera toutes les dispositions nécessaires pour que le service du chemin de fer sur le pont ne nuise en rien à la circulation et à la sûreté publique sur la partie destinée à la communication de la route royale. Toutes les dépenses qu'entraîneront ces dispositions seront en tout temps à sa charge.

4. Tous les frais d'entretien, de réparation, et même, le cas échéant, de reconstruction du pont, seront à la charge de la compagnie pendant toute la durée de la concession du chemin de fer de Saint-Etienne

IV.   13

à Lyon. L'entretien consistera principalement, 1° à peindre les bois et les fers au moins une fois tous les trois ans; 2° à renouveler les bois du plancher, lorsque la commodité ou la sûreté du passage pourront l'exiger; 3° à renouveler également toute pièce de fer ou de bois qui serait dans le cas d'être remplacée; 4° à maintenir en bon état les culées, les piliers et toutes les maçonneries; à y refaire enfin les joints dès qu'ils commenceront à se dégrader.

5. Si, par une cause quelconque, le chemin de fer cessait son service ou prenait une autre direction, la totalité du pont rentrerait dans le domaine public.

6. Dans le cas où l'intérêt de la défense du royaume exigerait la rupture du pont, la compagnie ne pourra prétendre à aucun dédommagement.

7. La compagnie est chargée de l'ajustement de la rive gauche de la Saône à l'aval du pont. Elle devra en conséquence présenter à l'administration un projet de musoir à exécuter à ses frais au confluent des deux fleuves. Elle est chargée également de raccorder à ses frais le pont qu'elle construira, avec la route royale n° 88, qu'il doit desservir.

8. La compagnie est substituée aux droits de l'administration pour l'acquisition des terrains nécessaires à ses travaux, en se conformant aux dispositions de la loi du 8 mars 1810. Elle jouira, tant pour l'extraction que pour le transport des terres et matériaux, des privilèges accordés aux entrepreneurs de travaux publics, à la charge par elle d'indemniser les propriétaires des terrains endommagés.

9. Toutes les charges et dépenses qui résulteront des mesures à prendre pour que le service de la navigation ne soit pas interrompu pendant la construction du pont, et par la suite pendant la durée des travaux d'entretien, seront supportées par la compagnie du chemin de fer.

10. Dans le cas où la circulation sur le pont serait interdite pour cause de travaux de réparation ou d'entretien, la compagnie sera tenue d'établir, à ses frais, un passage provisoire à l'aide de bacs ou de bateaux, en nombre suffisant pour assurer le passage public.

11. Après la construction du pont, il sera procédé provisoirement à sa réception par le préfet du département du Rhône, assisté d'un inspecteur général ou divisionnaire des ponts et chaussées, désigné à cet effet par le directeur général des ponts et chaussées.

La perception du péage ne pourra commencer qu'après cette réception provisoire, et le laps de temps assigné à la concession dudit péage commencera à courir du jour même où cette perception aura commencé.

Il sera procédé à la réception définitive du pont, un an après sa réception provisoire, par le préfet et l'inspecteur désignés ci-dessus; et ce ne sera qu'après cette réception définitive que le pont de la Mulatière pourra être démoli.

12. La compagnie du chemin de fer sera soumise au contrôle et à la surveillance de l'administration, pour tout ce qui concerne l'exécution des ouvrages et des obligations que lui impose la présente ordonnance.

13. Dans le cas où la compagnie du chemin de fer n'aurait pas

livré le nouveau pont de la Mulatière au service public dans un délai de trente mois à dater de la notification de la présente ordonnance, il sera pourvu à la continuation et à l'achèvement des travaux entrepris par elle, au moyen d'une adjudication qu'on ouvrira sur une mise à prix des ouvrages déjà construits, des matériaux approvisionnés, des terrains achetés, et qui sera dévolue à celui des nouveaux soumissionnaires qui offrira la plus forte somme pour ces ouvrages, matériaux et terrains. Les soumissions pourront être inférieures à la mise à prix.

La somme offerte par l'adjudicataire sera remise aux concessionnaires évincés. Si l'adjudicataire s'engage purement et simplement à poursuivre les travaux et à les achever à ses frais, risques et périls, sans mettre d'ailleurs aucun prix à tout ce qui aura été fait avant son entrée dans l'entreprise, la compagnie déchue se retirera sans pouvoir exercer aucune prétention quelconque.

Enfin si, au lieu d'offrir une somme d'argent, l'adjudicataire obtient le concours de l'Etat dans la dépense, la compagnie sera tenue de fournir la somme qui sera accordée à l'adjudicataire par suite du concours.

Les stipulations du présent article ne sont pas applicables au cas où la cessation des travaux et les retards apportés à leur exécution proviendraient de force majeure.

14. Les contestations qui pourraient s'élever entre l'administration et la compagnie du chemin de fer, sur l'exécution ou l'interprétation des clauses et conditions auxquelles cette dernière est assujettie, seront jugées administrativement par le conseil de préfecture, sauf recours au conseil d'Etat.

Circulaire du directeur général (M. Becquey), contenant instruction sur l'exécution de l'ordonnance royale du 10 mai 1829, et sur la régularisation des dépenses par régie.

Paris, le 14 décembre 1829.

Monsieur le préfet, l'ordonnance royale du 10 mai 1829, dont j'ai eu l'honneur de vous adresser deux exemplaires avec ma circulaire du 15 juillet dernier, sépare en deux catégories distinctes les fonds affectés par le budget des ponts et chaussées aux travaux :

1° Des routes royales et ponts ;
2° De navigation, bacs, canaux, quais ;
3° De ports maritimes de commerce.

La première catégorie comprend, sur chacun de ces trois services, les travaux d'entretien et de réparations ordinaires.

La deuxième catégorie a pour objet les grosses réparations et les travaux neufs.

Déjà, par ma circulaire du 31 octobre dernier, n° 10, j'ai indiqué les bases du classement, dans l'une ou dans l'autre catégorie, des travaux désignés par l'ordonnance précitée. Mais ce n'est qu'en m'occupant d'une nouvelle instruction sur la comptabilité que je devais parler des dépenses d'un autre ordre, qui obtiennent des crédits, chaque année, dans le budget général des ponts et chaussées et des mines. Ces dépenses, portant sur des services spéciaux ou généraux que l'ordonnance du 10 mai n'a pas eu pour objet, seront, pour l'ordre de la comptabilité, rangées dans la deuxième catégorie. Ainsi elles resteront au nombre des dépenses dont l'administration centrale conserve la surveillance immédiate.

La nouvelle division des crédits du budget exige qu'il soit fait quelques changements dans l'information mensuelle des dépenses, dans leur ordonnancement, et dans la reddition des comptes annuels. Je vais entrer dans les détails nécessaires pour expliquer ces changements, et indiquer en même temps les modifications que j'ai cru, dans des vues d'économie et de simplification, devoir faire subir à quelques-unes des formules de comptabilités employées depuis l'année 1823.

Toutefois, il m'a paru nécessaire de faire précéder ces détails de quelques instructions relatives à la convocation et aux attributions du conseil local créé par l'article 3 de l'ordonnance royale du 10 mai 1829, et que vous êtes appelé à présider chaque année.

Le conseil local, dont la composition fait l'objet d'instructions particulières, sera convoqué par vous, monsieur le préfet, et s'assemblera, chaque année, au chef-lieu de département, dans l'intervalle du 1ᵉʳ février au 15 mars. Vous aurez à vous concerter préalablement avec l'inspecteur divisionnaire qui devra fixer le jour de son arrivée au chef-lieu de chacun des départements de son inspection, en s'arrangeant de manière à ne pas dépasser le délai de six semaines, qui a paru suffisant pour que l'inspecteur divisionnaire puisse assister successivement aux séances de chaque conseil local, et prendre part à ses délibérations.

La sous-répartition des fonds que j'aurai alloués en masse sur la première catégorie, pour l'entretien et les réparations ordinaires de chacun des trois services distincts de *routes royales et ponts*, de *navigation, bacs, canaux, quais* et de *ports maritimes de commerce* formera le premier objet dont le conseil local devra s'occuper.

J'aurais rapproché davantage le moment de la sous-répartition, si je n'avais été retenu par cette considération que, pour faire la sous-répartition avec connaissance de cause, on doit, sinon reconnaître, au moins pouvoir apprécier les effets de l'hiver sur l'état des routes, afin de distribuer les fonds avec plus de discernement. J'ai donc choisi de préférence l'époque du mois de février et les premiers jours de mars, *au plus tard*.

Vous ne perdrez pas de vue, monsieur le préfet, que, lorsqu'il s'agira de renouveler des baux d'entretien, il faudra nécessairement faire ce renouvellement dans l'année qui précédera la mise à exécution des nouveaux baux ; il conviendra aussi d'appliquer au nouvel ordre de choses, celles des dispositions de ma circulaire du 27 janvier 1818, n° 1ᵉʳ, qui en seront susceptibles, et, par conséquent, de mettre les entrepreneurs en mesure de commencer leurs fournitures, en attendant l'approbation, d'ailleurs peu tardive, de la sous-répartition.

Lorsque cette sous-répartition aura été définitivement arrêtée, le conseil local entendra, discutera et arrêtera le compte final des dépenses de l'année précédente, qui lui sera présenté avec les états de situation détaillés, dressés par les ingénieurs ordinaires.

Je connais trop le zèle et l'exactitude de MM. les ingénieurs, pour concevoir des doutes sur la possibilité de préparer les états de situation et le compte final pour la première quinzaine de février. Je ferai remarquer qu'une ancienne circulaire du 28 janvier 1818 exigeait, pour le 1er février, des états de situation beaucoup plus compliqués. Je ferai observer d'ailleurs que c'est par les états de situation, et par le compte final de la première catégorie, que MM. les ingénieurs devront commencer le travail des comptes annuels, attendu que l'époque du 1er mai continue d'être celle fixée pour l'envoi, à l'administration générale, des états de situation et du compte final de la deuxième catégorie.

L'examen des états de situation portera particulièrement sur la quantité des prix de détail, par comparaison avec ceux énoncés aux devis, sur la déduction des rabais et des retenues de garantie, sur l'acceptation des décomptes, avec ou sans réserves par les entrepreneurs. Il conviendra aussi d'examiner si la dépense faite pour chaque article est égale au crédit de sous-répartition, et, en cas de différence, d'en reconnaître et apprécier les motifs.

Une copie de la sous-répartition arrêtée par le conseil local, une copie du compte final seulement, et le procès-verbal de la délibération dont ce compte aura été l'objet, me seront transmis par vous, monsieur le préfet, avec vos observations particulières sur le tout.

Vous remarquerez néanmoins que, dans sa session de 1830, le conseil local ne devra s'occuper que de la sous-répartition des fonds de cet exercice, et nullement des comptes de l'exercice 1829, dont l'examen et la liquidation restent soumis à l'ancien mode pour la généralité des dépenses.

Les formules imprimées pour le service de la comptabilité, et désignées dans une nomenclature adressée à MM. les ingénieurs en chef, le 25 février 1824, devront être employées *séparément pour chacune des deux catégories*. Ce changement ne fait que diviser les écritures actuelles, sans les augmenter d'une manière sensible ; il sera d'ailleurs plus que compensé par l'économie de travail que doivent procurer les simplifications qu'on indiquera plus loin dans quelques-unes des formules actuelles.

La séparation du service en deux catégories désormais distinctes sur tous les points, n'a exigé cependant d'autre innovation dans les formules, que le renouvellement entier de celles qui portent les numéros 1, 2, 4 et 15, dont je vous envoie de nouveaux modèles. J'y ajoute quelques observations sur la manière d'employer à l'avenir les formules nos 16, 21, 22 et 23, par suite de leur application alternative à l'une ou à l'autre catégorie.

Formule n° 1er. Projet de budget. (Modèle ci-joint.)

Le cadre du projet de budget est disposé de manière à ce que MM. les préfets concourent plus spécialement à la proposition et à la discussion des dépenses projetées par MM. les ingénieurs en chef.

L'ancienne division par service de routes royales et ponts, de navigation, bacs, quais, canaux, et de ports maritimes de commerce, continuera de subsister; mais de la séparation de chacun de ces services en deux catégories (travaux d'entretien et ouvrages neufs), résulte la nécessité de diviser les demandes, *en portant sur deux projets séparés* celles qui ont été jusqu'à présent renfermées dans un seul.

Les objets sur lesquels doit porter la demande des fonds pour les travaux d'entretien et les réparations ordinaires, ont été détaillés dans ma circulaire du 31 octobre dernier, n° 10. Je ne crois pas devoir en faire une nouvelle mention; mais je vous prierai d'observer que le service des bacs doit, à raison de la nature et de l'instantanéité de ses dépenses, continuer de faire l'objet de demandes partielles à mesure des besoins, dont l'évaluation ne peut entrer dans le projet de budget du service de la navigation.

Formule n° 2. *Projet de sous-répartition.* (*Modèle ci-joint.*)

Il y aura autant de projets de sous-répartition qu'il y aura eu de projets de budget; à moins que, pour les grosses réparations et les travaux neufs, la sous-répartition ait pu être faite en même temps que l'allocation des fonds, d'après le projet de budget. Mes notifications de crédits feront toujours connaître ceux qui exigeront une sous-répartition ultérieure.

La sous-répartition des fonds de la première catégorie, affectés à l'entretien et aux réparations ordinaires des routes royales et ponts, devra comprendre, indépendamment des salaires des cantonniers et des ouvriers auxiliaires, ceux des préposés aux ponts à bascule, des conducteurs non embrigadés, des piqueurs et autres agents dont l'emploi continuera d'être approuvé par moi, sur vos propositions. Il sera nécessaire aussi d'y comprendre les frais d'impression et autres dépenses diverses qui pourront se rattacher au service de l'entretien.

La sous-répartition des fonds d'entretien du service de la navigation, et la sous-répartition des fonds d'entretien des ports de commerce, devront, d'après les mêmes principes, comprendre les salaires autorisés et les dépenses diverses se rattachant à chacun de ces services.

Ces sous-répartitions distinctes pour l'entretien des routes royales et ponts, de la navigation, etc., et des ports maritimes de commerce, seront présentées par vous à l'examen et à la discussion du conseil local; aussitôt qu'elles auront été arrêtées définitivement, vous devrez m'adresser une copie de chacune d'elles transcrite sur la formule n° 2.

Quant à la sous-répartition par service des fonds affectés aux grosses réparations, aux travaux neufs et aux autres dépenses de la deuxième catégorie, elle reste, pour l'examen et l'approbation, dans les attributions immédiates de l'administration centrale. Il ne sera donc rien changé, pour cette partie du service, aux rapports qui existent entre nous.

Formule n° 4. *État mensuel des ingénieurs en chef.* (*Modèle ci-joint.*)

Deux états par mois seront dressés sur cette formule. L'un pour les dépenses de la première catégorie, sur les divers services, et l'autre pour les dépenses de la deuxième catégorie, qui comprendra non-seulement les grosses réparations et les travaux neufs, mais encore les dépenses du personnel et autres qui n'entrent point dans la première catégorie, sur les divers chapitres du budget général des ponts et chaussées.

Formule n° 15. *Bordereau des ordonnances et des payements.* (*Modèle ci-joint.*)

Cette formule devra être employée séparément pour chacune des deux catégories ; mais cette division ne demandera pas, à beaucoup près, autant de travail que l'unique bordereau fourni précédemment. Le détail des payements ne sera plus exigé, il suffira de faire connaître, pour chaque chapitre du budget, la masse des ordonnances, des certificats, des mandats et des payements.

Formule n° 16. *Etat de situation des ingénieurs ordinaires.*

Il y aura, par arrondissement d'ingénieurs, un état séparé pour chacune des deux catégories. Celui de la première catégorie restera dans le département pour être présenté au conseil local, et celui de la deuxième catégorie sera adressé à l'administration centrale : l'un et l'autre donneront, sur les travaux exécutés d'après des baux, des adjudications, etc., les détails exigés par les instructions précédentes ; mais celui de la deuxième catégorie ne sera appuyé d'aucune pièce pour la justification des dépenses par régie qui continueront néanmoins d'être soumises à mon approbation. Cette justification devra être faite au payeur, ainsi qu'il sera expliqué ci-après, à l'occasion de la formule n° 25. Il suffira d'indiquer, dans l'état de situation, le nombre total des journées employées sur chaque atelier, et de donner un détail sommaire des diverses fournitures. Il serait à désirer aussi que les indemnités de terrains fussent mentionnées dans l'ordre de leur approbation, en ayant soin d'en rappeler la date.

Formule n° 21. *Etat détaillé des charges du personnel.*

L'expérience m'a fait reconnaître qu'au lieu de fournir cet état douze fois par an, il suffirait de le joindre seulement aux états de la deuxième catégorie rédigés sur la formule n° 4, pour les mois de *mars*, de *juin*, de *septembre* et *décembre*. C'est une réduction des deux tiers dans le travail qu'exigeait précédemment l'emploi de cette formule.

Formule n° 22. *Rôle de cantonniers.*

Pour ne pas intervertir la série des numéros des formules, celle-ci conservera le sien, mais elle *ne sera plus imprimée à Paris*. Elle devient d'un usage particulier à chaque département, qui pourvoira sur ses fonds d'entretien à la dépense qu'exigera l'impression particulière de la formule n° 22. Il a été reconnu d'ailleurs que l'uniformité était difficile à obtenir dans cette partie du service, qu'il faut néanmoins soumettre aux règles de payement tracées par la circulaire de mon prédécesseur, en date du 25 avril 1817, n° 5.

Formule n° 23. Etat de dépenses par régie.

Cette formule n'est pas la seule qui soit employée à constater les travaux et dépenses par régie; il en existe deux autres qui sont imprimées dans les départements et dont les modèles ont été annexés à la circulaire de mon prédécesseur, du 11 juin 1813, n° 9. Cet ordre de choses continuera de subsister; mais je crois devoir rappeler les principes de l'organisation des régies, et de la justification de leurs dépenses. Ces principes sont puisés dans l'ordonnance royale du 14 septembre 1822, dont les dispositions sont à cet égard tellement formelles et précises qu'il faut y soumettre sans restrictions le service des ponts et chaussées.

Pour atteindre ce but que j'ai déjà signalé depuis longtemps, et particulièrement dans ma correspondance avec MM. les préfets, pendant ces dernières années, il faut pour les grands comme pour les petits travaux qui s'exécutent par régie sur les routes, sur les rivières, canaux et ports, renoncer à *toute avance de fonds par un intermédiaire rétribué proportionnellement à la dépense.*

C'est, comme l'indique la circulaire précitée du 11 juin 1813, parmi les conducteurs et les piqueurs, qu'il faudra choisir les agents qui seront chargés (sous la surveillance des ingénieurs) de constater les dépenses par régie, et d'en effectuer le payement.

L'ordonnance précitée du 14 septembre permet, dans ce cas, qu'il soit fait des avances de fonds, mais c'est sous l'obligation expresse de rapporter *au payeur*, dans le délai d'un mois, *les quittances des créanciers réels.*

Dans les régies qui appartiennent au service des ponts et chaussées, *les créanciers réels* sont les ouvriers à la journée ou à la tâche, les fournisseurs et marchands d'objets divers. Il faut donc de toute nécessité remettre au payeur dans le délai prescrit, des états *émargés par les uns*, et des factures ou mémoires *acquittés par les autres.* Cela devient d'autant plus nécessaire, que l'administration n'exigera plus le duplicata de ces pièces à l'appui des états de situation (formule n° 16), et qu'en épargnant par ce moyen à MM. les ingénieurs la copie de beaucoup d'écritures, elle doit s'assurer que la justification régulière et authentique des dépenses, arrivera par les payeurs au trésor royal et à la cour des comptes.

Je ferai remarquer à ce sujet, que d'après l'article 17 de l'ordonnance du 14 septembre, le payeur peut se mettre à découvert jusqu'à concurrence de 20,000 francs; que cette latitude offre le moyen de diviser les 20,000 francs en deux, trois ou plusieurs mandats présentés au payeur à plusieurs jours d'intervalle, et qu'il est par conséquent possible, si le service l'exige, que le même agent touche un second et même un troisième à-compte, avant d'avoir pu justifier l'emploi du premier. Le délai d'un mois pour chacun d'eux part du jour du payement.

Pour les ateliers de travaux en régie, dont la dépense mensuelle surpasse 20,000 francs, son excellence le ministre secrétaire d'Etat des finances a décidé, le 1er septembre 1828, que l'article 17 de l'ordonnance précitée leur était applicable, comme aux autres travaux d'une moindre importance, attendu qu'un régisseur comptable pouvait obtenir en plusieurs fois jusqu'à 60 et 80 mille francs par mois, sauf la justification successive d'une portion de ces avances partielles, de manière à éteindre graduellement chaque avance.

Cette interprétation de l'article 17 de l'ordonnance du 14 septembre permet donc de satisfaire, par différentes combinaisons, à toutes les exigences du service des ponts et chaussées. Elle a surtout l'avantage d'éviter toute interruption dans le service, en n'imposant point au régisseur comptable l'obligation de remettre les pièces justificatives d'un premier à-compte pour avoir le droit d'en demander un second ; bien entendu toutefois que ce second à-compte ne mettrait pas le payeur à découvert de plus de 20,000 francs, et qu'il serait demandé avant l'expiration du mois accordé pour la justification du premier versement.

D'après l'article 24 du cahier annexé à la circulaire du 50 juillet 1811, sur les clauses et conditions générales imposées aux entrepreneurs des travaux des ponts et chaussées, il pouvait être alloué, à ceux de ces entrepreneurs dont l'intervention devenait nécessaire pour l'exécution par régie de certains ouvrages non prévus par le devis, et imputables sur la somme à valoir, un vingtième pour soins, frais d'outils, fournitures, entretien de machines, etc., et un second vingtième pour avance de fonds.

Déjà, par une instruction du 19 août 1822, sur l'organisation des travaux de canaux, j'ai réduit de moitié, en la fixant au quarantième, cette seconde allocation d'un vingtième pour avance de fonds.

L'expérience m'a appris qu'on pouvait, sans inconvénient, interdire à l'avenir toute allocation pour avance de fonds par un entrepreneur.

En conséquence, les devis servant de base aux adjudications de travaux continueront de comprendre la clause que l'entrepreneur devra ses soins, le travail de ses ouvriers, l'emploi de ses outils, et *les avances de fonds* nécessaires pour les ouvrages non prévus et imputables sur la somme à valoir ; mais, au lieu d'allouer, comme présentement, trois quarantièmes de la dépense pour ces divers objets, il ne devra plus être alloué à l'entrepreneur qu'un vingtième seulement.

La suppression d'une indemnité pour avance de fonds est suffisamment motivée sur la brièveté du temps pendant lequel les entrepreneurs sont à découvert de leurs avances, puisqu'ils en sont généralement remboursés plus tôt que du prix des ouvrages compris dans les adjudications. Cette supression sera d'ailleurs une raison de plus d'accélérer leur remboursement.

Vous remarquerez, monsieur le préfet, que je me suis attaché à maintenir, dans la comptabilité des ponts et chaussées, l'ordre et la clarté qui s'y font surtout remarquer depuis l'année 1823 ; et que, pour obtenir ce résultat, il paraissait indispensable de prescrire, comme je l'ai fait, la tenue d'*une comptabilité séparée* pour chacune des deux catégories.

Les améliorations introduites dans cette partie importante du service sont particulièrement dues à l'exactitude et au dévouement de MM. les ingénieurs. Nous devrons aussi à leur concours les nouveaux perfectionnements que l'administration doit attendre de leur zèle accoutumé.

Je vous prie, monsieur le préfet, de vouloir bien m'accuser réception de la présente circulaire. J'en adresse une ampliation à MM. les ingénieurs de tout grade.

(MODÈLE N° 1.)

ADMINISTRATION GÉNÉRALE
DES PONTS ET CHAUSSÉES ET DES MINES.

INSPECTION.

DÉPARTEMENT D

EXERCICE 183

Projet de budget des dépenses de la   catégorie du service
d   dans le département d
pour l'exercice 183

Projet de budget des dépenses de la   catégorie du service d

NUMÉROS d'ordre		NATURE DES DÉPENSES.	SITUATION GÉNÉRALE DE CHAQUE ENTREPRISE.				CRÉDITS PROPOSÉS par l'ingénieur en chef pour l'exercice 1831.	
				Fonds de toute nature déjà crédités.				
du crédit total de chaque route, pont, rivière, port, etc.	des articles particuliers du crédit de chaque route, pont, rivière, port, etc.		Montant de l'adjudication passée, ou du projet approuvé.	antérieurement à 1830.	en 1830.	Fonds restant à faire.	par article.	par route, pont, rivière, port, etc.

* *Nota.* On se ser~~..~~
intercalaires, de
de manière à dé~~..~~
colonnes du ta~~..~~

dans le département d   pour l'exercice 183

OBSERVATIONS PARTICULIÈRES. DE L'INGÉNIEUR EN CHEF.	CRÉDITS demandés par le préfet		AVIS DU PRÉFET.	CRÉDITS alloués par la sous-répartition	
	par article.	par route, pont, rivière, port, etc.		par article.	par route, pont, rivière, port, etc.

Rien pour feuille
papier blanc coupé
couvrir la tête des
état imprimé.

Nota. Ces deux
colonnes ne seront
remplies qu'après
l'approbation de la
sous-répartition.

RÉCAPITULATION.

BUDGET général.		DÉSIGNATION DES TRAVAUX ET AUTRES OBJETS DE DÉPENSES.	RAPPEL DES CRÉDITS alloués pour l'exercice 1830.	CRÉDITS PROPOSÉS pour l'exercice 1831.		CRÉDITS ALLOUÉS par le directeur général.
Cha-pitres.	Para-graphes.			par l'in-génieur en chef.	par le préfet.	
7	1	Routes royales et ponts.				
	2	Navigation , bacs , quais et canaux. . .				
	3	Ports maritimes de commerce.				
	4	Services particuliers et objets divers. . .				
8	. . . .	Charges du personnel des ponts et chaus-sées.				
	. . . .					
11	. . . .	Contribution du trésor pour travaux faits sur fonds particuliers.				
		Totaux				

OBSERVATIONS GÉNÉRALES DE L'INGÉNIEUR EN CHEF.	AVIS DU PRÉFET.
Fait et présenté par l'ingénieur en chef du dé-partement d A le	Vu et arrêté par le préfet du département d A le

(MODÈLE N° 2.)

ADMINISTRATION GÉNÉRALE
DES PONTS ET CHAUSSÉES ET DES MINES.

INSPECTION.

DÉPARTEMENT D

EXERCICE 183

Projet de sous-répartition de la somme de affectée par le budget de l'exercice 183 , aux dépenses de la d catégorie du service d dans le département

Projet de sous-répartition de la somme de
d

affectée par...
dans...

NUMÉROS d'ordre		NATURE DES DÉPENSES.	RAPPEL DES CRÉDITS de l'exercice 183		SOUS-RÉPARTITION du crédit total pour l'exercice 183		OBSERVATIONS.
du crédit total de chaque route, pont, rivière, port, etc.	des articles particuliers du crédit de chaque route, pont, rivière, port, etc.		par article.	par route, pont, rivière, port, etc.	par article.	par route, pont, rivière, port, etc.	

le
le

budget de l'exercice 183 , aux dépenses de la   catégorie du service
département d

NUMÉROS d'ordre		NATURE DES DÉPENSES.	RAPPEL DES CRÉDITS de l'exercice 183		SOUS-RÉPARTITION du crédit total pour l'exercice 183		OBSERVATIONS.
du crédit total de chaque route, pont, rivière, port, etc.	des articles particuliers du crédit de chaque route, pont, rivière, port, etc.		par article.	par route, pont, rivière, port, etc.	par article.	par route, pont, rivière, port, etc.	

IV.   14

RÉCAPITULATION.

	CRÉDITS ALLOUÉS PAR LE DIRECTEUR GÉNÉRAL	
	pour 183	pour 183
CHAPITRE 7. Paragraphe 1er. Routes royales et ponts. . .		
——— 2e. Navigation, bacs, quais et canaux.		
——— 3e. Ports maritimes de commerce.		
——— 4e. Services particuliers et objets divers.		
——— 8. Charges du personnel des ponts et chaussées.		
——— 11. Contributions du trésor pour travaux faits sur fonds particuliers.		
TOTAUX.		

Nota. La même formule étant commune aux deux catégories, ce bas de page a été réservé pour être rempli différemment selon les divers cas.

Le projet de sous-répartition de la première catégorie, présenté au conseil local, pourra être terminé par la proposition de l'ingénieur en chef.

La copie de la sous-répartition définitive, adressée au directeur général, en exécution de l'article 3 de l'ordonnance royale du 10 mai 1829, sera transcrite sur la même formule, après avoir effacé en tête les mots : *Projet de.* Cette copie devra être terminée par cette mention : « *Arrêté par le conseil local dans la séance du* où étaient présents MM.   *qui ont signé sur* l'original.

Certifié par nous préfet du département d   président dudit conseil.

A   le   183

Le projet de sous-répartition de la deuxième catégorie sera terminé, comme l'était précédemment le projet de sous-répartition annuelle, par la proposition de l'ingénieur en chef et le visa du préfet.

Les extraits de l'une comme de l'autre des deux sous-répartitions définitives continueront d'être envoyés aux ingénieurs ordinaires par les ingénieurs en chef, qui se serviront de la même formule, en y effaçant les mots : *Projet de.*

(MODÈLE N° 4.)

ADMINISTRATION GÉNÉRALE
DES PONTS ET CHAUSSÉES ET DES MINES.

INSPECTION.

DÉPARTEMENT D

COMPTABILITÉ.

(ᵉ CATÉGORIE.)

Fonds d

EXERCICE 183

Mois de

État de situation sommaire des fonds et dépenses de la caté-gorie du service à l'époque du

NUMÉROS d'ordre		NATURE DES DÉPENSES.	CRÉDITS ALLOUÉS	
des articles du budget général des ponts et chaussées.	du budget du département par route, pont, rivière, port, etc.		par route, pont, rivière, port, etc.	totalisés par paragraphe du budget général des ponts et chaussées.
		CHAPITRE VII.		
		TRAVAUX ET DÉPENSES DU SERVICE MATÉRIEL.		
		PARAGRAPHE I.ᵉʳ		
		Entretien et réparations ordinaires des routes royales et ponts.	fr. c.	
1		Route royale n° de à	10,000 00	....
2		——— n° de à	18,000 00	....
3		——— n° de à	25,000 00	....
4		Dépenses diverses (*comme au modèle n° 5 annexé à la circulaire du 25 janvier 1823*).	12,000 00	fr. c. 65,000 00
		PARAGRAPHE II.		
		Entretien et réparations ordinaires de la navigation, bacs, etc.		
5		Rivière de	19,000 00	19,000 00
		PARAGRAPHE III.		
		Entretien et réparations ordinaires des ports maritimes.		
6		Port d	25,000 00	
7		— d	14,000 00	
				39,000 00
		Totaux pour le chapitre VII		123,000 00

à la fin du mois d   183 .

DÉPENSES FAITES, Y COMPRIS LES DETTES DES PRÉCÉDENTS EXERCICES, imputées par décisions royales sur l'exercice courant.					MENTION SOMMAIRE, POUR ORDRE, des dépenses faites depuis le commencement de l'année sur les fonds de concours des départements, communes, propriétaires, établissements publics et particuliers. *Circulaire du 25 janvier 1828.* (Nº 1er, page 11.)	OBSERVATIONS.
Par route, pont, rivière, port, etc.			Totalisation par			
pendant les mois antérieurs.	pendant le mois d	Total.	article du budget général.	paragraphe du budget général.		
fr. c. 2,800 00	fr. c. 1,500 00	fr. c. 4,300 00			»	
7,200 00	3,000 00	10,200 00			»	
10,900 00	3,400 00	14,300 00			fr. c. 1,500 00	
4,300 00	1,100 00	5,400 00			»	
			fr. c. 34,200 00*	fr. c. 34,200 00		* *Nota.* Dans le service de la 2e catégorie, il y aura quelquefois plusieurs articles du budget général dans un même paragraphe; on réunira alors, par une accolade, les totaux de ces divers articles, pour obtenir la somme totale du paragraphe, et la porter dans la colonne qui lui est destinée.
2,000 00	4,500 00	6,500 00	6,500 00	6,500 00	»	
6,000 00	3,200 00	9,200 00	. . . . . .	. . . . . .	»	
2,750 00	1,500 00	4,250 00	. . . . . .	. . . . . .	»	
			13,450 00	13,450 00	»	
13,950 00	18,200 00	. . . . . .	54,150 00	54,150 00	1,500 00	

| | CRÉDITS OUVERTS | DÉPENSES FAITES, non compris les fonds de concours, | | | RESTE à dépenser. | OBSERVATIONS. |
		pendant les mois antérieurs.	pendant le mois d	TOTAL.		
Récapitulation. Chap. 7. Travaux et dépenses du service matériel.						
— 8. Charges du personnel des ponts et chaussées.						
— 11. Contribution du trésor pour travaux faits sur fonds particuliers. . . .						
TOTAUX.						

BALANCE DES ORDONNANCES DÉLÉGUÉES AU PRÉFET AVEC LES CRÉDITS OUVERTS.

		Chap. 7.	Chap. 8.	Chap. 9.	Total général.
Les crédits ouverts sont de. . . . . { Suivant le dernier état. . . .					
Supplément par décision du — du					
TOTAUX des crédits ouverts.					
Les ordonnances déléguées et les distributions annoncées s'élèvent, savoir : { suivant le dernier état,	45,000	40,000 fr.	12,000 fr.	2,000 fr.	54,000 fr.
—— avis du	9,000				
RESTE à ordonnancer.					

Nota. Le partage de ces 54,000 fr. entre trois chapitres indique assez qu'il s'appliquerait à un état de la 2ᵉ catégorie.

BALANCE DES DÉPENSES FAITES AVEC LES ORDONNANCES DÉLÉGUÉES AU PREFET.

Les dépenses faites sont de. . . . .
Les ordonnances déléguées et les distributions annoncées sont de.

RESTE { à ordonnancer pour couvrir les dépenses. . . .
{ disponible sur les ordonnances. . . . .

Nouvelles dépenses à faire par aperçu pendant les deux mois immédiats à celui formant l'objet du présent état. . . . .

BALANCE DES CERTIFICATS DÉLIVRÉS POUR PAYEMENTS AVEC LES DÉPENSES FAITES.

Les certificats pour payement { suivant le dernier état.
s'élèvent, savoir : { ceux délivrés pendant le mois d

TOTAUX des certificats. . . . . .

Les dépenses faites sont de. . . . .

DÉPENSES non certifiées. . . . . .

Dans les certificats rappelés ci-dessus, il en existe sur reprises ou droits antérieurs reconnus par décisions royales, pour. . . . . .

Fait et arrêté par l'ingénieur en chef du département d   A   le   183
Vu par le Préfet.

SITUATION DES MANDATS DÉLIVRÉS PAR LE PRÉFET POUR DÉPENSES DE LA   CATÉGORIE.

| Nᵒˢ des chapitres. | MANDATS DÉLIVRÉS. | SOMMES. | TOTAL PAR CHAPITRE. | | | | | | TOTAL général. | Observations sur le mandatement des reprises ou droits antérieurs, etc. |
			7 Travaux.	8 Personnel des ponts et chaussées.	9 Personnel et matériel des mines.	10 Lignes télégraphiques.	11 Contribution du trésor pour trav. faits sur fonds partic.			
7 {	Pendant les mois antérieurs.									
	—— le mois d			. . . . . .						
8 {	les mois antérieurs.			. . . . . .						
	—— le mois d			. . . . . .						
9 {	les mois antérieurs.			. . . . . .						
	—— le mois d			. . . . . .						
10 {	les mois antérieurs.									
	—— le mois d									
11 {	les mois antérieurs.			. . . . . .						
	—— le mois d									
	Les ordonnances de délégation s'élèvent à			. . . . . .						
	Reste à mandater.			. . . . . .						
	Les payements jusques et compris le mois d s'élèvent à									

Certifié par le préfet du département d   A   le   183

CATEGORIE.

PIÈCES
à l'appui du compte
final et
récapitulatif de
l'exercice 183

MODÈLE No 15.)

ADMINISTRATION GÉNÉRALE

DES PONTS ET CHAUSSÉES ET DES MINES.

INSPECTION.

DÉPARTEMENT D

SERVICE { *ou* général des ponts et chaussées,
ou ordinaire des ponts et chaussées,
ou spécial d (désigner l'objet).

FONDS (Nature du fonds).

Bordereau des ordonnances déléguées au préfet, et tableau sommaire des certificats délivrés, des mandats expédiés, et des payements effectués pour dépenses de la catégorie.

EXERCICE 183

ORDONNANCES DÉLÉGUÉES AUX PRÉFETS.

DATES DES AVIS DONNÉS PAR LE directeur général.	NUMÉROS DES ORDONNANCES.	DATES DES ORDONNANCES.	MONTANT	
			PAR ORDONNANCE.	CUMULÉ, par chapitre, du budget général.

CHAPITRE VII. — *Entretien et réparations ordinaires, ou*

21 décembre 18	80	2 janvier 18	3,000 f. 00 c.	
7 janvier 18	124	16 février.	6,000 00	
10 février.	198	14 mars.	7,000 00	
8 mars.	245	11 avril	6,000 00	
6 avril.	306	12 mai.	10,000 00	
9 mai.	378	12 juin.	9,000 00	
10 juin.	409	18 juillet.	12,000 00	
14 juillet.	502	10 août.	7,000 00	89,931 f. 69 c.
8 août.	590	8 septembre.	6,000 00	
5 septembre.	617	6 octobre.	8,000 00	
4 octobre.	712	10 novembre.	4,000 00	
8 novembre.	800	9 décembre	3,000 00	
14 décembre.	808	15 janvier 18	6,000 00	
5 avril 18	1109	8 mai.	2,931 69	

CHAPITRE VII. — *Charges du personnel*

7 décembre 18	23	24 décembre 18	7,000 00	
3 avril 18	71	21 avril 18	6,000 00	
11 juillet.	127	3 août.	9,000 00	26,147 05
9 novembre.	155	25 novembre.	4,000 00	
4 février 18	219	17 février 18	147 05	

CHAPITRE XI. — *Contributions*

		Etc.		
		Etc.		
		Totaux. . . .	116,078 74	116,078 74

certificats délivrés par l'ingénieur en chef.	mandats expédiés par le préfet.	payements effectués par le payeur.	sommes restant à payer sur la masse des ordonnances.	NOMS des créanciers.	NUMÉROS DES ARTICLES particuliers dans le compte final.	MONTANT pour chaque créancier.	OBSERVATIONS.
MONTANT PAR CHAPITRE, DU BUDGET GÉNÉRAL DES				**DÉTAIL DES SOMMES RESTANT A PAYER.**			

grosses réparations et travaux neufs, etc.

Nota. Ce modèle, comprenant plusieurs chapitres, s'applique, dans ce cas, à la seconde catégorie. Le bordereau, dressé sur le même cadre pour la première catégorie, ne comprendra ordinairement qu'un seul chapitre.

				NOMS	N°	f. c.	OBSERVATIONS
f. c.	f. c.	f. c.	f. c.	N.	2	225 75	Objet non mandaté pour telle cause. Il y a des oppositions.
89,931 69	89,708 94	89,177 84	755 85	N.	13	297 15	
				N.	21	190 05	Le créancier est décédé ; ses héritiers sont inconnus.
				N.	24	14 65	
				N.	32	1 50	Etc., etc.
				N.	35	24 75	

des ponts et chaussées.

| 26,147 05 | 26,147 05 | 26,147 05 | » | . . . . | | » | |

du trésor, etc.

| 116,078 74 | 115,852 99 | 115,324 89 | 755 85 | . . . . | | 755 85 | |
| | (a) | (b) | | | | | |

(ab) La totalisation de ces deux colonnes devra toujours représenter la masse des ordonnances.

Présenté et

certifié par l'ingénieur en chef du département d

en ce qui concerne les certificats délivrés
pour payement des dépenses de la   catégorie, montant
ensemble à la somme de cent seize mille soixante-dix-huit francs soixante-
quatorze centimes.

A   le

Certifié par le préfet, en ce qui concerne les mandats expédiés, montant ensemble à la somme de cent quinze mille huit cent cinquante-
deux francs quatre-vingt-dix-neuf centimes.

A   le

Certifié par le payeur, en ce qui concerne les payements effectués,
montant ensemble à la somme de cent quinze mille trois cent vingt-
quatre francs quatre-vingt-neuf centimes, justifiés dans les comptes de
gestion du payeur soussigné, par les quittances *des créanciers réels.*

A   le

---

*Ordonnance du roi relative à l'établissement d'un pont suspendu sur
le bras gauche de la Loire, à Décize, département de la Nièvre.*

Au château des Tuileries, le 20 janvier 1830.

CHARLES, etc.; vu le cahier des charges dressé pour l'établissement
d'un pont suspendu sur le bras gauche de la Loire à Décize (Nièvre),
moyennant la concession pendant quatre-vingt-dix-neuf ans à celui des
soumissionnaires qui offrira les rabais les plus considérables sur chaque
article du tarif approuvé par notre ministre de l'intérieur, le 30 mai 1829,
des droits de péage énoncés dans sa soumission ;

Vu ledit tarif;

Vu le procès-verbal des opérations faites à la préfecture du département, le 29 août 1829, pour parvenir avec publicité et concurrence à l'adjudication de cette entreprise;

Notre conseil d'Etat entendu,

Nous avons ordonné et ordonnons ce qui suit :

Art. 1er. L'adjudication faite et passée, le 29 août 1829, par le préfet de la Nièvre, au sieur Etienne Gautier, pour l'établissement d'un pont suspendu sur le bras gauche de la Loire à Décize (Nièvre), moyennant la concession pendant quatre-vingt-dix-neuf ans des droits de péage énoncés dans sa soumission, est et demeure approuvée.

En conséquence, les clauses et conditions de cette adjudication recevront leur pleine et entière exécution, conformément au cahier des charges, et le tarif des droits à percevoir sur le pont après son achèvement demeure fixé comme suit (1).

2. Le cahier des charges et le procès-verbal d'adjudication resteront annexés à la présente ordonnance.

3. L'administration est autorisée à acquérir les terrains et bâtiments nécessaires pour établir les abords du pont et les raccorder avec les communications existantes. Elle se conformera à ce sujet aux dispositions de la loi du 8 mars 1810, sur l'expropriation pour cause d'utilité publique.

Ordonnance du roi, du 20 janvier 1830, qui statue sur une réclamation du sieur Orfray, entrepreneur (Yonne).

CHARLES, etc.; sur le rapport du comité de la justice et du contentieux;

Vu la requête à nous présentée au nom du sieur Orfray, entrepreneur des ponts et chaussées, demeurant à Auxerre (Yonne), ladite requête enregistrée au secrétariat général de notre conseil d'Etat, le 28 mai 1827, et tendant à ce qu'il nous plaise annuler un arrêté pris par le conseil de préfecture de l'Yonne, le 28 février 1827, et faisant ce que ce conseil aurait dû faire, allouer au requérant la somme de 50,000 francs à titre de dommages et intérêts, comme une juste indemnité du préjudice que lui aurait causé la résiliation de ses marchés, prononcée par le préfet de l'Yonne, le 15 avril 1826;

Vu l'arrêté attaqué;

Vu les renseignements transmis par le directeur général des ponts et chaussées, sous la date du 17 juillet 1827, en réponse à la communication donnée de ladite requête par notre garde des sceaux, ministre de la justice, le 8 juin précédent;

Vu la réplique présentée au nom du sieur Orfray, enregistrée audit secrétariat général le 31 mars 1829;

Vu l'arrêté pris par le préfet de l'Yonne, le 15 avril 1826; ledit arrêté portant résiliation des entreprises adjugées au sieur Orfray, et approuvé le 16 juin suivant par le directeur général des ponts et chaussées;

Vu l'article 21 des clauses et conditions générales imposées aux entre-

---

(1) Le tarif est au Bulletin des lois.

preneurs des travaux dépendants de l'administration des ponts et chaussées, ledit article ainsi conçu :

« Lorsqu'un ouvrage languira faute de matériaux, ouvriers,
» et qu'il serait à craindre qu'il ne fût pas achevé aux époques prescrites, il pourra être procédé à une adjudication nouvelle, à la fol
» enchère de l'entrepreneur, ou par une régie provisoire dirigée
» les ingénieurs, sans autre formalité que celle de la notification
» l'ordre spécial du préfet, revêtu de l'approbation du directeur
» néral.

» Dans ce cas, les excédants de prix seront prélevés sur les sommes
» qui pourront être dues à l'entrepreneur, sans préjudice des droits
» exercer contre lui et sa caution, en cas d'insuffisance. »

Vu toutes les autres pièces produites ;

En la forme :

Considérant que le cas de résiliation étant prévu par le marché
conseil de préfecture était compétent pour statuer sur la question
dommages-intérêts réclamés par l'entrepreneur pour le fait de
résiliation ;

Au fond :

Considérant que la résiliation n'a été prononcée que parce que
trepreneur, placé sous le poids de plusieurs jugements emportant la
trainte par corps, se trouvait dans l'impossibilité absolue de contin
les travaux, que dès lors elle ne peut donner ouverture à une dem
en dommages-intérêts ;

Notre conseil d'Etat entendu,

Nous avons ordonné et ordonnons ce qui suit :

Art. 1er. L'arrêté du conseil de préfecture du département de l'Yon
du 28 février 1827, est annulé, en ce qui touche la déclaration
compétence, sur la demande en dommages et intérêts formée par
sieur Orfray.

2. La requête du sieur Orfray est rejetée.

Ordonnance du roi, du 20 janvier 1830, qui prononce sur une réclama
du sieur Bié, propriétaire de moulin (Landes).

CHARLES, etc. ; sur le rapport du comité de la justice et du
tentieux ;

Vu la requête à nous présentée au nom du sieur Joseph Bié, prop
taire à Mont-de-Marsan (Landes), ladite requête enregistrée au secr
tariat général de notre conseil d'Etat, le 23 février 1828, et tendan
ce qu'il nous plaise annuler, pour excès de pouvoir, l'arrêté du pr
du département des Landes, en date du 24 décembre 1827, et, en
que de besoin, les arrêtés des 21 août 1818 et 21 décembre 1822, et l
rêté du conseil de préfecture du même département, en date du 1er
1817, lesdits arrêtés ayant pour objet d'exiger que le sieur Bié établi
un pertuis de 3 à 4 mètres dans la digue de son moulin, situé sur
Douze, à Mont-de-Marsan ;

Vu les arrêtés attaqués ;

Vu la lettre du préfet du département des Landes, en date du 25 avril 1829, et le rapport de l'ingénieur en chef du même département, à la date du 31 décembre précédent;

Vu les renseignements transmis par notre ministre de l'intérieur, le 5 septembre 1829, en réponse à la communication de la requête ci-dessus visée;

Vu toutes les autres pièces produites;

Considérant que le préfet des Landes était compétent pour ordonner les mesures que réclamait l'exercice du flottage; qu'ainsi il n'a pas excédé sa compétence, mais que les arrêtés des 21 août 1818, 21 décembre 1822, 24 décembre 1827, n'ayant pas été soumis à l'approbation de notre ministre de l'intérieur, n'étaient pas susceptibles de nous être déférés directement par la voie contentieuse;

Considérant que l'arrêté du conseil de préfecture du département des Landes, en date du 1er mai 1817, a été notifié le 17 juin suivant au sieur Bié, qui ne s'est pas pourvu en temps utile;

Considérant toutefois que cet acte, qui a nécessairement acquis la force de chose jugée, en ce qui concerne l'obligation imposée au requérant de pratiquer, pour l'écoulement des eaux de la rivière, une ouverture de 3 à 4 mètres de largeur dans la digue du moulin dont il est propriétaire, ne statue cependant ni sur les formes et les dimensions définitives du pertuis de flottage, ni sur la question de savoir à la charge de qui doit tomber la dépense de cet ouvrage, et que, sous ce double rapport, il reste au sieur Bié la faculté de se pourvoir administrativement;

Notre conseil d'Etat entendu,

Nous avons ordonné et ordonnons ce qui suit :

Art. 1er. La requête du sieur Bié est rejetée.

2. Le sieur Bié est renvoyé devant l'administration pour faire décider quelles seront les formes et les dimensions du pertuis de flottage, et à la charge de qui doit rester la dépense de cet ouvrage, sauf, sur ce dernier point, son recours par-devant nous en notre conseil d'Etat.

Ordonnance du roi, du 10 février 1830, qui statue sur les réclamations du sieur Motte, entrepreneur (Calvados).

CHARLES, etc.; sur le rapport du comité de la justice et du contentieux;

Vu les requêtes sommaire et ampliative à nous présentées au nom du sieur Motte, entrepreneur de travaux publics, demeurant à Equemauville, département du Calvados, lesdites requêtes enregistrées au secrétariat général de notre conseil d'Etat, les 16 septembre et 14 octobre 1828, et tendant à ce qu'il nous plaise annuler deux arrêtés du conseil de préfecture du Calvados, l'un, du 11 août 1827, qui ordonne l'exécution par régie des fournitures en retard au 15 septembre de la même année; l'autre, du 31 mai 1828, qui prononce sur le prix d'adjudication du sieur Motte une diminution de 2,092 fr. 16 cent., formant le tiers de la valeur de 736 mètres cubes 76 centimètres de matériaux

tion encore livrés au 15 septembre 1837, ce faisant, dire à tort ordonnée la régie le 11 août 1827, décharger le requérant des condamnations contre lui prononcées le 31 mai 1828; en conséquence, ordonner que la somme de 2,092 fr. 16 cent., qui lui a été retenue à titre d'indemnité pour cause de retard dans ses approvisionnements, lui sera remise; subsidiairement, réduire les condamnations au préjudice réel éprouvé par l'administration, et, dans tous les cas, ordonner que la retenue du tiers ne pourra être faite que sur le prix des matériaux non encore livrés le 15 octobre, aux termes de l'article 6 du devis;

Vu les arrêtés attaqués;

Vu les rapports des ingénieurs du département du Calvados, en date des 19 novembre et 6 décembre 1828;

Vu la lettre du directeur général des ponts et chaussées à notre garde des sceaux, en date du 16 mars 1829, en réponse à la communication des requêtes ci-dessus visées;

Vu un nouveau mémoire en défense produit par le sieur Motte, enregistré au secrétariat général le 31 mars 1829, et tendant aux mêmes fins que les requêtes;

Vu les articles 6 et 25 du devis qui a servi de base à l'adjudication passée au sieur Motte, lesdits articles ainsi conçus:

« Art. 6. Les approvisionnements seront faits pour les époques qui
» seront déterminées dans les ordres écrits que l'entrepreneur recevra,
» et qui seront fondés sur la division la plus avantageuse du travail à
» exécuter pour les réparations des routes; ces ordres désigneront en
» même temps les fonds que les budgets ou des distributions extraor-
» dinaires auront destinés pour les réparations.

» Dans tous les cas, le délai de rigueur pour compléter les approvi-
» sionnements est fixé au 15 octobre de chaque année, et il sera fait une
» diminution d'un tiers sur le prix des matériaux qui resteraient à four-
» nir à ladite époque. »

« Art. 23. Lorsque les travaux languiront faute de matériaux, d'ou-
» vriers, etc., et qu'il serait à craindre qu'ils ne fussent point achevés
» aux époques prescrites, il pourra être procédé à une adjudication
» nouvelle, à la folle enchère de l'entrepreneur, ou par une régie pro-
» visoire, dirigée par les ingénieurs, sans autre formalité que celle de
» la notification de l'ordre spécial du préfet, revêtu de l'approbation de
» M. le directeur général des ponts et chaussées, et l'entrepreneur
» payera tous les frais extraordinaires où il aura entraîné l'administra-
» tion pour compléter les approvisionnements. Dans tous les cas, les
» excédants de prix seront prélevés sur les sommes qui pourront être
» dues à l'entrepreneur, sans préjudice des droits à exercer contre lui
» et sa caution, en cas d'insuffisance. »

En ce qui touche l'arrêté du 11 août 1827:

Sur la fin de non-recevoir, déduite de ce que le sieur Motte ne s'est pas pourvu en temps utile:

Considérant qu'il n'est justifié d'aucune notification dudit arrêté ni d'aucun acquiescement de la part de l'entrepreneur;

Sur la compétence:

Considérant que la matière était purement administrative, et qu'aux termes de l'article 23 du devis l'ordre d'établir la régie devait émaner non du conseil de préfecture, mais du préfet, sous l'approbation de directeur général des ponts et chaussées; qu'ainsi, sous ce rapport, le conseil de préfecture a excédé sa compétence;

En ce qui touche l'arrêté du 31 mai 1828 :

Considérant que le commencement des travaux de la régie ayant été fixé au 15 septembre 1827, l'entrepreneur ne pouvait plus être passible de la clause pénale prévue par l'article 6 du devis, et qu'il ne devait encourir qu'à dater du 15 octobre suivant;

Notre conseil d'Etat entendu,

Nous avons ordonné et ordonnons ce qui suit :

Art. 1er. Les arrêtés du conseil de préfecture du département du Calvados, des 11 août 1827 et 31 mai 1828, sont annulés.

Ordonnance du roi, du 10 février 1830, qui rejette les requêtes des sieurs Thibault et autres propriétaires de moulins (Eure-et-Loir).

CHARLES, etc.; vu les requêtes à nous présentées, au nom des sieurs Thibault, Gasselin et autres propriétaires des moulins situés à Nogent-le-Rotrou, lesdites requêtes enregistrées au secrétariat général de notre conseil d'Etat, les 20 septembre 1828 et 5 novembre 1829, et tendant à ce qu'il nous plaise annuler un arrêté pris par le préfet du département d'Eure-et-Loir, le 14 août 1828, qui établit un règlement d'eau sur la rivière de l'Huine, et ordonne la construction d'un déversoir aux frais des propriétaires desdits moulins, et renvoyer aux tribunaux ordinaires la question de fixation des chutes d'eau;

Vu le mémoire en défense du sieur Thibault, autre propriétaire de moulins à Nogent-le-Rotrou, ledit mémoire enregistré au secrétariat général de notre conseil d'Etat, le 9 janvier 1829, et tendant à ce qu'il nous plaise rejeter le pourvoi des sieurs Thibault, Gasselin et autres, et les condamner aux dépens;

Vu l'arrêté du préfet d'Eure-et-Loir, du 12 avril 1819, réglant la hauteur des eaux à 1 mètre 30 centimètres pour tous les moulins;

Vu la décision de notre ministre de l'intérieur, en date du 7 août 1819, approbative de l'arrêté du 12 avril 1819;

Vu le procès-verbal de visite de l'ingénieur ordinaire, du 27 août 1825, et le rapport de l'ingénieur en chef, du 18 janvier 1828;

Vu un arrêté du préfet d'Eure-et-Loir, en date du 18 avril 1828, qui fixe la chute d'eau des usines situées sur la rivière d'Huine à 1 mètre 5 décimètres, pris de la sole du moulin Gasselin au moulin Grandin, et prescrit l'établissement d'un déversoir;

Vu la décision, en date du 19 juillet 1828, par laquelle notre ministre de l'intérieur approuve ledit arrêté;

Vu un nouvel arrêté pris par le même préfet, le 14 août de la même année, pour prescrire l'exécution de la décision ci-dessus visée;

Vu toutes les autres pièces produites;

Vu l'article 16 du titre II de la loi du 6 octobre 1791, sur la police rurale;

Considérant, dans la forme, que l'arrêté du préfet du département d'Eure-et-Loir, du 14 août 1828, n'a d'autre but que d'ordonner l'exécution de la décision de notre ministre de l'intérieur du 19 juillet de la même année; que, dès lors, ce n'était pas contre cet arrêté, mais contre la décision ministérielle, que le pourvoi devait être dirigé;

Considérant, au fond, que si notre ministre de l'intérieur s'était borné, par sa décision du 12 avril 1819, à prescrire l'essai, pendant une année, de la hauteur des eaux à 1 mètre 30 centimètres pour les moulins situés sur la rivière d'Huine, il a converti cette mesure provisoire en un réglement définitif par sa décision du 19 juillet 1828;

Considérant que notredit ministre était compétent pour faire un semblable règlement sur la rivière d'Huine, qui n'est ni navigable ni flottable, et qu'un acte de cette nature ne peut être attaqué par la voie contentieuse;

Notre conseil d'Etat entendu,

Nous avons ordonné et ordonnons ce qui suit:

Art. 1er. Les requêtes des sieurs Thibault, Gasselin et autres sont rejetées.

2. Lesdits sieurs Thibault, Gasselin et autres sont condamnés aux dépens.

Ordonnance du roi, qui rejette les requêtes présentées au nom de la ville de Paris et de la compagnie des canaux de Saint-Denis et de Saint-Martin, contre l'ordonnance du 28 juin 1826, autorisant l'exécution du port et de la gare de Saint-Ouen.

Paris, le 17 février 1830.

CHARLES, etc.; sur le rapport du comité de la justice et du contentieux;

Vu la requête en opposition, présentée au nom des sieurs Jacques Laffitte, Roman Vassal, Simon Bérard, Thuret et compagnie, André Cottier et compagnie, tant pour eux que pour les autres intéressés et concessionnaires des canaux de Saint-Denis et Saint-Martin, ladite requête enregistrée au secrétariat général de notre conseil d'Etat, le 9 juin 1829 et tendant à ce qu'il nous plaise les recevoir opposants à notre ordonnance du 28 juin 1826, qui autorise l'exécution des travaux du port et gare de Saint-Ouen, et faisant droit, rapporter cette ordonnance et renvoyer les parties devant le préfet de la Seine pour être, conformément aux règles administratives, procédé à une enquête (*de commodo*) pour être ensuite statué par nous ce que de droit, et condamner la compagnie Ardouin aux dépens;

Déclarant les suppliants se réserver expressément tous leurs droits à une juste indemnité, dans le cas où il paraîtrait nécessaire à l'intérêt public de changer le mode de navigation actuel, auquel ils ont été contraints de se conformer, lors de la confection des deux canaux de Saint-Denis et Saint-Martin;

Vu la requête en intervention et le mémoire y joint, enregistré au secrétariat général de notre conseil d'Etat, les 30 juillet et 17 août 1829, présentés par les sieurs Ardouin et Hubbard, en réponse à la communication qui leur a été donnée des requêtes des concessionnaires des canaux de Saint-Denis et Saint-Martin, lesdits requête et mémoire concluant à ce qu'il nous plaise déclarer la compagnie des canaux de Saint-Denis et Saint-Martin non recevable dans son opposition, et la condamner aux dépens;

Vu la requête d'intervention de la ville de Paris dans l'instance, enregistrée audit secrétariat général, le 19 décembre 1829, et concluant :

1° A ce qu'elle soit reçue partie intervenante dans le référé administratif ordonné par la décision du comité de l'intérieur;

2° Au principal, attendu que l'ordonnance du 28 juin 1826 n'a pas reçu d'exécution conforme à ses dispositions, statuant par voie d'interprétation;

Déclarer que le port, avec écluse de 36 pieds de largeur, exécuté par les sieurs Ardouin et Hubbard, n'a point été autorisé par l'ordonnance du 28 juin, qui prescrit seulement l'établissement d'une gare en eau courante et d'un pertuis de 30 pieds d'ouverture;

Et subsidiairement, dans le cas où, contre toute attente, il s'élèverait le moindre doute sur l'interprétation de cette ordonnance, et où les sieurs Ardouin et Hubbard voudraient s'en faire un titre pour légitimer l'entreprise qu'ils ont réalisée; en ce cas seulement, recevoir la ville de Paris tiers opposante à ladite ordonnance;

Faisant droit sur ladite tierce opposition, révoquer ladite ordonnance dans la disposition qui autorise l'ouverture d'un pertuis de 10 mètres de largeur;

Vu la réplique de la compagnie des canaux réunis, enregistrée le 22 décembre 1829, et concluant à ce que l'ordonnance de 1826 soit déclarée non avenue et la rétracter, en tant qu'elle dispenserait la compagnie Ardouin d'une nouvelle autorisation et des préalables exigés par l'ordonnance du 10 mai 1829;

Vu la lettre de notre ministre de l'intérieur, en date du 5 décembre 1829, en réponse à la communication qui lui a été donnée de l'opposition des concessionnaires des canaux de Saint-Denis et Saint-Martin, et par laquelle il conclut à ce que cette opposition soit déclarée non recevable;

Vu la réplique des sieurs Ardouin et Hubbard, enregistrée le 4 janvier 1830, et par laquelle ils persistent dans leurs premières conclusions;

Vu la décision du directeur général des ponts et chaussées qui fixe à 24 pieds de largeur les écluses à construire sur les canaux de Saint-Denis et Saint-Martin;

Vu toutes les autres pièces respectivement produites et jointes au dossier;

Vu le décret du 11 avril 1805 (21 germinal an XIII);

Sur la fin de non-recevoir, élevée par notre ministre de l'intérieur, contre l'intervention et l'opposition de la ville de Paris, et fondée sur ce que le conseil municipal a approuvé, le 30 août 1827, les modifications proposées par les sieurs Ardouin et Hubbard qu'elle attaque aujourd'hui;

Considérant que la délibération, rappelée par notre ministre de l'intérieur, a été prise par le conseil général du département, dans l'ordre de ses attributions; que ce conseil n'a été et n'a pu être saisi que de la seule question qui pouvait lui être soumise, celle de savoir s'il y avait

IV. 15

lieu d'accepter les modifications proposées par les sieurs Ardouin et Hubbard, pour la direction et l'entretien des routes aboutissant à la gare, tandis que l'opposition présentée par le conseil municipal porte sur l'autorisation accordée de former sur la Seine un pertuis de 10 mètres; qu'ainsi on ne peut admettre la fin de non-recevoir proposée par notre ministre de l'intérieur;

Au fond, sur la tierce opposition et sur les conclusions de la ville de Paris et des concessionnaires des canaux de Saint-Denis et de Saint-Martin, tendant à ce que notre ordonnance du 28 juin 1826 soit rétractée et abrogée;

Considérant que le gouvernement, en fixant par le décret du 11 avril 1805 (21 germinal an XIII) à 24 pieds la largeur des écluses à construire sur la haute Seine, et approuvant la demande faite par la compagnie des canaux de Saint-Denis et Saint-Martin de construire sur lesdits canaux des écluses de cette même dimension, n'a pu s'interdire et ne s'est pas interdit le droit de modifier ces dimensions, pour d'autres pertuis ou écluses, soit en les diminuant, soit en les augmentant, quand le besoin de la navigation l'exigerait;

Qu'ainsi les requérants n'ont ni droit ni qualité pour s'opposer à une ordonnance qui a autorisé l'ouverture du pertuis de la gare de Saint-Ouen, dans une dimension différente de celle des écluses qu'ils ont été autorisés à construire;

Notre conseil d'Etat entendu,

Nous avons ordonné et ordonnons ce qui suit :

Art. 1er. Les requêtes des concessionnaires des canaux de Saint-Denis et Saint-Martin, et celle de la ville de Paris, sont rejetées.

2. Les concessionnaires des canaux de Saint-Denis et Saint-Martin et la ville de Paris sont condamnés aux dépens.

Ordonnance du roi relative à l'établissement d'un pont suspendu sur l'Isle à Libourne.

Au château des Tuileries, le 24 février 1830.

CHARLES, etc.; vu le cahier des charges dressé pour l'établissement d'un pont suspendu sur l'Isle à Libourne, à l'extrémité de la place du Fouras, moyennant la concession temporaire d'un droit de péage;

Vu le tarif des droits à percevoir sur ce pont après son achèvement, lesdits cahier des charges et tarif approuvés par notre ministre de l'intérieur;

Vu la lettre des sieurs Balguerie et compagnie, qui demandent l'établissement d'un pont suspendu sur l'Isle en remplacement du pont de bateaux qu'on avait d'abord projeté;

Le plan des lieux;

Le procès-verbal des opérations faites à la préfecture du département de la Gironde, les 28 et 29 septembre 1829, pour parvenir à l'adjudication de l'entreprise avec publicité et concurrence;

Notre conseil d'État entendu,

Nous avons ordonné et ordonnons ce qui suit :

Art. 1er. L'adjudication faite et passée le 29 septembre 1829, par le préfet de la Gironde, au sieur Gimet, pour l'établissement d'un pont suspendu sur l'Isle à Libourne, à l'extrémité aval de la place du Fouras, moyennant la concession d'un droit de péage à percevoir sur ce pont pendant soixante années, est et demeure approuvée.

En conséquence, les clauses et conditions du cahier des charges recevront leur pleine et entière exécution, sauf en ce qui concerne la largeur du débouché des eaux entre les culées, fixée audit cahier des charges à cinquante-cinq mètres, et que l'adjudicataire s'engage à porter à soixante-cinq mètres.

2. Le cahier des charges, le tarif et le procès-verbal d'adjudication demeureront annexés à la présente ordonnance (1).

3. L'administration est autorisée à acquérir les terrains nécessaires tant pour l'emplacement du pont que pour l'établissement de ses abords, en se conformant aux dispositions de la loi du 8 mars 1810 sur l'expropriation pour cause d'utilité publique.

Ordonnance du roi contenant le tarif du droit de péage à percevoir par la commune de Deulemont (Nord) sur le pont de la Deule.

Au château des Tuileries, le 24 février 1830.

Art. 1er. La commune de Deulemont, département du Nord, est autorisée à percevoir, à dater du 1er janvier 1830, sur le pont mobile de la Deule, un droit de péage dont le produit sera versé dans la caisse communale et affecté à l'entretien dudit pont et au payement du salaire du pontonnier.

2. Le tarif du droit de péage à percevoir est fixé ainsi qu'il suit :

Pour une voiture, une charrette ou un tombereau chargé ou non chargé traîné par un seul cheval. . . . . 10 c.
Pour une voiture, une charrette ou un tombereau traîné par deux chevaux. 15
Idem par trois chevaux. 20
Idem par quatre chevaux. 25
Idem par cinq chevaux et au-dessus. 30
Pour le passage d'un cheval chargé, monté ou non monté. . 05

3. Seront exempts des droits de péage le préfet du département et le sous-préfet de l'arrondissement, les ingénieurs et conducteurs des ponts et chaussées, la gendarmerie dans l'exercice de ses fonctions, les militaires voyageant en corps ou séparément, à la charge, dans ce dernier cas, de présenter une feuille de route ou un ordre de service, les courriers du gouvernement, les malles-postes et les facteurs ruraux faisant le service des postes de l'Etat.

Le meunier exploitant les moulins situés aux écluses de Deulemont et appartenant aux hospices de Messine est également exempt du droit de péage pour les chevaux chargés ou non chargés. Cette exemption ne

---

(1) Le tarif est au Bulletin des lois.

s'appliquera dans aucun cas aux voitures, charrettes, tombereaux, etc., de quelque nature que ce soit.

Ordonnance du roi, du 24 février 1830, qui rejette les requêtes des sieurs Desobry et Béjot, propriétaires de moulins (Seine).

CHARLES, etc. ; sur le rapport du comité de la justice et du contentieux ;

Vu les requêtes du sieur Desobry, enregistrées au secrétariat général de notre conseil d'État, les 27 juin, 31 juillet et 8 décembre 1828, 20 mai 1829 et 8 février 1830, et tendant à l'annulation d'une décision de notre ministre de l'intérieur, du 10 mai 1828, portant règlement du niveau de la retenue des eaux du moulin Basset, situé sur la rivière de Croult, à Saint-Denis ;

Vu la décision attaquée ;

Vu les requêtes en défense du sieur Béjot, enregistrées audit secrétariat général, les 6 novembre 1828 et 24 mars 1829, et tendant à ce que, recevant son appel incident de ladite décision, il soit procédé à une nouvelle enquête, à l'effet de constater l'ancien niveau de la rivière de Croult, et subsidiairement à ce qu'il nous plaise condamner le sieur Desobry à baisser son déversoir de plus de huit pouces, et à supprimer sa vanne plongeante ; .

Vu les observations en réponse de notre ministre de l'intérieur, enregistrées audit secrétariat général, les 31 juillet et 15 septembre 1829 ;

Vu les plans des lieux, et notamment le rapport de l'ingénieur en chef des ponts et chaussées du département de la Seine, du 6 novembre 1829 ;

Vu toutes les pièces produites ;

Considérant qu'il ne s'agissait pas, dans l'espèce, d'appliquer un règlement existant ;

Mais que le sieur Desobry ayant, sans autorisation, déplacé et changé le système hydraulique de son usine, l'autorité administrative était compétente, aux termes des lois et arrêtés du gouvernement, des 6 octobre 1791 et 9 mars 1798 (19 ventôse an VI), pour fixer, par un nouveau règlement, ainsi qu'elle l'a fait, la hauteur du déversoir de ladite usine ;

Considérant que la décision attaquée fait d'ailleurs réserve au sieur Béjot de se pourvoir devant les tribunaux, contre le sieur Desobry, en dommages-intérêts, à raison du préjudice qu'il prétend avoir éprouvé dans la force motrice et le produit du moulin Férou, par l'effet des changements du système hydraulique du moulin Basset ;

Notre conseil d'État entendu,

Nous avons ordonné et ordonnons ce qui suit :

Art. 1er. Les requêtes des sieurs Desobry et Béjot sont rejetées.

2. Le sieur Desobry est condamné aux dépens envers le sieur Béjot.

Ordonnance du roi, *du* 4 *mars* 1830, *qui rejette la requête du sieur Moynat, marinier.*

CHARLES, etc. ; sur le rapport du comité de la justice et du contentieux ;

Vu la requête à nous présentée par le sieur Moynat père, marinier, demeurant à Nogent-sur-Seine, ladite requête enregistrée au secrétariat général de notre conseil d'Etat, le 13 avril 1829, et tendant à ce qu'il nous plaise annuler un arrêté du conseil de préfecture du département de Seine-et-Marne, du 7 novembre 1828, comme renfermant une fausse application de l'article 2, chapitre 4, de l'ordonnance royale de 1672, en ce sens que le chef de pont est tenu d'amener avec lui tous les hommes nécessaires au passage du pont, et que, pour opérer cette mesure, il n'a pas le droit de requérir l'assistance des mariniers employés à bord du bateau ;

Vu l'arrêté attaqué, par lequel le sieur Moynat est condamné à 60 fr. d'amende, pour avoir passé lui-même ses bateaux sous le pont de Bray-sur-Seine ;

Vu les trois procès-verbaux rédigés par le sieur Besse, chef du pont de Bray-sur-Seine, les 24, 26 juin et 15 août 1828, affirmés et enregistrés dans les délais fixés par la loi, et constatant cette contravention ;

Ensemble toutes les autres pièces produites ;

Vu l'article 2, chapitre 4, de l'ordonnance royale de 1672, ainsi conçu : « Défenses sont faites à tous marchands ou voituriers, *sous quelque prétexte que ce soit*, de passer eux-mêmes leurs bateaux sous les ponts ou pertuis, où il y a des maîtres établis, à peine de 100 livres d'amende ; »

Considérant que le sieur Moynat a passé ses bateaux sous le pont de Bray-sur-Seine, sans l'assistance du maître ou chef de pont ;

Considérant que le conseil de préfecture a excédé ses pouvoirs en réduisant l'amende fixée à 100 fr., mais qu'il n'y a pas sur ce chef d'appel de notre ministre de l'intérieur ;

Notre conseil d'Etat entendu,

Nous avons ordonné et ordonnons ce qui suit :

Art. 1er. La requête du sieur Moynat est rejetée.

Ordonnance du roi, *du* 4 *mars* 1830, *qui statue sur une contravention reprochée au sieur Maquin (Indre).*

CHARLES, etc. ; sur le rapport du comité de la justice et du contentieux ;

Vu le rapport de notre ministre secrétaire d'Etat de l'intérieur, enregistré au secrétariat général de notre conseil d'Etat, le 26 août 1829, et tendant à ce qu'il nous plaise annuler un arrêté du conseil de préfecture du département de l'Indre, en date du 11 février 1829, comme pris contrairement aux lois et règlements sur la police du roulage ;

Vu le procès-verbal dressé, le 7 novembre 1828, par le sieur Certain, conducteur des ponts et chaussées, constatant qu'il a rencontré, suivant la route de Clermont à Tours, la voiture du sieur Maquin (Jean), jardinier à Issoudun, laquelle était attelée d'un cheval et d'un âne, et avait des jantes de 0ᵐ,o6 de largeur;

Vu les observations du sieur Maquin;

Vu la loi du 27 février 1804 (7 ventôse an XII);

Considérant qu'il s'agit, dans l'espèce, d'une voiture de jardinier conduisant ses denrées au marché, laquelle n'était attelée que d'un cheval et d'un âne, dont la force ne pouvait être évaluée à celle d'un cheval;

Et que de ces circonstances il résulte qu'il n'y a pas lieu de prononcer l'amende contre le sieur Maquin;

Notre conseil d'Etat entendu,

Nous avons ordonné et ordonnons ce qui suit:

Art. 1ᵉʳ. Le pourvoi de notre ministre de l'intérieur est rejeté.

Ordonnance du roi, du 4 mars 1830, qui rejette la requête du sieur Alaus (Hérault).

CHARLES, etc.; sur le rapport du comité de la justice et du contentieux;

Vu la requête à nous présentée au nom du sieur Alaus, marchand de bois, domicilié à Montpellier, ladite requête enregistrée au secrétariat général de notre conseil d'Etat, le 19 février 1829, et tendant à ce qu'il nous plaise casser et annuler l'arrêté, en date du 18 novembre 1828, par lequel le préfet du département de l'Hérault a rapporté les dispositions de ses arrêtés des 5 avril et 3 octobre précédents, en ce qui concernait l'alignement donné au requérant pour la construction d'une maison sur un terrain situé à Montpellier, boulevard Saint-Guilhem, à l'angle de la rue des Casernes; ce faisant, ordonner que lesdits arrêtés continueront à être exécutés selon leur forme et teneur, le tout avec dépens;

Vu l'arrêté attaqué, ensemble les arrêtés des 5 avril et 3 octobre 1828;

Vu les observations de notre ministre de l'intérieur;

Vu celles en réponse pour le sieur Alaus, et toutes les autres pièces produites;

Considérant qu'il s'agit, dans l'espèce, d'une question d'alignement qui est de la compétence administrative, et que dès lors l'arrêté du préfet du département de l'Hérault ne pouvait être attaqué directement devant nous, mais devait d'abord être déféré à notre ministre de l'intérieur;

Notre conseil d'Etat entendu,

Nous avons ordonné et ordonnons ce qui suit:

Art. 1ᵉʳ. La requête du sieur Alaus est rejetée.

Ordonnance du roi, relative à la suppression de deux bacs sur le Tarn, en amont et en aval de la ville de Villemur, et à la construction d'un pont suspendu en remplacement.

Au château des Tuileries, le 4 mars 1830.

Art. 1er. Les deux bacs actuellement existant sur le Tarn, en amont et en aval de la ville de Villemur, département de la Haute-Garonne, seront supprimés et remplacés par un pont suspendu en fil de fer, conformément aux dispositions approuvés par notre directeur général des ponts et chaussées.

2. Il sera pourvu aux frais de construction et d'entretien de ce pont au moyen de la perception d'un droit de péage d'après le tarif ci-joint ; ce droit sera concédé par adjudication publique au concessionnaire qui offrira les conditions les plus avantageuses.

3. Les procès-verbaux d'adjudication seront soumis à notre ministre de l'intérieur.

4. A l'expiration de la concession, la propriété du pont sera acquise à la commune de Villemur.

5. Les droits de péage seront perçus à compter du jour où le passage sera livré au public, et conformément au tarif suivant (1).

Circulaire du directeur général (M. Becquey), concernant l'affermage et la perception des produits des canaux appartenant à l'Etat.

Paris, le 20 mars 1830.

Monsieur le préfet, le décret du 23 décembre 1810 a placé dans les attributions de la direction générale des ponts et chaussées l'administration de la pêche et celle des produits des francs-bords et plantations des canaux appartenant à l'Etat. Quant aux fonds provenant de ces produits, la perception s'en est faite jusqu'ici par la régie des contributions indirectes. Mais cette dernière disposition a, tout récemment, donné lieu à quelques difficultés. Il s'est élevé à ce sujet la question de savoir si lorsqu'il s'agit de canaux en cours d'exécution, ou seulement projetés, les produits des propriétés acquises pour la confection de ces canaux devaient être perçus par l'administration des contributions indirectes ou par celle des domaines.

L'examen que Son Excellence le ministre des finances a fait de cette question l'a conduit à penser que les attributions de la régie des contributions indirectes se trouvent limitées par l'arrêté du gouvernement, du 5 germinal an XII, ainsi que par le décret du 23 décembre 1810, aux produits des francs-bords des canaux sur lesquels se perçoivent les droits de navigation, et que dès lors, dans tous les cas où il s'agit d'un canal non encore livré à la circulation, et où ne s'opère point la perception

---

(1) Le tarif est au Bulletin des lois.

des droits de navigation, le recouvrement des produits, de quelque nature qu'ils soient, qui proviennent des propriétés dépendantes de ce canal, et acquises pour sa confection, rentre dans les attributions de l'administration des domaines.

La nouvelle décision de Son Excellence (1) fixe d'une manière précise les attributions de l'administration des domaines et de celle des contributions indirectes. Ainsi l'administration des domaines sera chargée à l'avenir de la perception de toute espèce de produits auxquels donneront lieu les propriétés acquises pour la confection des canaux, tant que ces canaux ne seront point assujettis au droit de navigation ; et aussitôt que ce droit aura été organisé sur un canal ou une portion de canal, le recouvrement des *produits accessoires* devra s'opérer par la régie des contributions indirectes.

Je vous prie de remarquer, monsieur le préfet, que les nouvelles dispositions arrêtées par Son Excellence ne concernent que le *recouvrement des produits*. Quant à leur administration, *elle reste toujours dans les attributions de la direction générale des ponts et chaussées et des mines, et vous voudrez bien continuer de correspondre avec moi pour l'envoi des cahiers des charges et des procès-verbaux d'adjudication, ainsi que pour tous les objets qui s'y rattachent.*

Je profite de cette circonstance pour vous rappeler que les cahiers des charges ne doivent imposer aux adjudicataires l'obligation de faire aucuns travaux étrangers à l'exploitation des produits qui leur sont affermés. Ainsi le renouvellement des plantations, le faucardement du lit des canaux et les autres opérations de ce genre ne peuvent, sous aucun prétexte, faire partie des charges de l'adjudication. Il convient également de réduire dans de justes limites, et d'énoncer d'une manière précise, dans les cahiers des charges, la surface des digues ou francs-bords qu'il peut être utile de réserver, aux approches des écluses, tant pour le service particulier des éclusiers que pour le dépôt des matériaux destinés aux réparations du canal. Veuillez aussi, monsieur le préfet, ne pas omettre d'appeler aux adjudications un des agents de celle des deux administrations financières qui doit être chargée de la perception des produits.

Enfin je ne terminerai pas cette lettre sans vous prier de joindre aux envois des procès-verbaux d'adjudication un bordereau indicatif du montant de chacun des lots adjugés, et sans vous renouveler l'invitation contenue dans ma circulaire du 24 novembre 1828, de faire les dispositions nécessaires pour qu'il puisse être procédé, avant le mois de mai de chaque année, à l'adjudication de la récolte des herbes qui croissent sur les francs-bords et autres terrains dépendant des canaux.

Je vous prie de vouloir bien m'accuser réception de la présente circulaire, dont j'adresse une ampliation à M. l'ingénieur en chef de votre département.

---

(1) Cette décision est du 6 novembre 1829.

Ordonnance du roi portant approbation de la direction du tracé du chemin de fer du port d'Andrezieux à Roanne.

Au château des Tuileries, le 21 mars 1830.

Charles, etc. ; vu notre ordonnance du 27 août 1828, qui autorise les sieurs Mellet et Henry à établir, à leurs frais, moyennant la concession à perpétuité d'un droit de péage, un chemin de fer d'Andrezieux à Roanne ;

Vu les plans du tracé de ce chemin et le mémoire à l'appui, remis le 27 juin 1829 par lesdits sieurs Mellet et Henry ;

Vu l'avis du préfet de la Loire sur ce tracé ;

Vu la demande des concessionnaires de faire embrancher leur chemin de fer sur celui de Saint-Etienne à la Loire, au lieu dit la Fouillouse ;

Vu l'avis donné sur ces plans par le conseil général des ponts et chaussées ;

Vu toutes les autres pièces produites et jointes au dossier ;

Notre conseil d'Etat entendu,

Nous avons ordonné et ordonnons ce qui suit :

Art. 1er. La direction du tracé du chemin de fer du port d'Andrezieux à Roanne, pour la partie comprise entre le domaine de Muron et l'avenue du château d'Ailly, est approuvée telle qu'elle est indiquée entre ces deux points par une ligne rouge sur les deux plans annexés à la présente ordonnance.

2. Du domaine de Muron, le chemin sera dirigé vers Andrezieux et mis en communication, au port de cette ville, avec celui qui est actuellement exécuté de Saint-Etienne à la Loire, ainsi qu'il est prescrit par l'article 1er du cahier des charges joint à notre ordonnance du 27 août 1828.

3. A partir de l'allée du château d'Ailly, le chemin sera dirigé sur Roanne sans passer sur le pont de pierre de cette ville ; mais les concessionnaires sont libres de le faire aboutir à telle rive du fleuve qui leur conviendra.

4. Les concessionnaires seront tenus de présenter, dans le délai d'un an, au plus tard, des projets particuliers : 1° pour les points de départ et d'arrivée à Andrezieux et à Roanne, conformément aux dispositions des articles précédents ; 2° pour les points de chargement et de déchargement à Feurs. Ils remettront ces projets au préfet du département, qui les adressera, avec son avis, à notre directeur général des ponts et chaussées, pour être statué ultérieurement ce qu'il appartiendra.

5. Aux points où le chemin de fer doit rencontrer les routes royales n° 7, de Paris à Antibes, et n° 82, de Roanne au Rhône, et les routes départementales n° 1er, de Lyon à Montbrison, et n° 2, de Montbrison à Saint-Etienne, les concessionnaires seront tenus de faire traverser ces routes par leur chemin sans changer le niveau de ces communications.

Les concessionnaires sont autorisés à baisser d'un mètre la chaussée de la route royale n° 89, de Lyon à Bordeaux, au point où elle doit être traversée pur leur chemin de fer; mais ils établiront, des deux côtés de la coupure, des rampes de trois centimètres par mètre, et feront exécuter sous la route, dans la direction des fossés du chemin, deux aqueducs pour l'écoulement des eaux. Tous les travaux nécessités par ces dispositions seront à leur charge. Les rails et leurs encastrements dans les dés seront de même forme et de même dimension que ceux qui ont été établis sur la route royale n° 82, à sa rencontre avec le chemin de Saint-Etienne à la Loire.

6. Les concessionnaires présenteront, pour être examinés et approuvés par le préfet, les projets de tous les ponts, ponceaux et aqueducs à construire sur des eaux publiques, ou au moins un tableau indiquant leur largeur et leur hauteur sous clef, afin qu'on puisse s'assurer s'ils présentent un débouché suffisant à l'écoulement des eaux.

7. Ils seront tenus également de construire, à leurs frais, sous le chemin de fer et ses embranchements, tous les aqueducs qui seront jugés nécessaires pour l'écoulement des eaux, la facilité des irrigations et l'assèchement des terres riveraines. Ils seront autorisés à établir des rigoles pour l'écoulement des eaux rassemblées dans les fossés du chemin de fer, sous la condition de payer à qui de droit des indemnités réglées à l'amiable ou suivant la loi, et sous la réserve des droits actuellement acquis.

8. Si, dans les endroits où le chemin de fer traversera des cours d'eau, la direction arrêtée ne permet pas de donner aux ponts qui seront construits sur ces cours d'eau une hauteur de cinquante centimètres sous clef, ou sous poutre, au-dessus de la ligne des plus hautes eaux connues, les concessionnaires seront tenus de présenter et de soumettre leurs projets à l'approbation du directeur général des ponts et chaussées.

9. L'inclinaison des rampes d'accession des chemins vicinaux et ruraux et des chemins de dessertes sur le chemin de fer, et réciproquement, ne dépassera pas cinq centimètres par mètre.

10. Il sera placé des bornes, poteaux ou lisses, à l'intersection du chemin de fer avec les routes royales ou départementales, partout où ces bornes ou poteaux seront nécessaires pour prévenir les accidents.

11. L'administration est autorisée à acquérir les terrains nécessaires à la construction du chemin; elle se conformera, à ce sujet, aux dispositions de la loi du 8 mars 1810.

Ordonnance du roi relative à la construction du pont communal de Champ (Isère).

Au château des Tuileries, le 1er avril 1830.

ART. 1er. Le préfet du département de l'Isère est autorisé à faire adjuger, avec concurrence et publicité, la reconstruction du pont communal de Champ sur la Romanche.

2. Cette adjudication sera faite à l'entrepreneur qui se chargera de reconstruire et entretenir ledit pont, ainsi que de payer au domaine,

pour le compte de la commune, le prix de la maison et de l'écurie formant les dépendances du pont, et ce, moyennant la perception, pendant un moindre nombre d'années, du péage actuel, dont le tarif est maintenu.

3. Seront exempts du droit de péage le préfet du département, le sous-préfet de l'arrondissement, les ingénieurs et conducteurs des ponts et chaussées, la gendarmerie dans l'exercice de ses fonctions; les militaires voyageant à pied ou à cheval, en corps ou séparément, à la charge, dans ce dernier cas, de présenter une feuille de route ou un ordre de service; les courriers du gouvernement, les malles et les facteurs ruraux faisant le service des postes de l'Etat.

Ordonnance du roi relative à la construction d'un pont suspendu dans la commune de Vailly en remplacement du bac.

Au château des Tuileries, le 1er avril 1830.

ART. 1er. La construction d'un pont suspendu, moyennant la perception d'un péage, dans la commune de Vailly, département de l'Aisne, en remplacement du bac actuellement existant, est approuvée.

2. La concession du péage sera adjugée au rabais à l'entrepreneur qui se chargera de la construction et de l'entretien dudit pont, selon les clauses du cahier des charges approuvé le 6 janvier 1830 par le préfet de l'Aisne : le procès-verbal d'adjudication sera soumis à l'approbation de notre ministre de l'intérieur.

3. Le tarif des droits de péage sera le même que celui qui était établi pour le passage du bac.

4. Seront exempts du droit de péage le préfet du département, le sous-préfet de l'arrondissement, les ingénieurs et conducteurs des ponts et chaussées, la gendarmerie dans l'exercice de ses fonctions; les militaires voyageant à pied ou à cheval, en corps ou séparément, à la charge, dans ce dernier cas, de présenter une feuille de route ou un ordre de service; les courriers du gouvernement, les malles et les facteurs ruraux faisant le service des postes de l'Etat.

Ordonnance du roi qui autorise les sieurs Samuel Blum et fils à établir à leurs frais un chemin de fer d'Epinac au canal de Bourgogne.

Au château des Tuileries, le 7 avril 1830.

CHARLES, etc.; vu la demande formée le 8 août 1828 par les sieurs de Joannis et Samuel Blum et fils, tendant à obtenir l'autorisation d'établir à leurs frais un chemin de fer d'Epinac au canal de Bourgogne;

Vu leur soumission du 17 octobre suivant, dans laquelle ils s'engagent à construire ce chemin moyennant la concession qui leur sera faite du droit d'y percevoir un péage;

Vu les plans tracés de ce chemin sur les territoires des départements de Saône-et-Loire et de la Côte-d'Or;

Les délibérations des communes que le chemin doit traverser, et l'enquête faite sur la direction proposée ;

Vu l'avis des préfets des départements de Saône-et-Loire et de la Côte-d'Or ;

Celui du conseil des mines et celui du conseil des ponts et chaussées ;

Vu la sentence arbitrale rendue le 23 novembre 1828, portant résolution de l'acte de société formée entre les sieurs de Joannis et Samuel Blum et fils, au sujet de l'établissement du chemin de fer d'Epinac ;

Vu l'arrêt de la cour royale de Dijon, du 16 janvier 1830, confirmatif de la sentence en ce qui concerne la résolution de l'acte de société ;

Vu la nouvelle soumission du 18 février de la présente année, dans laquelle les sieurs Samuel Blum et fils, concessionnaires des mines de houille d'Epinac, prennent en leur propre nom l'engagement d'établir à leurs frais le chemin d'Epinac au canal de Bourgogne.

Notre conseil d'Etat entendu,

Nous avons ordonné et ordonnons ce qui suit :

Art. 1er. Les sieurs Samuel Blum et fils, concessionnaires des mines de houille d'Epinac (Saône-et-Loire) sont autorisés à établir à leurs frais un chemin de fer d'Epinac au canal de Bourgogne, aux clauses et conditions énoncées dans leur soumission du 18 février 1830, et conformément aux deux plans ci-annexés : cette soumission restera annexée à la présente ordonnance.

2. Pour indemniser les propriétaires du chemin de fer des frais de construction et d'entretien dudit chemin, et des voitures destinées au transport de la houille et des marchandises, ils sont autorisés à percevoir à perpétuité sur ce chemin de fer un droit de treize centimes par mille kilogrammes de matière et marchandises qu'ils transporteront et par mille mètres de distance parcourus depuis Epinac jusqu'au canal de Bourgogne, et de quinze centimes aussi par mille kilogrammes de matière et marchandises et par mille mètres de distance parcourus depuis le canal de Bourgogne jusqu'à Epinac.

Les distances parcourues ou à parcourir sur le chemin de fer seront comptées sans égard aux fractions : ainsi mille mètres entamés se payeront comme s'ils avaient été parcourus entièrement.

3. La direction du tracé du chemin de fer d'Epinal au canal de Bourgogne est approuvée telle qu'elle est indiquée par le tracé rouge sur les deux plans annexés à la présente ordonnance.

4. L'exécution du chemin de fer d'Epinac au canal de Bourgogne est déclarée d'utilité publique : en conséquence, les sieurs Samuel Blum et fils sont autorisés à acquérir les terrains nécessaires à sa construction, en se conformant aux dispositions de la loi du 8 mars 1810 sur les expropriations pour cause d'utilité publique ; les préfets des départements de Saône-et-Loire et de la Côte-d'Or pourront exercer, dans l'intérêt de la compagnie, les droits dont l'administration fait elle-même usage pour l'exécution des travaux de l'Etat.

5. Les propriétaires du chemin de fer d'Epinac au canal de Bourgogne tiendront constamment les articles 2 et 4 de la présente ordonnance, affichés à la porte de leurs bureaux et dans les lieux les plus apparents, afin de faire connaître le montant du droit de transport qu'ils sont autorisés à percevoir.

6. Les contestations qui pourraient s'élever entre l'administration et les concessionnaires sur l'interprétation des clauses et conditions de la soumission du 18 février 1830, seront jugées par le conseil de préfecture, sauf le recours au conseil d'Etat : la déchéance prévue par l'article 12 de cette soumission sera prononcée par le conseil de préfecture, sauf le recours au conseil d'Etat.

Ordonnance du roi, du 21 avril 1830, portant rejet d'un pourvoi qui n'a pas été formé dans les délais du règlement (Corrèze).

CHARLES, etc. ; sur le rapport du comité de la justice et du contentieux ;

Vu le rapport qui nous a été fait par notre ministre de l'intérieur, le 13 mars 1830, ledit rapport enregistré au secrétariat général de notre conseil d'Etat, le 19 du même mois, et tendant à ce qu'il nous plaise annuler la disposition de l'article 2 d'un arrêté du conseil de préfecture du département de la Corrèze, du 20 février 1829, qui accorde à l'entrepreneur Charageat, pour l'extraction des rochers sur la douzième partie de la route de Lyon à Bordeaux, dont la construction lui a été adjugée, un supplément de prix qui ne lui serait pas dû ;

Vu l'arrêté du conseil de préfecture, attaqué ;

Vu l'acte de notification dudit arrêté à l'entrepreneur, en date du 2 mars 1829 ;

Vu le décret du 22 juillet 1806 ;

Considérant que le préfet du département de la Corrèze a fait notifier, le 2 mars 1829, au sieur Charageat, l'arrêté pris, le 20 février précédent, par le conseil de préfecture de ce département, contradictoirement entre l'administration et cet entrepreneur ;

Considérant que notre ministre de l'intérieur ne s'est pourvu contre cet arrêté que le 19 mars 1830 ; que son pourvoi, n'ayant pas eu lieu dans les trois mois à dater de la notification dudit arrêté par le préfet du département de la Corrèze, n'est plus recevable ;

Notre conseil d'Etat entendu,

Nous avons ordonné et ordonnons ce qui suit :

Art. 1er. Le pourvoi de notre ministre de l'intérieur est rejeté.

Ordonnance du roi relative à la construction d'un pont suspendu sur le Rhône entre la ville de Condrieu, département du Rhône, et le bourg des Roches, département de l'Isère.

Au château de Saint-Cloud, le 5 mai 1830.

ART. 1er. Il sera construit un pont suspendu sur le Rhône entre la ville de Condrieu, département du Rhône, et le bourg des Roches, département de l'Isère, conformément au plan ci-annexé, et sous les conditions suivantes :

1° Le débouché des eaux sera de cent quatre-vingt-quinze mètres entre les faces intérieures des culées, en y comprenant l'épaisseur de la pile.

2° Le dessous des supports du plancher sera à deux mètres au-dessus des plus hautes eaux connues.

3° La largeur du passage entre les garde-corps sera de cinq mètres.

4° Les rampes aux abords n'auront pas plus de cinq centimètres de pente par mètre.

5° Le pont entier après son achèvement, et ensuite chaque travée séparément, seront soumis à une épreuve telle qu'il ait à supporter, indépendamment de son propre poids, une charge de deux cents kilogrammes par mètre carré.

2. Il sera pourvu aux frais de construction et d'entretien de ce pont au moyen de la perception d'un droit de péage qui sera concédé au rabais, par adjudication publique, au concessionnaire qui offrira les conditions les plus avantageuses.

3. Le procès-verbal d'adjudication sera soumis à l'approbation de notre ministre de l'intérieur.

4. À l'expiration de la concession, la propriété du pont sera acquise à la commune de Condrieu.

5. Le droit de péage sera perçu à compter du jour où le passage sera livré au public, et conformément au tarif établi pour le bac actuel.

6. Seront exempts du droit de péage les fonctionnaires publics du département dans l'exercice de leurs fonctions, les militaires voyageant en corps ou isolément, à charge par eux, dans ce dernier cas, d'exhiber une feuille de route ou un ordre de service; les employés des ponts et chaussées, les malles-postes et courriers du gouvernement, et les facteurs ruraux commissionnés par l'administration des postes.

Ordonnance du roi, du 5 mai 1830, qui statue sur une demande du sieur Moitet, en indemnité de chômage (Sarthe).

CHARLES, etc.; sur le rapport du comité de la justice et du contentieux;

Vu les requêtes à nous présentées au nom du sieur Julien Moitet, meunier à Chaoué, lesdites requêtes enregistrées au secrétariat général de notre conseil d'État, les 20 avril et 23 mai 1829, tendant à ce qu'il nous plaise annuler, pour cause d'incompétence et d'excès de pouvoir, l'article 3 d'un arrêté pris par le préfet du département de la Sarthe, le 1er août 1828, portant que, pendant la durée des ouvrages de navigation à exécuter sur la rivière de la Sarthe, l'indemnité de chômage de chaque moulin, pendant vingt-quatre heures, est fixée à 4 francs, quel que soit le nombre de tournants;

Annuler également, comme incompétemment pris, un arrêté en date du 8 juin 1829, par lequel le conseil de préfecture du département de la Sarthe a rejeté la demande du sieur Moitet, tendant à ce que, pour le règlement de l'indemnité à lui due, son moulin fût considéré comme formant deux usines distinctes;

Renvoyer l'affaire aux tribunaux;

Subsidiairement, ordonner que l'indemnité revenant à l'exposant sera de la totalité du dommage à lui occasionné pour cause de travaux publics, et non de navigation et de flottage ; laquelle indemnité sera fixée suivant estimation à dire d'experts ;

Subsidiairement encore, et à défaut d'une indemnité intégrale, ordonner qu'il sera accordé au suppliant *huit francs* pour chaque jour de chômage ; comme aussi, qu'avant de faire droit sur ce dernier chef, il sera, en présence du sieur Moitet, dressé un plan des lieux en litige, et de l'état et consistance des usines du suppliant ;

Vu la lettre écrite à notre garde des sceaux, le 12 décembre 1829, par notre ministre de l'intérieur, lequel, communication prise des requêtes ci-dessus, estime qu'il y a lieu d'annuler l'arrêté du conseil de préfecture, et ordonner que l'indemnité dont il s'agit sera réglée dans les formes prescrites par la loi du 16 septembre 1807 ;

Vu les arrêtés attaqués ;

Vu toutes les autres pièces produites ;

Vu les articles 55 et 56 de la loi du 16 septembre 1807 ;

Vu les lois des 8 mars 1810 et 28 juillet 1824 ;

Sur la compétence :

Considérant qu'il ne s'agit pas, dans l'espèce, d'une expropriation résultant d'une réduction perpétuelle de la force motrice d'une usine, mais d'un dommage momentané, et pour l'appréciation duquel l'autorité administrative est compétente, aux termes de la loi du 16 septembre 1807 ;

Sur le règlement de l'indemnité :

Considérant que la loi du 28 juillet 1824 ne s'applique qu'aux cas où le chômage résulte de l'exercice du flottage, et que le chômage du moulin de Chaoué a été occasionné par des travaux publics, d'où il suit que l'appréciation du dommage en résultant doit être faite d'après les règles prescrites par la susdite loi du 16 septembre 1807 ;

Notre conseil d'Etat entendu,

Nous avons ordonné et ordonnons ce qui suit :

Art. 1er. L'arrêté pris par le préfet du département de là Sarthe, le 14 août 1828, est annulé dans la disposition portant règlement de l'indemnité due pour chômage des moulins pendant la durée des ouvrages de navigation à exécuter sur la rivière de la Sarthe.

2. L'arrêté pris par le conseil de préfecture du département, le 8 janvier 1829, est également annulé.

3. Il sera procédé au règlement et à la fixation de l'indemnité due au sieur Moitet dans les formes prescrites par la loi du 16 septembre 1807.

Ordonnance du roi, du 12 mai 1830, relative à la surveillance et à la police de la rivière d'Eure, dans le département d'Eure-et-Loir.

CHARLES, etc. ; vu la décision rendue par notre ministre secrétaire d'Etat de l'intérieur, le 1er février 1823, sur les difficultés qui s'étaient élevées entre les sieurs Soudé et Denis, propriétaires des moulins de la Villette et du plateau situés à Saint-Prest, département d'Eure-et-Loir ;

Vu la demande présentée par les fermiers et propriétaires des usines établies sur les rivières de l'arrondissement de Chartres, et sur la partie de l'Eure située dans l'arrondissement de Nogent-le-Rotrou, à l'effet d'obtenir la création d'un garde-rivière;

La délibération des commissaires nommés par les propriétaires d'usines, et les tableaux des moulins établis sur ces divers cours d'eau;

Le rapport de l'ingénieur en chef;

Le règlement proposé à ce sujet par le préfet;

L'avis de l'inspecteur divisionnaire et du conseil des ponts et chaussées, des 28 avril et 3 juin 1828;

Vu l'avis du comité de l'intérieur de notre conseil d'Etat,

Nous avons ordonné et ordonnons ce qui suit :

Art. 1er. Conformément au vœu exprimé par les meuniers de la ville de Chartres, département d'Eure-et-Loir, il sera établi un commissaire de police chargé de la surveillance et de la police de la rivière d'Eure, ainsi que de tous ses affluents, depuis la limite du département de l'Orne jusqu'à celle de l'arrondissement de Dreux.

2. Il sera nommé par le préfet. Il prêtera serment en justice à son entrée en fonctions.

Son traitement sera à la charge des divers propriétaires d'usines placées sur ces cours d'eau en proportion du revenu de ces usines.

3. Pour être nommé à ladite place de commissaire, il faut avoir vingt-cinq ans accomplis. Tout aspirant doit justifier qu'il sait lire, écrire, calculer, lever les plans, et qu'il possède quelques principes de nivellement.

Devoirs de cet agent.

4. Il veillera à l'exécution des mesures prescrites à l'égard des moulins et usines, à l'entretien en bon état du lit de la rivière et de ses affluents, et à ce que les eaux y arrivent et s'y conservent sans déperdition. Il présidera aux travaux de curages, de faucardements et autres. Il empêchera le braconnage des rivières et la pêche avec les instruments prohibés, ou pendant le temps du frai, et particulièrement lorsque les eaux seront basses : le tout suivant qu'il est ordonné par les lois et règlements existants sur la matière.

Les gardes champêtres seront tenus d'obtempérer aux réquisitions qu'il leur donnera dans l'intérêt du service dont il s'agit.

5. Il constatera, par des procès-verbaux, les délits et les contraventions de police, et sera pour cet effet assimilé aux gardes champêtres des communes; il se conformera à ce que prescrivent les articles 20 et 21 du Code d'instruction criminelle pour la remise aux autorités compétentes des procès-verbaux qu'il dressera.

6. Il fera chaque mois une tournée générale des cours d'eau confiés à sa surveillance; il visitera au moins deux fois par mois la partie de rivière comprise entre Courville et la commune de Pierres, et se transportera plus souvent encore sur les points où les contraventions sont fréquentes. Au moment où les crues se manifesteront, il exercera une surveillance continuelle sur la manœuvre des vannes de décharge, en la dirigeant plus spécialement vers les points où elle est le plus nécessaire.

Indépendamment des tournées ordinaires, cet agent devra se transporter partout où sa présence sera requise.

7. Il veillera au bon entretien des berges, comme à celui des digues et chaussées des moulins et à leur conservation. Il fera cesser, en conséquence, les travaux susceptibles de causer des dégradations et des pertes d'eau. Il fera enlever les pieux, arbres ou arbustes, racines, pierres et objets quelconques qui gêneraient le libre écoulement des eaux. Il veillera aussi à ce qu'il ne soit fait aucune anticipation sur la largeur de la rivière d'Eure et de ses affluents, ni travaux quelconques dont l'effet serait d'occasionner des atterrissements, ni creusement de fossés et rigoles trop rapprochés de leur lit et qui pourraient déterminer des pertes d'eau.

8. Il veillera avec la plus grande attention à ce qu'il ne soit établi, sans autorisation de l'autorité compétente, aucun pont, écluse, digue, barrage, usines, ou tous autres ouvrages, ou artifices propres à mettre obstacle au libre cours des eaux, ou à en altérer le régime.

9. Il surveillera les travaux de ponts, gués et passerelles, ainsi que les établissements de ponts particuliers qui seraient autorisés par l'administration.

10. Il veillera concurremment avec les gardes-champêtres à ce que les vannes de décharge de retenues soient ouvertes à temps. Il s'assurera que les vannes de décharge soient bien mobiles, en les faisant manœuvrer, en sa présence, aux époques de ses tournées.

11. Il tiendra la main à ce que les déversoirs ne soient point encombrés d'herbes et de productions, et à ce qu'il ne soit fait aucune innovation non permise dans l'état de chaque moulin.

12. Dans ses tournées, il surveillera l'exécution des lois et règlements sur la police des cours d'eau, notamment pendant les curages.

13. Il assurera l'opération des curages et faucardements quand il y aura contestation sur quelques points; il lèvera les plans et fera les nivellements nécessaires. Il fournira les estimations de travaux et en dirigera l'exécution lorsque, sur le refus des riverains, elle aura lieu d'office, soit à la journée, soit par adjudication; enfin il sera, sous les ordres du préfet, l'agent d'exécution des règlements de police des cours d'eau.

14. Indépendamment des procès-verbaux par lesquels il constatera les contraventions dont les tribunaux de police municipale ou correctionnelle doivent connaître, il fera au préfet des rapports spéciaux sur les dégradations ou irrégularités qu'il remarquera, et il emploiera la voie de l'avertissement et de l'invitation pour en obtenir le redressement immédiat.

15. Il tiendra un journal de tournées, sur lequel il indiquera jour par jour les parties de rivières qu'il aura visitées, les remarques qu'il aura faites tant sur les cours d'eau que sur les moulins qui y sont situés. Il y fera mention de chaque moulin et de son biez alors même qu'il n'y aurait lieu à aucune remarque.

Il donnera des extraits de son registre de tournée quand ils lui seront demandés, et à la fin de chaque trimestre il fournira un rapport détaillé de ses tournées, de ses opérations et des observations qu'il aura faites, et y relatera spécialement les procès-verbaux rédigés par lui.

16. En entrant en fonctions, il procédera de suite à la visite des moulins, et dressera, pour chacun d'eux, un état des lieux, contenant : 1° l'indication précise de la hauteur de retenue d'eau telle qu'elle exis-

tera au moment de l'opération en la rapportant à de bons repères; 2° la position des seuils et la largeur de tous les pertuis.

17. Il formera ensuite un itinéraire visuel, quant aux contours, mais à mesures exactes, de tous les cours d'eau soumis à sa surveillance; il y indiquera la situation de chaque moulin et de toutes les prises d'eau. Ce plan visuel sera plus tard accompagné de profils tant en longueur qu'en travers. L'itinéraire, ainsi complété, sera l'état des lieux des cours d'eau sur lequel seront indiquées les rectifications. Ces travaux descriptifs et topographiques seront exécutés conformément aux instructions que ledit commissaire recevra; il leur donnera au moins cinquante jours de son temps, chaque année, jusqu'à leur complet achèvement.

Résidence et relations.

18. Le commissaire chargé de la police et de la surveillance des cours d'eau dont il s'agit, résidera à Chartres.

19. Les meuniers, ou ceux qu'ils représentent, sont autorisés à faire au préfet toutes les observations qu'ils jugeront nécessaires, tant sur le service de cet agent, que sur les mesures qu'il jugeront convenables dans l'intérêt de l'agriculture, de l'industrie et d'une bonne police.

Il se rendra, toutes les fois qu'il en sera requis, à l'assemblée desdits commissaires.

20. Cet agent recevra, de l'ingénieur en chef des ponts et chaussées, les instructions relatives à la formation de l'état des lieux des moulins et des cours d'eau, et lui rendra directement compte de ses opérations à ce sujet.

Les mêmes rapports existeront dans les cas de curage général ou de redressement partiel du lit de la rivière.

21. L'état des lieux des moulins et usines, ainsi que l'itinéraire des cours d'eau, seront visés par l'ingénieur en chef, auquel il en sera laissé une expédition pour son bureau.

Traitement et indemnité.

22. Les honoraires de l'agent créé par la présente ordonnance sont fixés à 1,500 fr., sans préjudice des indemnités spécifiées dans l'art. 25, qui ne pourront dépasser 300 fr., ce qui portera la contribution des meuniers à 1,800 fr. par an.

23. Les rôles de répartition des sommes dues par chacun des meuniers, dressés sur l'état de classement et d'évaluation des moulins, présenté par ceux-ci, seront, conformément à ce qui est prescrit par la loi du 4 mars 1804 (14 floréal an 11), rendus exécutoires par le préfet, et le recouvrement s'en opérera de la même manière que celui des contributions publiques.

24. Toutes les contestations relatives au recouvrement desdits rôles, aux réclamations des personnes appelées à concourir aux dépenses et à la confection des travaux, seront portées devant le conseil de préfecture, sauf recours au conseil d'État.

25. Pendant la durée sur le terrain des grandes opérations graphi-

ques, il sera alloué, à titre d'indemnité de faux-frais, audit commissaire, quatre francs par jour. Les opérations qui n'exigeront pas plus d'une journée de travail effectif sur le terrain ne donneront pas lieu à une indemnité.

L'état des journées employées par ce commissaire aux grandes opérations graphiques devra être visé et arrêté par l'ingénieur en chef.

26. Lorsque cet agent sera chargé de faire exécuter d'office quelque partie de travaux aux frais d'un particulier, il lui sera alloué quatre fr. par jour, et le montant en sera ajouté à celui des autres frais dont l'état sera rendu exécutoire par le préfet.

Dispositions personnelles.

27. Le commissaire de police surveillant ne pourra recevoir aucun présent ni gratification de la part des meuniers ou des riverains sous peine de destitution, et, en outre, sous les peines portées par le Code pénal.

28. En cas d'empêchement ou de maladie, il demeure tenu d'en donner connaissance au préfet, afin qu'il soit pris des mesures pour que la surveillance n'éprouve aucune interruption.

Ordonnance du roi qui supprime la direction générale des ponts et chaussées et des mines, et nomme M. Becquey ministre d'Etat, membre du conseil privé.

Au château de Saint-Cloud, le 19 mai 1830.

Art. 1er. La direction générale des ponts et chaussées et des mines est supprimée; le sieur Becquey, titulaire de cette direction, est admis à la retraite.

2. Le sieur Becquey, conseiller d'Etat, est nommé ministre d'Etat et membre de notre conseil privé.

Ordonnance du roi portant création d'un ministère des travaux publics.

Au château de Saint-Cloud, le 19 mai 1830.

Art. 1er. Seront séparées du département de l'intérieur, pour former un ministère particulier sous le titre de *ministère des travaux publics,* les branches d'administration qui composent la direction générale des ponts et chaussées et des mines, ainsi que celles qui concernent les rivières et cours d'eau non navigables, les dessèchements, les bâtiments civils, les travaux d'embellissement des villes et tous autres travaux relatifs aux diverses parties de la voie publique.

Règlement de police pour le chemin de halage du canal de la Somme.

Amiens, le 26 mai 1830.

LE préfet du département de la Somme,

Considérant que la nécessité d'avoir un moyen de halage toujours libre rend très-préjudiciable sur le chemin de halage du canal de la Somme la circulation des chevaux et bestiaux autres que ceux qui sont employés au service immédiat de la navigation;

Que les digues du canal étant en terre et peu solides, établies d'ailleurs sur un terrain spongieux, ne peuvent résister à l'action d'un passage actif;

Vu la lettre de M. l'ingénieur en chef directeur du canal, en date du 5 mars dernier;

Vu la décision de M. le conseiller d'Etat directeur général des ponts et chaussées, en date du 18 mai courant;

Vu le décret du 10 avril 1812, qui applique aux canaux, etc., le titre 9 du décret du 16 décembre 1811;

Arrête :

Art. 1er. Le passage est interdit aux voitures, chevaux et bestiaux sur le chemin de halage pour toute autre cause que pour le service direct de la navigation.

2. Il sera à cet effet établi sur les digues consacrées au halage habituel des barrières fermées à clef, près de la résidence des éclusiers et pontonniers qui en auront la garde, et qui les ouvriront à toute réquisition fondée en droit.

Quant aux marche-pieds ou banquettes sur la rive opposée, où le halage n'est pas habituel, les accès dont le passage est interdit seront fermés, soit par des haies sèches, soit par des fossés transversaux faisant office de barrières, eu égard à la police de l'interdiction du passage.

3. Les permissions exceptionnelles accordées jusqu'à ce jour à quelques particuliers pour le passage sont révoquées. Elles ne pourront être renouvelées qu'après nouvel examen et en cas d'urgence constatée; elles seront d'ailleurs personnelles.

4. Les portions de digues qui remplacent d'anciens chemins vicinaux seront également interdites; à cet effet, il sera formé d'autres chemins au pied des digues pour y suppléer.

5. Toutes contraventions aux dispositions précédentes seront constatées par des procès-verbaux comme en matière de grande voirie, et donneront lieu aux mêmes condamnations.

6. Le présent arrêté sera imprimé en placards pour être affiché partout où besoin sera; il sera en outre inséré au mémorial administratif; MM. Les ingénieurs et MM. les maires sont chargés d'en assurer l'exécution.

Ordonnance du roi qui dispense de l'approbation supérieure les autorisations données par les préfets pour l'abattage et le remplacement des arbres en état de dépérissement le long des routes royales et départementales, et pour l'exécution, dans certains cas, des travaux concernant les routes départementales (1).

Au château des Tuileries, le 29 mai 1830.

CHARLES, etc. ; vu les articles 99 et suivants du décret du 16 décembre 1811 et la loi du 12 mai 1825 ;

Vu les ordonnances royales des 8 août 1821 et 22 mai 1822 ;

Nous avons ordonné et ordonnons ce qui suit :

Art. 1er. Seront exécutoires et dispensées de l'approbation supérieure à laquelle elles étaient précédemment soumises, les autorisations données par les préfets, à l'effet d'abattre et à la condition de remplacer les arbres plantés le long des routes royales et départementales dont le dépérissement aura été constaté par les ingénieurs.

2. Pourront également être exécutés, sur la seule approbation donnée par les préfets aux projets des ingénieurs et aux adjudications, les travaux concernant les routes départementales dont la dépense, déjà allouée aux budgets, n'excédera pas la somme de vingt mille francs, toutes les fois que ces travaux n'exigeront ni acquisitions de terrains, ni changements dans la direction ou les alignements desdites routes.

Circulaire du ministre des travaux publics (M. Capelle), portant envoi de l'instruction relative aux machines à vapeur employées sur les bateaux.

Paris, le 1er juin 1830.

MONSIEUR le préfet, vous avez reçu la circulaire du 1er août 1828, relative aux bateaux à vapeur et aux chaudières des machines à vapeur employées sur ces bateaux.

À la suite de cette circulaire se trouvent les deux ordonnances des 2 avril 1823 et 25 mai 1828 (2).

Je ne doute pas que vous n'ayez donné beaucoup d'attention à la formation des commissions de surveillance qui ont dû être instituées par MM. les préfets, aux termes de l'article 1er de l'ordonnance du 2 avril 1823, dans les départements où il existe des fleuves, rivières et côtes sur lesquels sont ou peuvent être établis des bateaux à vapeur. Ces commissions ont, en effet, des devoirs importants à remplir, qui intéressent à la fois la prospérité du commerce et la vie des hommes.

L'ordonnance du 2 avril 1823 a laissé aux autorités locales le soin de compléter le régime des précautions générales par des règlements particuliers.

Afin de faciliter l'exécution des ordonnances qui concernent la navi-

---

(1) Voir la circulaire du 22 juin 1830.
(2) Voir ces ordonnances à leur date.

gation au moyen de la vapeur, et d'établir autant que possible l'uniformité désirable dans les règlements locaux qu'il appartient à MM. les préfets de rédiger, j'ai cru utile de publier une instruction spéciale sur cet objet. Elle a été préparée avec maturité par la commission d'ingénieurs des mines et d'ingénieurs des ponts et chaussées, réunie dès 1823, et qui s'occupe spécialement de toutes les questions qui concernent les machines à vapeur.

Cette instruction, que j'ai approuvée, renferme en outre plusieurs éclaircissements sur la police des bateaux à vapeur.

Vous en trouverez ci-joints   exemplaires.

Elle rappelle les dispositions des ordonnances et leur mode d'exécution, et avertit notamment qu'on ne doit point assujettir aux épreuves de la presse hydraulique, ni, par conséquent, timbrer toute chaudière qui, étant terminée par des faces planes, différera entièrement par sa forme et par sa disposition des chaudières qui servent pour la haute pression. Ces chaudières à faces planes ne pourraient subir les épreuves sans être déformées et altérées ; au surplus, elles fonctionnent toujours à des pressions très-basses, et ne présentent pas de dangers dès qu'elles sont munies de soupapes de sûreté chargées directement de rondelles fusibles et de manomètres à air libre.

Elle est divisée en sept paragraphes qui ont rapport :

1° A la surveillance et à l'entretien des machines ;
2° A l'alimentation des chaudières ;
3° Aux soupapes de sûreté ;
4° Aux rondelles métalliques fusibles ;
5° Aux manomètres ;
6° A la conduite du feu dans la machine ;
7° A la police des bateaux à vapeur.

Le premier de ces paragraphes indique, comme condition essentielle du permis de navigation, qu'il soit placé, à bord de chaque bateau destiné à recevoir des passagers, un mécanicien chargé de surveiller continuellement la machine ; on doit attendre les meilleurs résultats de cette mesure.

A la fin se trouve une nouvelle table des forces élastiques de la vapeur d'eau et des températures correspondantes. Cette table, due aux beaux travaux qu'une commission de l'Académie royale des sciences a exécutés avec une persévérance, un courage et une habileté dignes des plus grands éloges, était annoncée dans la circulaire du 19 mai 1825 : elle doit remplacer la table insérée à la fin de l'instruction du 7 du même mois, que l'Académie avait dressée provisoirement.

Je vous prie, monsieur le préfet, de vous pénétrer du contenu de l'instruction que je vous transmets, et d'en recommander la lecture la plus attentive aux diverses autorités locales chargées de vous seconder, et notamment aux commissions de surveillance instituées dans votre département.

Je vous invite à en remettre des exemplaires à chaque membre de la commission, à MM. les ingénieurs des mines, à MM. les ingénieurs des ponts et chaussées, à MM. les officiers de port, maires et adjoints, aux commissaires de police, officiers et sous-officiers de gendarmerie des villes et communes situées sur les lignes de navigation, ainsi qu'à MM. les propriétaires des bateaux à vapeur.

Je désire particulièrement qu'en m'accusant réception de la présente vous me fassiez parvenir le tableau nominatif de la commission ou des commissions de surveillance que vous avez organisées dans votre département, et que vous me teniez constamment au courant des mutations qui auront lieu.

Instruction du ministre des travaux publics (M. Capelle), pour l'exécution des ordonnances royales concernant les bateaux à vapeur, et pour la rédaction des règlements particuliers dans chaque département.

Paris, le 27 mai 1830.

La navigation des bateaux à vapeur est régie par les ordonnances royales des 2 avril et 29 octobre 1823, 25 mai 1828 et 25 mars 1830.

D'après la première de ces ordonnances, dans les départements où il existe des fleuves, rivières ou côtes sur lesquels sont ou pourront être établis des bateaux à vapeur, des commissions de surveillance, formées par les préfets, doivent s'assurer que ces bateaux sont construits avec solidité, particulièrement en ce qui concerne l'appareil moteur, et que cet appareil est soigneusement entretenu dans toutes ses parties. Aucun bateau à vapeur ne peut entrer en navigation qu'après que la commission chargée de l'examiner a constaté la solidité de construction et le bon état de la machine, et que le préfet a notifié au propriétaire qu'il a reçu et approuvé le procès-verbal de la commission. Cette notification est accompagnée du règlement contenant les dispositions que le préfet juge utile et convenable de prescrire au propriétaire du bateau relativement à la police de la navigation. Enfin, des visites trimestrielles et d'autres, toutes les fois qu'il est nécessaire, sont faites par chaque commission, qui consigne dans les procès-verbaux qu'elle en adresse au préfet ses propositions sur les mesures à prendre dans le cas où l'état de l'appareil moteur présenterait des dangers probables.

La seconde ordonnance, celle du 29 octobre 1823, concerne en général les machines à haute pression. Elle détermine un système de précautions qui est maintenant bien connu, et dont l'application a été faite depuis longtemps aux machines à haute pression qui servent à la navigation, à l'exception cependant des dispositions relatives aux murs de défense et à la capacité des locaux, attendu que ces dispositions étaient inexécutables sur des bateaux.

La troisième ordonnance, celle du 25 mai 1828, porte, entre autres dispositions, que les mesures de sûreté prescrites tant par les articles 2, 3, 4, 5, et le premier paragraphe de l'article 7 de l'ordonnance du 29 octobre 1823, que par l'ordonnance du 7 mai 1828, sont étendues aux chaudières, tubes bouilleurs, cylindres et enveloppes de cylindres des machines à vapeur à basse pression employées sur des bateaux.

La quatrième ordonnance, celle du 25 mars 1830, concerne en quelques points les bateaux à vapeur, puisqu'elle traite en général des machines à basse pression. D'après cette ordonnance, les soupapes des machines à basse pression qui servent à la navigation, doivent être chargées directement, et chaque machine doit être pourvue d'un manomètre à air libre, dont la longueur est déterminée d'après la pression habituelle de la vapeur dans la chaudière.

Il sera facile de faire aux machines à haute et basse pression établies sur des bateaux l'application des diverses mesures de sûreté et de police prescrites par les ordonnances qui viennent d'être citées, tant en continuant de se conformer aux instructions des 19 mars 1824, 7 mai 1825 et 12 juillet 1828, relatives aux machines à haute pression en général, qu'en ayant égard aux dispositions qui vont être successivement énumérées.

Les timbres dont on se servira pour constater les résultats des épreuves seront les mêmes que ceux de forme circulaire qu'on frappe à la monnaie de Paris, et qui portent en légende, *Ordonnance du 29 octobre 1823*. On a jugé inutile de faire graver de nouveaux poinçons pour les ordonnances des 7 et 25 mai 1828, attendu que ces dernières se rattachent à celle du 29 octobre 1823.

Le degré de fusibilité qui est exigible dans chaque cas particulier pour les rondelles métalliques, a été calculé, jusqu'à présent, d'après une table provisoire qui a été publiée par l'administration à la suite de l'instruction du 7 mai 1825. Depuis cette époque, il a été fait à l'Académie royale des sciences un travail spécial pour déterminer définitivement la force élastique dont la vapeur d'eau jouit à différentes températures. Il est résulté de ce travail une table exacte et très-étendue qu'on trouvera à la suite de la présente instruction, et dont on devra désormais se servir en remplacement de la table provisoire.

Il sera convenable de faire connaître aux fabricants et propriétaires de chaudières employées sur les bateaux, qu'ils pourront, comme par le passé, se procurer à la manufacture établie à Paris, chez M. Collardeau, rue de la Cerisaie, n° 3, non-seulement des rondelles métalliques, fusibles à toutes les températures requises, mais encore du métal fusible en lingot. Mais il sera en même temps nécessaire de les avertir qu'il est très-difficile aux personnes qui ne sont pas très-exercées d'obtenir d'un lingot des rondelles qui soient fusibles précisément au même degré que le lingot lui-même, et qu'il y a beaucoup plus de sécurité à se servir de rondelles qui ont été coulées à la manufacture, attendu qu'elles ont été soigneusement essayées après leur fabrication.

On a reconnu qu'il était utile de donner aux rondelles fusibles une épaisseur d'au moins quinze millimètres, et de les maintenir extérieurement avec une grille en fonte qui les empêche de bomber lorsqu'elles sont appliquées à une chaudière; mais l'emploi de ces grilles entraîne l'obligation d'augmenter les diamètres fixés par l'article 5 de l'ordonnance royale du 29 octobre 1823. Cette augmentation doit être telle que la surface libre, ou non recouverte, de la rondelle la plus fusible soit égale à la surface d'une des soupapes de sûreté, et que la surface libre, ou non recouverte, de la rondelle la moins fusible soit quadruple de la surface de la même soupape. Les fabricants et propriétaires de chaudières trouveront, à la manufacture indiquée ci-dessus, des grilles préparées pour toutes les grandeurs de rondelles, et disposées de telle manière, qu'on peut les mettre et les ôter très-facilement.

L'ordonnance du 25 mai 1828 ayant prohibé l'usage des chaudières et tubes bouilleurs en fonte de fer sur les bateaux à vapeur, les chaudières et tubes bouilleurs en tôle ou en cuivre laminé employés sur ces bateaux, seront, d'après cette ordonnance et celle du 7 mai 1828, éprourés sous une pression *triple* de la pression à prendre, comme terme de départ, pour les épreuves par la presse hydraulique.

Néanmoins on n'assujettira pas à ces épreuves, et par conséquent on ne timbrera pas toute chaudière qui, étant terminée par des faces planes, différera entièrement, par sa forme et par sa disposition, des chaudières qui servent pour la haute pression.

Les chaudières à faces planes ne pourraient être, sans inconvénients, soumises aux épreuves prescrites : celles-ci les déformeraient et les altéreraient. Les essais par la presse hydraulique sont ici d'autant moins nécessaires que, dans les chaudières de l'espèce dont il s'agit, on ne saurait habituellement former de la vapeur à une haute tension. Ces chaudières ne fonctionnent qu'à des pressions très-basses et qui s'élèvent, au plus, à une atmosphère et demie.

Mais en exemptant les chaudières à faces planes de l'épreuve par la presse hydraulique, il faut pourvoir à ce qu'elles ne puissent jamais fonctionner à une pression intérieure excédant celle d'une atmosphère et demie ; à cet effet, les soupapes de sûreté de ces chaudières seront directement chargées d'un poids équivalent, au plus, à une demi-atmosphère ; c'est-à-dire d'un poids de $0^k,516$, par chaque centimètre carré. On adaptera en outre, à la partie supérieure de ces mêmes chaudières, les rondelles métalliques fusibles qui correspondent à la pression intérieure d'*une atmosphère et demie*. La première de ces rondelles, la plus petite, devra donc être fusible à 122 degrés centigrades, et la seconde, la plus grande, à 132 degrés.

L'exemption des épreuves pour les chaudières à faces planes ne saurait être étendue aux cylindres et enveloppes de cylindres des machines dont ces chaudières dépendront. Ces cylindres et enveloppes seront éprouvés comme à l'ordinaire ; et, après les épreuves, on les marquera du timbre indiquant, en chiffres, *une atmosphère et demie*.

Si les machines à vapeur qui fonctionnent dans les établissements ordinaires exigent l'observation rigoureuse de toutes les conditions de sûreté prescrites, à plus forte raison doit-on observer ces conditions à l'égard des machines qui sont établies dans des bateaux. Là, on ne peut avoir recours aux murs d'enceinte, ayant pour objet d'amortir les effets des explosions, et, en cas d'accident, la vie d'un grand nombre de personnes se trouverait compromise. Les autorités locales ne sauraient donc apporter trop d'activité et de prévoyance dans l'exercice des attributions qui leur sont confiées relativement à la navigation à la vapeur.

Les commissions de surveillance en particulier ne sauraient mettre trop de soins à l'examen qui doit précéder tout permis de navigation. Il est nécessaire que, dans leurs procès-verbaux, elles détaillent l'état dans lequel elles ont trouvé les parties principales du mécanisme de chaque bateau. Elles doivent surtout constater que la disposition du foyer ne pourra donner lieu à aucun accident, que le jeu de la pompe alimentaire est suffisant, et que la puissance habituelle de la machine pourra vaincre tous les obstacles de la navigation projetée.

L'ordonnance royale du 2 avril 1823 a donné aux autorités locales la faculté de compléter le régime de précaution au moyen des règlements locaux ; elles doivent s'empresser d'user de cette faculté, et déjà plusieurs préfets, sur la proposition des commissions de surveillance, l'ont fait avec succès. Comme il importe qu'il y ait, autant que possible, uniformité entre les dispositions contenues dans les actes de ce genre, on va rappeler les principaux points de vue auxquels il est convenable d'avoir égard dans la rédaction de ces règlements.

§ Ier. *En ce qui concerne la surveillance et l'entretien des machines.*

1° Les permis de navigation ne doivent être donnés que sous la condition expresse qu'à bord de chaque bateau à vapeur, destiné à recevoir des passagers, il y aura un mécanicien chargé de surveiller continuellement la machine, et ayant les connaissances nécessaires pour l'entretenir constamment en bon état, s'assurer qu'elle fonctionne bien, et au besoin la réparer.

2° Les fonctions attribuées à ce mécanicien ne peuvent être confiées au chauffeur : celui-ci sera tenu de se conformer aux ordres du mécanicien.

3° Le mécanicien doit observer toutes les mesures de précaution habituelles prescrites par l'instruction ministérielle du 19 mars 1824 ; et, à cet effet, cette instruction doit être affichée dans le local de la machine à vapeur.

§ II. *En ce qui concerne l'alimentation des chaudières.*

4° Pour mettre le mécanicien à portée de s'assurer que l'alimentation compense, à chaque instant, la dépense de vapeur et toutes les pertes d'eau, et que la surface de l'eau, dans la chaudière, est maintenue à un niveau constant et au-dessus des conduits dans lesquels circule la flamme du foyer, il doit être expressément recommandé d'adapter à chaque chaudière, indépendamment des flotteurs ordinaires, deux *tubes indicateurs* en verre qui devront être entretenus en bon état, et dans l'ajustement desquels on aura égard aux effets de la dilatation.

Chacun de ces tubes est adapté verticalement entre deux tubulures horizontales en cuivre, qui sont munies de robinets et communiquent avec l'intérieur de la chaudière au-dessus et au-dessous de la ligne d'eau ; de cette manière, l'eau se tient, dans chacun des deux tubes de verre, au même niveau que dans la chaudière. Des tubes de rechange sont d'ailleurs nécessaires, afin que ceux qui viendraient à être cassés puissent être immédiatement remplacés.

Pour atteindre le but qui a été indiqué ci-dessus, on peut se contenter d'appliquer à chaque chaudière trois robinets indicateurs qui seraient placés, savoir : le premier au niveau habituel de la ligne d'eau, le second un peu au-dessus de cette ligne, et le troisième un peu au-dessous ; mais l'emploi des tubes de verre est préférable pour la navigation sur les rivières.

5° On pourrait en outre recommander d'ajuster à chaque chaudière un tube de sûreté, terminé en tuyau d'orgue et disposé de telle manière que, si par une cause imprévue la surface de l'eau dans la chaudière venait à s'abaisser au-dessous du niveau déterminé, la vapeur, en s'échappant aussitôt par ce tuyau, produirait un son prolongé, qui avertirait que le danger commence et qu'il est urgent d'y remédier.

§ III. *En ce qui concerne les soupapes de sûreté.*

6° Le mécanicien doit veiller soigneusement à ce que les soupapes de sûreté soient constamment entretenues en bon état et de manière à ce qu'elles puissent toujours jouer librement.

7° Les soupapes doivent être chargées au moyen de leviers, si la chaudière est à haute pression, et directement, si la chaudière est à basse pression.

Il doit être formellement défendu de surcharger les soupapes.

8° La charge des soupapes doit être déterminée en kilogrammes et fractions de kilogrammes, d'après le numéro du timbre circulaire apposé sur la chaudière.

Si la chaudière est à basse pression et à faces planes, auquel cas elle ne portera pas de timbre puisqu'elle n'aura pas été éprouvée, les soupapes doivent être chargées directement (pour la pression d'une atmosphère et demie) d'un poids équivalent, au plus, à une demi-atmosphère, c'est-à-dire d'un poids de 0ᵏ,516 par chaque centimètre carré (1).

§ IV. *En ce qui concerne les rondelles métalliques fusibles.*

9° Il doit être expressément défendu de se servir de rondelles métalliques dont les degrés de fusibilité ne correspondraient pas au numéro du timbre de la chaudière, et aussi de chercher, par un moyen quelconque, à empêcher la fusion de ces mêmes rondelles.

10° Il doit être prescrit de poser au-dessus des rondelles, des couvercles, non assujettis, qui puissent les conserver en bon état, les garantir de toute atteinte, et notamment les préserver de l'accès de l'eau et de tout corps étranger, en sorte qu'on ait toujours la facilité de reconnaître à la première inspection, les numéros des timbres octogones dont elles sont frappées.

11° On doit toujours avoir dans chaque bateau des rondelles métalliques de rechange, afin de pouvoir sur-le-champ remplacer celles qui viendraient à se fondre.

§ V. *En ce qui concerne les manomètres.*

12° À chaque chaudière, on doit adapter un manomètre à mercure, construit avec soin et gradué avec exactitude.

13° On doit toujours employer le manomètre à air libre, pour les chaudières à basse pression, et se servir, autant qu'il est possible, pour les chaudières à haute pression, de ce même manomètre, qui est bien préférable au manomètre ordinaire, c'est-à-dire à celui qui est rac-

---

(1) Quand on calcule la charge d'une soupape pour chaque centimètre carré de sa surface, il faut avoir égard à la pression que l'atmosphère elle-même exerce extérieurement sur cette soupape. On ne doit donc pas multiplier 1 kil. 033 (poids équivalent à la pression d'une atmosphère sur un centimètre carré) par le numéro du timbre apposé sur la chaudière, mais bien par ce numéro, diminué d'une unité. Si, par exemple, la chaudière portait le timbre de trois atmosphères, la charge sur les soupapes devrait être de 2 kil. 066 par chaque centimètre carré.

courci et dont le tube fermé à la partie supérieure contient de l'air qui est destiné à être comprimé par la colonne de mercure.

14° On doit prendre les précautions nécessaires pour préserver cet instrument de tout accident ; néanmoins, il faut toujours avoir, dans le bateau, un manomètre de rechange.

§ VI. *En ce qui concerne la conduite du feu et de la machine.*

15° Le mécanicien doit veiller à ce que le chauffeur conduise et entretienne le feu avec la plus grande régularité, en observant toutes les précautions indiquées dans l'instruction ministérielle du 19 mars 1824, laquelle sera affichée, comme il est dit n° 3, dans le local de la machine.

16° Lorsque le bateau doit s'arrêter, il faut que le capitaine en prévienne d'avance le mécanicien et le chauffeur, pour que ce dernier cesse de pousser le feu.

Dans le cas où, le bateau étant arrêté, la colonne de mercure continuerait à monter dans le tube du manomètre, le mécanicien doit alors donner issue à la vapeur.

17° Si, malgré toutes les précautions qui seront prises, on n'avait pu empêcher la chaudière de manquer d'eau, ni ses parois de rougir en quelques points, il faudrait s'abstenir, et d'introduire de l'eau dans la chaudière, et d'ouvrir brusquement une issue à la vapeur par une soupape ou par un robinet de décharge.

Dans cette circonstance fâcheuse, il faudrait, avant de rétablir l'alimentation, faire suffisamment refroidir la chaudière en cessant le feu et en enlevant le combustible du foyer.

§ VII. *En ce qui concerne la police des bateaux à vapeur.*

18° Il doit être expressément défendu aux capitaines de faire naviguer les bateaux avec une vitesse supérieure à celle que comporte la marche régulière de l'appareil moteur, sous peine d'être *personnellement* responsables des accidents qui pourraient en résulter.

19° Il est utile qu'il soit ouvert, dans chaque bateau à vapeur, un registre dont toutes les pages devront être cotées et paraphées par l'autorité locale, et sur lequel les passagers auront la faculté de consigner leurs observations, en ce qui pourrait concerner la marche du bateau et les avaries ou accidents quelconques.

20° Les registres dont il s'agit doivent être représentés aux commissions de surveillance toutes les fois qu'elles visitent les bateaux, et aux autorités chargées de la police locale dans les communes situées le long des cours d'eau, toutes les fois que ces autorités en demandent communication.

21° Dans chaque salle où se tiennent les passagers, il doit être placé un tableau indiquant :

1° La durée moyenne des voyages, tant en montant qu'en descendant, et en ayant égard à la hauteur des eaux.

2° Le temps que le bateau devra stationner au différents lieux déterminés pour les embarquements ;

3° Le nombre maximum des passagers qui pourront être reçus dans le bateau ;

4° La faculté que les passagers ont de consigner leurs observations sur le registre ouvert à cet effet dans le bateau.

22° Les capitaines doivent être tenus de déclarer aux autorités locales, après chaque voyage, tous les faits parvenus à leur connaissance qui pourraient intéresser la sûreté de la navigation, afin qu'il y soit pourvu, s'il y a lieu.

23° Enfin, les règlements particuliers énoncent la pression à laquelle chaque chaudière fonctionnera habituellement, le numéro du timbre dont la chaudière est frappée ; la charge des soupapes de sûreté, le degré de fusibilité de chaque rondelle de métal fusible employée, et la hauteur à laquelle le mercure se tiendra dans le manomètre par l'effet de la pression habituelle de la vapeur. Ils doivent aussi comprendre toutes les mesures d'un intérêt local que MM. les préfets jugeraient nécessaire de prescrire pour la police de la navigation, et l'énonciation des cas où le permis de navigation pourrait être retiré pendant un laps de temps plus ou moins considérable, pour cause de contravention. Il est utile que les règlements rappellent, en outre, qu'aux termes des articles 319 et 320 du Code pénal, les propriétaires de bateaux peuvent être poursuivis à raison des accidents auxquels ils auraient donné lieu par négligence, par imprudence ou par inobservation des règlements, sans préjudice des dommages et intérêts qu'ils pourraient avoir encourus.

L'exécution des obligations imposées aux propriétaires de bateaux à vapeur doit être surveillée avec soin, non-seulement par les commissions de surveillance, mais encore par les ingénieurs des mines, ingénieurs des ponts et chaussées, officiers de port, maires et adjoints, commissaires de police, officiers et sous-officiers de gendarmerie des villes et communes situées sur les lignes de navigation. Ces fonctionnaires et agents doivent, chacun en ce qui le concerne, dresser procès-verbal des contraventions et accidents, et transmettre immédiatement leurs procès-verbaux au préfet du département.

Sur ces procès-verbaux, le préfet, après avoir vérifié les faits, statue en ce qui peut le concerner, et renvoie, lorsqu'il y a lieu, les contrevenants devant l'autorité judiciaire, pour l'application des peines qu'ils auraient encourues.

S'il arrive qu'une contravention soit constatée dans un département autre que celui où le permis de navigation a été donné, le préfet de cet autre département transmet les pièces à son collègue, pour être par ce dernier procédé ainsi qu'il appartient.

Il importe que les visites habituelles des commissions de surveillance aient lieu très-fréquemment, et non-seulement lorsque les bateaux sont en repos, mais encore lorsqu'ils sont en marche. Le procès-verbal de chaque visite énonce les divers objets qui ont été examinés et le résultat de leur examen. Les observations doivent spécialement porter sur la charge et le jeu des soupapes, le jeu du flotteur, l'état des rondelles, des timbres et des manomètres; celui des robinets ou des tubes indicateurs du niveau de l'eau dans la chaudière, celui du foyer ; la régularité du chauffage, celle de l'alimentation ; la solidité de la chaudière et des tubes bouilleurs, leur entretien de propreté à l'intérieur ; l'absence des fuites, l'influence des fuites, lorsqu'il en existe; la régularité du jeu de la machine, la disposition plus ou moins favorable du local qui la renferme, l'exactitude du service et l'exécution des conditions particulières qui ont été imposées par l'arrêté qui a accordé le permis de navigation.

Lorsque la commission de surveillance a des motifs suffisants pour estimer qu'une chaudière à basse pression, construite à faces planes, n'est plus assez résistante, elle doit en provoquer la réforme auprès du préfet.

Si la chaudière, dont la solidité est suspecte, est, par sa forme, susceptible d'être éprouvée par la presse hydraulique, la commission provoque une épreuve de vérification et y préside. Cette épreuve a lieu à l'aide d'une pression égale à celle que la chaudière a subie lorsqu'elle a été timbrée.

Dans ce cas, comme dans celui de l'épreuve primitive, le propriétaire du bateau est tenu de fournir la presse et la main-d'œuvre que l'opération exige. Rien ne s'oppose d'ailleurs à ce qu'en remplacement de la presse ordinaire d'essai, le propriétaire du bateau fournisse une pompe foulante quelconque, telle que la pompe alimentaire de sa machine, pourvu que l'emploi en ait été rendu facile et que l'effet en soit suffisant. Il est inutile d'ajouter que, pour chaque chaudière, l'épreuve de vérification doit être renouvelée toutes les fois qu'elle est jugée nécessaire pour qu'il y ait parfaite sécurité sur le bateau.

Enfin, indépendamment de leur avis sur les mesures à prendre à l'égard des chaudières d'une solidité suspecte, les commissions de surveillance doivent joindre au procès-verbal de chaque visite toutes les propositions que l'exigence des cas ou le bien du service pourraient leur suggérer. Il importe qu'elles ne perdent jamais de vue l'initiative qui leur appartient et la responsabilité que leurs fonctions conservatrices leur imposent.

Nouvelle table des forces élastiques de la vapeur d'eau et des températures correspondantes de 1 à 24 atmosphères d'après l'observation, et de 24 à 50 atmosphères par le calcul.

FORCE élastique de la vapeur, en prenant la pression de l'atmosphère pour unité.	HAUTEUR de la colonne de mercure (à zéro de température) qui mesure la force élastique de la vapeur.	TEMPÉRATURE correspondante exprimée en degrés du thermomètre centigrade à mercure.	PRESSION exercée par la vapeur sur un centimètre carré de la chaudière ou de la soupape de sûreté.
Atmosphères.	Mètres.	Degrés.	Kilogrammes.
1	0,76	100	1,033
1 1/2	1,14	112,2	1,549
2	1,52	121,4	2,066
2 1/2	1,90	128,8	2,582
3	2,28	135,1	3,099
3 1/2	2,66	140,6	3,615
4	3,04	145,1	4,132
4 1/2	3,42	149,06	4,648
5	3,80	153,08	5,165
5 1/2	4,18	156,8	5,681
6	4,56	160,2	6,198
6 1/2	4,94	163,48	6,714
7	5,32	166,5	7,231
7 1/2	5,70	169,37	7,747
8	6,08	172,1	8,264
9	6,84	177,1	9,297
10	7,60	181,6	10,33
11	8,36	186,03	11,363
12	9,12	190,00	12,396
13	9,88	193,7	13,429
14	10,64	197,19	14,462
15	11,40	200,48	15,495
16	12,16	203,60	16,528
17	12,92	206,57	17,561
18	13,68	209,4	18,594
19	14,44	212,1	19,627
20	15,20	214,7	20,660
21	15,96	217,2	21,693
22	16,72	219,6	22,726
23	17,48	221,9	23,759
24	18,24	224,2	24,792
25	19,00	226,3	25,825
30	22,80	236,2	30,990
35	26,60	244,85	36,155
40	30,40	252,55	41,320
45	34,20	259,52	46,485
50	38,00	265,89	51,650

Ordonnance du roi, du 6 juin 1830, relative au partage des eaux de la Blaise.

CHARLES, etc. ; vu les mémoires contradictoires et pièces à l'appui, produits par les propriétaires d'usines et autres établissements situés sur les divers bras de la Blaise, près de Dreux, département d'Eure-et-Loir, à l'effet d'obtenir la fixation définitive de la largeur de ces bras de rivière, ainsi que la distribution entre eux des eaux qu'ils reçoivent ;

Le rapport des ingénieurs, plan et profils joints ;

L'arrêté du préfet, du 24 juillet 1826 ;

L'avis de l'inspecteur divisionnaire et du conseil des ponts et chaussées, des 1er mai et 26 juin 1827 ;

La transaction passée entre les intéressés, le 2 juin 1829 ;

Le certificat délivré par le maire de la ville de Dreux, le 27 octobre précédent, constatant 1° le dépôt à la mairie de toutes les pièces relatives à la contestation des usages de la rivière de la Blaise ; 2° l'appel fait publiquement à tous les intéressés de fournir leurs observations ; 3° l'absence de toute opposition ou réclamation ;

Le nouveau rapport de l'inspecteur divisionnaire et l'avis du conseil des ponts et chaussées, des 4 juillet et 29 août suivants ;

La lettre du préfet du 16 novembre et le dernier avis du conseil des ponts et chaussées, du 12 décembre même année ;

Le comité de l'intérieur et du commerce de notre conseil d'Etat entendu,

Nous avons ordonné et ordonnons ce qui suit :

Art. 1er. La prise d'eau, dite ruisseau de la commune, laquelle est faite dans le lit de la Blaise, près de Dreux, département d'Eure-et-Loir, en vertu de l'arrêté du préfet, du 25 février 1807, restera telle qu'elle est. Les plaignants sont renvoyés devant l'autorité judiciaire, à l'effet de poursuivre, s'ils s'y croient fondés, les usurpations et abus qui pourraient leur porter préjudice.

2. L'arrêté du préfet, du 6 septembre 1816, est maintenu. Il ne sera rien changé au partage des eaux qui se fait en tête de l'éperon de maçonnerie, au point de séparation des rivières de l'Ecluse et du Blairas.

3. Le volume d'eau jusqu'à présent indéterminé que doit recevoir le ruisseau des Teinturiers, sera égal à l'excédant qui est accordé au Blairas dans le premier partage entre celui-ci et l'Ecluse.

4. Pour assurer invariablement le partage des eaux, il sera construit à l'embranchement du ruisseau des Teinturiers avec le Blairas deux pertuis en maçonnerie, dont les seuils seront pour le Blairas de 6 mètres, et pour le ruisseau des Teinturiers de 1 mètre 23 centimètres.

Les seuils des pertuis seront établis à 30 centimètres en contre-haut des seuils placés en tête de l'éperon.

5. Afin de moins retenir le passage des grandes eaux, les largeurs ci-dessus indiquées seront limitées par des banquettes ou socles de 25 centimètres de hauteur, qui se prolongeront jusqu'aux bajoyers. Ces bajoyers s'élèveront de 1 mètre 5 centimètres au-dessus des socles, et leur face aura 20 centimètres de talus.

6. Il sera construit sur la rivière de l'Ecluse un pertuis de 6 mètres

d'ouverture, entre les socles placés au droit de celui de la rivière des Teinturiers, et disposé de la même manière.

7. Ces ouvrages seront construits en bonne maçonnerie, conformément aux dessins joints au rapport de l'ingénieur en chef, du 24 avril 1826, et à l'instruction y annexée.

8. Les trois rivières seront curées à l'aval des pertuis, de manière que le fond affleure le radier, et les intéressés jouiront à l'avenir de toute liberté pour renouveler les curages, sauf la réserve des droits des tiers.

9. A l'exception des curages qui seront faits par les usagers de chaque rivière, les travaux mentionnés dans la présente ordonnance seront exécutés de concert par les parties intéressées, ainsi qu'il est réglé par la transaction faite entre elles, le 2 juin 1829, en présence du sous-préfet de l'arrondissement.

10. Les frais d'instruction, opérations et rapports, réglés à la somme de 253 francs, seront acquittés par les usagers du Blairas, comme plus intéressés que tous les autres au règlement des eaux, et ayant poursuivi l'instance. Ces frais resteront à leur charge.

11. Les ouvrages mentionnés ci-dessus seront exécutés sous la surveillance de l'ingénieur de l'arrondissement, à la diligence du préfet du département. Il seront vérifiés, après leur achèvement, aux frais des intéressés, par le même ingénieur qui dressera procès-verbal de leur réception.

Ordonnance du roi, du 6 juin 1830, qui rejette les requêtes de la demoiselle André, riveraine d'une route (Seine-et-Marne).

CHARLES, etc. ; sur le rapport du comité de la justice et du contentieux ;

Vu la requête à nous présentée au nom de la demoiselle André (Marguerite-Adèle), ladite requête enregistrée au secrétariat général de notre conseil d'Etat, le 29 octobre 1829, et tendant à ce qu'il nous plaise annuler une décision de notre ministre secrétaire d'Etat au département de l'intérieur, en date du 19 octobre 1829, et autoriser la continuation des travaux entrepris par la requérante, et subsidiairement, attendu que la démolition des anciens murs et la construction des nouveaux travaux n'ont eu lieu que par suite d'une permission administrative, autoriser la requérante à remettre les choses dans leur ancien état, avec telle indemnité que de raison;

Vu une seconde requête, enregistrée audit secrétariat général le 15 février 1830, par laquelle la demoiselle André déclare appeler incidemment de l'arrêté du préfet du département de Seine-et-Marne, en date du 9 décembre 1829, et conclut à ce qu'il nous plaise annuler, pour cause d'incompétence, ledit arrêté, celui du 2 avril 1829, ainsi que la décision de notre ministre de l'intérieur;

Vu la lettre de notre ministre secrétaire d'Etat au département de l'intérieur, en date du 9 janvier 1830;

Vu le rapport de l'ingénieur ordinaire de l'arrondissement de Melun, en date du 28 mars 1829, et l'avis de l'ingénieur en chef du département de Seine-et-Marne, en date du 29 du même mois;

IV.   17

Vu la décision attaquée, approbative de l'arrêté du préfet du département de Seine-et-Marne, du 2 avril 1829, lequel arrêté refuse à la demoiselle André l'autorisation de continuer les constructions par elle commencées à la façade de sa maison, qui doit être reculée à l'alignement fixé par l'ordonnance royale du 27 août 1823, et lui prescrit de se conformer audit alignement;

Vu le second arrêté attaqué, en date du 29 novembre 1829, lequel enjoint à la demoiselle André de démolir la façade de sa maison jusqu'à l'alignement qui lui a été indiqué, de débarrasser la voie publique, et de déblayer le terrain jusqu'à cet alignement;

Vu toutes les autres pièces produites;

En ce qui touche l'arrêté pris par le préfet du département de Seine-et-Marne le 2 avril 1829, approuvé par la décision de notre ministre de l'intérieur, en date du 19 octobre suivant:

Considérant, sur la compétence, que le préfet du département de Seine-et-Marne et notre ministre de l'intérieur, dans l'arrêté et la décision attaqués, se sont bornés à statuer sur une question d'alignement;

Considérant au fond que le préfet du département de Seine-et-Marne et notre ministre de l'intérieur ont, avec raison, prescrit à la demoiselle André de renfermer ses travaux dans l'alignement fixé par l'ordonnance royale du 27 août 1823, pour la traverse de la route n° 5 bis;

En ce qui touche l'arrêté du préfet, du 2 novembre 1826:

Considérant que cet arrêté, qui n'a pas été soumis à notre ministre de l'intérieur, ne peut nous être déféré que sous le rapport de la compétence;

Considérant à cet égard, que le préfet n'a statué sur aucun procès-verbal de contravention, et n'a prononcé aucune peine;

Qu'il s'est borné à prescrire la démolition des ouvrages exécutés par la demoiselle André, parce qu'ils nuisaient à la circulation, et pouvaient causer de graves accidents; d'où il résulte que le préfet n'a pris qu'une mesure de police qui était dans les limites de sa compétence;

Notre conseil d'Etat entendu,

Nous avons ordonné et ordonnons ce qui suit :

Art. 1er. Les requêtes de la demoiselle André sont rejetées.

Circulaire du ministre des travaux publics (M. Capelle), concernant l'extraction des matériaux et les opérations pour tracés de routes dans les forêts de l'Etat et des communes.

Paris, le 8 juin 1830.

Monsieur le préfet, l'ordonnance du roi, du 1er août 1827, relative à l'exécution du Code forestier, contient, dans ses articles 170 et suivants, jusqu'à celui 175 inclusivement, des dispositions qui règlent la marche à suivre par MM. les ingénieurs des ponts et chaussées et les entrepreneurs, lorsque, pour l'exécution des travaux publics, l'on est dans la nécessité d'extraire des matériaux des bois et forêts régis par l'administration forestière; ces dispositions ne sont cependant pas toujours observées, et je crois devoir, par ce motif, vous recommander de tenir la main à ce que l'on s'y conforme exactement. Pour que MM. les ingénieurs sachent bien positivement les obligations qu'elles leur imposent, je les rappelle à la suite de la présente (1). Le concours de MM. les agents forestiers, indispensable pour déterminer les lieux où l'exploitation des matériaux peut être faite, ne l'est pas moins lorsqu'il s'agit d'étudier des tracés de routes à travers les bois de l'Etat et des communes, et je vous prie de prévenir MM. les ingénieurs de ne jamais entreprendre dans ces forêts d'opérations qui mettent dans la nécessité d'abattre des arbres, sans s'être concertés avec les personnes chargées de veiller à leur conservation; s'ils éprouvaient des retards ou des difficultés nuisibles, ils devraient vous les faire connaître et réclamer votre intervention ou la mienne même, si elle est nécessaire.

Ordonnance du roi, du 9 juin 1830, qui rejette la requête du sieur Belin (Ardèche).

(Plantation de route.)

CHARLES, etc.; sur le rapport du comité de la justice et du contentieux;

Vu les requêtes sommaire et ampliative à nous présentées au nom du sieur Belin, propriétaire, demeurant à Tain, département de la Drôme, lesdites requêtes enregistrées au secrétariat général de notre conseil d'Etat les 22 novembre 1828 et 19 avril 1830, et tendant à ce qu'il nous plaise annuler l'arrêté du conseil de préfecture du département de l'Ardèche, du 16 septembre 1828, qui le condamne à arracher, dans le délai de huitaine, les arbres mentionnés au procès-verbal du 22 mars 1826, sous peine de le voir faire à ses frais par les soins du maire de Sarras; ce faisant, annuler les condamnations prononcées contre lui, et ordonner la restitution de l'amende à laquelle il avait été condamné;

Vu l'arrêté réglementaire du préfet du département de l'Ardèche, du 10 janvier 1820, qui fixe l'essence des arbres à planter et la distance à laquelle ces arbres doivent être plantés, tant entre eux qu'à l'égard de la route;

Vu les rapports de l'ingénieur en chef des ponts et chaussées du département de l'Ardèche, en date des 24 avril 1827 et 7 avril 1829, et les plans des lieux joints auxdits rapports;

Vu la lettre de notre directeur général des ponts et chaussées, du 18 janvier 1830;

Vu l'arrêté attaqué du conseil de préfecture du département de l'Ardèche, en date du 16 septembre 1828;

Vu toutes les autres pièces produites;

Vu la loi du 28 février 1800 (9 ventôse an VIII);

Vu les articles 90 et 91 de la loi du 16 décembre 1811;

---

(1) Voir le titre IX de l'ordonnance royale du 1er août 1827, t. III, p. 435.

Considérant qu'il résulte des pièces, que le sieur Belin a planté sur le bord de la route sans avoir observé les distances prescrites par la loi du 16 décembre 1811, et par l'arrêté réglementaire du préfet du département de l'Ardèche, en date du 10 janvier 1820, ce qui constitue une contravention en matière de grande voirie, que le conseil de préfecture a justement réprimée par son arrêté du 16 septembre 1828;

Notre conseil d'Etat entendu,

Nous avons ordonné et ordonnons ce qui suit :

Art. 1er. La requête du sieur Belin est rejetée.

Ordonnance du roi, portant approbation de l'adjudication faite aux sieurs Mignot frères, pour la construction d'un pont suspendu sur la Durance, au lieu dit les Georgets.

Au château de Saint-Cloud, le 9 juin 1830.

CHARLES, etc. ; vu le cahier des charges de la construction d'un pont suspendu sur la Durance, au lieu dit les Georgets, département des Bouches-du-Rhône, moyennant la concession temporaire d'un péage et le tarif des droits à percevoir, lesdits cahier des charges et tarif approuvés le 22 janvier dernier par notre ministre de l'intérieur;

Vu le procès-verbal des opérations faites le 16 mars suivant à la préfecture du département, pour parvenir avec publicité et concurrence à l'adjudication de cette entreprise;

Vu les diverses délibérations prises par les conseils généraux des départements des Bouches-du-Rhône et de Vaucluse, les conseils d'arrondissement d'Arles et d'Avignon, les conseils municipaux des communes intéressées, et par la chambre de commerce d'Avignon et les syndicats des travaux de défense des deux rives de la Durance;

Notre conseil d'Etat entendu,

Nous avons ordonné et ordonnons ce qui suit :

Art. 1er. L'adjudication de la construction d'un pont suspendu sur la Durance, faite et passée le 16 mars dernier, par le préfet des Bouches-du-Rhône, aux sieurs Mignot frères, d'Annonay, moyennant la concession d'un péage sur ce pont pendant quatre-vingt-dix-neuf ans, est et demeure approuvée aux clauses et conditions énoncées dans le cahier des charges et dans le procès-verbal d'adjudication, sauf en ce qui concerne l'emplacement du pont, qui sera définitivement fixé par notre ministre des travaux publics, et en outre, attendu la mobilité des bacs sur la Durance, sous la condition expresse que le gouvernement conserve le droit d'ordonner ou d'autoriser l'établissement de bacs et de ponts sur la Durance partout où il serait utile d'en établir, pourvu qu'ils se trouvent placés à une distance de quinze cents mètres du pont dont la construction est autorisée par la présente ordonnance.

En conséquence, les clauses et conditions de cette adjudication recevront leur pleine et entière exécution.

2. L'administration est autorisée à acquérir, en se conformant toutefois au mode prescrit par la loi du 8 mars 1810, relative à l'expropriation pour cause d'utilité publique, les terrains nécessaires pour exécuter

les abords du pont et les raccorder avec les communications existantes sur les deux rives de la Durance.

3. Le cahier des charges, le tarif et le procès-verbal d'adjudication resteront annexés à la présente ordonnance (1).

Ordonnance du roi, du 9 juin 1830, portant autorisation de la société anonyme formée à Lyon sous la dénomination de compagnie des bateaux à vapeur pour la navigation du Rhône (2).

Art. 1er. La société anonyme formée à Lyon, sous la dénomination

---

(1) Le tarif est au Bulletin des lois.

(2) *Ordonnance du 24 mai 1839, qui approuve des modifications aux statuts de la compagnie des bateaux à vapeur pour la navigation du Rhône.*

Art. 1er. Les nouveaux articles 1 et 2 des statuts de la compagnie des bateaux à vapeur pour la navigation du Rhône sont approuvés tels qu'ils sont contenus dans l'acte passé, le 30 avril 1839, par-devant Me Jean-Baptiste Tavernier et son collègue, notaires à Lyon, lequel acte restera annexé à la présente ordonnance. Ladite société prendra, en conséquence, la dénomination de *compagnie des bateaux à vapeur pour la navigation du Rhône et de ses affluents.*

Par-devant Me Jean-Baptiste Tavernier et son collègue, notaires à Lyon, soussignés, Ont comparu MM., etc., etc. Lesquels, agissant conjointement en qualité d'administrateurs de la société anonyme de la compagnie des bateaux à vapeur pour la navigation du Rhône,

Ont déclaré que la compagnie qu'ils représentent a, en assemblée générale tenue le 23 août 1838, du procès-verbal de laquelle assemblée un extrait délivré par le directeur de ladite compagnie, contenu sur deux feuilles de papier à lettres timbrées à l'extraordinaire, certifié sincère par les comparants et parafé des notaires soussignés, restera annexé aux présentes, avec lesquelles il sera présenté à l'enregistrement, arrêté à l'unanimité que des modifications seraient faites aux articles 1 et 2 des statuts qui la régissent, lesquelles modifications auraient pour but de permettre à la compagnie comme à ses rivales d'étendre ses opérations aux affluents du Rhône et même aux transports par terre, si cela devenait nécessaire pour alimenter ses services;

Que, conformément à l'article 28 desdits statuts, ils se sont empressés de soumettre à l'approbation du gouvernement, par l'intermédiaire de M. le préfet du Rhône, les modifications arrêtées;

Qu'il résulte de plusieurs lettres de M. le préfet du Rhône, et notamment de celle en date du 8 novembre 1838, d'une autre en date du 17 avril dernier, et aussi de M. le ministre des travaux publics, à M. le préfet du Rhône, sous la date du 10 du même mois d'avril, que le conseil d'Etat a approuvé le changement proposé, et en a, après observations contradictoires, définitivement arrêté la rédaction, mais qu'il est nécessaire que cette rédaction nouvelle ait la forme d'un acte authentique;

En conséquence, les comparants ont arrêté que les deux premiers articles des statuts qui régissent la compagnie qu'ils représentent seraient modifiés dans les termes suivants:

« Art. 1er. La société s'exercera sous la dénomination de *compagnie des bateaux à vapeur pour la navigation du Rhône et de ses affluents.* Son siége sera à Lyon.

» 2. L'objet de la société sera le transport des voyageurs et des marchandises de toute espèce sur le Rhône, la Méditerranée jusqu'au port de Marseille, ainsi que les rivières et canaux affluents; elle pourra étendre ses opérations aux transports par terre des voyageurs et des marchandises destinés à ses bateaux ou en provenant: toutes opérations autres que celles relatives aux transports des voyageurs ou marchandises sont formellement interdites. »

Tous les articles suivants desdits statuts passés devant Me Jean-Claude Tavernier et son collègue, notaires à Lyon, le 7 avril 1830, et approuvés par ordonnance royale du 9 juin suivant, sont maintenus.

STATUTS.

TITRE Ier. *Objet et durée de la société.* — Art. 1er. La société s'exercera sous la déno-

de *compagnie des bateaux à vapeur pour la navigation du Rhône*, par acte passé, le 7 avril 1830, par-devant Tavernier et son collègue, notaires en ladite ville, est autorisée.

Sont approuvés les statuts contenus audit acte, qui restera annexé à notre présente ordonnance.

2. Nous nous réservons de révoquer notre autorisation, en cas de

---

mination de *compagnie des bateaux à vapeur pour la navigation du Rhône*. Son siége sera à Lyon.

2. L'unique objet de la société sera la navigation par bateaux à vapeur sur le Rhône et la Méditerranée, jusqu'au port de Marseille, pour le transport des voyageurs et des marchandises de toutes espèces. Toutes opérations autres que celles relatives à ladite navigation sont formellement interdites.

3. La durée de la société sera de vingt-cinq ans, à compter de la sanction royale.

TITRE II. *Fonds social.* — 4. Le capital de ladite société est fixé à seize cent mille francs, divisé en trois cent vingt actions de cinq mille francs chacune; sur lesquelles trois cent vingt actions, trois cent quinze furent souscrites par acte reçu de M⁵ Tavernier, l'un des notaires soussignés, et son collègue, le 10 août dernier, enregistré le 16. Duquel acte de souscriptions, expédition sera mise à la suite des expéditions des présentes. Les autres cinq actions seront émises dans six mois au plus tard, à compter de la sanction royale.

5. Dans le cas où les besoins de la société exigeraient un accroissement de capital, l'assemblée générale des actionnaires pourra voter, mais à la majorité des trois quarts des voix au moins, la création de nouvelles actions, qui ne pourront néanmoins être émises qu'après en avoir obtenu l'autorisation du gouvernement.

6. Les trois cent vingt actions formant le capital actuel de la société seront employées à la construction et à la mise en activité de six bateaux, avec machines d'une force convenable, et tous les accessoires nécessaires à leur service. A cet effet, le conseil d'administration institué par le titre III ci-après est autorisé par le présent acte, comme il devra l'être à l'avenir dans les cas analogues par une délibération spéciale de l'assemblée générale des actionnaires, à conclure les marchés nécessaires. MM. Ferdinand Platzmann, Emile Bonniols et Louis Audra sont nommés commissaires pour discuter et arrêter, de concert avec le conseil d'administration, les marchés dont il vient d'être parlé. La nomination de ces commissaires appartiendra dorénavant à l'assemblée générale.

7. Chaque fois qu'il sera émis de nouvelles actions, en vertu de décisions de l'assemblée générale, approuvées par le gouvernement, conformément à l'article 5 ci-dessus, elles seront offertes au pair aux propriétaires de celles émises jusqu'alors, au prorata de ce que chacun en possédera, et, en cas de refus par quelqu'un d'eux, la prime qui pourra résulter de la vente des actions refusées sera acquise à la société. Les actions ne pourront, dans aucun cas, être émises au-dessous du pair.

8. Le produit des actions émises sera versé chez le banquier de la société, dans la proportion et aux époques déterminées par le conseil d'administration; à défaut de versement dans les délais prescrits, les retardataires encourront la déchéance, et leurs actions seront vendues à leurs risques et périls.

9. Conformément à l'article 33 du Code du commerce, les actionnaires ne seront passibles que de la perte du montant de leurs actions.

10. Les actions sont nominatives. Leurs titres sont extraits d'un registre à souche. Ils portent la signature de trois membres du conseil d'administration et un numéro d'ordre. Les titres d'actions sont aliénables, conformément à l'article 36 du Code de commerce, par le transfert opéré sur les registres tenus à cet effet.

11. Tout actionnaire, dans sa souscription et dans l'acte de transfert à son profit, est tenu d'élire domicile à Lyon.

12. Les actions définitives seront délivrées aussitôt que la société sera autorisée par le gouvernement.

TITRE III. *Administration de la société.* — 13. La société sera régie par un conseil composé de cinq administrateurs, tous propriétaires de trois actions au moins, lesquelles actions seront inaliénables pendant la durée de leurs fonctions.

14. Les administrateurs sont nommés pour cinq ans par l'assemblée générale, au scrutin secret et à la majorité relative. Ils seront renouvelés, chaque année, par cinquième et par la voie du sort pendant les quatre premières années. Ils seront rééligibles.

15. Les fonctions des administrateurs sont gratuites.

16. Pour cette fois, et en vertu du présent acte, sont nommés administrateurs:

violation ou de non-exécution des statuts approuvés, sans préjudice des dommages-intérêts des tiers.

3. La société sera tenue de remettre, tous les six mois, un extrait de son état de situation au préfet du Rhône, au greffe du tribunal de com-

M. Jars, membre de la chambre des députés ; M. Hippolyte Isnard ; M. Samuel Debar ; M. Jules Teissier, et M. Ferdinand Weguelin.

17. Le conseil d'administration nomme, parmi ses membres, un président. La durée de ses fonctions est d'une année. Il peut être réélu. En cas d'absence du président, il est remplacé par le plus âgé des membres présents.

18. Si une des places d'administrateur vient à vaquer, le conseil d'administration y nomme provisoirement. L'assemblée générale procède à l'élection définitive. L'administrateur ainsi nommé ne reste en exercice que pendant le temps qui restait à courir à son prédécesseur.

19. Le conseil d'administration se réunit à des époques déterminées. Pour qu'une délibération soit valable, il faut qu'elle soit prise et signée au moins par trois membres dudit conseil. Les arrêtés sont pris à la majorité des membres présents. En cas de partage, la voix du président ou de celui qui siège à sa place est prépondérante.

20. Le conseil d'administration a la gestion de toutes les affaires de la société ; il fait les marchés, il nomme, révoque et destitue tous les employés de la compagnie ; il fixe leurs traitements et leurs fonctions, ainsi que les dépenses générales de l'administration ; il rend chaque année compte de sa gestion à l'assemblée générale. Il la convoque extraordinairement en cas de nécessité.

21. Les recettes seront versées journellement chez le banquier de la société, qui en donnera un récépissé. Pour cette fois et par le présent acte, M. Samuel Debar est nommé banquier de la société.

22. Aussitôt que les affaires de la société prendront un accroissement suffisant, l'assemblée générale donnera pouvoir au conseil d'administration de nommer un directeur chargé de veiller à tous les intérêts de la société et de pourvoir à l'exécution des délibérations et arrêtés dudit conseil. Le directeur assistera au conseil d'administration et y aura voix délibérative. Le directeur recevra un traitement et devra être propriétaire de cinq actions au moins, lesquelles seront inaliénables pendant la durée de ses fonctions et jusqu'à l'apurement de ses comptes. Il peut être révoqué par le conseil d'administration, à la majorité de trois membres.

TITRE IV. *Assemblées générales.* 23.—L'assemblée générale représente l'universalité des actionnaires. Ses décisions sont obligatoires pour tous, même pour les absents. Elle se compose de tous les actionnaires, ayant au moins trois actions inscrites en leur nom. Ainsi, trois actions donnent une voix dans l'assemblée générale ; il en faut six pour avoir deux voix, et neuf au moins pour en avoir trois, sans que jamais un actionnaire, quel que soit le nombre de ses actions, puisse cumuler plus de trois voix, soit par lui, soit par ses mandants. Nul ne peut représenter dans les assemblées générales un actionnaire absent, s'il n'est lui-même actionnaire. Dans aucun cas, les administrateurs ne pourront représenter dans les assemblées générales les actionnaires absents.

24. L'assemblée générale doit être composée d'un nombre d'actionnaires représentant au moins la moitié des actions émises.

25. Si au jour de sa convocation l'assemblée générale ne réunit pas le nombre d'actionnaires voulu par l'article précédent, il y aura lieu à une nouvelle convocation, ensuite de laquelle l'assemblée pourra délibérer à la majorité des voix des membres présents. Cette seconde réunion sera annoncée au moins quinze jours d'avance, par une publication dans un journal de Lyon et par lettres circulaires. L'assemblée ne pourra d'ailleurs délibérer que sur des objets à l'ordre du jour de la première réunion, et annoncés dans les lettres d'avis de convocation.

26. Une assemblée générale des actionnaires sera convoquée dans le courant de décembre de chaque année ; elle se choisira un président, un secrétaire et deux scrutateurs au scrutin secret. Le directeur et le conseil d'administration lui rendront compte des opérations de la compagnie pendant l'année révolue. Elle délibérera sur les comptes qui lui seront présentés, ainsi que sur les propositions qui lui seront faites. Elle nommera les administrateurs, ainsi qu'il a été dit dans l'article 14. Ses décisions seront prises à la majorité absolue des voix.

27. L'assemblée générale peut être convoquée extraordinairement, soit par le conseil d'administration, soit par une réunion d'actionnaires représentant au moins la moitié des actions émises. La convocation aura lieu selon qu'il est prescrit par l'article 25.

28. L'assemblée générale convoquée extraordinairement, pourra, à une majorité des

merce et à la chambre de commerce de Lyon : pareil extrait sera transmis au ministre de l'intérieur.

Ordonnance du roi qui fixe, pour les trains de bois de charpente, le droit de navigation sur les canaux de Saint-Quentin et de Crozat.

Au château des Tuileries, le 13 juin 1830.

CHARLES, etc ; vu l'ordonnance royale du 31 décembre 1817 (1), qui règle les droits de navigation à percevoir sur les canaux de Saint-Quentin et de Crozat ;

Vu la loi du 29 mai 1827, portant concession temporaire au profit

---

trois quarts des voix des membres présents, et conformément aux articles 24 et 25, adopter les modifications aux présents statuts dont l'expérience aura démontré la nécessité. Ces modifications seront soumises à l'approbation du gouvernement.

29. Chaque année l'assemblée générale choisit parmi ses membres, autres que les administrateurs, trois commissaires chargés de vérifier les comptes et d'en faire leur rapport à l'assemblée générale suivante, qui donne décharge, s'il y a lieu.

TITRE V. *Des comptes et des répartitions de bénéfices.* 30. Les comptes de la société sont arrêtés tous les trois mois, par le conseil d'administration, et vérifiés à la même époque par l'un des commissaires nommés en vertu de l'article précédent. Le conseil d'administration, d'après cet arrêté de compte, décide s'il y a lieu à une répartition de bénéfices, et en fixe l'importance.

31. En cas de répartition de bénéfices, il sera fait un prélèvement annuel, égal au vingtième du capital émis, à titre de fonds de réserve.

32. Les bénéfices nets de tous frais et du prélèvement de la réserve souffriront un second prélèvement de deux et demi pour cent par trimestre, soit dix pour cent par an, pour être distribués aux actionnaires à titre d'intérêt et de dépréciation de leur capital ; toutefois, cet intérêt, qui ne pourra être servi que sur les bénéfices nets réalisés, sera réduit en cas d'insuffisance de ces bénéfices.

33. Les bénéfices restant nets de tous frais et des prélèvements susdits, appartiendront, savoir : quatre-vingt-cinq pour cent à diviser entre les actionnaires au prorata de leur intérêt, et quinze pour cent à MM. Church et compagnie, pour prix de l'industrie qu'ils ont apportée à la société et en considération de l'engagement qu'ils ont pris de n'appliquer cette industrie à aucune autre entreprise de navigation sur le Rhône, et d'Arles à Marseille.

TITRE IV ET DERNIER. *Dissolution et liquidation.* — 34. La dissolution de la société aura lieu de plein droit : 1° si les pertes excèdent la moitié des capitaux émis ; 2° si elle est demandée par un nombre d'actionnaires représentant au moins les trois quarts des actions émises.

35. Dans les cas prévus par l'article précédent, le conseil d'administration est tenu de convoquer immédiatement l'assemblée générale, qui nommera, séance tenante, trois commissaires liquidateurs, et leur donnera les pouvoirs et instructions qui seront nécessaires.

36. Dans le cas de dissolution et de liquidation, MM. Church et compagnie se réservent la faculté de prendre à leur compte tout le matériel de l'entreprise, au prix d'achat, et à la charge d'admettre dans la nouvelle société qu'ils formeront, sans pouvoir imposer des conditions plus onéreuses que celles qu'ils subiront eux-mêmes, tous les actionnaires de l'ancienne société qui le désireront. Il sera accordé un délai de huit jours à MM. Church et compagnie pour faire connaître si leur intention est d'user de cette faculté ou non. Dans tous les cas, les droits des tiers sont expressément réservés.

37. Toutes les difficultés qui pourraient s'élever entre les actionnaires ou ayants droit de la société seront soumises à des arbitres nommés conformément à l'article 51 du Code de commerce. Les parties seront tenues de s'en rapporter à la décision des arbitres, comme à un jugement en dernier ressort, et sans recours en cassation.

(1) Cette ordonnance est insérée dans le *Dictionnaire hydrographique de la France*, t. II, p. 451.

du sieur Honnorez, de la jouissance des produits des canaux de Saint-Quentin et de Crozat;

Vu la lettre adressée, sous la date du 5 mai 1830, au préfet du département de l'Aisne par ledit sieur Honnorez, lequel consent à ce que les trains de bois de charpente, non compris dans le tarif réglé par l'ordonnance du 31 décembre 1817, et qui jusqu'alors avaient été assimilés aux trains d'arbres flottés, pour le payement du droit sur les canaux de Saint-Quentin et de Crozat, soient désormais taxés à raison de dix centimes par mètre cube et par distance;

Vu les observations de notre ministre secrétaire d'Etat des travaux publics;

Sur le rapport de notre ministre secrétaire d'Etat des finances,

Nous avons ordonné et ordonnons ce qui suit :

Art. 1er. Le droit de navigation sur les canaux de Saint-Quentin et de Crozat, entre Saint-Quentin, Cambrai et Chauny, est fixé pour les trains de bois de charpente à dix centimes par mètre cube et par distance.

Ordonnance du roi, du 20 juin 1830, portant formation d'une commission syndicale pour le curage et l'entretien des courses ou canaux des bas-champs de Saigneville, département de la Somme.

CHARLES, etc.; vu la pétition de plusieurs habitants de Saigneville, du 5 avril 1828, tendant à ce que les travaux de desséchement, anciennement exécutés pour l'assainissement des bas-champs de cette commune, soient réparés et entretenus aux frais de la totalité des propriétaires des terrains qui profitent des travaux;

Vu le rapport de l'ingénieur d'arrondissement, du 30 mai 1829, avec le détail estimatif des travaux à exécuter et le plan à l'appui;

Vu les deux délibérations des propriétaires, du 15 novembre suivant;

Vu les lois du 14 floréal an XI et 16 septembre 1807;

Notre conseil d'Etat entendu,

Nous avons ordonné et ordonnons ce qui suit :

Art. 1er. Il sera formé, pour le curage, l'entretien et la conservation des courses ou canaux des bas-champs de Saigneville, département de la Somme, une commission syndicale de cinq membres pris parmi les propriétaires intéressés aux travaux, et, autant que possible, parmi les plus imposés; les syndics seront nommés par le préfet.

2. Les syndics resteront cinq ans en place, et seront renouvelés par cinquième tous les ans. Le sort déterminera, pour les quatre premières années, les membres sortants; ils seront rééligibles, et leurs fonctions seront gratuites.

3. L'un des syndics sera, par le préfet, nommé directeur, et aura, en cette qualité, la surveillance générale des intérêts de cette administration, et du dépôt des plans, registres et autres papiers.

4. Le directeur convoquera et présidera le syndicat; en cas de partage d'opinions, il aura voix prépondérante; ses fonctions dureront trois ans; il pourra être continué; il aura un adjoint également nommé par le préfet, et pris parmi les syndics; ses fonctions seront d'un an; il

remplacera le directeur en cas d'empêchement ou d'absence ; il pourra également être continué.

5. Il sera pourvu à la dépense au moyen d'une cotisation établie au centime le franc par hectare des propriétés qui profitent de la mise en état desdits canaux ou courses.

6. Le syndicat est spécialement chargé de répartir entre les intéressés le montant des taxes reconnues nécessaires pour l'entretien et la réouverture, s'il y a lieu, des courses.

Il se réunira tous les ans, dans le cours du mois de mars, sur la convocation du directeur, pour examiner et arrêter le compte de l'exercice précédent, déterminer, dans un budget, les dépenses de l'exercice courant, et délibérer tant sur le mode d'exécution des travaux que sur tout ce qui peut concerner le bien de l'association ; le budget et les délibérations seront soumis à l'homologation du préfet.

7. Le recouvrement des rôles, dressés par le syndicat et rendus exécutoires par le préfet, sera fait par le percepteur de la réunion de Cambron. Le syndicat vérifiera les comptes de ce receveur, auquel il sera alloué une remise de deux centimes et demi par franc pour la première année, à cause de l'importance des travaux à faire pendant cette première année, et de cinq centimes pendant les années subséquentes, le travail à faire, et par conséquent la perception devant être moins considérable.

Les contestations relatives à la confection des rôles, à leur recouvrement et aux réclamations des intéressés, seront portées devant le conseil de préfecture, conformément aux dispositions des lois du 28 pluviôse an VIII et 14 floréal an XI.

8. Le directeur sera chargé de correspondre avec les autorités, de provoquer toutes les mesures qu'il jugera nécessaires dans les intérêts de l'association, et de délivrer les mandats de payement.

9. Les syndics seront chargés de proposer, dans l'intérêt du pays et des propriétaires, les travaux qu'ils croiront utiles et nécessaires ; ils surveilleront les travaux déterminés et arrêtés.

10. La surveillance pourra être confiée aux soins du garde champêtre de la commune de Saigneville, moyennant une gratification qui sera fixée par le syndicat. Le garde champêtre rédigera procès-verbal contre ceux qui arrêteraient, par un moyen quelconque, le cours de l'eau, et notamment ceux qui placeraient du chanvre dans les courses, ou qui, pour faciliter un passage d'une rive à l'autre, se permettraient de rétrécir ces courses en y jetant de la terre et en détruisant les berges.

Les poursuites de ce délit se feront à la requête du syndicat ; et dans le cas où la surveillance serait confiée à un garde particulier, ce garde ne pourra entrer en fonctions qu'après avoir prêté serment devant le tribunal de première instance.

11. Les payements se feront sur les mandats du directeur, qui ne les délivrera que sur un certificat signé de deux syndics, constatant que les travaux sont exécutés conformément aux projets arrêtés.

12. Le syndicat sera enfin chargé de faire percevoir, indépendamment du prix des travaux, la somme nécessaire à l'acquittement de l'état des frais présenté par l'ingénieur, et d'en payer le montant, après toutefois qu'il aura été réglé par le préfet.

Circulaire du ministre des travaux publics (M. Capelle), contenant des instructions pour l'exécution de l'ordonnance du 29 mai 1830.

Paris, le 22 juin 1830.

Monsieur le préfet, vous avez connaissance de l'ordonnance royale du 29 mai dernier, publiée dans *le Moniteur* (1); elle dispense de l'approbation préalable à laquelle ils étaient soumis, vos arrêtés portant autorisation d'abattre, à condition de les remplacer, les arbres dont le dépérissement a été constaté le long des routes royales et départementales, et elle étend à 20,000 fr. la limite précédemment fixée à 5,000 fr., jusqu'à laquelle votre décision suffit pour faire exécuter les travaux concernant ces dernières routes lorsque les fonds sont déjà alloués au budget pour leur exécution.

Vous apprécierez ces dispositions, qui ont pour objet de hâter la marche d'affaires fort multipliées, sans nuire aux garanties qu'elles exigent.

Vous y verrez de nouvelles preuves de la juste confiance due à MM. les préfets et à MM. les ingénieurs.

Mais vous sentirez en même temps la nécessité de donner d'autant plus d'attention et de soins à des opérations dont vous aurez toute la responsabilité.

Les plantations n'ont pas seulement pour objet l'embellissement de nos routes; elles augmentent nos ressources en bois de charronnage et de chauffage, elles servent à diriger les voyageurs dans les temps de neige, au milieu des brouillards et pendant la nuit, etc.

Les autorisations d'abattre que vous donnerez seront toujours accompagnées de l'obligation de remplacer, soit dans les trois derniers mois de l'année, soit dans les trois premiers, selon l'époque à laquelle vous statuerez; il conviendra d'exiger qu'après l'expiration du délai l'ingénieur de l'arrondissement dresse un procès-verbal qui constate l'exécution ou l'inexécution des mesures prescrites, afin que, s'il y a lieu, vous puissiez, dans un bref délai, et après avoir mis les riverains en demeure, faire effectuer le remplacement aux frais des retardataires.

La nouvelle ordonnance, conforme à la législation antérieure, veut que les arbres ne soient abattus que lorsque leur dépérissement aura été constaté par les ingénieurs; une ancienne circulaire conseillait de ne reconnaître ce dépérissement que lorsque les branches de la cime des arbres étaient mortes sur deux mètres de hauteur. De vives réclamations ont, depuis, fait modifier cette disposition, qui ne livrait l'arbre au propriétaire que lorsqu'il avait perdu une grande partie de sa valeur, perte qui le mécontentait et nuisait à la célérité du remplacement. L'expérience a d'ailleurs démontré que le dépérissement commence lorsque l'arbre a cessé de croître; il suffit donc que les signes en soient évidents pour que MM. les ingénieurs proposent l'autorisation d'abattre, et que MM. les préfets l'accordent; bien entendu qu'on ne s'attachera point à de simples présomptions, et qu'en s'attachant à l'intérêt particulier, on veillera à ce qu'exige l'intérêt public.

(1) Voir ci-dessus cette ordonnance, p. 245.

Quant à l'essence des arbres, on doit s'attacher à choisir ceux qui conviennent le mieux à la nature du terrain. Il faut aussi avoir égard aux habitudes locales. Il est important de veiller à ce qu'ils ne soient pas placés vis-à-vis les uns des autres, et de les faire planter de telle manière que chaque arbre d'une ligne se trouve correspondre au milieu des deux arbres de la ligne opposée. Cela s'est déjà fait dans plusieurs départements, et il y a lieu d'en généraliser l'usage, parce que c'est le meilleur moyen de préserver les routes de l'humidité qui leur est si nuisible, et de concilier l'intérêt de leur conservation avec l'utilité des plantations.

D'après un arrêt du 3 mai 1720, la distance d'arbre à arbre doit être de trente pieds (environ dix mètres) ; on doit continuer à la prescrire, sauf les exceptions que des circonstances particulières pourraient quelquefois exiger.

L'ordonnance du 29 mai dernier, indépendamment de ce qui a rapport aux arbres des routes, contient, en ce qui concerne les travaux des routes départementales en particulier, une disposition dont l'expérience m'avait fait sentir la nécessité. Une ordonnance du roi, en date du 8 août 1821, avait déjà introduit une amélioration importante dans cette partie, en donnant aux préfets la faculté de faire exécuter sans autorisation de l'administration supérieure les travaux dont la dépense n'excédait pas 5,000 francs ; il m'a paru qu'on pouvait avec avantage étendre cette faculté jusqu'à 20,000 francs, de même que cela a lieu d'après une autre ordonnance du 22 mai 1822, pour les constructions et les reconstructions à la charge des départements.

Ainsi, à l'avenir, MM. les préfets peuvent faire adjuger et exécuter, d'après les projets des ingénieurs, et sans mon autorisation, les travaux des routes départementales dont la dépense n'excède pas 20,000 francs, lorsque ces travaux n'exigent ni acquisitions de terrains, ni changement dans la direction ou les alignements des routes. Cette disposition ne met point obstacle, du reste, à ce que le conseil des ponts et chaussées soit consulté sur les projets de 20,000 francs et au-dessous, quand vous le jugerez nécessaire : vous aurez alors à m'adresser ces projets, et je les ferai examiner promptement.

L'ordonnance du 29 mai produira, j'en ai la confiance, de bons résultats ; j'en recommande l'exécution, monsieur le préfet, à votre zèle et à vos soins.

J'adresse à MM. les ingénieurs en chef une ampliation de cette circulaire, dont je vous prie de m'accuser réception.

Ordonnance du roi, du 23 juin 1830, qui rejette la requête du concessionnaire du pont d'Asnières.

(Application de tarif.)

CHARLES, etc. ; sur le rapport du comité de la justice et du contentieux ;

Vu la requête à nous présentée au nom du sieur Rozier-Desbordes, concessionnaire du péage du pont d'Asnières, ladite requête enregistrée au secrétariat général de notre conseil d'Etat, le 6 mars 1829, et tendant à ce qu'il nous plaise annuler un arrêté du conseil de préfecture du département de la Seine, en date du 27 septembre 1828, comme contenant une interprétation erronée de notre ordonnance du 22 décembre 1824, et déclarer que le droit à percevoir pour le passage de la voiture du sieur Mavré est de 40 centimes quand elle n'est attelée que d'un seul cheval;

Vu un mémoire ampliatif du sieur Rozier-Desbordes, enregistré audit secrétariat général, le 3 juin 1829, et tendant aux mêmes fins;

Vu la signification faite au sieur Mavré, le 13 juin 1829, d'une ordonnance de *soit communiqué*, rendue par notre garde des sceaux, ministre de la justice, en date du 18 mars 1829, de la requête du suppliant, à laquelle signification il n'a pas été répondu dans le délai du règlement;

Vu notre ordonnance du 22 décembre 1824 et le tarif y annexé;

Vu le cahier des charges de l'entreprise;

Vu l'arrêté attaqué, ensemble toutes les autres pièces produites;

Considérant que le tarif établi par notre ordonnance du 22 décembre 1824 ne range dans la classe des diligences publiques que les voitures attelées de deux chevaux au moins;

Que, dans l'espèce, la voiture du sieur Mavré n'étant attelée que d'un seul cheval, le conseil de préfecture du département de la Seine a fait une juste application de l'article 2 de ladite ordonnance;

Notre conseil d'Etat entendu,

Nous avons ordonné et ordonnons ce qui suit :

Art. 1er. La requête du sieur Rozier-Desbordes est rejetée.

Ordonnance du roi, du 14 juillet 1830, qui confirme un arrêté de conflit du préfet de la Gironde.

CHARLES, etc.; sur le rapport du comité de la justice et du contentieux;

Vu l'arrêté de conflit pris par le préfet du département de la Gironde, le 17 mai 1830, au sujet d'une assignation donnée à l'Etat, en la personne du préfet de ce département, devant le tribunal civil de Bordeaux, à la requête du sieur Dubourdier, fermier du passage d'eau à Langon, pour obtenir une somme de 3,000 fr. par an, jusqu'à l'expiration de son bail, à raison du dommage que lui aurait causé la construction d'un pont sur la Garonne, devant Langon;

Vu le jugement du tribunal civil de Bordeaux, en date du 30 avril 1830, lequel rejette l'exception d'incompétence proposée par le préfet;

Vu les observations produites par le sieur Dubourdier sur le mérite du conflit;

Vu les lois des 17 février 1800 (28 pluviôse an VIII) et 16 septembre 1807;

Vu l'ordonnance royale du 1er juin 1828;

Considérant qu'il s'agit, dans l'espèce, du préjudice causé au sieur Dubourdier dans la jouissance du bac dont il est fermier, par la construction d'un pont à Langon;

Que dès lors il s'agit de torts et dommages causés par des travaux publics, et dont l'appréciation, aux termes des lois ci-dessus visées, appartient à l'administration;

Notre conseil d'Etat entendu;

Nous avons ordonné et ordonnons ce qui suit :

Art. 1er. L'arrêté de conflit pris par le préfet du département de la Gironde, le 17 mai 1830, est confirmé.

2. Le jugement du tribunal de Bordeaux, du 30 avril 1830, est considéré comme non avenu.

Ordonnance du roi, du 14 juillet 1830, qui confirme un arrêté de conflit du préfet de la Gironde, au sujet de l'indemnité réclamée par le fermier d'un bac dont le bail est résilié (1).

CHARLES, etc.; sur le rapport du comité de la justice et du contentieux;

Vu l'arrêté de conflit pris par le préfet du département de la Gironde, le 21 mai 1830, au sujet d'une assignation donnée à l'Etat, en la personne du préfet de ce département, devant le tribunal civil de Bordeaux, à la requête du sieur Matignon, fermier du passage d'eau à Sainte-Foy, afin d'obtenir une somme de 12,000 fr., pour indemnité, à raison de la résiliation de son bail et du dommage que lui aurait causé la construction d'un pont sur la Dordogne, devant Sainte-Foy;

Vu le jugement du tribunal civil de Bordeaux, en date du 4 mai 1830, lequel rejette l'exception d'incompétence proposée par le préfet;

Vu les observations produites par le sieur Matignon sur le mérite du conflit;

Vu la décision de notre ministre des finances, en date du 24 juillet 1829, portant que le bail du sieur Matignon sera résilié; qu'il sera statué ultérieurement sur l'indemnité due au fermier, à raison de sa dépossession, et qu'aux termes de l'article 7 du cahier des charges de l'adjudication du pont, l'indemnité doit être supportée par l'entrepreneur du pont;

Vu l'ordonnance royale du 1er juin 1828;

Considérant qu'il a été statué, dans la question dont le sieur Matignon a saisi le tribunal, par une décision de notre ministre des finances, et que dès lors le tribunal civil de Bordeaux ne pouvait connaître de cette réclamation;

Notre conseil d'Etat entendu,

Nous avons ordonné et ordonnons ce qui suit :

Art. 1er. L'arrêté de conflit pris par le préfet du département de la Gironde, le 21 mai 1830, est confirmé.

2. Le jugement du tribunal civil de Bordeaux, du 4 du même mois, est considéré comme non avenu.

---

(1) Voir ci-après l'ordonnance royale du 22 octobre 1830, intervenue sur la même affaire.

Ordonnance du roi sur le remplacement, par un pont en maçonnerie, du bac existant sur la Garonne à Cazères.

Au château de Saint-Cloud, le 18 juillet 1830.

ART. 1er. Le projet de remplacer par un pont en maçonnerie le bac actuellement existant sur la Garonne à Cazères, département de la Haute-Garonne, est approuvé en principe, sauf les modifications que les localités pourraient exiger, et qui seraient prescrites par notre ministre des travaux publics.

2. Il sera pourvu aux frais de cette construction au moyen de la perception d'un droit de péage d'après le tarif ci-joint. Ce droit sera concédé au rabais, par adjudication publique, à l'entrepreneur qui se chargera de la construction du pont aux conditions les plus avantageuses.

3. Les droits de péage seront perçus à compter du jour où le passage sera livré au public, et conformément au tarif ci-joint (1).

Ordonnance du roi sur la construction d'un pont suspendu sur la Marne à Brie.

Au château de Saint-Cloud, le 18 juillet 1830.

CHARLES, etc.; vu le cahier des charges dressé pour la construction d'un pont suspendu sur la Marne à Brie-sur-Marne, route départementale n° 44, de Nogent-sur-Marne à Noisy-le-Grand, moyennant la concession d'un péage;

Vu le procès-verbal du 28 avril 1830, constatant les opérations faites à la préfecture du département de la Seine, pour parvenir avec publicité et concurrence à l'adjudication de cette entreprise;

Notre conseil d'État entendu;

Nous avons ordonné et ordonnons ce qui suit:

Art. 1er. L'adjudication de la construction d'un pont suspendu sur la Marne, à Brie, faite et passée, le 28 avril 1830, par le préfet du département de la Seine, aux sieurs Jules Séguin-Montgolfier et Jean-Marc Gras, moyennant la concession des droits à percevoir sur ce pont pendant soixante et dix ans, est approuvée. En conséquence, toutes les charges, clauses et conditions de cette adjudication recevront leur pleine et entière exécution.

2. Le cahier des charges, le tarif et le procès-verbal d'adjudication demeureront annexés à la présente ordonnance (2).

---

(1) Le tarif est au Bulletin des lois.
(2) Le tarif est au Bulletin des lois.

Ordonnance du roi sur l'adjudication d'un pont suspendu sur la Seine à Ris-Orangis, et l'établissement d'un péage.

Au château de Saint-Cloud, le 18 juillet 1830.

CHARLES, etc.; vu le cahier des charges dressé pour la construction d'un pont suspendu sur la Seine à Ris-Orangis, département de Seine-et-Oise, route départementale n° 3o, de Milly à Champrosay, moyennant la concession d'un péage;

Vu le procès-verbal du 7 mai 183o, constatant les opérations faites à la préfecture du département pour parvenir avec publicité et concurrence à l'adjudication de cette entreprise;

Notre conseil d'Etat entendu,

Nous avons ordonné et ordonnons ce qui suit :

Art. 1er. L'adjudication de la construction d'un pont suspendu sur la Seine, à Ris-Orangis, faite et passée, le 7 mai 183o, par le préfet du département de Seine-et-Oise, au sieur Alexandre-Marie Aguado, banquier à Paris, moyennant la concession des droits à percevoir sur ce pont pendant quatre-vingt-dix ans, est approuvée. En conséquence, toutes les charges et conditions de cette adjudication recevront leur pleine et entière exécution.

2. Le cahier des charges, le tarif et le procès-verbal d'adjudication demeureront annexés à la présente ordonnance (1).

Ordonnance du roi sur l'adjudication de la construction d'un pont sur l'Allier à Parentignat, et l'établissement d'un péage.

Au château de Saint-Cloud, le 18 juillet 1830.

CHARLES, etc.; vu le cahier des charges de l'établissement d'un pont suspendu sur l'Allier, à Parentignat, département du Puy-de-Dôme, moyennant la concession temporaire d'un péage ;

Vu le tarif de ce péage ;

Vu le procès-verbal des opérations faites à la préfecture du département du Puy-de-Dôme, pour parvenir avec publicité et concurrence à l'adjudication de l'entreprise ;

Notre conseil d'Etat entendu,

Nous avons ordonné et ordonnons ce qui suit :

Art. 1er. L'adjudication de la construction d'un pont suspendu sur l'Allier à Parentignat, faite et passée, le 23 avril 183o, par le préfet du Puy-de-Dôme, aux sieurs Chomette, Roux et Prieur, moyennant la concession d'un péage sur ce pont pendant cinquante-sept ans et onze mois, est et demeure approuvée.

En conséquence, les clauses et conditions de cette adjudication recevront leur pleine et entière exécution.

---

(1) Le tarif est au Bulletin des lois.

2. L'administration est autorisée à acquérir, en se conformant au mode prescrit par la loi du 8 mars 1810, les terrains nécessaires pour établir les abords de ce pont et les raccorder avec les communications existantes.

3. Le cahier des charges, le tarif et le procès-verbal d'adjudication resteront annexés à la présente ordonnance (1).

Ordonnance du roi qui approuve l'adjudication de la construction d'un pont suspendu sur la Marne à Dormans.

Paris, le 16 août 1830.

Louis-Philippe, etc. ; vu le cahier des charges dressé pour la construction d'un pont suspendu sur la Marne à Dormans, route départementale n° 13, de Reims à Dormans, moyennant la concession d'un péage ;

Vu le procès-verbal du 25 mai 1830, constatant les opérations faites à la préfecture du département pour parvenir avec publicité et concurrence à l'adjudication de cette entreprise ;

Notre conseil d'Etat entendu,

Nous avons ordonné et ordonnons ce qui suit :

Art. 1er. L'adjudication de la construction d'un pont suspendu sur la Marne à Dormans, faite et passée le 25 mai 1830, par le préfet du département de la Marne, au sieur Bayard de la Vingtrie, moyennant la concession des droits à percevoir sur ce pont pendant soixante ans onze mois, est approuvée. En conséquence, toutes les charges, clauses et conditions de cette adjudication recevront leur pleine et entière exécution.

2. Le cahier des charges, le tarif et le procès-verbal d'adjudication demeureront annexés à la présente ordonnance (2).

Ordonnance du roi qui approuve l'adjudication de la construction d'un pont suspendu sur la Loire à Feurs.

Paris, le 16 août 1830.

Louis-Philippe, etc.; vu le cahier des charges de la construction d'un pont suspendu sur la Loire à Feurs, route royale n° 89, de Lyon à Bordeaux, département de la Loire, moyennant la concession temporaire d'un péage ;

Vu le tarif de ce péage ;

Vu le procès-verbal des opérations faites à la préfecture du département, le 15 février 1830, pour parvenir avec publicité et concurrence à l'adjudication de cette entreprise ;

---

(1) Voir le tarif au Bulletin des lois.
(2) Voir le tarif au Bulletin des lois.

IV.   18

Notre conseil d'Etat entendu,

Nous avons ordonné et ordonnons ce qui suit :

Art. 1er. L'adjudication de la construction d'un pont suspendu sur la Loire à Feurs, faite et passée, le 15 février 1830, par le préfet de la Loire, au sieur Jules Séguin, moyennant la concession d'un péage pendant soixante-cinq ans, est et demeure approuvée. En conséquence, les clauses et conditions de cette adjudication recevront leur pleine et entière exécution.

2. L'administration est autorisée à acquérir, en se conformant au mode prescrit par la loi du 8 mars 1810, les terrains nécessaires pour établir les abords de ce pont et les raccorder avec les communications existantes.

Le cahier des charges, le tarif et le procès-verbal d'adjudication resteront annexés à la présente ordonnance (1).

Ordonnance du roi, du 31 août 1830, qui rejette la requête du sieur Nel, relative à une adjudication non approuvée par le ministre.

LOUIS-PHILIPPE, etc.; sur le rapport du comité de législation et de justice administrative;

Vu la requête présentée au nom du sieur Nel, entrepreneur de lestage des bâtiments en mer, demeurant au Havre, ladite requête enregistrée au secrétariat général du conseil d'Etat, le 16 juillet 1830, et tendant à ce qu'il nous plaise casser et annuler la décision prise, le 10 juin 1830, par le ministre des travaux publics, et maintenir l'adjudication annulée par ladite décision;

Vu la décision attaquée, qui déclare nulle l'adjudication passée le 22 avril 1830, pour le service du lestage et du délestage des bâtiments de mer au port du Havre, et qui autorise le préfet du département de la Seine-Inférieure à recevoir toute soumission qui serait offerte à des conditions acceptables;

Vu le cahier des charges et conditions générales imposées aux entrepreneurs des travaux publics;

Considérant qu'aux termes du cahier des charges, l'adjudication passée pour le service du lestage et du délestage des bâtiments au port du Havre ne devenait définitive que par l'approbation de l'autorité supérieure;

Considérant que le refus d'approuver cette adjudication est un acte de pure administration, qui ne peut être attaqué par la voie contentieuse;

Considérant que le sieur Nel est sans qualité pour attaquer l'acte administratif par lequel le ministre des travaux publics a autorisé le préfet de la Seine-Inférieure à recevoir, pour le service dont il s'agit, toute soumission qui serait offerte à des conditions acceptables;

Notre conseil d'Etat entendu,

---

(1) Voir le tarif au Bulletin des lois.

Nous avons ordonné et ordonnons ce qui suit :
Art. 1er. La requête du sieur Nel est rejetée.

Ordonnance du roi qui autorise un particulier à rendre navigable à ses frais une portion de la rivière de Loing, moyennant un péage perpétuel.

Paris, le 20 septembre 1830.

Louis-Philippe, etc.; vu la demande du sieur Frantz de Zeltner, tendant à obtenir l'autorisation : 1° de rendre navigables, en les creusant à ses frais, les parties de la rivière de Loing qui manquent de fond depuis le port de la Gravine jusqu'au canal de Loing, vis-à-vis d'Episy, sur une longueur d'environ douze cents mètres ; 2° de construire aussi à ses frais une écluse à Episy pour joindre la rivière au canal ; 3° de percevoir un péage à perpétuité pour le passage de l'écluse ;

Vu les délibérations des conseils municipaux des communes de Montigny, Bouton et Episy, le procès-verbal *de commodo et incommodo* dressé par le juge de paix du canton de Moret, le 16 mai 1830, et les actes de notoriété constatant les avantages qui résulteront, pour ces communes, de l'établissement de la navigation projetée ;

Vu le projet des travaux à faire pour la construction d'une écluse à Episy, et l'avis du conseil général des ponts et chaussées, du 23 février 1830 ;

Vu les lettres de l'administrateur des canaux d'Orléans et de Loing, des 9 janvier et 10 mars 1830 ;

Vu l'article 1er de la loi sur les finances, du 2 août 1829 ;

Notre conseil d'Etat entendu,

Nous avons ordonné et ordonnons ce qui suit :

Art. 1er. Le sieur Frantz de Zeltner est autorisé à exécuter à ses frais, risques et périls, les travaux nécessaires pour rendre la rivière de Loing navigable depuis le port de la Gravine jusqu'au canal de Loing, et pour établir une écluse destinée à joindre la rivière au canal. Il se conformera, pour la construction de ladite écluse, au projet dressé le 28 décembre 1829 par le sieur Debourges, ingénieur en chef directeur, et adopté le 23 février par le conseil général des ponts et chaussées.

Le sieur Frantz de Zeltner est responsable de tous les dommages quelconques qui pourraient résulter de la confection des ouvrages qu'il fera exécuter.

2. Pour indemniser le sieur Frantz de Zeltner des dépenses que lui occasionnera l'exécution des travaux mentionnés dans l'article précédent, et aussitôt après l'achèvement desdits travaux, qui sera constaté par l'ingénieur en chef du département, il est autorisé à percevoir à perpétuité, pour le passage de l'écluse projetée, un droit de péage qui ne pourra excéder la moitié du droit fixé par la loi du 16 janvier 1797 (27 nivôse an v), pour le parcours d'une distance de cinq mille mètres sur le canal de Loing.

3. Le droit de péage concédé par l'article précédent n'est qu'un droit de passage à travers l'écluse projetée, lequel droit ne pourra être exigé que pour les bateaux, trains ou radeaux qui passeront de la rivière sur le canal, et réciproquement.

L'autorisation accordée d'effectuer des travaux sur la rivière n'aura pas pour effet de la faire classer au rang des rivières navigables ou flottables, ni d'attribuer au concessionnaire un droit exclusif de navigation sur la partie de la rivière qui sera susceptible de porter des bateaux, trains ou radeaux : en conséquence, il ne sera apporté aucun changement, soit au régime actuel de la rivière, soit aux droits et obligations actuels des propriétaires riverains, lesquels pourront faire usage de bateaux, trains ou radeaux, sur la partie de la rivière qui sera navigable, sauf le droit de péage dans le cas où ils traverseront l'écluse projetée.

4. Le sieur Frantz de Zeltner ou ses ayants cause ne pourront prétendre indemnité, chômage ou dédommagement, si, à quelque époque que ce soit, l'administration, dans l'intérêt de la navigation, du commerce ou de l'industrie, juge convenable de faire des dispositions qui les privent en tout ou en partie des avantages résultant de la présente autorisation, et, dans ce cas, ils seront tenus de détruire, à la première réquisition, les ouvrages qu'ils auront exécutés en vertu de ladite autorisation.

Circulaire du directeur général des ponts et chaussées et des mines (M. Bérard), contenant instruction sur la nouvelle organisation du service des phares et fanaux, et sur le mode de comptabilité qu'il convient de suivre, à partir du 1er juillet 1830.

Paris, le 20 septembre 1830.

Monsieur le préfet, l'éclairage des phares et fanaux des côtes de France faisait précédemment l'objet d'une seule et même entreprise centralisée à Paris, pour la comptabilité et les payements ; vous savez que cet ordre de choses est changé depuis le 1er juillet dernier, par la division de la nouvelle entreprise en trois lots, dont se sont rendus adjudicataires pour neuf années, savoir :

Premier lot, chef-lieu Rouen, M. Bréard (de Harfleur), chargé, par adjudication passée à Rouen le 15 décembre 1829, moyennant un rabais de onze et demi pour cent, du service de l'éclairage des côtes de la Manche, depuis la frontière du royaume des Pays-Bas jusqu'à la limite des départements de la Manche inclusivement et d'Ille-et-Vilaine exclusivement.

Deuxième lot, chef-lieu Bordeaux, M. Drouin (de Royan, Charente-Inférieure), chargé, par adjudication passée à Bordeaux le 1er juin 1830, moyennant un rabais de trois pour cent, du service de l'éclairage des côtes de l'Océan, depuis la limite des départements de la Manche exclusivement et d'Ille-et-Vilaine inclusivement, jusqu'aux frontières de l'Espagne.

Troisième lot, chef-lieu Marseille, MM. Pelais fils et Lieutaud, chargés, par adjudication passée à Marseille le 15 décembre 1829, moyennant un rabais de six trois quarts pour cent, du service de l'éclairage des côtes de la Méditerranée.

Vous connaissez déjà, par les affiches d'adjudication et par les exemplaires du projet du bail qui vous ont été adressés, les conditions sous lesquelles ont été passées les trois nouvelles adjudications qui ont été approuvées par mon prédécesseur. De son côté M. Fresnel, ingénieur en chef, secrétaire de la commission des phares, a transmis à MM. les ingénieurs en chef des départements maritimes les avertissements et renseignements qui lui ont paru de nature à prévenir toute perturbation dans le service de l'éclairage au moment du changement d'entrepreneurs.

Je ne doute pas, d'après toutes ces mesures préalables, que j'approuve, qu'il n'ait été facile de s'entendre sur les intérêts respectifs de l'administration et des entrepreneurs anciens et nouveaux. J'appelle toutefois l'attention de MM. les ingénieurs sur l'examen des objets matériels du service, et leur recommande de veiller à ce que les anciens entrepreneurs ne soient déchargés de leur responsabilité à cet égard que par la remise de ces objets dans un état conforme à ce que prescrit leur marché, ou par une retenue équivalente aux frais à faire pour cette mise en état.

Pour faciliter la solution des questions auxquelles ce renouvellement d'entreprise, et particulièrement l'examen et la réception des objets matériels dont il s'agit peuvent encore donner lieu, je crois devoir faire quelques observations, et entrer dans des explications que MM. les ingénieurs voudront bien ne pas perdre de vue.

On ne devra pas confondre dans la reprise des objets en approvisionnement le *verre double* ou *verre étendu*, dont la surface est toujours plus ou moins gauche ou ondulée, avec les glaces proprement dites ou glaces coulées, dont les faces ont été rodées et polies sur un plan bien dressé.

Le vitrage des lanternes doit être renouvelé avec le genre de verre qu'il présente dans son état actuel. La clause de l'article 9 du cahier des charges concernant le minimum d'épaisseur des vitrages ne s'applique qu'aux lanternes garnies de glaces coulées.

Toutes les glaces ou vitres cassées que présentaient les lanternes des phares et canaux, au 1er juillet dernier, doivent, d'après les clauses de l'ancien bail, être remplacées immédiatement par les entrepreneurs sortants, et à leurs frais, à moins qu'ils ne préfèrent subir une retenue égale aux frais que nécessitera ce remplacement.

Dans tous les phares où il existe des lampes et des réflecteurs métalliques de rechange, il y a lieu de mettre à la charge des entrepreneurs sortants la restauration simple de ces appareils (en tant du moins qu'elle ne sera pas incompatible avec la continuité du service), ou de leur faire subir une retenue équivalente aux frais qu'entraînerait cette restauration.

L'estimation des objets de tout genre confiés aux nouveaux entrepreneurs n'est pas rigoureusement nécessaire. Il suffira d'en faire la description exacte, en se conformant du reste à l'article 26 du cahier des charges, où le mot *descriptif* pourrait être sans inconvénient substitué au mot *estimatif*.

Je vais vous entretenir actuellement, monsieur le préfet, du mode de comptabilité qu'il me paraît convenable de prescrire d'après la formation de trois lots, leur composition et le choix que chacun des trois adjudicataires a fait du chef-lieu de sa division, pour y être payé par trimestre, ainsi que l'a prévu l'article 28 du cahier des charges.

La comptabilité des dépenses sera tenue séparément dans chaque département. La comptabilité des payements se tiendra, par masse, pour chacun des trois lots de la nouvelle entreprise, au chef-lieu de la division (Rouen, Bordeaux, Marseille).

En conséquence, il sera nécessaire qu'à la fin de chaque trimestre, l'ingénieur en chef, chargé du service des phares d'un département, dresse, d'après les documents qui lui seront remis par les ingénieurs ordinaires, l'état des sommes dues pour l'entretien des phares et fanaux de son département, et qu'il y joigne un certificat pour payement délivré en double expédition sur la formule ordinaire (n° 19), avec l'indication du lieu où le payement devra s'effectuer. Cet état et ce certificat, après avoir été visés par M. le préfet du département, seront remis au délégué de l'entrepreneur, qui se chargera de transmettre ces pièces à son commettant : celui-ci en fera, pour les divers départements d'une même division, le dépôt à la préfecture du chef-lieu de la division, afin d'obtenir de M. le préfet un mandat collectif payable à la caisse du payeur de ce chef-lieu, et imputable sur les ordonnances de délégation que j'aurai soin de faire expédier au fur et mesure des besoins, d'après des crédits ouverts au commencement de chaque exercice.

MM. Les ingénieurs en chef ne feront, dans les états mensuels du service ordinaire, aucune mention du service des phares. Il suffira, sauf ce qui sera dit ci-après sur les comptes annuels, que MM. les préfets des départements où seront effectués les payements me fassent connaître, dans le courant de l'année, le montant des mandats qu'ils auront délivrés successivement. Ils pourront destiner à cette information spéciale une des colonnes du tableau réservé sur les états mensuels, pour la mention des mandats et des payements.

Comme il importe à la facilité des vérifications et des recensements que cette comptabilité présente toute l'uniformité possible, je fais imprimer, à la suite de la présente circulaire, un modèle de compte trimestriel. Le service de l'éclairage des phares et fanaux de la Charente-Inférieure, pendant le troisième trimestre 1830, a été pris pour exemple, et l'on y a supposé, sur le premier article, la rectification d'une erreur commise dans la rédaction du détail estimatif approuvé; sur le quatrième article, une double retenue à exercer à raison de réduction temporaire dans le nombre des lampes, et d'irrégularité dans le service de l'éclairage. Ces augmentations ou réductions devront toujours être justifiées par des états, procès-verbaux, ou pièces quelconques qu'il conviendra d'annexer aux états trimestriels.

Je dois faire observer aussi, relativement à la rédaction de l'état trimestriel, que le mode d'application du rabais d'adjudication aux évaluations du détail estimatif approuvé, a donné lieu à une décision interprétative de l'article 15 du cahier des charges. Cet article impose aux entrepreneurs de l'éclairage des phares l'obligation de payer intégralement aux gardiens allumeurs les salaires portés au détail estimatif; d'où il résulte naturellement que cette partie des dépenses de l'entreprise doit être affranchie du rabais.

Les comptes annuels seront, comme les états trimestriels, établis dans chaque département par l'ingénieur en chef, et pour la dépense seulement. Ils seront transcrits spécialement sur les formules d'états de situation et de comptes finaux à l'usage du service des ponts et chaussées, et me seront adressés directement, pour chaque département, par M. le préfet. Le département où se trouve le chef-lieu de la division aura seulement deux documents annuels à me produire; l'un concernant le service de l'ingénieur en chef, aura pour objet le compte des dépenses particulières au département, et l'autre réunira dans un bordereau unique dont la rédaction appartiendra aux bureaux de la préfecture (*formule imprimée n° 15*), la mention des mandats délivrés et des payements effectués sur les fonds d'un même exercice pour toutes les dépenses faites dans l'étendue de chaque division.

Je vous recommande, monsieur le préfet, de tenir la main à l'exécution des dispositions renfermées dans la présente circulaire, dont j'adresse ampliation à MM. les ingénieurs des ponts et chaussées chargés du service des phares.

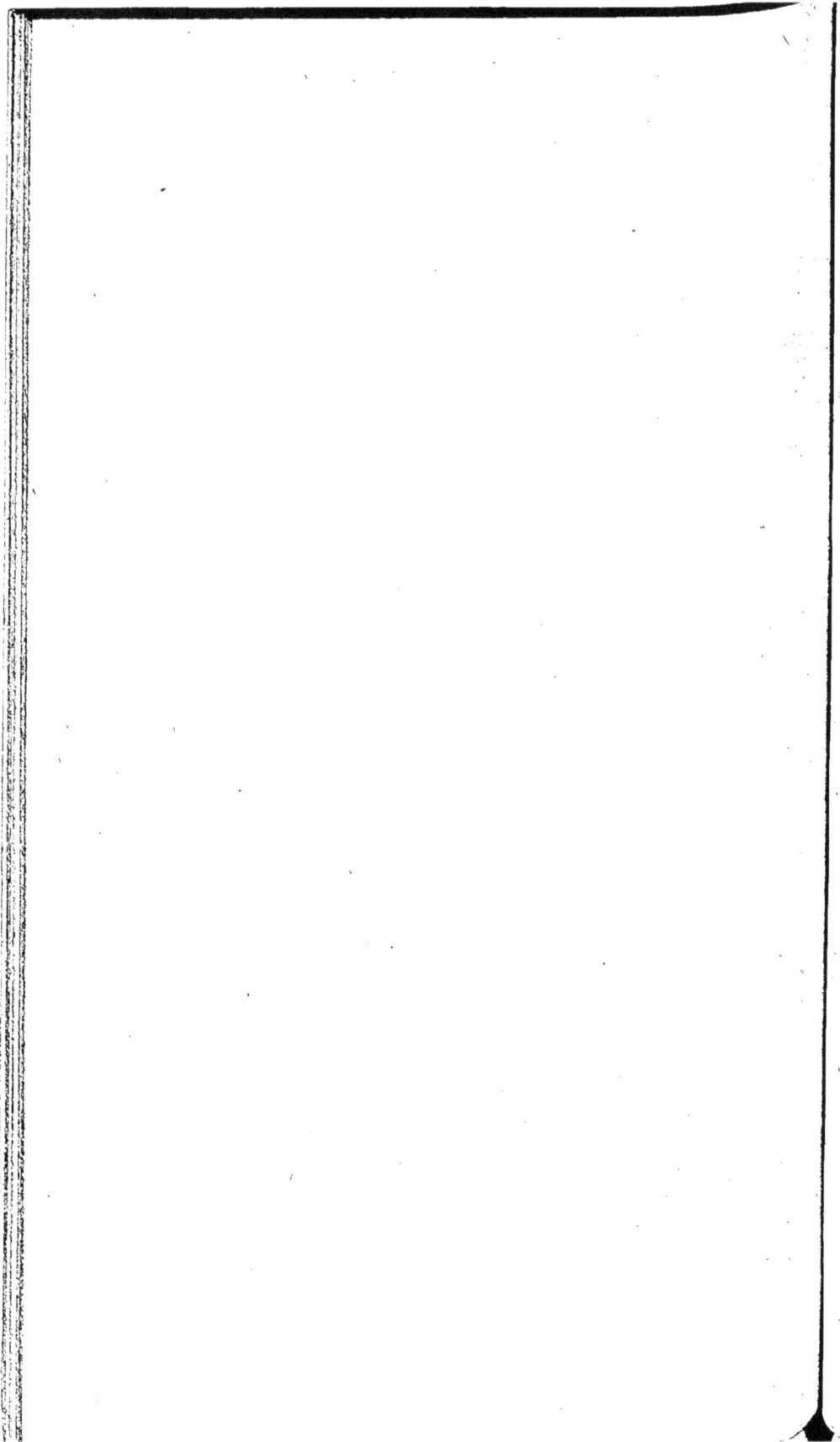

État fictif pour servir de modèle d'état
de trimestre du service de l'éclairage des
phares.

DIRECTION GÉNÉRALE
DES PONTS ET CHAUSSÉES ET DES MINES.

COMPTABILITÉ.

PHARES ET FANAUX.

Service de l'éclairage des côtes de l'Océan.

DÉPARTEMENT DE LA CHARENTE-INFÉRIEURE.

EXERCICE 1830. — 3ᵉ TRIMESTRE.

PHARES ET FANAUX.

ÉCLAIRAGE
DES CÔTES DE L'OCÉAN.

DÉPARTEMENT
de la
CHARENTE-INFÉRIEURE,

EXERCICE 1830.
3ᵉ TRIMESTRE.

A payer 4,265 fr. 75 c.

État des sommes dues au sieur Douin,
phares du département de la

DÉSIGNATION DES PHARES.	ESPÈCES DE PHARES.	DÉPENSE ANNUELLE DE L'ÉCLAIRAGE, non compris les salaires et indemnités des gardiens.		
		évaluation du détail estimatif.	rabais de 3 p. 0/0.	dépense réduite.
		(1) f. c.	f. c.	f. c.
LES BALEINES (Île de Ré).	Phares tournants. — 10 réflecteurs à double parabole.	5,439 00	163 00	5,276 00
SAINT-MARTIN (*ibid.*). . . .	Fanal sidéral. — 1 bec d'Argant. .	645 00	19 00	626 00
LA ROCHELLE.	1 photophore.	519 00	16 00	503 00
CHASSIRON (Île d'Oléron). .	20 photophores.	5,422 00	163 00	5,259 00
ILE D'AIX.	Fanal sidéral. — 1 bec d'Argant. .	813 00	24 00	789 00
ROYAN.	Fanal sidéral. — 1 bec d'Argant. .	595 00	18 00	577 00

Certifié

adjudicataire de l'éclairage des côtes de l'Océan, pour le service des Charente-Inférieure, pendant le 3ᵉ trimestre de 1830.

SALAIRES ET INDEMNITÉS non passibles du rabais.	DÉPENSE pour chaque phare.		RETENUES A EXERCER, aux termes des articles 19 et 20 du cahier des charges.	SOMMES A PAYER.	OBSERVATIONS.
	par an.	par trimestre.			
f. c. 1,800 00	f. c. 7,076 00	f. c. 1,769 00	f. c. »	f. c. 1,769 00	(1) Voir le détail estimatif rectifié ci-joint, n° 1.
365 00	991 00	247 75	»	247 75	
365 00	868 00	217 00	»	217 00	(2) Retenue pour suppression temporaire de deux photophores, et pour irrégularité dans le service. (Voir l'état ci-joint, n° 2, et le procès-verbal y annexé.)
1,200 00	6,459 00	1,614 75	(2) 115 50	1,499 25	
400 00	1,189 00	297 25	»	297 25	
365 00	942 00	235 50	»	235 50	
			Total.....	4,265 75	

par l'ingénieur en chef soussigné, etc. . . . . . .
A la Rochelle, le   octobre 1830.

Vu et approuvé par le préfet de la Charente-Inférieure.
A la Rochelle, le   octobre 1830.

Ordonnance du roi qui rejette, comme n'ayant pas été formé en temps utile, un pourvoi du ministre de l'intérieur, tendant à l'annulation d'un arrêté du conseil de préfecture de Tarn-et-Garonne.

Paris, le 25 septembre 1839.

Louis-Philippe, etc. ; sur le rapport du comité de législation et de justice administrative ;

Vu le pourvoi présenté par le ministre secrétaire d'Etat de l'intérieur, ledit pourvoi enregistré au secrétariat général de notre conseil d'Etat, le 12 février 1829, et tendant à ce qu'il nous plaise annuler un arrêté pris par le conseil de préfecture du département de Tarn-et-Garonne, le 12 septembre 1828, et réduire à 692 francs 99 centimes l'indemnité montant à 2,719 francs 64 centimes, que ledit arrêté alloue au sieur Grezel, entrepreneur des travaux de défense, exécutés aux abords de l'écluse de Lagarde sur le Tarn;

Vu l'arrêté attaqué et la lettre en date du 2 octobre 1828, par laquelle le préfet de Tarn-et-Garonne transmet cet arrêté au directeur des ponts et chaussées ;

Vu le mémoire en défense, produit au nom du sieur Grezel, ledit mémoire enregistré audit secrétariat général, le 17 septembre 1829, et tendant au rejet du pourvoi introduit par le ministre de l'intérieur;

Vu le décret réglementaire du 22 juillet 1806;

Considérant que l'arrêté attaqué a été transmis le 2 octobre 1828, par le préfet de Tarn-et-Garonne, au directeur général des ponts et chaussées, et que le pourvoi du ministre de l'intérieur n'a été introduit que le 12 février 1829; que dès lors l'appel n'a pas été formé en temps utile (1);

Notre conseil d'Etat entendu,

Nous avons ordonné et ordonnons ce qui suit :

Art. 1er. Le pourvoi du ministre de l'intérieur, contre l'arrêté rendu le 12 septembre 1828, par le conseil de préfecture de Tarn-et-Garonne, est rejeté.

Circulaire du directeur général des ponts et chaussées et des mines (M. Bérard), contenant des dispositions nouvelles relatives aux congés, et des observations sur le service des ingénieurs.

Paris, le 30 septembre 1830.

Monsieur le préfet, les dispositions de la circulaire du 30 novembre 1822, relative aux congés, n'ont pas produit les résultats qu'on en attendait. J'ai vu, d'après le compte que je me suis fait rendre des demandes qui ont été adressées depuis cette époque, que le nombre en a été considérable; j'en ai déjà reçu beaucoup moi-même; et il m'a été

---

(1) Le conseil d'Etat n'a pas persévéré dans cette jurisprudence. Voir à cet égard l'ordonnance royale rendue sur la même question, le 30 mai 1834.

facile de reconnaître que toutes n'ont pas eu pour motif des circonstances vraiment impérieuses.

Il est arrivé aussi à quelques ingénieurs de dépasser le terme du congé qui leur avait été accordé; il en est quelques autres qui se sont absentés sans autorisation. Il en résulte pour le service de très-graves inconvénients, qui me font un devoir de ne rien négliger pour en prévenir le retour.

Dans la plupart des administrations publiques, il est d'usage qu'un fonctionnaire qui obtient un congé ne touche, pendant toute sa durée, que la moitié de son traitement. Cette mesure est avantageuse pour le service, en ce qu'elle rend moins fréquentes les absences des fonctionnaires; et d'ailleurs elle n'a rien de contraire à l'équité; car, sans doute, on serait rigoureusement en droit de n'allouer aucun traitement à celui qui cesse momentanément toutes fonctions pour des motifs quelconques d'intérêt personnel. Il m'a paru qu'il y avait lieu d'appliquer la règle qui s'observe ailleurs. Ainsi, à l'avenir, les ingénieurs de tous les grades auxquels il sera accordé des congés, ne jouiront plus, pendant toute la durée de leur absence, que de la moitié de leur traitement. Ils auront soin de me faire connaître le jour de leur départ et celui de leur retour.

Je me réfère du reste aux dispositions de la circulaire du 30 novembre 1822. MM. les ingénieurs en chef continueront à donner leur avis sur les demandes de congés des ingénieurs placés sous leurs ordres. Il n'est pas besoin de leur dire qu'il n'y aura lieu de les appuyer que lorsqu'elles seront fondées sur des motifs réellement de nature à être pris en considération. Je vous prie, monsieur le préfet, d'apporter vous-même une attention scrupuleuse dans l'examen des demandes de ce genre, qui doivent toujours me parvenir par votre intermédiaire.

Si quelques ingénieurs s'absentaient ou prolongeaient la durée de leurs congés sans autorisation, il leur serait retenu la totalité de leur traitement et de leurs frais fixes pendant cette absence non autorisée. Je me réserve, du reste, d'examiner les dispositions particulières auxquelles il conviendrait de recourir dans ces circonstances. Je vous invite, monsieur le préfet, à veiller à ce que MM. les ingénieurs employés dans votre département ne s'absentent en aucun cas de leur poste sans congé, ou ne prolongent pas leurs absences au delà des termes fixés; je vous serai obligé de m'informer exactement des infractions que la règle pourrait recevoir.

Les travaux qui s'exécutent dans le royaume, ceux qu'il est question d'entreprendre sur plusieurs points du territoire, exigent les soins constants des ingénieurs. Dans quelques localités les ingénieurs en chef se plaignent de l'insuffisance du nombre de leurs collaborateurs. C'est un motif de plus pour chercher à y suppléer autant que possible par le zèle et le dévouement. Je sais tout ce qu'on peut attendre d'un corps aussi recommandable par ses talents et par ses services. Assez d'exemples prouvent tout ce que peuvent, même avec de faibles ressources, les soins éclairés des ingénieurs, lorsque, livrés tout entiers à leurs fonctions, ils savent y sacrifier des convenances personnelles. J'ai pu apprécier moi-même l'utilité de leur concours; j'ai pu me convaincre que souvent on a, par des soins de tous les jours, de tous les instants, obtenu des résultats très-heureux dans des localités où l'on ne pouvait disposer de tous les fonds nécessaires pour les communications. C'est qu'en effet cette application constante à diriger, à surveiller le service dont on est chargé, doit toujours produire de véritables avantages. Les succès qu'on obtient de cette manière doivent être un sujet d'émulation pour tous les ingénieurs; en même temps qu'ils leur donnent des droits à la reconnaissance du pays, ils fixent sur eux les regards de l'administration, qui aimera toujours à encourager leurs efforts.

Parler à des ingénieurs de services à rendre, de la nécessité du bon ordre et de la subordination, c'est leur faire entendre un langage qu'ils savent certainement apprécier; ils savent aussi que là où la discipline s'affaiblirait, là où la hiérarchie serait méconnue, il y aurait bientôt désordre et confusion; j'aime à me persuader qu'un pareil oubli des devoirs ne leur sera jamais reproché, et que tous rivaliseront de zèle pour accomplir la mission importante dont ils sont investis.

Je vous prie, monsieur le préfet, de m'accuser réception de cette circulaire, dont j'adresse une ampliation à MM. les ingénieurs des ponts et chaussées et des mines.

Circulaire du directeur général des ponts et chaussées et des mines (M. Bérard), tendante à prévenir les coalitions d'entrepreneurs dans l'adjudication des travaux.

Paris, le 1er octobre 1830.

Monsieur le préfet, l'ordonnance du 10 mai 1829 a déterminé les formes à suivre dans l'adjudication des travaux du service des ponts et chaussées; elle fait connaître, article 14, que dans les cas où la soumission la plus favorable excède les prix du projet, le préfet doit surseoir à l'adjudication, et m'en rendre compte; cette circonstance n'est cependant pas la seule où il soit convenable de demander et attendre des instructions avant de prononcer sur les soumissions, et je dois vous faire remarquer que toutes les fois que l'on a lieu de craindre qu'il n'y ait collision entre les entrepreneurs pour obtenir les travaux sans ou avec de faibles rabais, et à des prix plus élevés qu'ils ne doivent l'être, il serait contraire aux règles d'une bonne administration de prononcer l'adjudication, en se fondant sur ce que la soumission serait régulière et le soumissionnaire capable de bien remplir ses engagements. Les coalitions d'entrepreneurs sont difficiles à constater, mais se pressentent, et l'ordonnance du 10 mai 1829 n'a pas voulu priver l'administration des moyens de les déjouer. Il faut, lorsque MM. les ingénieurs ont des motifs de soupçonner leur existence, et vous manifestent leurs craintes à ce sujet, surseoir à l'adjudication, examiner avec eux et le conseil de préfecture ce qu'il est sage de faire, et m'en référer même, s'il y a lieu. Le but des adjudications publiques est d'appeler la concurrence dans les entreprises, afin que les travaux soient exécutés aux conditions les plus avantageuses à l'Etat; toutes les dispositions adoptées pour l'atteindre seraient illusoires, si l'on ne veillait avec soin à ce que les adjudications ne devinssent des actes de déception.

Ordonnance du roi qui approuve l'adjudication de la construction d'un pont suspendu sur l'Ardèche à Saint-Didier près de Ville, moyennant la concession d'un péage.

Paris, le 11 octobre 1830.

LOUIS-PHILIPPE, etc. ; vu le cahier des charges de la construction d'un pont suspendu sur l'Ardèche à Saint-Didier près de Ville, moyennant la concession temporaire d'un péage ;

Vu le tarif de ce péage ;

Vu le procès-verbal des opérations faites à la préfecture du département de l'Ardèche, le 31 mai 1830, pour parvenir avec publicité et concurrence à l'adjudication de l'entreprise ;

Notre conseil d'État entendu,

Nous avons ordonné et ordonnons ce qui suit :

Art. 1er. L'adjudication de la construction d'un pont suspendu sur l'Ardèche à Saint-Didier près de Ville, faite et passée le 31 mai 1830, par le préfet de l'Ardèche, aux sieurs Mignot frères et compagnie, moyennant la concession d'un péage sur ce pont pendant quatre-vingt-quinze ans, est et demeure approuvée. En conséquence, les clauses et conditions de cette adjudication recevront leur pleine et entière exécution.

2. L'acquisition des bâtiments et terrains qu'il y aura lieu de faire pour l'exécution de la présente, en vertu de l'article 6 du cahier des charges, sera poursuivie par le préfet du département, conformément aux dispositions de la loi du 8 mars 1810, mais aux frais de l'adjudicataire.

5. Le cahier des charges, le tarif et le procès-verbal d'adjudication resteront annexés à la présente ordonnance. (1).

———

Ordonnance du roi qui approuve l'adjudication de la concession du canal de Digoin à Roanne (2).

Paris, de 11 octobre 1830.

ART. 1er. L'adjudication de la concession du canal de Digoin à Roanne, passée, le 7 août 1830, par le préfet du département de la Loire, aux sieurs de Tardy, D'Ailly, La Chaume, Devillaine, Rongier, Merle et Rivière, agissant comme syndics de la compagnie formée à Roanne pour l'exécution du canal, moyennant la perception des droits déterminés par la loi du 29 mai 1827, est approuvée.

Toutes les charges, clauses et conditions relatées dans le procès-

(1) Le tarif est au Bulletin des lois.
(2) Une ordonnance royale en date du 2 juin 1831, a autorisé la société anonyme formée à Roanne, sous la dénomination de *Compagnie du canal de Roanne à Digoin*, et une deuxième ordonnance, du 21 juin 1837, a approuvé quelques modifications dans les statuts de cette compagnie.

verbal d'adjudication, du 7 août 1830, recevront leur pleine et entière exécution.

2. Le cahier des charges et le procès-verbal d'adjudication demeureront annexés à la présente ordonnance.

Cahier des charges.

Art. 1er. La compagnie s'oblige à exécuter à ses frais, risques et périls, tous les travaux nécessaires à la confection d'un canal, qui sera ouvert latéralement à la Loire, de Roanne à Digoin, conformément à la loi du 29 mai 1827.

Ce canal commencera à Roanne : il suivra la rive gauche de la Loire et viendra en face de Digoin se rattacher au premier bief du canal commencé entre Digoin et Briare.

Dans le délai de six mois, à dater de la ratification de la présente concession, la cote de niveau qui sera définitivement arrêtée pour ce bief sera notifiée à la compagnie, et c'est à ce niveau qu'elle sera tenue de verser les eaux du canal supérieur dans le canal inférieur.

2. La compagnie se conformera aux disposition du tracé dont elle fera faire les études à ses frais, et dont elle sera tenue de terminer le projet dans le délai d'une année, à dater de la ratification de la présente concession. Elle remettra ce projet au préfet du département. Ce dernier le transmettra, avec son avis, au ministre des travaux publics, qui le soumettra ensuite à l'approbation de Sa Majesté.

3. Le canal de Roanne à Digoin aura, dans sa section transversale, dans son mouillage et dans ses écluses, les dimensions adoptées pour le canal commencé de Digoin à Briare.

4. La compagnie contracte en outre l'obligation spéciale de construire à ses frais des ponts dans les endroits où, par suite des travaux, les routes et chemins qui existent actuellement se trouveraient interceptés, et de rétablir et assurer, également à ses frais, l'écoulement de toutes les eaux dont le cours serait modifié par les ouvrages nécessaires à la navigation.

Les ponts sur le canal auront respectivement neuf, sept et cinq mètres de largeur entre les têtes, suivant qu'ils appartiendront à des routes royales ou départementales, ou à des chemins vicinaux. Dans les mêmes circonstances, les pentes aux abords ne pourront excéder respectivement quatre, cinq et six centimètres par mètre. Si les ponts ne sont pas mobiles, il sera réservé, entre l'intrados des voutes ou le dessous des tabliers et la surface de l'eau dans le canal, un intervalle de trois mètres cinquante centimètres pour ne pas entraver le passage des bateaux chargés de marchandises encombrantes.

5. Les écluses et leurs sas, les déversoirs et réservoirs, les culées des ponts sur les routes royales et départementales, seront exécutés en bonne maçonnerie. Les ponts-canaux et les aqueducs, sous le canal, seront en maçonnerie ou en fonte.

Les projets de ces divers ouvrages seront soumis à l'approbation du ministre des travaux publics; mais dans l'examen dont ils seront l'objet, on se bornera à reconnaître s'ils satisfont aux intérêts publics et à ceux des tiers.

6. La compagnie s'engage à exécuter tous les travaux suivant les

règles de l'art, et à n'employer que des matériaux de bonne qualité.

7. Si pour l'établissement de la rigole qui alimentera le canal, la compagnie se trouvait dans le cas de barrer la Loire, elle s'engage de maintenir tous les droits acquis à la navigation fluviale. Le barrage d'ailleurs ne pourrait être exécuté qu'après les enquêtes qui doivent précéder toute entreprise sur les fleuves et rivières, et qu'en vertu d'un projet approuvé par le ministre des travaux publics.

Si le gouvernement reconnaissait la nécessité d'établir une rigole pour l'alimentation des premiers biefs du canal de Digoin à Briare, et si cette rigole rencontrait le canal de Roanne à Digoin, à un niveau tel que le canal pût recevoir les eaux de la rigole, la compagnie ne pourra ni mettre obstacle à cette introduction ni prétendre à cet égard aucune indemnité, sous la condition toutefois que tous les frais et dommages qui pourront en résulter resteront à la charge de l'Etat.

8. Le canal de Roanne à Digoin devra être terminé et livré à la navigation deux années au plus tard après l'achèvement du canal de Digoin à Briare; en conséquence, la marche de l'entreprise du premier de ces deux canaux sera réglée de manière que la moitié au moins en soit exécutée au moment où les travaux du second seront terminés, depuis l'entrée en Loire vis-à-vis Briare, jusque vis-à-vis Digoin, et le surplus, deux années après ce terme.

Dans tous les cas, le délai imposé à la compagnie, pour l'exécution entière de tous ses ouvrages, ne pourra être moindre de six années, à dater de l'approbation du tracé général.

9. La compagnie, pour être en mesure de graduer la marche de son entreprise sur celle du canal de Digoin à Briare, sera admise à prendre connaissance des renseignements relatifs aux divers degrés d'avancement des travaux de ce canal, et à l'étendue des moyens mis à la disposition de l'administration pour conduire ces travaux à leur terme.

10. Le chemin de fer en construction d'Andrézieux à Roanne, devant aboutir à cette dernière ville, et se lier avec le canal, la compagnie sera également admise à présenter, avant l'approbation définitive de la partie du tracé de ce chemin comprise entre l'avenue du château d'Ailly et Roanne, telles observations qu'elle jugera utiles sur le point de jonction des deux voies.

11. Pendant la durée des travaux qu'elle exécutera d'ailleurs par des moyens et des agents de son choix, ainsi que pour l'entretien et la réparation de ces mêmes travaux, la compagnie sera tenue de se soumettre au contrôle de l'administration. Ce contrôle ne s'exercera pas sur les détails de l'exécution des ouvrages. Il n'aura d'autre objet que d'empêcher la compagnie de s'écarter des dispositions générales qui lui sont obligatoirement prescrites.

12. Lorsque les travaux seront terminés, il sera procédé à leur réception par un commissaire que l'administration déléguera à cet effet, et qui sera chargé de reconnaître si la compagnie a rempli exactement les obligations qui lui étaient imposées. Il sera procédé également en présence de ce commissaire à la pose de repères fixes et invariables, à l'aide desquels on pourra s'assurer, en tout temps, si le canal est tenu à sa profondeur primitive, si le mouillage reste constamment le même, et si la surface des eaux ne s'est point insensiblement relevée par l'exhaussement de la cunette au préjudice des propriétaires riverains.

IV.   19

13. Le canal et toutes ses dépendances seront constamment entretenus en bon état, et de manière que la navigation soit toujours libre et ouverte, sauf les cas de force majeure et les temps ordinaires de chômage, pour lesquels le canal de Roanne à Digoin sera assimilé au canal de Digoin à Briare.

L'état du canal et de toutes ses dépendances sera reconnu et constaté annuellement par un commissaire que désignera l'administration.

Les frais d'entretien, les réparations, soit ordinaires, soit extraordinaires, seront entièrement à la charge de la compagnie.

14. Si la compagnie, sur les points où le canal sera voisin de la Loire, jugeait nécessaire d'entreprendre des ouvrages de défense contre les eaux du fleuve et sur ses rives, les frais de ces ouvrages resteraient à son compte, et l'exécution ne pourrait en avoir lieu que sous l'approbation préalable du ministre des travaux publics.

15. Tous les terrains destinés à servir d'emplacement au canal, à ses chemins de halage, à ses francs-bords, à ses écluses, gares, bassins, etc. , etc. ; ainsi qu'au rétablissement des communications interrompues et des nouveaux lits des cours d'eaux seront achetés et payés par la compagnie. A cet effet, elle se conformera aux dispositions prescrites par la loi du 8 mars 1810, relative aux expropriations pour cause d'utilité publique : en conséquence, lorsque le tracé ou les diverses parties du tracé auront été définitivement approuvés par ordonnance royale, elle fera lever le plan terrier indiqué dans l'article 5 de la loi précitée du 8 mars 1810. Les autres formalités, ordonnées par les articles 6, 7, 8, 9 et 10 du titre IIe de la même loi, seront également observées.

Si les propriétaires et la compagnie ne s'accordent pas sur le prix des fonds ou bâtiments à céder, il y sera pourvu par les tribunaux. L'expropriation sera poursuivie à la diligence du préfet du département, conformément aux titres III et IV de ladite loi du 8 mars 1810; mais tous les frais de la procédure, ainsi que le montant de toutes les indemnités, seront payés des deniers de la compagnie.

Les actes d'achats des terrains acquis, en vertu des paragraphes qui précèdent, ne seront passibles, pour tous frais d'enregistrement, que du droit fixe d'un franc.

16. Les indemnités pour occupation temporaire ou détérioration de terrains, pour chômage, modification ou destruction d'usines, pour tout dommage quelconque résultant des travaux, seront également payés par la compagnie.

17. L'entreprise étant d'utilité publique, la compagnie est investie de tous les droits que les lois et règlements confèrent à l'administration elle-même pour les travaux de l'Etat; elle pourra en conséquence se procurer, par les mêmes voies, les matériaux de remblais et d'emprunt nécessaires à la confection de son canal; elle jouira, tant pour l'extraction que pour le transport et le dépôt des terres et matériaux, des priviléges accordés par les mêmes lois aux entrepreneurs de travaux publics, à la charge par elle d'indemniser, à l'amiable, les propriétaires des terrains endommagés, ou en cas de non accord, d'après les règlements arrêtés par le conseil de préfecture, sans que, dans aucun cas, la compagnie puisse exercer de recours à cet égard contre l'administration.

La compagnie aura aussi la faculté de prendre dans l'emplacement du nouveau lit qui doit être ouvert à la Loire, près de Roanne, les terres dont l'administration n'aura pas besoin pour ses propres travaux.

18. La compagnie pourra, pendant la durée des travaux, employer des moyens de transports et de passage d'une rive à l'autre de la Loire, pourvu que ces moyens soient exclusivement réservés aux ouvriers et aux matériaux de l'entreprise, et qu'il n'en résulte d'ailleurs aucune entrave quelconque pour aucun service public.

19. Après l'achèvement des travaux, la compagnie fera faire à ses frais un bornage contradictoire et un plan cadastral de toutes les parties du canal et de toutes ses dépendances. Il sera dressé en même temps un état descriptif des ponts, aqueducs, écluses, déversoirs et autres ouvrages d'art qui auront été établis conformément aux conditions du présent traité. Une expédition dûment certifiée des procès-verbaux de bornage, du plan cadastral et de l'état descriptif sera déposée aux archives de la préfecture du département de la Loire. Les frais de cette expédition seront à la charge de la compagnie.

20. La compagnie sera tenue de rembourser, dans le délai de deux mois, à dater de la ratification de la concession, et à dire d'expert, les avances faites, soit par la compagnie provisoire formée à Roanne, soit par la ville de Roanne pour la préparation et la rédaction des projets. Toutes les pièces dont se composent ces projets lui seront remises aussitôt que le remboursement de ces avances sera effectué.

21. Pour indemniser la compagnie des dépenses qu'elle s'engage à faire par les articles précédents, et sous la condition expresse qu'elle en remplira toutes les obligations, le gouvernement lui concède, à dater de la ratification de la présente concession, et en vertu de la loi du 29 mai 1827, la jouissance perpétuelle du canal et de ses dépendances. Cette jouissance se compose de la perception des droits de péage et de stationnement déterminés par le tarif ci-annexé, sauf le rabais qui pourra résulter de l'adjudication à intervenir; de l'exercice du droit de pêche, de la faculté de semer et de planter sur les talus, digues, levées et francs bords, et de celle de concéder, moyennant redevance, soit pour l'établissement de moulins et usines, soit pour l'arrosement des terres, les eaux qui excéderont les besoins de la navigation.

Toute concession d'eau pour un usage quelconque n'aura lieu que par déversement superficiel, et l'origine de la prise d'eau sera bornée par un mur en maçonnerie, dont le couronnement sera dérasé à cinq centimètres au-dessous du plan supérieur de la tenue d'eau du canal.

Les eaux qui seront ainsi dérivées pour le service des moulins et usines ne pourront l'être qu'aux abords des écluses, afin qu'après avoir mis en jeu ces établissements, elles puissent être rendues au canal dans le bief immédiatement inférieur.

En temps d'étiage, la compagnie ne pourra prendre dans la Loire que les eaux nécessaires pour entretenir dans le canal le mouillage déterminé pour la navigation.

22. La compagnie sera autorisée à percevoir, pour le stationnement des bateaux, dans le bassin qui sera ouvert à la tête du canal, le droit fixé par la loi du 29 mai 1827.

Elle sera tenue de construire une écluse et d'ouvrir un chenal, pour la communication de la Loire avec ce bassin.

Les bateaux entrés dans le bassin, soit par la Loire, soit par le canal, ne pourront, à la descente, suivre d'autre voie que celle du canal. Dans le cas où il serait reconnu utile de créer sur la ligne du canal d'autres bassins de stationnement, la compagnie y percevrait les mêmes droits qu'au bassin principal. Ces nouveaux bassins ne pourront être établis qu'avec l'approbation du ministre des travaux publics.

23. À mesure que les travaux seront exécutés dans les différents biefs, et que ces biefs et les écluses qui en dépendent pourront être livrés à la circulation, la compagnie sera autorisée à percevoir immédiatement, dans l'étendue des parties où ces ouvrages seront terminés et reçus, les droits énoncés au tarif annexé au présent cahier des charges, sauf le rabais résultant de l'adjudication à intervenir.

La même autorisation s'appliquera aux bassins de stationnement.

24. Conformément à la loi du 29 mai 1827, le lit actuel de la Loire, dans la traversée de Roanne, fait partie de la présente concession, et doit servir à la formation du bassin dont il a été parlé à l'article 22.

En conséquence, le gouvernement s'engage à rejeter à ses frais, et dans un délai de trois ans, à dater de la notification de la présente concession, les eaux de la Loire dans un nouveau lit sous le pont de pierre.

La digue qui sera exécutée à cet effet sur la rive gauche, au compte du trésor, n'excédera pas en aval du pont une longueur de quatre cent cinquante mètres : en amont, elle s'arrêtera à l'embouchure du Renaison, et sera terminée sur ce point par un musoir revêtu qui se retournera sur la rive gauche du ruisseau.

Ces deux portions de digues seront élevées au-dessus des plus hautes eaux de la Loire.

Lorsque les travaux seront terminés, il sera dressé, contradictoirement avec la compagnie, un plan de toute la partie de l'ancien lit qui se trouvera délaissée par les eaux du fleuve. Ce plan sera soumis à l'approbation du ministre des travaux publics, et déterminera les limites de la concession faite à la compagnie.

25. Dans le cas où le gouvernement ordonnerait ou autoriserait la construction de nouvelles routes royales, départementales, vicinales, ou de canaux qui traverseraient le canal projeté, la compagnie ne pourra mettre aucun obstacle à ces traversées; mais toutes dispositions seront prises pour qu'il n'en résulte aucun obstacle à la navigation de ce canal.

26. La compagnie pourra établir, à ses frais, des agents, tant pour la perception des droits que pour la surveillance des plantations et la conservation des ouvrages.

27. Elle aura la faculté, en se conformant aux lois et règlements sur la matière, de former une société pour la réunion des fonds nécessaires à son entreprise.

Les actes auxquels donnerait lieu la formalité de cette société ne seront soumis, pour l'enregistrement, qu'au droit fixe d'un franc.

28. Le rabais des concurrents à l'adjudication portera uniquement sur le droit que détermine, pour la houille ou charbon de terre, le tarif annexé au présent cahier de charges.

29. La compagnie s'oblige à doubler, dans le mois qui suivra l'adju-

dication, le dépôt préalable de 200,000 francs qu'elle sera tenue de faire pour être admise à soumissionner. Si, à l'expiration du mois, elle n'a pas rempli cette obligation, l'adjudication sera réputée nulle et non avenue.

Le complément du dépôt s'effectuera dans les valeurs prescrites pour le dépôt lui-même, et l'un et l'autre seront rendus par parties à mesure que la compagnie aura exécuté des travaux pour des sommes équivalentes.

Le dépôt pourra être fait, soit à Paris, à la caisse des dépôts et consignations, soit à Montbrison, à la caisse du receveur général. Le complément pourra également être versé à l'une ou l'autre caisse.

30. Faute par la compagnie concessionnaire, après avoir été mise en demeure, d'avoir construit et terminé le canal dans le délai fixé par l'article 8, et d'avoir rempli les diverses obligations qui lui sont imposées par le présent cahier de charges, elle encourra la déchéance, et il sera pourvu, s'il y a lieu, à la continuation et à l'achèvement des travaux par le moyen d'une adjudication qu'on ouvrira sur les clauses du présent cahier de charges, et sur une mise à prix des ouvrages déjà construits, des matériaux approvisionnés, des terrains achetés. Cette adjudication sera dévolue à celui des nouveaux soumissionnaires qui offrira la plus forte somme pour ces ouvrages, matériaux et terrains. Les soumissions pourront être inférieures à la mise à prix. La compagnie évincée recevra des nouveaux concessionnaires la valeur que l'adjudication aura ainsi déterminée pour lesdits ouvrages, matériaux et terrains.

La présente stipulation n'est point applicable au cas où la cause de l'interruption et de la non-confection des travaux proviendrait de force majeure.

31. Les contestations qui pourront s'élever entre le gouvernement et la compagnie, sur l'exécution ou l'interprétation des clauses et conditions du présent cahier de charges, seront jugées administrativement par le conseil de préfecture du département de la Loire, sauf recours au conseil d'Etat.

32. La concession ne sera valable et définitive qu'après que l'adjudication aura été homologuée par une ordonnance royale.

Décision royale, du 11 octobre 1830, qui change la dénomination de plusieurs canaux.

RAPPORT AU ROI.

Sire,

Des noms dont le prestige a disparu et dont plusieurs sont devenus des noms hostiles aux libertés publiques, ont été imposés, pendant le cours des deux derniers règnes, à quelques-uns de nos canaux. Cette œuvre de la flatterie a fait disparaître des dénominations primitives qui avaient au moins le mérite de la justesse et de l'analogie, puisqu'elles étaient empruntées aux rivières mises en communication par ces canaux, ou aux contrées qu'ils sont appelés à vivifier.

C'est ainsi que les canaux du *Rhône au Rhin*, *de la Somme*, *du Cher* et *de la Vézère* ont perdu leurs anciens noms pour prendre ceux de *canaux de Monsieur, du duc d'Angoulême, du duc de Berry,* et *du duc de Bordeaux.* Le titre de canal *Marie-Thérèse* a été imposé à la coupure de la Marne connue longtemps sous le nom plus modeste de *Canal Saint-Maur.*

Les populations dont le pays est traversé par les canaux que je viens de spécifier demandent que le gouvernement fasse disparaître tous ces vestiges d'adulation.

Je crois que le moment est venu de faire droit à la demande de ces populations, et je propose à Votre Majesté de rendre au canal *Monsieur* le nom de canal du *Rhône au Rhin;* à celui *du duc d'Angoulême* le nom de canal *de la Somme;* à celui *du duc de Bordeaux* le nom de canal *de la Vézère* et *de la Corrèze,* et à celui de *Marie-Thérèse* le nom de *Canal Saint-Maur.*

Le canal *du duc de Berry,* à qui les embranchements dont il se compose maintenant ne permettent plus de conserver la dénomination de canal du Cher, empruntera son nom à l'ancienne province qu'il traverse et s'appellera *Canal de Berry.*

Je suis avec le plus profond respect, etc.   *Signé* GUIZOT.

Approuvé. Paris, le 11 octobre 1830.   *Signé* LOUIS-PHILIPPE.

Ordonnance du roi, du 22 octobre 1830, qui statue sur la requête du sieur Matignon, fermier du bac de Sainte-Foy.

LOUIS-PHILIPPE, etc.; sur le rapport du comité de législation et de justice administrative;

Vu la requête à nous présentée au nom du sieur Matignon, charpentier de navires, ancien fermier du bac de Sainte-Foy, demeurant à Sainte-Foy (Gironde), ladite requête enregistrée au secrétariat de notre conseil d'Etat, le 23 septembre 1830, sous le n° 9515, et tendant à ce qu'il nous plaise annuler une décision du ministre des finances, en date du 24 juillet 1829;

Vu l'avis en date du 19 décembre 1828, par lequel le préfet du département de la Gironde a estimé qu'il y avait lieu : 1° à prononcer la résiliation du bail passé le 29 novembre 1822, au sieur Matignon, pour l'exploitation du bac de Sainte-Foy; 2° à traiter avec l'entrepreneur du pont en construction devant cette ville pour qu'en attendant que ce pont fût livré au public, il suppléât au bac au moyen d'un pont de service qu'il avait fait établir; 3° qu'il fût procédé suivant les formes accoutumées au règlement de l'indemnité à allouer au sieur Matignon, à raison de la résiliation de son bail;

Vu la lettre en date du 24 juillet 1829, par laquelle le ministre des finances a informé le préfet du département de la Gironde : 1° qu'il a autorisé la résiliation du bail à ferme du sieur Matignon; 2° qu'il a décidé qu'il sera statué ultérieurement sur l'indemnité due au fermier pour raison de la dépossession;

Vu l'ordonnance royale du 14 juillet 1830, intervenue dans la contestation actuelle;

Vu la loi du 6 frimaire an VII (26 novembre 1798), et notamment ses articles 31, 39, 40 et 70;

Considérant que l'ordonnance royale du 14 juillet 1830 a réservé à l'administration le droit de statuer sur l'interprétation de la décision ministérielle aujourd'hui attaquée;

Considérant que cette décision renferme deux dispositions, l'une relative à la résiliation du bail du sieur Matignon, l'autre relative à l'indemnité due à ce particulier, à raison de sa dépossession du bac de Sainte-Foy;

Considérant, sur la résiliation, qu'elle a été déterminée par la suppression du bac;

Considérant sur l'indemnité, que la décision ministérielle attaquée reconnaît le droit du sieur Matignon à cette indemnité, et que d'ailleurs elle n'a statué, ni sur sa quotité, ni sur la question de savoir à quelle autorité il appartient de régler cette indemnité;

Considérant que les lois de la matière n'attribuent en aucune manière à l'autorité administrative le droit de statuer sur les indemnités qui peuvent être dues par l'administration au fermier des droits de passage d'eau, en cas de résiliation de leurs baux;

Notre conseil d'Etat entendu,

Nous avons ordonné et ordonnons ce qui suit:

Art. 1er. La requête du sieur Matignon est rejetée.

2. Le sieur Matignon est renvoyé devant notre ministre des finances, pour faire régler à l'amiable l'indemnité à laquelle il a droit, et en cas de discord, devant les tribunaux ordinaires.

Ordonnance du roi, du 22 octobre 1830, qui statue sur une contestation relative à la contribution foncière des canaux des étangs.

LOUIS-PHILIPPE, etc.; sur le rapport du comité de législation et de justice administrative;

Vu la lettre du ministre de l'intérieur, en date du 16 mai 1829, enregistrée au secrétariat général de notre conseil d'Etat, le 27 du même mois, et tendant à ce qu'il nous plaise annuler un arrêté du conseil de préfecture du département de l'Hérault, en date du 6 avril 1829, lequel arrête:

1° Que la contribution foncière des canaux du port de Cette et des étangs continuera d'être établie sous le nom de la compagnie Usquin, usufruitière desdits canaux;

2° Renvoie la compagnie Usquin devant la direction des ponts et chaussées, à l'effet de s'entendre avec ladite direction sur la fixation de l'indemnité à laquelle ladite compagnie a droit, à raison de la contribution foncière qu'elle a à payer, et dont il ne lui a pas été tenu compte dans l'évaluation des produits nets à elle concédés;

Vu le mémoire présenté au nom du sieur Usquin et compagnie, ledit mémoire enregistré au secrétariat général de notre conseil le 22 décembre 1829, et tendant à ce qu'il nous plaise confirmer l'arrêté attaqué, ordonner qu'il sera pleinement exécuté;

Subsidiairement, à ce qu'il nous plaise recevoir la compagnie Usquin incidemment appelante de l'arrêté dont il s'agit; et, statuant sur l'appel, annuler ledit arrêté, en tant que l'appelante y est considérée comme usufruitière des canaux du port de Cette;

Décharger la compagnie Usquin des impositions qui, postérieurement à son adjudication, ont pu être établies sur les canaux du port de Cette et des étangs;

Ordonner que la restitution lui sera faite de toutes les sommes qu'elle peut avoir payées en acquit de ces mêmes impositions;

Et allouer à la compagnie les frais du procès;

Vu le cahier des charges de la concession, en date du 22 janvier 1822, et notamment les articles 6 et 18;

Vu la loi du 5 août 1821, et l'ordonnance du 30 janvier 1822;

Vu la loi du 5 floréal an xi (25 avril 1803);

Vu l'arrêté attaqué, ensemble toutes les autres pièces produites et jointes au dossier;

Considérant qu'aux termes de l'ordonnance du 30 janvier 1822, rendue pour l'exécution de la loi du 5 août 1821, et du cahier des charges annexé à ladite ordonnance, tous les droits de péage établis ou à percevoir sur les canaux faisant l'objet de la concession, ainsi que la jouissance de la pêche et des produits des francs bords desdits canaux, sont abandonnés au sieur Usquin et compagnie pour vingt-neuf années et neuf mois;

Qu'il résulte de cette clause qu'il a été fait à la compagnie Usquin concession temporaire, mais sans réserve, de toute la propriété utile des canaux;

Que le payement de l'impôt est une charge de ces espèces de concessions;

Considérant que dans l'espèce, bien que la totalité des canaux concédés ne fût pas, au moment de la concession, grevée d'impositions foncières, ils n'en étaient pas moins soumis aux dispositions de la loi du 5 floréal an 11 (25 avril 1803);

Que dès lors la compagnie Usquin, qui a payé, sans réclamation, les impositions établies sur plusieurs portions des canaux lors de son entrée en jouissance, doit également acquitter celles qui depuis ont été établies en exécution de la loi de l'an 11 (1803);

Notre conseil d'Etat entendu,

Nous avons ordonné et ordonnons ce qui suit :

Art. 1er. L'arrêté du conseil de préfecture du département de l'Hérault, en date du 6 avril 1829, est annulé.

2. La contribution foncière des canaux du port de Cette et des étangs est et demeure à la charge de la compagnie concessionnaire desdits canaux.

Ordonnance du roi, du 22 octobre 1830, qui rejette la requête du sieur Couplet, propriétaire de moulin (Nord).

Louis-Philippe, etc.; sur le rapport du comité de législation et de justice administrative;

Vu les requêtes sommaire et ampliative à nous présentées au nom du sieur Couplet, propriétaire et meunier à Montay, arrondissement de

Cambrai, lesdites requêtes enregistrées au secrétariat général du conseil d'Etat, les 10 juillet et 10 août 1829, et tendant à l'annulation de trois arrêtés pris par le préfet du département du Nord, les 22 mai, 22 novembre 1826 et 26 février 1829, ainsi que d'une décision prise par le ministre de l'intérieur le 14 octobre 1826; ce faisant, déclarer que l'usine de l'exposant sera maintenue dans l'état où elle est aujourd'hui, et où elle a toujours été; dire que si les propriétaires des usines voisines croient avoir des réclamations à élever, ils devront les faire valoir devant les tribunaux ordinaires, condamner le préfet du Nord et le ministre de l'intérieur aux dépens;

Vu les arrêtés et décisions attaqués, qui ont pour objet de déterminer la hauteur de la retenue et les dimensions des voies d'écoulement d'un moulin situé sur la Selle à Montay, et appartenant au sieur Couplet;

Vu la plainte introduite par le propriétaire de l'usine supérieure, et par trois riverains, au sujet de la trop grande hauteur à laquelle le sieur Couplet retient habituellement les eaux de la Selle pour l'action de son moulin;

Vu l'ordonnance de *soit communiqué*, en date du 25 août 1829, et l'acte de signification de ladite ordonnance en date du 7 septembre suivant, au sieur Briaste, propriétaire du moulin supérieur;

Vu la lettre adressée le 17 juillet 1830 au garde des sceaux ministre de la justice, par le ministre des travaux publics, en réponse à la communication qui lui a été faite des requêtes ci-dessus visées;

Vu l'acte de vente du moulin dont il s'agit, ladite vente faite nationalement le 13 septembre 1792;

Vu le rapport des ingénieurs, en date du 6 mai 1826, ensemble les plans et nivellement annexés à ce rapport;

Vu la loi en forme d'instruction du 20 août 1790;

Vu la loi du 6 octobre 1791;

Vu toutes les autres pièces produites;

Considérant que l'arrêté du préfet du département du Nord, du 22 mai 1826, a été modifié par la décision ministérielle du 14 octobre suivant; que l'arrêté du 22 novembre 1826 n'est que la copie textuelle de cette décision; que celui du 26 février 1829, n'ayant pas été préalablement soumis au ministre de l'intérieur, ne peut nous être déféré directement par la voie contentieuse; qu'ainsi il n'y a lieu, pour nous, à statuer que sur la décision ministérielle du 14 octobre 1826;

En ce qui touche cette décision,

Considérant sur la compétence, que le propriétaire de l'usine supérieure et plusieurs riverains ayant élevé des plaintes au sujet de l'insuffisance des voies d'écoulement, et de la trop grande hauteur de la retenue du moulin appartenant au sieur Couplet, l'administration, aux termes des lois susvisées des 20 août 1790 et 6 octobre 1791, avait le droit et le devoir de prescrire les mesures réglementaires propres à faire cesser tout dommage;

Considérant, sur l'exception tirée de l'acte de vente nationale susvisée, et de la longue possession alléguée par l'exposant;

Qu'en cette matière, ni l'acte de vente, ni la longue possession ne pouvaient faire obstacle à l'exercice du pouvoir conféré à l'administration par lesdites lois;

Notre conseil d'Etat entendu,

Nous avons ordonné et ordonnons ce qui suit :

Art. 1er. La requête du sieur Couplet est rejetée.

Circulaire du directeur général des ponts et chaussées et des mines (M. Bérard), contenant communication d'une ordonnance du roi, du 11 octobre, qui porte à 4 pour 0/0 la retenue à exercer sur le traitement des ingénieurs, employés, conducteurs, et autres agents des services des ponts et chaussées et des mines.

Tours, le 24 octobre 1830.

Monsieur le préfet, la retenue de 3 pour 100 exercée aujourd'hui sur le traitement des ingénieurs, employés, conducteurs et autres agents des services des ponts et chaussées et des mines, devient insuffisante, en raison du grand nombre de pensions imputables sur la caisse de retraite dans laquelle elle est versée. Il était d'une sage prévoyance de mettre autant que possible les charges en rapport avec les moyens d'y pourvoir.

Il devenait dès lors indispensable d'augmenter la retenue actuelle. J'ai l'honneur de vous informer que, sur ma proposition et le rapport de M. le ministre de l'intérieur, le roi a rendu, le 11 octobre, une ordonnance qui élève cette retenue au taux de 4 pour 100, à dater du 1er novembre 1830.

Je joins ici une copie de cette ordonnance; j'en donne connaissance également à MM. les ingénieurs et à tous les employés qu'elle concerne. Je vais prendre les mesures convenables pour en assurer l'exécution.

Ordonnance du roi, qui élève le taux de la retenue exercée sur le traitement des ingénieurs et employés des services des ponts et chaussées et des mines.

Paris, le 11 octobre 1830.

Art. 1er. La retenue de 3 pour 100 exercée sur le traitement des ingénieurs, employés, conducteurs et autres agents des services des ponts et chaussées et des mines, sera portée aux taux de 4 pour 100 à dater du 1er novembre 1830.

Circulaire du directeur général des ponts et chaussées et des mines (M. Bérard), pour faire substituer le coq gaulois à la fleur de lis sur la casquette des cantonniers.

Paris, le 9 novembre 1830.

Monsieur le préfet, le règlement du 11 juin 1816, relatif au service des cantonniers, donne à ces ouvriers, pour marque distinctive, une fleur de lis appliquée à la casquette qui couvre leur tête. Le changement de ce signe, qui rappelle un ordre de choses qui n'existe plus, a été sollicité de beaucoup de côtés. Je vous prie de le faire effacer des casquettes des cantonniers, et de lui faire substituer le coq gaulois, emblème de notre nouvelle monarchie constitutionnelle.

J'adresse une ampliation de la présente à M. l'ingénieur en chef, pour qu'il en connaisse bien les dispositions, et s'y conforme, en ce qui le concerne.

Ordonnance du roi relative à la pêche.

Paris, le 15 novembre 1830.

LOUIS-PHILIPPE, etc.; vu les articles 26, 27, 28 et 29 de la loi du 15 avril 1829, relative à la pêche fluviale;

Sur le rapport de notre ministre secrétaire d'Etat des finances;

Notre conseil d'Etat entendu,

Nous avons ordonné et ordonnons ce qui suit :

Art. 1er. Sont prohibés, sous les peines portées par l'article 28 de la loi du 15 avril 1829 :

1° Les filets traînants;

2° Les filets dont les mailles carrées, sans accrûes, et non tendues, ni tirées en losanges, auraient moins de trente millimètres (quatorze lignes) de chaque côté, après que le filet aura séjourné dans l'eau;

3° Les bires, nasses ou autres engins dont les verges en osier seraient écartées entre elles de moins de trente millimètres.

2. Sont néanmoins autorisés pour la pêche des goujons, ablettes, loches, vérons, vandoises, et autres poissons de petite espèce, les filets dont les mailles auront quinze millimètres (sept lignes) de largeur, et les nasses d'osier ou autres engins dont les baguettes ou verges seront écartées de quinze millimètres. Les pêcheurs auront aussi la faculté de se servir de toute espèce de nasses en jonc à jour, quel que soit l'écartement de leurs verges.

3. Quiconque se servira pour une autre pêche que celle qui est indiquée dans l'article précédent, des filets spécialement affectés à cet usage, sera puni des peines portées par l'article 28 de la loi du 15 avril 1829.

4. Aucune restriction, ni pour le temps de la pêche, ni pour l'emploi des filets ou engins, ne sera imposée aux pêcheurs du Rhin.

5. Dans chaque département, le préfet déterminera, sur l'avis du conseil général, et après avoir consulté les agents forestiers, les temps, saisons et heures pendant lesquels la pêche sera interdite dans les rivières et cours d'eau.

6. Il fera également un règlement dans lequel il déterminera et divisera les filets et engins qui, d'après les règles ci-dessus, devront être interdits.

7. Sur l'avis du conseil général, et après avoir consulté les agents forestiers, il pourra prohiber les procédés et modes de pêche qui lui sembleront de nature à nuire au repeuplement des rivières.

8. Les règlements des préfets devront être homologués par ordonnances royales.

Ordonnance du 30 novembre 1830, qui statue sur une contravention de grande voirie reprochée au sieur Royer (Maine-et-Loire).

Louis-Philippe, etc. ; vu la loi du 29 floréal an x (19 mai 1802), les décrets des 16 décembre 1811 et 29 août 1813 ;

Considérant que les contraventions, soit à l'alignement donné à la route royale n° 138, soit à l'arrêté du préfet du département de Maine-et-Loire, du 9 mai 1829, commises par le sieur Royer, ont été dûment constatées par le procès-verbal du 9 octobre 1829, rédigé par le sieur Tiercelin, conducteur au corps royal des ponts et chaussées; que les nouvelles reconnaissances sur lesquelles insiste le sieur Royer ne tendent qu'à détruire, par une voie détournée, la foi qui est due au procès-verbal du conducteur des travaux contre lequel il n'a pas été formé d'inscription de faux; considérant qu'il n'a été fait aucun pourvoi contre la réduction de l'amende prononcée par le conseil de préfecture; nous avons ordonné et ordonnons ce qui suit :

Art 1er. La requête du sieur Royer est rejetée.

Ordonnance du roi relative au tarif de la gare et du chemin de fer de la presqu'île Perrache, à Lyon.

Paris, le 5 décembre 1830.

Louis-Philippe, etc. ; vu l'ordonnance du 13 juin 1827, qui autorise la ville de Lyon à concéder aux sieurs Séguin frères, une étendue d'environ deux cent quatre-vingt-trois mille mètres de terrain, situé dans la presqu'île de Perrache, moyennant le prix principal de cent cinquante mille francs, et diverses autres clauses et conditions exprimées tant dans le traité passé entre eux et le maire de Lyon, le 31 mai 1826, et accepté par délibération du conseil municipal, du 16 juin suivant, que dans la délibération du même conseil, en date du 6 avril 1827;

Vu l'acte passé en vertu de ladite ordonnance, le 30 décembre 1827, devant Dugeyt et son collègue, notaires à Lyon, acte par lequel les frères Séguin s'engagent à construire dans le terrain sus-indiqué, et dans le délai de six ans, une gare d'environ soixante-dix mille mètres de superficie, destinée à recevoir les bateaux et à faciliter le chargement et le déchargement des marchandises, sous condition que les frères Séguin auront seuls le droit d'établir sur les quais et francs-bords de ladite gare des grues et autres machines à poste fixe, dont le nombre et les emplacements seront déterminés par l'administration municipale, mais dont il sera facultatif au commerce d'user ou de ne pas user, sous condition pareillement, que les frères Séguin percevront seuls un droit d'attache sur les bateaux qui stationneront dans la gare, le tarif applicable au stationnement et à l'usage des grues devant être réglé par une ordonnance royale sur la demande des frères Séguin, après communication de ladite demande à la chambre de commerce et délibération du conseil municipal;

Vu la demande des sieurs Séguin frères, adressée au maire de Lyon;

en date du 29 septembre 1827, et tendant à ce que le tarif du double droit soit fixé, savoir :

Pour le stationnement dans la gare, par mètre carré de bateau et par jour d'occupation à 35 millimes, depuis le 1er novembre de chaque année jusqu'au 1er mars suivant, et à 27 millimes, du 1er mars au 31 octobre ;

Et pour l'usage des grues et machines à 75 centimes pour cinq cents kilogrammes, ou un franc 50 centimes pour 1,000 kilogrammes ;

Vu la délibération de la chambre de commerce de Lyon, du 28 février 1828, qui propose de réduire ces taxes, savoir :

Pour le stationnement dans la gare, à demi-centime par mètre carré de bateau et par jour, en toute saison ;

Et pour les grues et machines, à un franc par chaque millier de kilogrammes de marchandises ;

Vu, sur la délibération précédente, le rapport du maire de Lyon, à la date du 21 mars suivant, ledit rapport concluant à porter le tarif, savoir :

Pour le stationnement dans la gare à deux centimes et demi par mètre carré de bateau et par jour, depuis le 1er novembre jusqu'au 1er février, et à deux centimes pour le reste de l'année ;

Et pour l'usage des grues et machines, à 62 centimes et demi pour tout poids qui n'excéderait pas cinq cent quatre-vingt-dix-neuf kilogrammes, avec augmentation de 12 centimes et demi par chaque quintal métrique qui dépasserait le poids susindiqué ;

Vu la nouvelle délibération de la chambre du commerce, du 10 avril 1828, qui déclare persister dans son avis du 28 février précédent ;

Vu la délibération du conseil municipal, du 2 mai 1828, portant qu'il y a lieu de fixer le droit de stationnement dans la gare à un centime par jour et par mètre carré, en toute saison ;

Et le droit d'usage des grues à un franc pour tout poids qui n'excéderait pas mille quatre-vingt-dix-neuf kilogrammes, avec augmentation de dix centimes par quintal métrique qui dépasserait le poids susindiqué ;

Vu, sur le tout, l'avis du préfet du Rhône, du 17 octobre 1828, et celui du conseil des ponts et chaussées, du 7 juillet suivant, portant que les bases présentées par la chambre de commerce de Lyon doivent être adoptées, et qu'il convient de sanctionner les propositions de ladite chambre par une ordonnance royale ;

Vu les observations de la compagnie Séguin, des 5 mars 1828 et 27 juillet 1829 ;

Vu l'avis émis, le 21 avril 1830, par le comité de l'intérieur, et portant qu'en fixant le tarif de stationnement, il convient d'assurer une concurrence qui permette au commerce d'user ou de ne pas user de la gare, et qu'à cet effet le chemin de fer de Saint-Étienne à Lyon, et qui aboutit à ladite gare, doit recevoir un embranchement conduisant à un point quelconque de la Saône et du Rhône.

Vu le rapport fait par le maire de Lyon au conseil municipal, le 11 juin 1830 ;

Vu la délibération du conseil municipal, en date du 16 juillet 1830, constatant que les deux compagnies du chemin de fer et de la gare ont pris l'engagement conditionnel de construire deux embranchements aboutissant l'un au Rhône et l'autre à la Saône, dans le cas où le tarif de stationnement gênerait le mouvement commercial, ladite délibération faisant foi que la compagnie Séguin s'est engagée postérieurement sans restriction ni réserve, à fournir gratuitement et à perpétuité le passage sur ses terrains pour les deux embranchements susindiqués; c'est pourquoi le conseil municipal conclut à ce que les deux compagnies s'entendent pour construire ces deux embranchements à frais communs, si mieux elles n'aiment en charger exclusivement l'une d'elles;

Vu l'avis approbatif du préfet de Lyon, en date du 26 juillet 1830;

Vu les observations des frères Séguin, en date du 20 avril 1830;

Considérant qu'il n'existe dans l'acte du 30 octobre 1827 aucune disposition de laquelle on puisse induire qu'attendu la modicité du prix de la vente des terrains, la ville aurait entendu, en traitant avec la compagnie Séguin, que les frais de premier établissement de la gare et des grues fussent considérés comme une dépense complémentaire des prix d'acquisition des terrains;

Considérant que, d'après la diversité des bases de tarif présentées par les frères Séguin, par la chambre de commerce et par le conseil municipal de Lyon, il convient de donner la préférence aux propositions du conseil municipal qui forment à peu près la moyenne des deux autres;

Considérant, au surplus, que la fixation des tarifs cessera de pouvoir devenir dommageable au commerce dès l'instant où la construction d'un embranchement au chemin de fer suscitera une concurrence à la gare;

Considérant enfin que l'embranchement proposé pour conduire du chemin de fer au Rhône est d'un médiocre intérêt, soit à cause de la difficulté des chargements sur ce point du fleuve, soit parce que la grande majorité des chargements s'opère sur la Saône, d'où il suit que, pour atteindre le but indiqué, il suffit de prescrire la construction d'un embranchement conduisant du chemin de fer à la Saône;

Le conseil d'Etat entendu,

Nous avons ordonné et ordonnons ce qui suit :

Art. 1er. Le tarif du droit d'attache des bateaux qui stationneront dans la gare de la compagnie Séguin, est fixé à un centime par mètre carré de bateau et par vingt-quatre heures d'occupation, en toute saison; le jour commencé sera payé comme un jour entier.

2. Le tarif pour l'usage des grues et autres machines que cette compagnie est autorisée à placer sur les quais et au bord de la gare est fixé :

Pour tout poids qui n'exédera pas mille quatre-vingt-dix-neuf kilogrammes, à. . . . . 1 f. 00 c.

De onze cents à onze cent quatre-vingt-dix-neuf kilogrammes, à. 1 10

De douze cents à douze cent quatre-vingt-dix-neuf kilogrammes, à. 1 20

Et ainsi de suite, en augmentant de dix centimes par cent kilogrammes.

3. Il sera libre en tout temps, aux propriétaires des bateaux, d'entrer dans la gare ou de stationner en dehors sur le Rhône ou sur la

Saône, en se conformant aux règlements de police sur la matière.

4. La compagnie Séguin sera tenue de donner un numéro d'ordre à chaque bateau entrant dans la gare. Elle les fera décharger ou charger les uns après les autres par ordre de numéro, sans pouvoir, sous aucun prétexte, différer cette opération plus de cinq jours à partir du jour de l'entrée du bateau dans la gare.

Si le chargement ou le déchargement n'était pas effectué le cinquième jour, aucun droit ne sera payé pour le temps qui excéderait les cinq jours de stationnement, à moins que les propriétaires de bateaux ne demandent eux-mêmes à prolonger le stationnement dans la gare après le chargement ou le déchargement, auquel cas le droit serait exigible pour toute la durée du séjour.

5. Il sera libre au commerce d'user ou de ne pas user des grues et machines à poste fixe que la compagnie Séguin est seule autorisée à construire sur les francs-bords et quais de la gare.

6. Dans les délais fixés pour la construction de la gare, la compagnie Séguin sera tenue d'établir et d'entretenir à ses frais ou de faire établir par la compagnie du chemin de fer un embranchement à une voie conduisant dudit chemin de fer à la Saône.

Cet embranchement partira du point marqué G sur le plan ci-annexé, et après avoir traversé les masses 97 et 89 dans la direction B, C D E, il aboutira au cours Rambaud, où il prendra par une courbe de raccordement une direction parallèle au cours de la Saône, dont il suivra le bord jusqu'à l'entrée du canal qui conduit de la Saône à la gare.

La compagnie Séguin ne pourra commencer la perception des tarifs autorisés par la présente ordonnance, pour l'usage de la gare et des grues, sans que la construction de l'embranchement du chemin de fer n'ait été achevée et livrée au commerce.

7. Le tarif réglé pour l'usage du chemin de fer sera applicable à l'embranchement aboutissant à la Saône.

Ordonnance du roi qui approuve l'adjudication d'un pont suspendu sur l'Azergue à Chazay, moyennant un péage.

Paris, le 15 décembre 1830.

ART. 1er. L'adjudication de la construction d'un pont suspendu sur l'Azergue à Chazay, département du Rhône, faite et passée, le 20 août 1830, aux sieurs Delasalle et Dégoutte, moyennant la concession d'un péage pendant quatre-vingt-quinze ans, est et demeure approuvée.

En conséquence, les clauses et conditions de cette adjudication recevront leur pleine et entière exécution, conformément au cahier des charges arrêté par le ministre des travaux publics, le 29 juin 1838.

2. A compter du jour où ce pont sera livré au public, il y sera perçu un droit de péage d'après le tarif ci-après (1) :

---

(1) Le tarif est au Bulletin des lois.

Ordonnance du roi qui approuve l'adjudication de la reconstruction du pont de Condé, sur la rivière de Morin.

Paris, le 26 décembre 1830.

ART. 1er. L'adjudication de la reconstruction du pont de Condé sur la rivière de Morin (Seine-et-Marne), faite et passée le 19 septembre 1830, à M. Gallois, moyennant la concession d'un péage pendant quatre-vingt-deux ans, est approuvée. En conséquence, les clauses et conditions de cette adjudication recevront leur pleine et entière exécution, conformément au cahier des charges, rédigé par le maire de la commune.

2. A compter du jour où ce pont sera livré au public, il y sera perçu un droit de péage d'après le tarif ci-après (1).

3. Le pont ne sera livré au public qu'après que l'administration aura constaté par des épreuves suffisantes qu'il n'offre aucun danger pour la circulation.

4. Seront exempts des droits de péage les habitants de la commune de Condé à pied, les ingénieurs, conducteurs et piqueurs des ponts et chaussées; les militaires voyageant en corps ou séparément, à la charge par eux, dans ce dernier cas, de présenter une feuille de route ou un ordre de service; les employés des contributions indirectes et de l'administration des forêts dans l'exercice de leurs fonctions, les courriers du gouvernement, les malles-postes et les facteurs ruraux faisant le service des postes de l'Etat.

Ordonnance du roi, du 26 décembre 1830, qui statue sur une contravention de grande voirie, reprochée au sieur Bonneau (Nièvre).

LOUIS-PHILIPPE, etc.; sur le rapport du comité de législation et de justice administrative;

Vu la requête à nous présentée au nom du sieur Marie-Claude Bonneau, demeurant dans la commune de Semesay, département de la Nièvre, ladite requête enregistrée au secrétariat général de notre conseil d'Etat le 28 janvier 1830, et tendant à ce qu'il nous plaise annuler un arrêté du conseil de préfecture du département de la Nièvre, en date du 31 octobre 1829, au chef qu'il condamne l'exposant à une amende de 5 francs et aux dépens, pour une prétendue contravention en matière de grande voirie, décharger le sieur Bonneau de ces condamnations, et condamner la direction générale des domaines et de l'enregistrement aux dépens;

Vu une réplique du sieur Bonneau, enregistrée audit secrétariat général le 31 mars 1830, et tendant aux mêmes fins;

Vu une lettre du préfet de la Nièvre, en date du 8 mars 1830;

Vu le procès-verbal, en date du 25 août 1829, rédigé par le sieur

---

(1) Le tarif est au Bulletin des lois.

Gallois, conducteur des ponts et chaussées, et affirmé devant le juge de paix de Château-Chinon;

Vu l'arrêté attaqué, ensemble toutes les pièces jointes au dossier;

Vu la loi du 29 floréal an x;

Le décret du 16 décembre 1811;

Le décret du 29 août 1813 et l'art. 471 du Code pénal;

Considérant que le procès-verbal du 25 août 1829 constate que la contravention sur laquelle le conseil de préfecture de la Nièvre a prononcé, est du fait du sieur Bonneau;

Que ce procès-verbal fait foi jusqu'à inscription de faux; que dès lors le conseil de préfecture a justement condamné le requérant;

Notre conseil d'Etat entendu,

Nous avons ordonné et ordonnons ce qui suit:

Art. 1er. La requête du sieur Bonneau est rejetée.

Ordonnance du roi, du 26 décembre 1830, portant rejet de la réclamation de la compagnie concessionnaire des canaux de Beaucaire, contre une décision ministérielle qui ordonne l'abaissement des buscs de l'écluse de Sylvéréal, et annulation de l'arrêté du conseil de préfecture qui met les travaux à la charge de cette compagnie.

Louis-Philippe, etc.; sur le rapport du comité de législation et de justice administrative;

Vu la requête à nous présentée au nom de la compagnie concessionnaire des canaux d'Aigues-Mortes à Beaucaire; ladite requête enregistrée au secrétariat général de notre conseil d'Etat, le 26 décembre 1829, et tendant à ce qu'il nous plaise:

1° Annuler la décision rendue le 27 mai 1827, par le directeur général des ponts et chaussées, et approuvée par le ministre de l'intérieur le 19 juillet 1828, ayant pour objet de faire baisser les buscs de l'écluse dite de Sylvéréal;

2° Annuler également l'arrêté du conseil de préfecture du département du Gard, en ce qu'il met à la charge de la compagnie concessionnaire la dépense de l'abaissement des buscs de cette écluse, et condamner l'administration des ponts et chaussées aux dépens;

Vu la réponse du ministre de l'intérieur sous la date du 6 février 1830, à la communication de ladite requête, et par laquelle il conclut à son rejet;

Vu la réplique de la compagnie concessionnaire, enregistrée audit secrétariat général le 3 avril 1830, et par laquelle elle persiste dans ses premières conclusions;

Vu le traité passé le 27 floréal an ix (17 mai 1801), entre le gouvernement et la compagnie chargée de l'achèvement des canaux d'Aigues-Mortes et de la Radelle, et notamment le § 3 de l'art. 2 dudit traité ainsi conçu:

« La compagnie est chargée de recreuser, d'ici au 1er frimaire de l'an x, les canaux de Sylvéréal, du Bourgidou et de la Radelle sur leurs largeurs primitives, jusqu'à 1 mètre 50 centimètres au moins de

IV.   **20**

» profondeur au-dessous du niveau des plus basses eaux, et à les entre-
» tenir ensuite sur ces largeurs et profondeur, en les faisant, à cet effet,
» recreuser chaque année; et une fois que le canal à former dans une
» nouvelle direction entre Aigues-Mortes et le fond de l'étang de Mau-
» guio sera achevé, l'entretien de ce nouveau canal, sur les dimen-
» sions qui doivent lui être données, remplacera celui actuel de la
» Radelle; »

Vu le plan du canal de Beaucaire, comprenant aussi celui du canal
de Sylvéréal;

Vu la décision du directeur général des ponts et chaussées, en date
du 27 mai 1827, approuvée par le ministre de l'intérieur, le 19 juillet
1828;

Vu l'arrêté du conseil de préfecture du département du Gard, dont
est appel;

Vu toutes autres les pièces produites, et notamment l'extrait du détail estimatif des recreusements à faire au canal de Sylvéréal; ledit devis
dressé par l'ingénieur des ponts et chaussées, le 18 thermidor an ix
(6 août 1801);

Sur la décision du directeur général des ponts et chaussées sous la
date du 27 mai 1827, approuvée par le ministre de l'intérieur, le 19 juillet
1828;

Considérant que la décision du ministre de l'intérieur, qui ordonne
dans l'intérêt public l'abaissement des buses de l'écluse de Sylvéréal,
est un acte d'administration qui ne peut être attaqué devant nous par
la voie contentieuse;

Sur l'arrêté du conseil de préfecture du département du Gard, sous
la date du 15 septembre 1829, qui met la dépense des travaux ordonnés
pour l'abaissement des buses de l'écluse à la charge de la compagnie
concessionnaire des canaux d'Aigues-Mortes et de la Radelle;

Considérant que le traité précité n'impose aux concessionnaires, relativement au canal de Sylvéréal, que le recreusement dudit canal et
son entretien dans les dimensions qui y sont fixées sans lui imposer
l'abaissement des buses de l'écluse dudit canal; que le devis dressé, le
18 thermidor an ix (6 août 1801), par l'ingénieur des ponts et chaussées, des travaux à faire pour l'exécution des conditions imposées aux
concessionnaires, ne comprend l'écluse de Sylvéréal que pour de simples réparations, et non pour l'abaissement desdits buses, ce qui exclut
la supposition que le traité ait imposé aux concessionnaires les travaux
nécessaires pour cet abaissement;

Notre conseil d'Etat entendu,

Nous avons ordonné et ordonnons ce qui suit:

Art. 1er. Le pourvoi de la compagnie des concessionnaires des canaux d'Aigues-Mortes à Beaucaire, contre la décision du ministre de
l'intérieur qui ordonne l'abaissement des buses de l'écluse du canal de
Sylvéréal, est rejeté.

2. L'arrêté du conseil de préfecture du département du Gard, du
15 septembre 1829, qui déclare que ces travaux sont à la charge des
concessionnaires des canaux d'Aigues-Mortes à Beaucaire, est annulé.

Ordonnance du roi, du 26 décembre 1830, qui statue sur une contra-vention de grande voirie reprochée au sieur de Chastenet.

Louis-Philippe, etc.; sur le rapport du comité de législation et de justice administrative;

Vu la requête à nous présentée au nom du sieur de Chastenet, enregistrée au secrétariat général de notre conseil d'Etat, le 7 juillet 1830, tendant à ce qu'il nous plaise annuler un arrêté du conseil de préfecture du département de la Charente-Inférieure, du 28 octobre 1829, pour incompétence; renvoyer les parties devant qui de droit; subsidiairement annuler pour mal jugé au fond;

Vu la requête ampliative dudit sieur de Chastenet, enregistrée audit secrétariat général, le 16 novembre 1830, et tendant aux mêmes fins;

Vu l'arrêté attaqué, duquel il résulte, 1° que, par procès-verbal du 18 septembre 1827, le sieur Pasquier, conducteur des ponts et chaussées, a constaté que le sieur de Chastenet avait pratiqué sur le chemin de halage de la Charente, près Saint-Savinien, une excavation de 23 mètres de longueur sur 8 de largeur et 2 de profondeur; 2° que, par son arrêté du 16 octobre 1827, le sous-préfet de Saint-Jean-d'Angely avait enjoint au sieur de Chastenet de faire combler ladite excavation; 3° que, par son arrêté du 2 novembre 1827, le conseil de préfecture de la Charente-Inférieure avait ordonné que l'arrêté susdit du sous-préfet sortirait son plein et entier effet, en condamnant ledit sieur de Chastenet à l'amende de 25 francs; 4° que, par un nouveau procès-verbal, du 11 décembre 1828, dudit sieur Pasquier, il avait été reconnu que l'excavation qui a donné lieu à son procès-verbal du 18 septembre 1827, laquelle débouche immédiatement dans le fleuve, était encore dans le même état; que le sieur de Chastenet, auteur de cette excavation, avait récemment fait élever, au milieu de la partie inférieure de l'excavation, à une distance à peu près de 6 mètres de la rivière, un massif en pierre de taille, au mépris de l'arrêté du 16 octobre 1827, qui lui prescrit de combler ladite excavation, et de remettre le chemin de halage dans le même état qu'auparavant; que ledit sieur de Chastenet, auquel il avait fait part des motifs de son procès-verbal, lui avait répondu qu'il était absolument le maître de faire sur sa propriété les fouilles et excavations qu'il jugerait à propos, en ne gênant pas le chemin dans l'espace du halage;

Sur quoi ledit arrêté a prononcé ce qui suit:

1° Que le terrain compris entre les prés Mugsie et Chaigneau est considéré *domaine public* jusqu'à preuve contraire;

2° Qu'il est enjoint au sieur de Chastenet de faire combler, dans le délai d'un mois, à compter du jour de la notification administrative du présent arrêté, la fouille par lui faite sur le bord de la Charente; et d'enlever tous les bois qui sont placés sur ledit terrain, ou d'en payer à la commune de Saint-Savinien le droit annuel de location, suivant le tarif du 15 mai 1823; faute de ce faire et passé lequel délai, le maire de Saint-Savinien est autorisé à faire combler ladite fouille et enlever tous les bois déposés sur ledit terrain, aux frais et dépens du sieur de Chastenet, au payement desquels il sera contraint comme pour deniers publics;

3° Que ledit sieur de Chastenet est condamné à payer à ladite commune de Saint-Savinien le droit de location pour le navire qu'il a mis en construction sur ledit terrain ;

4° Que l'arrêté du 2 novembre 1827, qui condamne ledit sieur de Chastenet à 25 francs d'amende et aux frais, est maintenu ;

Vu la loi du 29 floréal an x (19 mai 1802) ;

Considérant que le conseil de préfecture était compétent pour réprimer la nouvelle contravention commise par le sieur de Chastenet sur le chemin de halage, pour ordonner que les fouilles faites sur ledit chemin seraient comblées, et pour prononcer l'amende ;

Mais qu'il a excédé sa compétence, soit en attribuant au domaine public la propriété du terrain compris entre les prés Mugsie et Chaigneau, soit en condamnant le sieur de Chastenet à payer à la commune un prix de location pour le terrain par lui occupé ;

Notre conseil d'Etat entendu,

Nous avons ordonné et ordonnons ce qui suit :

Art. 1er. Les articles 1er et 3 de l'arrêté du conseil de préfecture du département de la Charente-Inférieure, sont annulés ; ledit arrêté sera exécuté dans le surplus de ses dispositions.

2. Les parties sont renvoyées devant les tribunaux pour faire prononcer, soit sur la propriété du terrain litigieux, soit sur le prix de location dudit terrain.

FIN DU TOME QUATRIÈME.

TABLE CHRONOLOGIQUE

DES QUATRE PREMIERS VOLUMES

DU

CODE

DES PONTS ET CHAUSSÉES

ET DES MINES.

FIN DE LA TABLE CHRONOLOGIQUE.

TABLE ALPHABÉTIQUE

DES MATIÈRES

DES QUATRE PREMIERS VOLUMES

DU

CODE

DES PONTS ET CHAUSSÉES

ET DES MINES.

Nota. Les chiffres romains indiquent le volume, et les chiffres arabes la page.

A

ACTES DE L'AUTORITÉ ADMINISTRATIVE.
Mode d'exécution de ces actes, I, 344, 402; II, 207, 249.

ADJUDICATIONS DE TRAVAUX PUBLICS.
1. Formes à suivre pour ces adjudications, I, 407; IV, 151.
2. Suppression du mode d'adjudication par série de prix, excepté pour les espèces de travaux dont la quantité ne peut aucunement s'évaluer, II, 147.
3. Les adjudications ne sont soumises, pour l'enregistrement, qu'au droit fixe d'un franc, II, 334.
4. L'enregistrement des actes de cautionnement n'est assujetti qu'au même droit, II, 334.
5. La résiliation d'une adjudication est un acte administratif qui n'est pas susceptible d'être déféré au conseil d'État par la voie contentieuse, III, 262.
6. Le refus d'approuver une adjudication est un acte d'administration qui ne peut être attaqué par la voie contentieuse, IV, 274.
   Voir ENTREPRENEURS DES PONTS ET CHAUSSÉES.

ADMINISTRATION DE DÉPARTEMENT. *Voir* CORPS ADMINISTRATIFS.

ADMINISTRATION DES MINES.
Réunion de cette administration à celle des ponts et chaussées, II, 237.

ADMINISTRATION DES PONTS ET CHAUSSÉES.
1. Édit concernant l'office de grand voyer de France, et les droits, profits et émoluments qui y sont attribués, I, 7.

13. A défaut de plan général approuvé par le roi, c'est au préfet qu'il appartient de déterminer les alignements partiels, IV, 160.

    Voir GRANDE VOIRIE.

ALLIER.

1. Règlement pour la navigation de cette rivière. *Voir* LOIRE.
2. Organisation des ports de la rivière d'Allier, I, 490.

AMERS. *Voir* PHARES.

APPROVISIONNEMENT DE PARIS.

1. Mesures pour faciliter l'approvisionnement de bois et de charbon, I, 41, 228.
2. Arrêts du conseil et lettres patentes pour la perception des droits attribués aux gardes des ports des rivières de Seine, Oise, Yonne, Marne et autres, I, 76, 80.
3. Mode de mesurage des bois de chauffage dans le département de la Seine, I, 371.
4. Arrêté du gouvernement, contenant des mesures pour recouvrer les bois destinés à l'approvisionnement de Paris, et qui sont entraînés par la crue des eaux, I, 390.
5. Etablissement de jurés-compteurs, et fixation de leurs rétributions, I, 395, 398.
6. Mise en état des bois sur les ruisseaux du Morvan, et maintien des eaux servant au flottage contre les entreprises des riverains, I, 397.
7. Mesures relatives au flottage sur les petites rivières, et aux tirages des bois, I, 406.
8. Organisation des ports de la rivière de l'Allier, et rétribution des gardes-ports et du juré-compteur, I, 490.
9. Organisation du service de la navigation au passage du pont de Soissons, I, 554.
10. Règlement du service du flottage sur les ruisseaux de Vendy et de Sainte-Clotilde, II, 208.
11. Arrêté relatif aux bois de faix accordés aux ouvriers employés aux travaux du flottage, II, 241.

    Voir BOIS, et PARIS.

ASPIRANTS INGÉNIEURS DES MINES.

1. Nomination et avancement, II, 53.
2. Traitement et frais de campagne, II, 54.
3. Police, II, 55.
4. Uniforme, II, 56.

ASPIRANTS INGÉNIEURS DES PONTS ET CHAUSSÉES.

1. Leurs fonctions, I, 419.
2. Répression des fautes contre la subordination ou l'exactitude du service, I, 424.
3. Costume, I, 425.
4. Nomination et avancement, I, 426.
5. Traitement et frais de campagne, I, 426.
6. Notice destinée à constater les services des aspirants, I, 587.

ASSEMBLÉE DES PONTS ET CHAUSSÉES. *Voir* CONSEIL DES PONTS ET CHAUSSÉES.

AUBE.

1. Lettres patentes qui autorisent le sieur Boutheroue à rendre navigable et

flottable ce qui ne l'a point été jusqu'à présent des rivières de Seine, Marne, et autres affluant à la Seine, I, 49.

2. Décret qui détermine la largeur des écluses en construction sur l'Aube, I, 445.

3. Loi qui autorise la concession de la navigation de l'Aube, III, 223.

AUCH.

1. Arrêt du conseil, portant règlement pour rétablir et entretenir la navigation des rivières qui se trouvent dans la généralité d'Auch, I, 133.

2. Arrêt interprétatif du précédent, I, 140.

AVANCE.

Destruction de travaux faits sans autorisation par le sieur Sarrect, sur le ruisseau d'Avance, IV, 34.

B

BACS ET BATEAUX DE PASSAGE.

1. Les propriétaires ou fermiers de bacs sont tenus d'avoir le tarif de leurs droits affiché, et de ne pas retarder le passage des bateaux, I, 230.

2. Dispositions relatives au régime, à la police et à l'administration des bacs et bateaux sur les rivières et canaux navigables, I, 360.

3. Droits à établir sur les bacs, I, 401.

4. Les demandes des fermiers en indemnité pour non-jouissance ou dommages doivent être jugées par les conseils de préfecture et non par le ministre des finances, III, 235, 364; IV, 269, 270.

5. Le droit d'exploiter un passage d'eau servant à usage commun, ne peut être aliéné ni concédé, III, 341.

6. Un bac établi pour le service habituel d'un moulin sur une rivière ni navigable ni flottable, ne forme pas un passage public soumis aux dispositions de la loi du 6 frimaire an 7, III, 451.

7. Le gouvernement peut, malgré l'existence d'un bac, accorder au concessionnaire d'un pont l'autorisation d'établir des bateaux pour le transport des ouvriers et matériaux destinés à la construction dudit pont, IV, 104.

8. Avis du comité des finances du conseil d'État, concernant l'application de la législation relative aux bacs, IV, 111.

9. Discussion relative à la résiliation du bail du bac de Sainte-Foy, IV, 294.

BALISES. *Voir* **PHARES.**

BAR.

Arrêt du conseil, qui ordonne la démolition de deux moulins construits sur cette rivière, I, 194.

BARRIÈRES DE DÉGEL.

Suspension du roulage pendant le dégel, et établissement de barrières sur les routes, I, 403; II, 254.

BATEAUX.

1. Ordre de faire enlever les bateaux et débris de bateaux étant au fond de l'eau, ou sur les bords des rivières, I, 44, 228.

2. Règlement pour le passage des coches et bateaux, I, 228.

IV.   24

4. La répression des contraventions est du ressort des conseils de préfecture, I, 444 ; III, 201, 408.

5. L'application des amendes doit être prononcée par les tribunaux de police, III, 408.

CHER.
Règlement pour la navigation de cette rivière. *Voir* LOIRE.

CLICHY.
Établissement d'une gare entre Saint-Ouen et Clichy, III, 345.

COCHES.
1. Règlement pour le passage des coches et bateaux, I, 231.
2. Formation d'une société anonyme sous le nom de Compagnie des coches de la Haute-Seine, Yonne et Canaux, III, 65.

COMMISSAIRES VOYERS.
1. Institution de commissaires voyers pour la surveillance des travaux d'entretien des routes, IV, 151.
2. Instructions relatives à l'institution des commissaires voyers, IV, 178.

COMMISSION MIXTE DES TRAVAUX PUBLICS.
1. Sa création, I, 322.
2. Organisation de cette commission, I, 455 ; II, 261.
3. Toutes les affaires relatives aux travaux mixtes doivent être traitées d'urgence, II, 358.
Voir PLACES FORTES.

COMMISSIONS SPÉCIALES.
1. Organisation de commissions spéciales pour l'exécution de travaux publics, I, 537.
2. Ces commissions ne peuvent pas réformer celles de leurs décisions auxquelles n'a été faite aucune opposition par défaut, III, 482.
3. Elles sont incompétentes pour interpréter les ordonnances royales, III, 416.
4. Commission spéciale pour l'exécution de travaux sur le Doubs dans la commune de Charnay, III, 441.
5. Les récusations des membres des commissions spéciales peuvent être exercées d'après les règles tracées par le Code de procédure civile, IV, 26.

COMMUNES.
Dépenses et recettes communales, I, 368.

COMPTABILITÉ DES PONTS ET CHAUSSÉES.
1. Ordonnance du 14 septembre 1822, relative à la comptabilité générale des dépenses publiques, III, 4.
2. Instructions relatives à l'exécution de cette ordonnance, III, 4, 17, 48, 55.

CONCESSIONS.
1. Le gouvernement est autorisé à concéder les marais, lais, relais de la mer, le droit d'endiguage et autres objets formant propriété publique ou domaniale, I, 537.
2. Formalités à remplir pour ces concessions, III, 251.

CONDUCTEURS DES PONTS ET CHAUSSÉES.
1. Leurs fonctions et leurs traitements, I, 430.

déclaration d'utilité publique, lorsque ces travaux donnent lieu à une occupation de terrain, III, 397.

Voir INDEMNITÉS et TRAVAUX PUBLICS.

EXTRACTION DE MATÉRIAUX. *Voir* CARRIÈRES et ENTREPRENEURS.

F

FANAUX. *Voir* PHARES.

FONDERIES ET FORGES DE LA LOIRE ET DE L'ISÈRE.
Formation d'une société anonyme pour leur exploitation, II, 502.

FONTAINES.
Édit du roi concernant l'usage des eaux des ruisseaux, sources et fontaines, I, 68.

FORGES. *Voir* MOULINS.

FOURNEAUX. *Voir* MOULINS.

G

GARDE-PORTS. *Voir* APPROVISIONNEMENT DE PARIS.

GARONNE.
1. Règlement pour la navigation de cette rivière et de ses affluents, I, 255.
2. Enlèvement des terres, bois, pieux, débris de bateaux et autres empêchements existant sur les bords ou dans le lit de la Garonne, I, 257.
3. Défense d'y rien jeter qui puisse en altérer le cours, et d'y mettre rouir des chanvres, I, 257.
4. Règles pour les plantations, I, 257.
5. Obligations imposées aux propriétaires des digues et moulins, I, 258.
6. Application à la Garonne des ordonnances de 1669 et 1672, I, 258.
7. Obligations imposées aux pêcheurs, I, 258.
8. Règles pour les moulins à nef, I, 259.
9. Dimensions à donner aux pertuis ou passelis, I, 260.
10. Servitude du chemin de halage et du marchepied, I, 260.
11. Défense aux propriétaires ou fermiers de bacs de retarder la marche des bateaux, I, 261.
12. Lettres patentes concernant les îles, îlots, atterrissements, alluvions et relais formés dans la Garonne, I, 305.
13. Plantations faites sans autorisation sur le bord de la Garonne par le sieur de Brivazac, IV, 20.
14. Démolition d'une cale d'embarquement construite sans autorisation par le sieur Bonas, IV, 28.
15. Etude des projets de perfectionnement de la navigation de la Garonne entre Toulouse et Bordeaux, IV, 99.
16. Rejet de la requête du sieur Winther, propriétaire riverain de la Garonne, IV, 137.
17. Démolition des ouvrages construits sans autorisation par le sieur Duperrier, IV, 147.
18. Ordonnance qui affecte les produits des droits de péage du bassin de la

Garonne à l'exécution des travaux d'amélioration du cours de cette rivière, IV, 175.

GAVES.
1. Arrêt du conseil portant règlement pour rétablir et entretenir la navigation de ces rivières, I, 133.
2. Arrêt interprétatif du précédent, I, 140.

GRANDE VOIRIE.
1. Édit concernant l'office de grand-voyer de France, et les droits, profits et émoluments qui y sont attribués, I, 7.
2. Édit qui supprime l'office de grand-voyer, et attribue ses fonctions aux trésoriers de France, I, 7.
3. Déclaration du roi, portant règlement pour les fonctions et droits des officiers de la voirie dans la ville de Paris, I, 61.
4. Ligne de démarcation entre les attributions des autorités judiciaires et administratives, et dispositions pour la répression des contraventions, I, 402, 467; II, 110, 356, 421; III, 14, 28, 30, 187, 284, 357; IV, 444.
5. Application aux canaux, rivières navigables, etc., des mesures répressives des délits de grande voirie énoncées dans les décrets du 16 décembre 1811, II, 440.
6. Enregistrement des actes et procès-verbaux de délits de grande voirie, I, 582; II, 512; III, 263.
7. Recouvrement et versement des amendes, I, 582; II, 247.
8. Mesures tendantes à faciliter aux agents des ponts et chaussées la recette de la portion qui leur appartient dans les amendes, II, 319, 482.
9. Un dépôt de chanvre sur les bords d'une rivière navigable constitue un délit de grande voirie, III, 64.
10. Les contestations entre les flotteurs pour l'approvisionnement de Paris et les propriétaires riverains sont du ressort de l'autorité administrative, III, 64.
11. Les propriétaires ne peuvent refuser de se conformer aux alignements arrêtés par ordonnance du roi, sauf leurs droits à une indemnité, s'il y a lieu, III, 282.
12. La connaissance des questions relatives aux droits de vue et d'égout des eaux à exercer sur la voie publique, appartient aux tribunaux, III, 294.
13. Les amendes encourues pour contraventions en matière de grande voirie ne peuvent être ni modérées ni aggravées par les conseils de préfecture, III, 343, 344.
14. L'affirmation des procès-verbaux peut être faite soit devant le juge de paix du lieu du délit, soit devant le juge de paix de la résidence du fonctionnaire poursuivant, IV, 78.
15. Un règlement local ne peut être appliqué à une autre localité, IV, 83.
16. L'état d'inviabilité des routes ne justifie pas l'usage des roues à jantes étroites, IV, 84.
17. Un procès-verbal de contravention dressé par plusieurs agents ne doit être signé que par ceux d'entre eux qui sont assermentés, IV, 89.
18. Annulation d'un arrêté du conseil de préfecture du département de l'Orne, concernant une contravention en matière de grande voirie, IV, 134.
19. Annulation de deux arrêtés du conseil de préfecture du département des Ardennes, IV, 163.
20. Les procès-verbaux en matière de grande voirie font foi jusqu'à inscription de faux, ou seulement jusqu'à preuve contraire, IV, 163, 300, 304.

GRENELLE.
Construction d'un pont, d'une gare et d'un port sur la Seine en face de la plaine de Grenelle, III, 251.

H

HAISNE.

Dispositions relatives à la navigation de cette rivière, et suppression de la corporation des bateliers de Condé, II, 26, 73 ; III, 184.

I

ILES.

La servitude du chemin de halage peut être exigée sur les îles où il en serait besoin, I, 229.

ILES ET TERRITOIRES MARITIMES.

Entretien des digues et canaux, 1, 340.

ILLE. *Voir* VILAINE.

INDEMNITÉS.

1. Indemnités à payer par les mariniers pour chômage de moulins, I, 38, 48, 231 ; III, 173.
2. Indemnités pour extraction des matériaux, ou pour terrains pris ou fouillés pour ouvrages publics, I, 85, 172, 384, 538 ; II, 247 ; III, 174, 386.
3. Fixation des frais d'expertise. I, 487, 488.
4. Les lois du 17 février 1800 et du 16 septembre 1807 sont seules applicables dans les cas de dépréciations ou de dommages causés à des propriétés, III, 2 ; IV, 181.
5. Mesures relatives au payement des indemnités, III, 240.
6. L'action dirigée par un fermier contre le propriétaire, pour troubles causés par l'exécution de travaux publics, est du ressort des tribunaux, III, 363.
7. L'ouverture d'une voie nouvelle ne peut donner lieu à une indemnité en faveur des propriétaires des routes, canaux ou chemins de fer qui pourraient déjà exister dans la même localité, III, 387.
8. Les indemnités dues pour dommage momentané causé à un moulin, et non pour réduction perpétuelle de sa force motrice, doivent être réglées par les conseils de préfecture, conformément aux lois des 28 pluviôse an 8 et 16 septembre 1807, IV, 238.

INGÉNIEURS DES MINES.

1. Organisation du corps des ingénieurs, II, 49.
2. Service et résidence des ingénieurs, II, 49.
3. Leurs fonctions, II, 50.
4. Nomination et avancement, II, 53.
5. Traitement, frais de bureau et de tournées, etc., II, 54.
6. Police du corps, II, 55.
7. Uniforme du corps, II, 56.
8. Retraites et pensions, II, 57.
9. Honoraires dus aux ingénieurs pour travaux étrangers à leur service, II, 58.
10. Inventaire des objets appartenant à l'État et existant dans les bureaux des ingénieurs, II, 58.
11. Mesures à prendre, lors du décès des ingénieurs, pour la conservation des objets appartenant à l'État, II, 58.
12. Instruction sur le service des ingénieurs, II, 224.

J

M

IV.   25

R

quelles sont les rivières *flottables* qui dépendent du domaine public, aux termes de l'art. 538 du Code civil, II, 477.

22. Les bras non navigables d'une rivière navigable sont assujettis aux mêmes règlements de grande voirie, III, 59, 342, 407.

23. Les rivières ne sont du domaine public qu'à partir du point flottable ou navigable, III, 212.

24. On ne peut établir sans autorisation des constructions sur le bord d'une rivière navigable, III, 213, 357.

25. L'autorisation de construire un ouvrage d'art sur une rivière navigable n'est accordée qu'en ce qui concerne le domaine public, et sans préjudice des droits des propriétaires riverains, III, 232, 245.

26. Les ordonnances qui autorisent des travaux particuliers ne peuvent être attaquées par la voie contentieuse, III, 245.

27. C'est à l'autorité administrative qu'il appartient de faire modifier ou détruire des ouvrages qui auraient été exécutés irrégulièrement et sans autorisation sur le bord d'une rivière, ou qui seraient offensifs contre l'autre rive, III, 254.

28. L'obligation de fournir le chemin de halage ne constitue pas une expropriation, mais une servitude, III, 421.

29. Les propriétaires riverains doivent ce chemin dans les dimensions fixées par l'édit de 1669 et dans l'état actuel de la rivière, soit qu'ils aient profité d'une alluvion, soit que l'action des eaux ait enlevé une portion de la rive, III, 421.

30. Arrêt de la cour de cassation concernant la propriété des accroissements qui se forment par alluvion dans le lit d'une rivière navigable, III, 421.

31. Le droit de l'État à la servitude du chemin de halage ne peut être prescrit, dans le cas même où il y aurait eu interruption momentanée de la navigation, IV, 157.

Voir Chemins de halage, Grande voirie et Moulins.

RIVIÈRES NON NAVIGABLES NI FLOTTABLES.

1. Édit du roi concernant l'usage des eaux dérivées des rivières navigables ou non navigables, I, 68.

2. Dispositions relatives au curage de ces rivières, ainsi qu'à l'entretien des digues et ouvrages d'art qui y correspondent, I, 409.

3. Les contraventions aux règlements de police et les contestations y relatives sont du ressort des tribunaux ordinaires, I, 445; III, 200, 230; IV, 155.

4. La jouissance du droit de pêche appartient aux propriétaires riverains, I, 443.

5. Les contestations relatives à l'exécution des travaux neufs doivent être portées devant les tribunaux civils, II, 449; III, 54, 76.

6. L'établissement de moulins et usines doit être autorisé par le roi, II, 309; III, 356.

7. Les empiétements sur ces rivières doivent être réprimés par les tribunaux, III, 212, 353.

8. Les oppositions faites à l'établissement de prises d'eau et fondées sur des titres de propriété doivent être jugées par les tribunaux préalablement à toute décision administrative, III, 356.

9. Les contestations relatives au mode de jouissance des eaux sont du ressort des tribunaux, III, 390.

10. Le ministre de l'intérieur est compétent pour faire des règlements et pour ordonner la construction de déversoirs : ces règlements ne sont pas susceptibles d'être attaqués par la voie contentieuse, III, 442; IV, 223, 228.

11. Les ordonnances qui autorisent des constructions d'usines ne constituent qu'une simple permission accordée sous les rapports de police, et sans pré-

judice des droits des tiers, à l'égard desquels les tribunaux sont compétents, IV, 17, 49, 72, 102.

12. Les questions d'intérêt privé sur un cours d'eau ni navigable ni flottable sont du ressort des tribunaux, IV, 40, 51, 53.

Voir Moulins.

Roubion.

Contestation entre deux propriétaires de moulins établis sur le Roubion, I, 544.

Roues a larges jantes.

1. Les voitures dispensées des roues à larges jantes ne peuvent être employées qu'à transporter les objets récoltés, depuis le lieu où ils sont recueillis jusqu'à celui où, pour les conserver, le cultivateur les dépose et rassemble, II, 25; III, 13, 53, 228, 264.

2. L'état d'inviabilité des routes ne doit pas dispenser d'employer des roues à larges jantes, IV, 84.

Voir Roulage.

Roulage.

1. Arrêt du conseil, portant nouveau règlement sur le roulage, I, 291.

2. Fixation du poids que peuvent transporter les voitures employées au roulage, ainsi que les messageries, et détermination de la largeur des jantes, I, 402, 414, 461, 467; II, 40; III, 23, 32; IV, 56.

3. Pesage des voitures, I, 402, 464; III, 33, 404.

4. Fixation des amendes encourues pour excès de chargement, I, 402, 465.

5. Le roulage peut être suspendu par les préfets pendant les jours de dégel; établissement de barrières de dégel, I, 402; II, 254.

6. Forme des clous des bandes, I, 464.

7. Longueur des essieux et moyeux, I, 464; IV, 86.

8. Les voitures d'artillerie ne sont assujetties ni à la fixation du poids, ni à la largeur des jantes, ni à la longueur des essieux prescrite par les règlements, I, 465.

9. Mesures de police pour le roulage, I, 467.

10. Instructions sur la police du roulage, I, 495, 551.

11. Les procès-verbaux en matière de police du roulage peuvent être affirmés devant les maires ou leurs adjoints, II, 424; III, 3; IV, 487.

12. Mode d'après lequel il doit être statué sur les contraventions relatives au poids des voitures et à la police du roulage, I, 403, 467; II, 356, 503; III, 210, 257, 297.

13. Ordonnance relative au chargement des voitures qui parcourent les routes sur des roues dont les jantes seraient de largeur inégale, II, 424.

14. Les préposés aux ponts à bascule ne sont pas assujettis à avertir les rouliers des précautions qu'ils ont à prendre pour la vérification de leur chargement, II, 479.

15. Fixation du délai pour former opposition aux jugements non contradictoires des conseils de préfecture en matière de roulage, III, 36.

16. La largeur des jantes peut être vérifiée autrement qu'avec les jauges déposées dans les bureaux des ponts à bascule, III, 64, 498.

17. Les voitures à jantes au-dessous de 0^m,14 sont les seules qui ne puissent pas circuler attelées de plusieurs chevaux, III, 201.

18. Les caractères gravés ou frappés et non peints sur les plaques de voitures satisfont aux vœux de la loi, III, 393.

19. On ne peut opposer aux rouliers le poids résultant de la lettre de voiture, III, 419.

20. Mesures de police relatives aux propriétaires ou entrepreneurs de diligences, de messageries ou autres voitures publiques, IV, 56.

Sèvre.

Règlement pour la police de la Sèvre, des rivières, ruisseaux et canaux y affluant, I, 556.

Sorgues.

Digue élevée à travers le lit de cette rivière, I, 459.

Sources.

Edit du roi concernant l'usage des eaux des ruisseaux, sources et fontaines, I, 68.

T

Tarde.

Décret qui autorise le flottage sur cette rivière, II, 220.

Tarifs.

1. Mode de juger les contestations relatives au payement des taxes imposées pour le passage des ponts, II, 93.
2. Les questions relatives à la révision des tarifs sont administratives, et ne peuvent être introduites au conseil d'Etat par la voie contentieuse, III, 175.
3. Discussions sur l'application du tarif du pont d'Asnières, IV, 268.

Tarn.

Emprunt destiné à l'exécution des travaux de la navigation du Tarn, entre Alby et Gaillac, II, 488; III, 245.

Taurion.

Arrêt du conseil qui autorise le flottage sur cette rivière et les ruisseaux affluents jusqu'à Limoges, I, 169.

Thouet.

Perfectionnement de la navigation de cette rivière, III, 253.

Timbre et Enregistrement.

1. Actes à enregistrer gratis, I, 582.
2. Actes non soumis à la formalité du timbre et de l'enregistrement, II, 334.
3. Actes soumis à un droit fixe d'enregistrement, II, 334.
4. Actes assujettis au timbre et à l'enregistrement, II, 334.
5. Les procès-verbaux de délits de grande voirie ne sont pas assujettis au droit de timbre et d'enregistrement, III, 263.
6. Les actes d'acquisition des terrains destinés aux routes départementales doivent être timbrés et enregistrés *gratis*, IV, 22, 154.

Tonnes. *Voir* **Phares.**

Tourbières.

Règles à suivre pour l'exploitation des tourbes, I, 384; II, 22.

Transports accélérés par eau.

Formation d'une société anonyme pour l'exploitation de cette entreprise.

Travaux mixtes. *Voir* **Commission mixte des travaux publics.**
II, 478.

IV.

U

V

ERRATA.

—

FIN.

PARIS. — IMPRIMERIE DE FAIN ET THUNOT, RUE RACINÉ, 28, PRÈS DE L'ODÉON.